中国国土资源统计年鉴

CHINA LAND AND RESOURCES STATISTICAL YEARBOOK

2015

中华人民共和国国土资源部　编

Compiled by the Ministry of Land and Resources P. R. C.

地质出版社

Geological Publishing House

· 北　京 ·

Beijing

图书在版编目（CIP）数据

中国国土资源统计年鉴. 2015 = China Land and Resources Statistical Yearbook 2015 / 中华人民共和国国土资源部编. — 北京：地质出版社，2015. 12
ISBN 978 - 7 - 116 - 09611 - 0

Ⅰ. ①中… Ⅱ. ①中… Ⅲ. ①国土资源 - 统计资料 - 中国 - 2015 - 年鉴 Ⅳ. ①F129. 9 - 54

中国版本图书馆 CIP 数据核字（2015）第 310750 号

Zhongguo Guotu Ziyuan Tongji Nianjian 2015

责任编辑：蔡　莹
责任校对：关风云
出版发行：地质出版社
社址邮编：北京海淀区学院路 31 号，100083
电　　话：（010）66554528（邮购部）；（010）66554604（编辑室）
网　　址：http：//www. gph. com. cn
传　　真：（010）66554607
印　　刷：北京地大天成印务有限公司
开　　本：890mm × 1240mm 1/16
印　　张：23. 5
字　　数：700 千字
版　　次：2015 年 12 月北京第 1 版
印　　次：2015 年 12 月北京第 1 次印刷
定　　价：198. 00 元
书　　号：ISBN 978 - 7 - 116 - 09611 - 0

《中国国土资源统计年鉴 2015》编委会

《中国国土资源统计年鉴 2015》编辑部

China Land and Resources Statistical Yearbook 2015
Editorial Board

China Land and Resources Statistical Yearbook 2015
Staff

编者说明

一、《中国国土资源统计年鉴2015》是一部全面反映中华人民共和国国土资源状况和国土资源行政管理情况的资料性年鉴。本书收录了全国和各省（自治区、直辖市）2014 年国土资源及行政管理各方面大量的统计数据，以及 2012 年以来 3 年的国土资源主要统计数据。

二、本年鉴的统计范围是全国土地资源、矿产资源、海洋资源，国土资源调查、勘查，国家、省（自治区、直辖市）、市（地）、县四级国土资源行政主管部门对土地资源、矿产资源的行政管理和国家对海洋资源的行政管理，国土资源科学技术研究和国土测绘。

三、本年鉴资料内容包括概况，国土资源调查、勘查，国土资源开发利用，国土资源行政管理，国土资源科学技术研究，测绘和其他资料。各章节后附有主要统计指标解释，对主要国土资源综合统计指标的含义、统计范围、统计口径、计算方法等作了简要说明。

四、本年鉴资料主要来源于国土资源部、全国各省（自治区、直辖市）国土资源主管部门、国家海洋局、国家测绘地理信息局、中国地质调查局和部其他直属单位，以及各地勘主管单位上报的国土资源综合统计年报。部分资料摘自《中国统计年鉴》。

五、本年鉴的全国性统计数据均未包括香港特别行政区、澳门特别行政区和台湾省。

六、一些数据的合计数或相对数，因受进位的影响，不一定等于分项的累加。

七、本年鉴各表中，对全表的有关注解均在该表上方，对表中部分指标的注解则在该表下方。凡带续表的资料，对部分指标的注解一律在最后一张续表的下方。

八、本年鉴表中的符号使用说明：空格表示该项统计指标数据不详或无该项数据；“①”表示本表下有注解。

PREFACE

Ⅰ. The *China Land and Resources Statistical Yearbook 2015* is an informative yearbook reflecting comprehensively the status of land and resources of the People's Republic of China and their administration. The *China Land and Resources Statistical Yearbook 2015* collects a wealth of statistical data of land and resources and their administration of the whole country and all the provinces (autonomous regions, and municipalities directly under the central government) in 2014, as well as the main statistical data of land and resources over three years since 2012.

Ⅱ. Statistics in the yearbook cover the national land, mineral, and marine resources, land and resources survey and exploration, administration of land and mineral resources by competent administrative departments of land and resources at the state, provincial (autonomous region, and municipality directly under the central government), municipal (prefectural), and county levels, and administration of marine resources by the state, scientific and technological research on land and resources, and land surveying and mapping.

Ⅲ. The yearbook contains seven chapters: general status of land and resources, land resources survey and mineral resources exploration, land and resources development and utilization, land and resources administration, scientific and technological research on land and resources, surveying and mapping, and other data. In addition, explanatory notes on main statistical indicators follow each chapter, which give brief descriptions of the connotations, statistical scope, statistical approaches, and calculation methods of the main land and resources statistical indicators.

Ⅳ. The principal sources of the yearbook are annual comprehensive statistical reports on land and resources submitted by the competent land and resources administrative departments of the Ministry of Land and Resources and various provinces (autonomous regions and municipalities directly under the central government) throughout China, State Oceanic Administration, National Administration of Surveying, Mapping and Geoinformation, China Geological Survey, other institutions affiliated to MLR and various departments in charge of geological exploration. Individual data are extracted from *China Statistical Yearbook.*

Ⅴ. The national statistical data involved in the yearbook do not include those of the Hong Kong Special Administrative Region, Macau Special Administrative Region, and Taiwan Province.

Ⅵ. Some aggregations or rates/ratios may not add up to the sum of the series because of rounding.

Ⅶ. The notes concerning the whole table are placed at the upper part of the table, while the notes concerning individual indicators are placed at the lower part. If the table is a continued one, the footnotes are placed in the last page.

Ⅷ. Notations used in the yearbook: blank indicates that the data of the statistical indicator of the item are either non-applicable or unavailable; "①" means see footnotes below.

土地资源状况 Land Resources

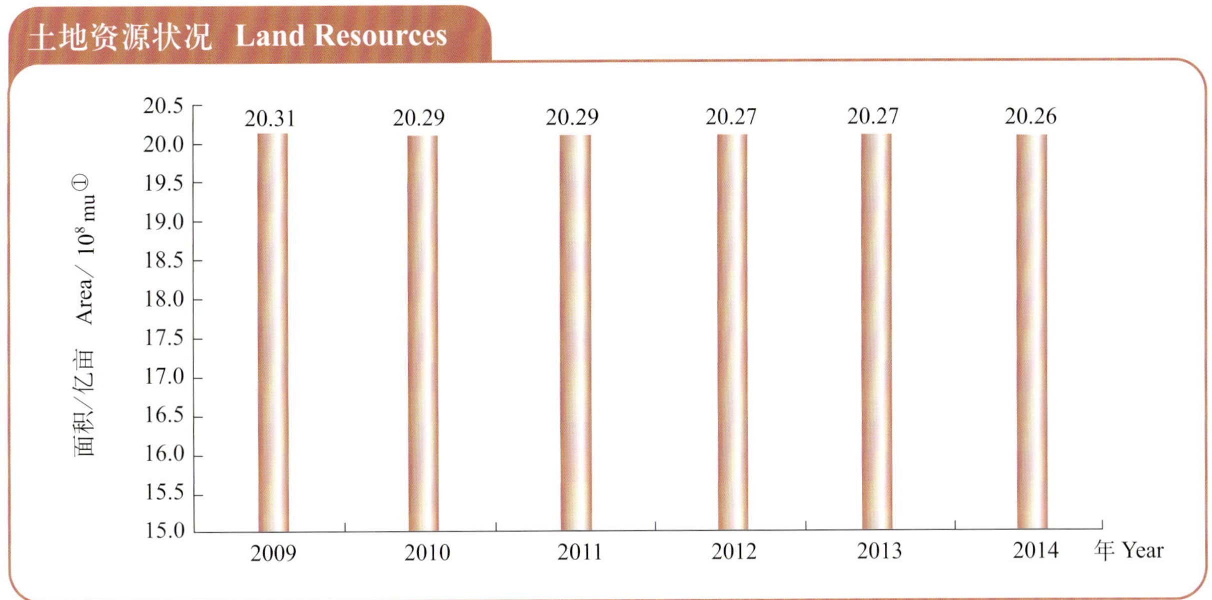

图 1 2009—2014 年全国耕地面积变化情况

Fig.1 Cultivated land area in 2009—2014

注：本图数据采用第二次全国土地调查数据。

Note: The histogram using the second national land survey data.

矿产资源勘查 Mineral Resources Exploration

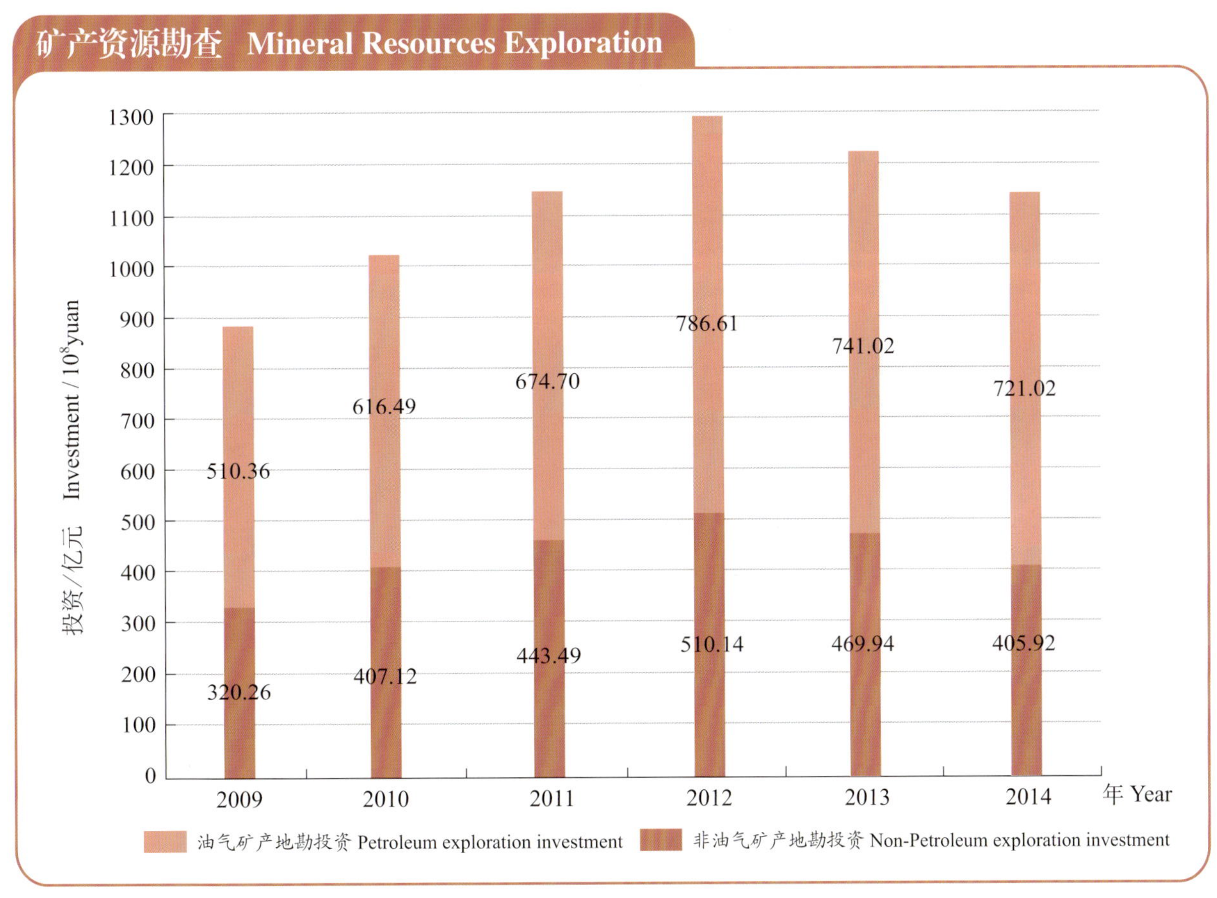

图 2 2009—2014 年全国地质勘查投资情况

Fig.2 Investment in China' s geological exploration in 2009—2014

① 1 亩 ≈ 0.067 公顷。

① 1mu ≈ 0.067 hectare.

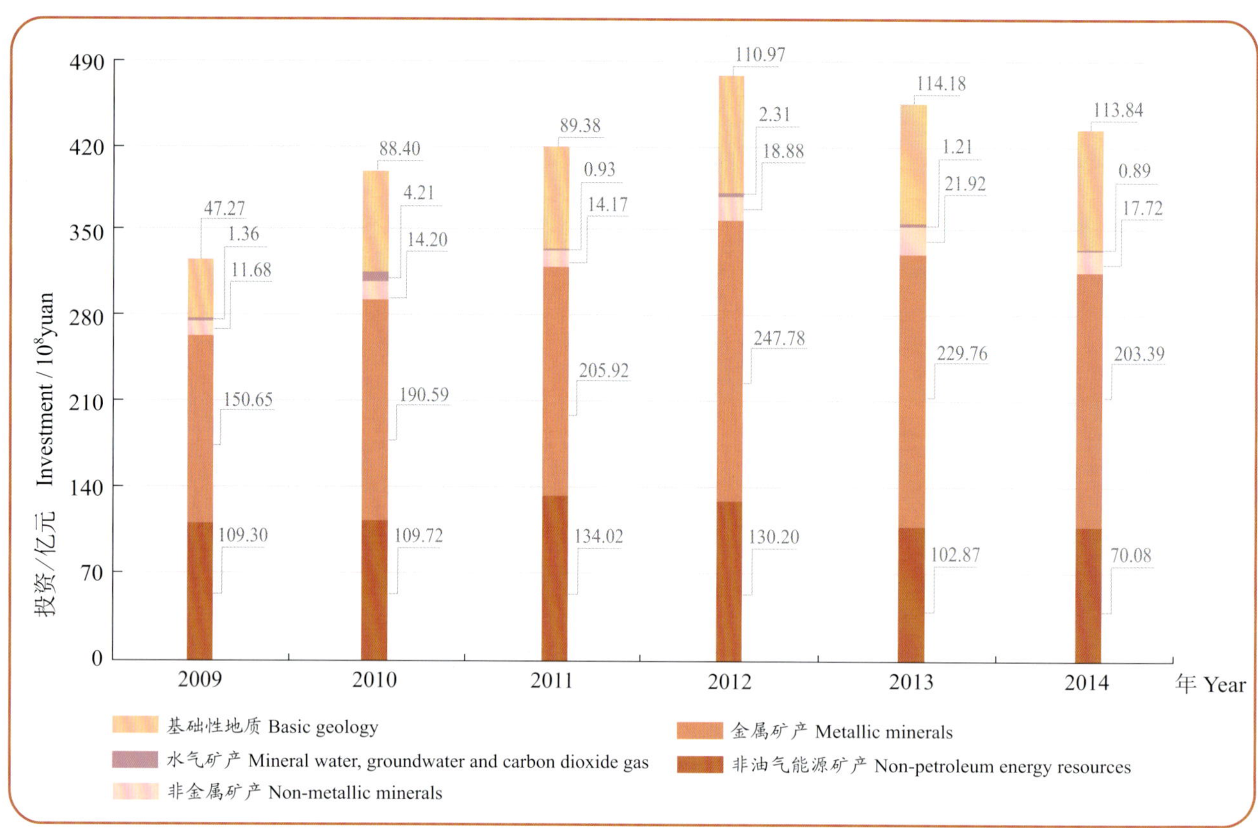

图 3　2009—2014 年全国非油气矿产地质勘查投资情况

Fig.3　Investment in China' s non-petroleum minerals exploration in 2009—2014

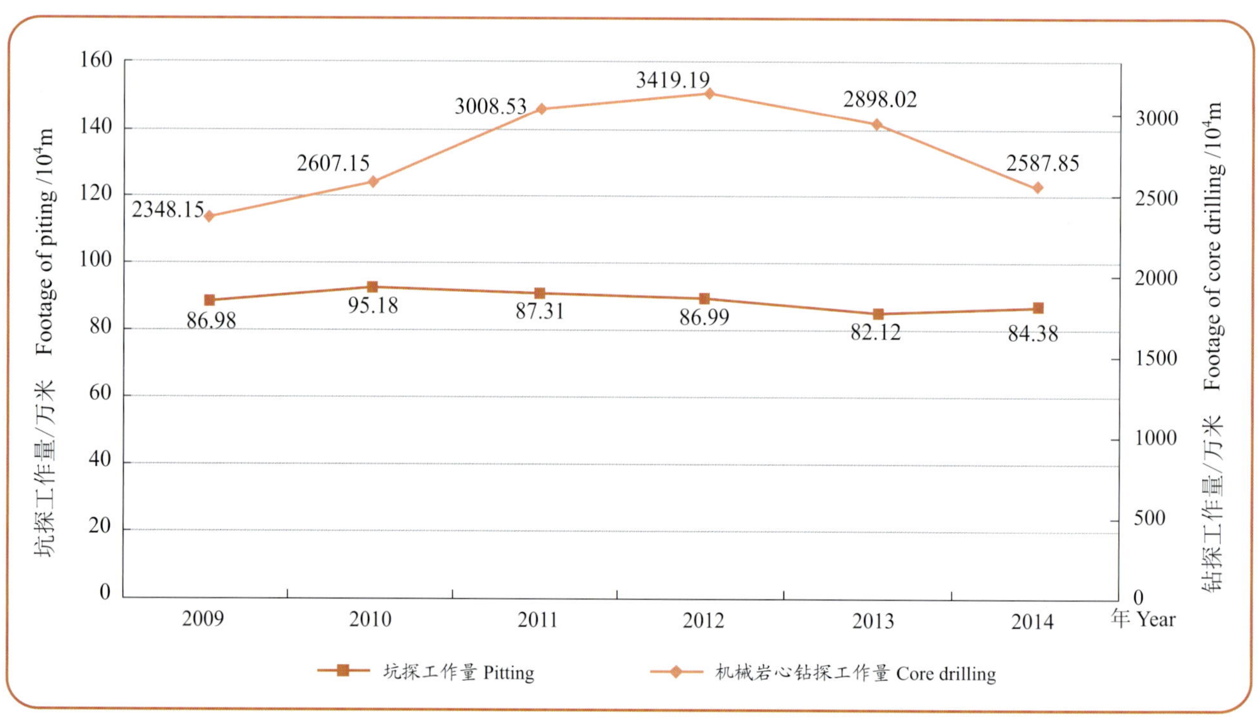

图 4　2009—2014 年我国地质勘查坑探和机械岩心钻探工作量的变化情况

Fig.4　Footage of pitting and core drilling for China' s geological exploration in 2009—2014

土地资源开发利用 Land Resources Development and Utilization

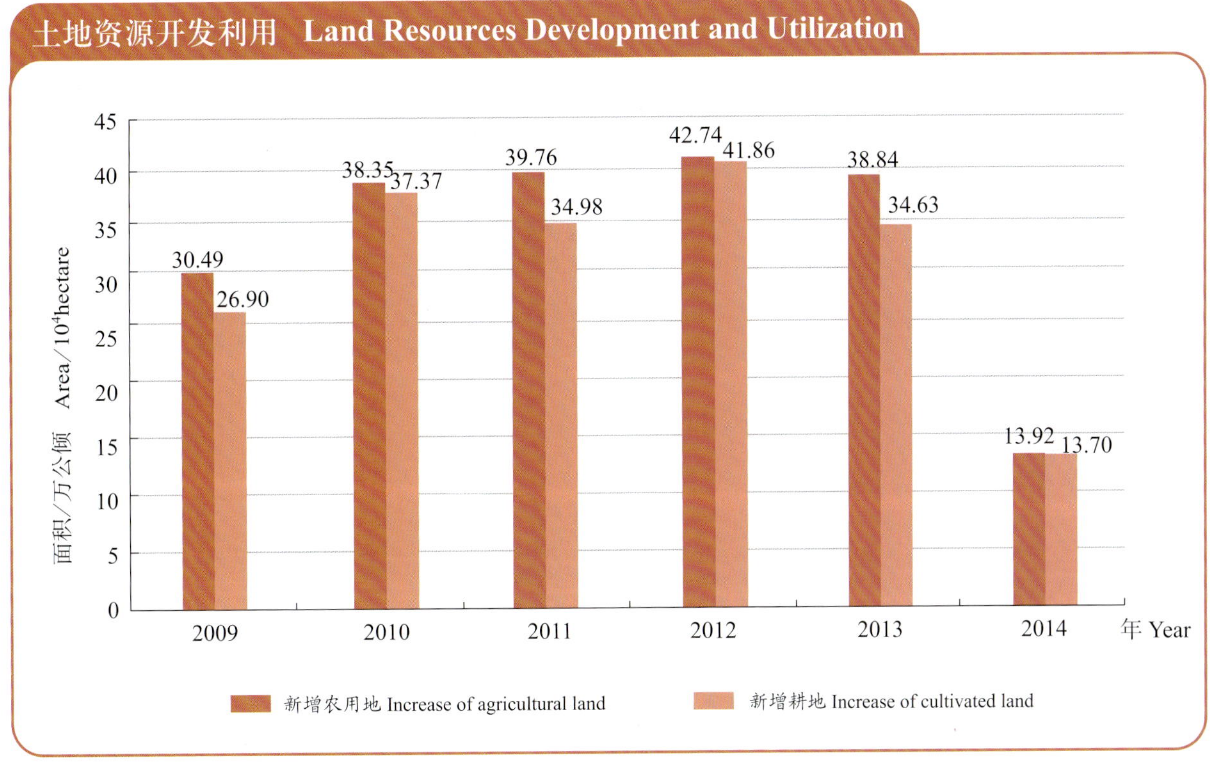

图 5 2009—2014 年土地整治增加农用地和耕地面积情况

Fig.5 Area of agricultural land and cultivated land increased by land consolidation and improvement in 2009—2014

国土资源管理机构 Land and Resources Administrative Agencies

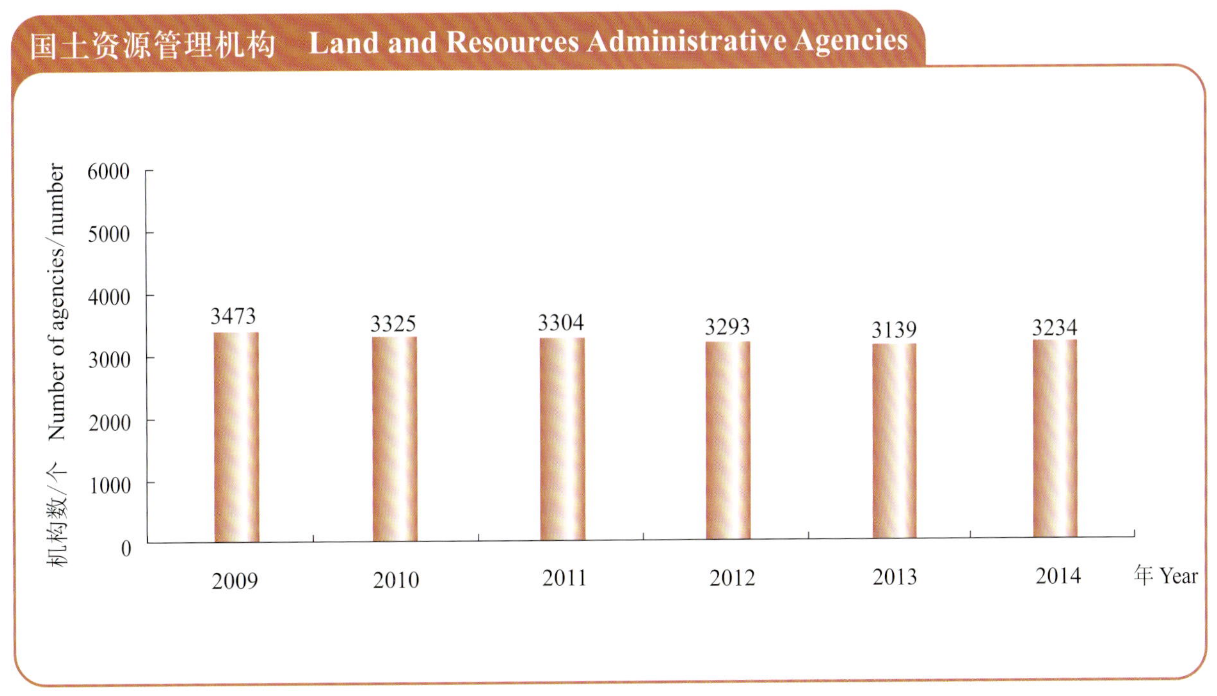

图 6 2009—2014 年全国省、市、县国土资源管理机构数

Fig.6 Number of land and resources administrative agencies of provincial, municipal and county levels of China in 2009—2014

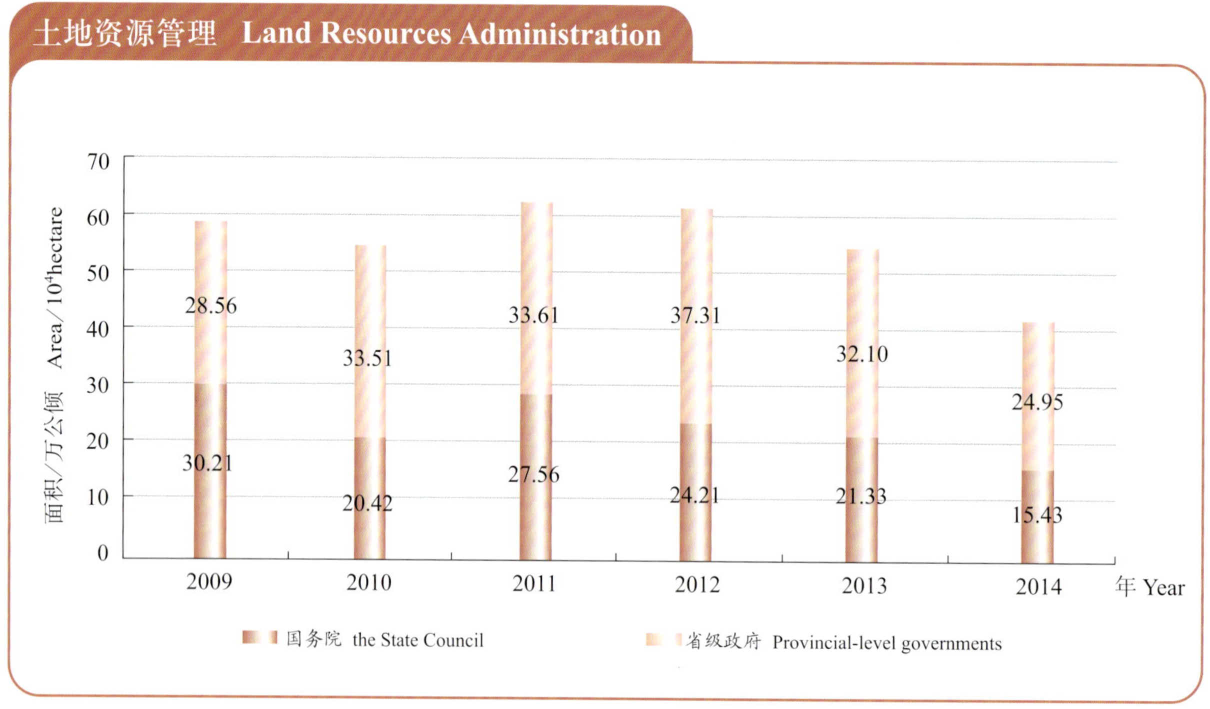

图 7 2009–2014 年审批建设用地情况

Fig.7 Examination and approval of land for construction in 2009–2014

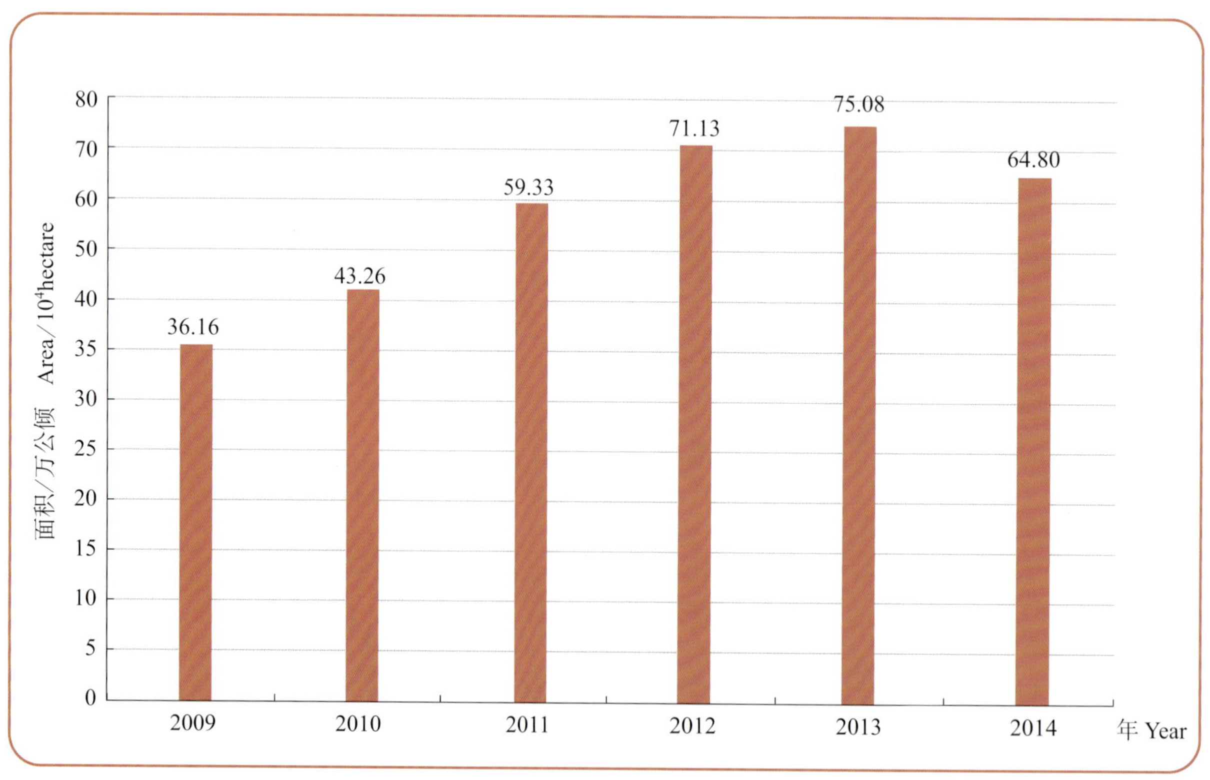

图 8 2009–2014 年国有建设用地供应情况

Fig.8 State-owned land of construction use supplied in 2009–2014

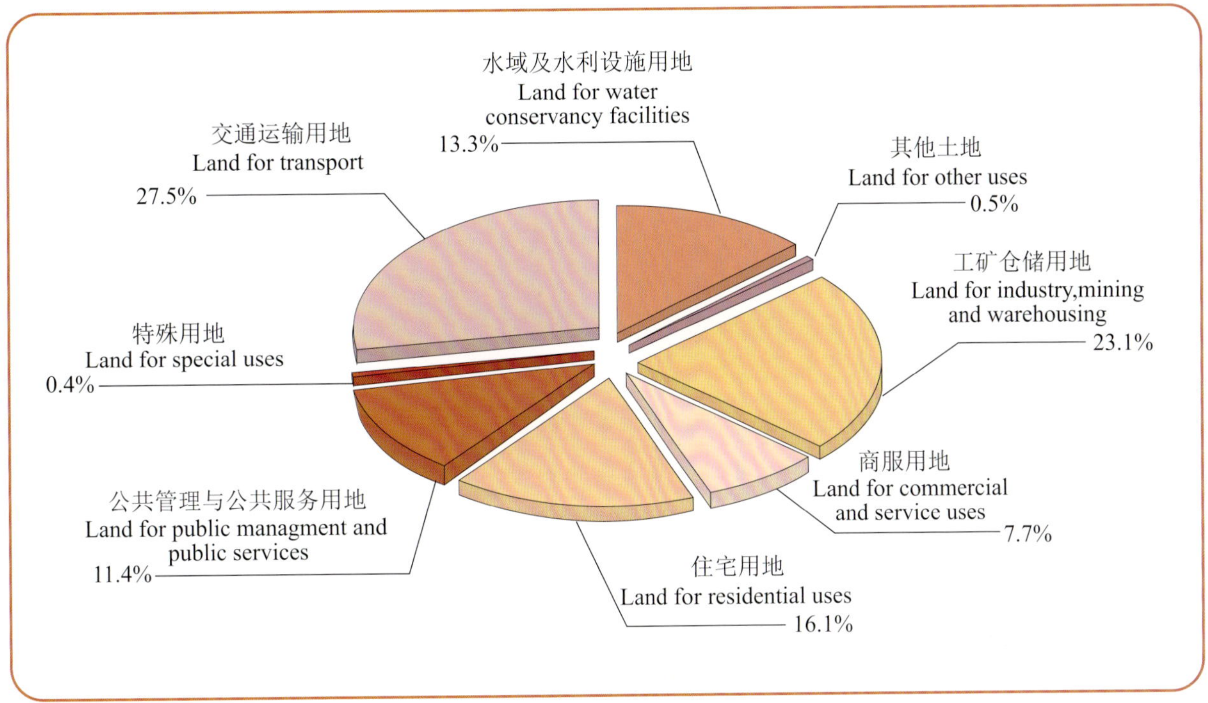

图 9　2014 年国有建设用地供应结构情况

Fig. 9 The structure of state-owned land of construction use supplied in 2014

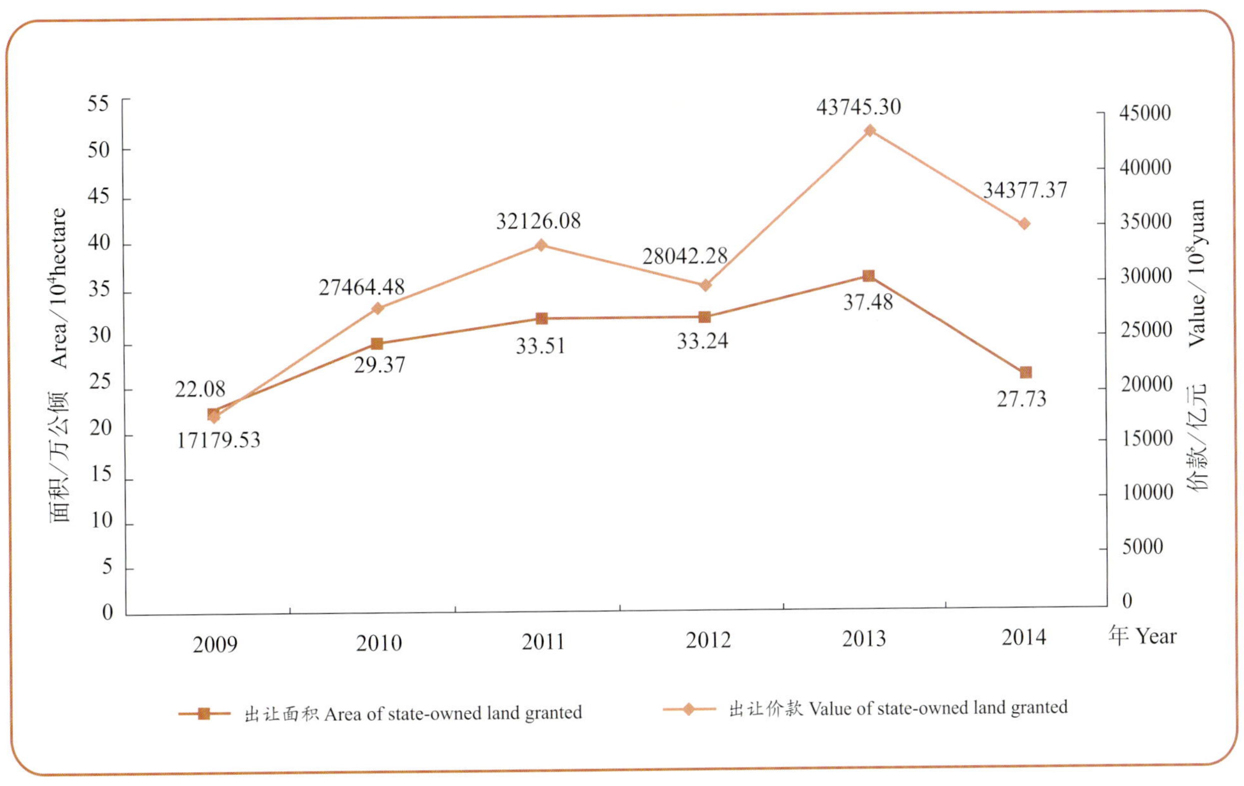

图 10　2009—2014 年国有建设用地出让情况

Fig.10　State-owned land of construction use granted in 2009—2014

图 11　2009—2014 年土地违法案件查处情况
Fig.11　Cases handling of land law violations in 2009—2014

矿产资源管理　Mineral Resources Administration

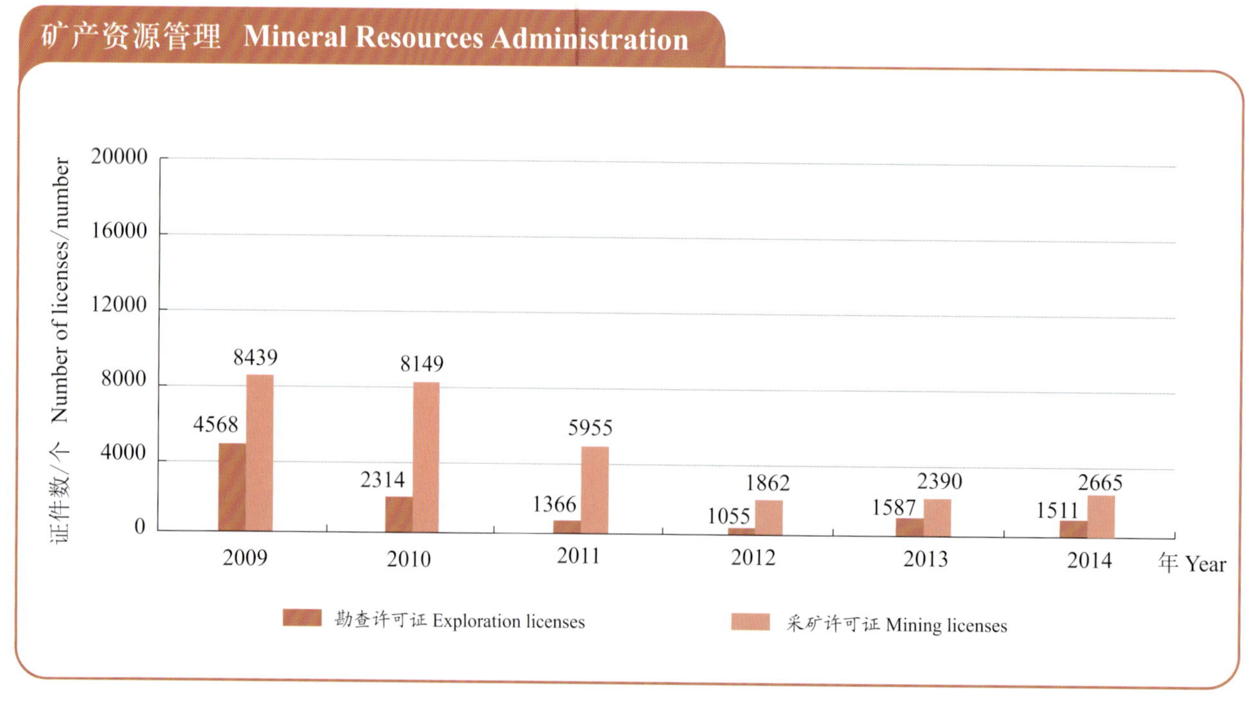

图 12　2009—2014 年新立的勘查、采矿许可证情况
Fig.12　Exploration and mining licenses newly issued in 2009—2014

图 13 2009—2014 年矿产资源勘查、开采违法案件查处情况
Fig.13 Cases handling of illegal exploration and mining in 2009—2014

地质环境管理 Geo-environmental Management

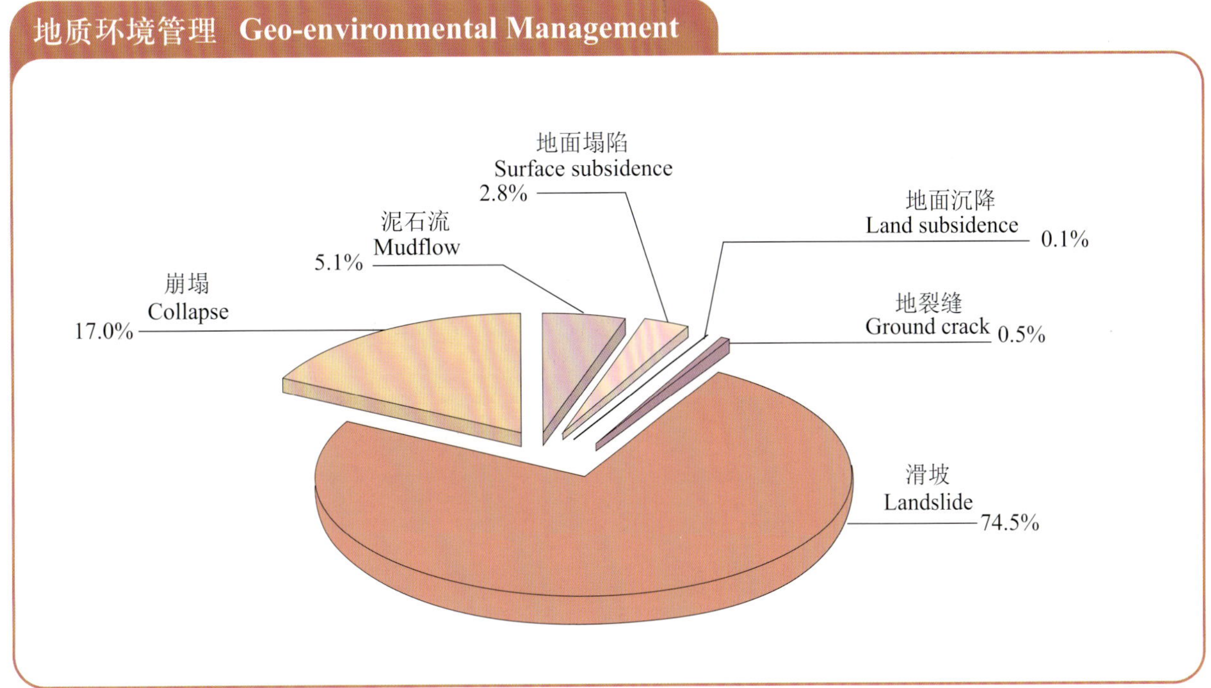

图 14 2014 年地质灾害构成情况
Fig.14 Composition of geohazards occurring in 2014

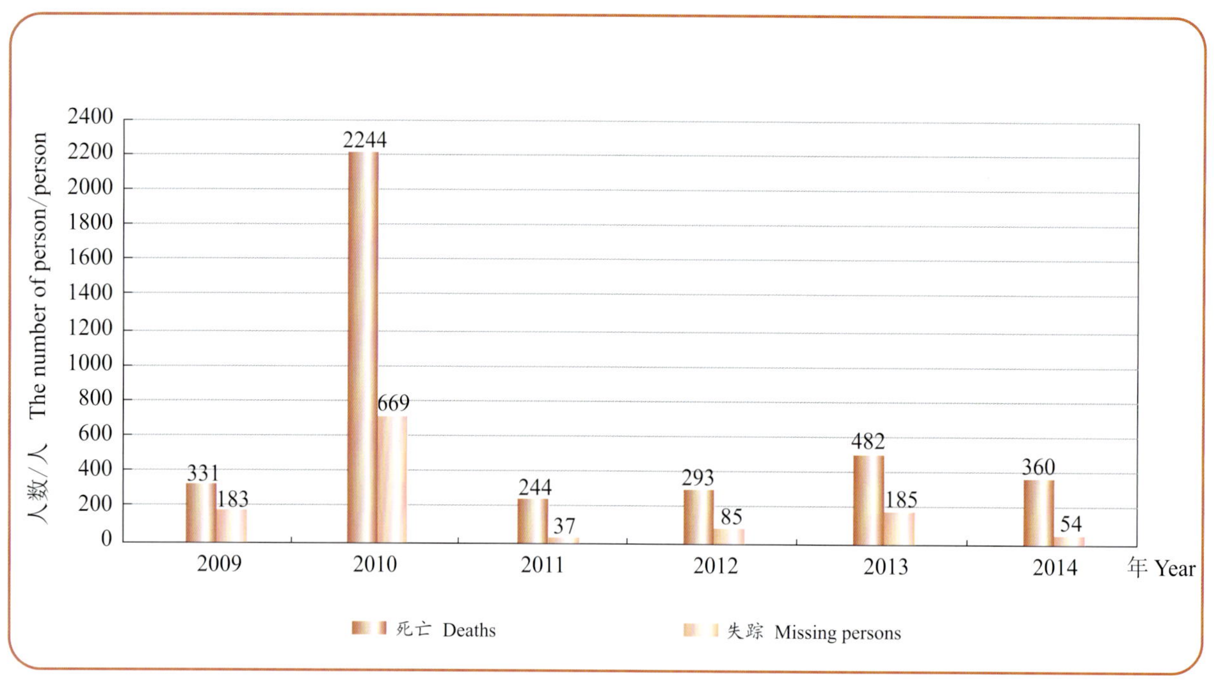

图 15　2009—2014 年地质灾害造成人员死亡和失踪情况
Fig.15　Deaths and missing persons caused by geohazards in 2009—2014

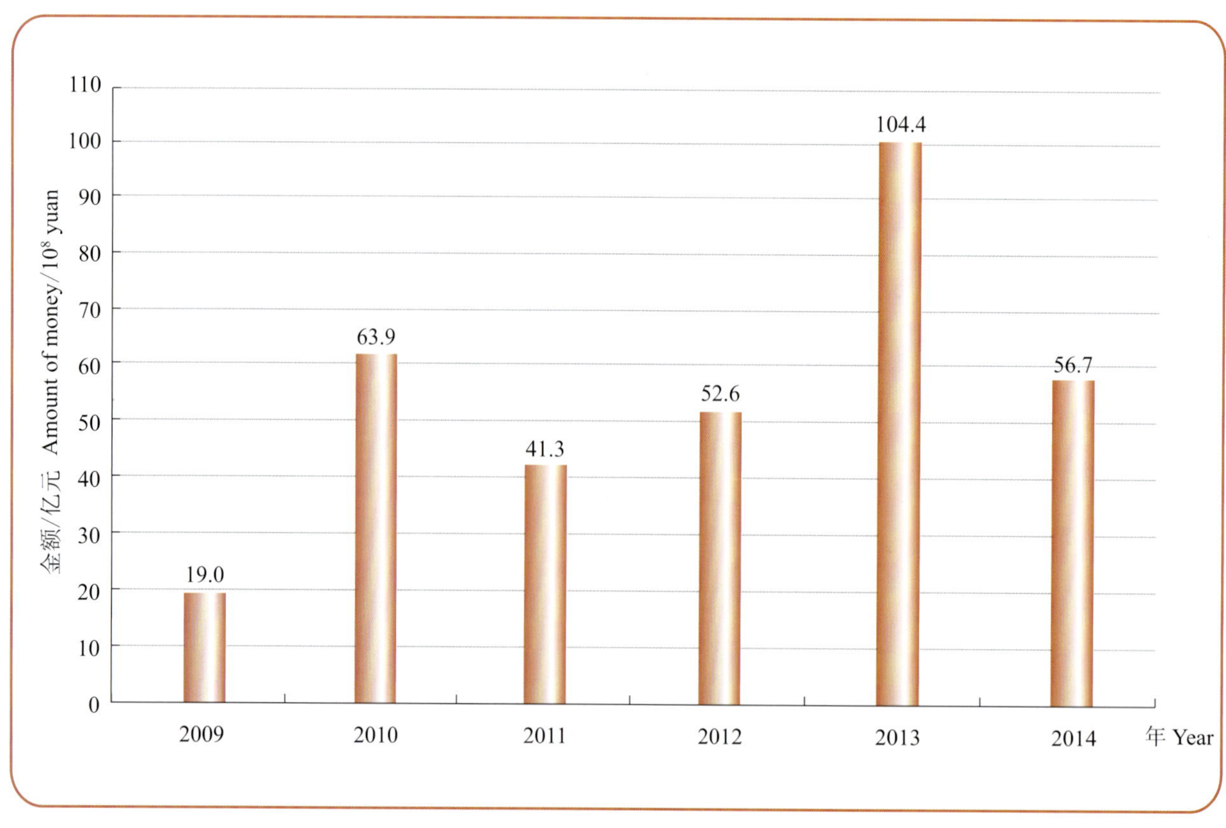

图 16　2009—2014 年地质灾害造成直接经济损失情况
Fig.16　Direct economic loss caused by geohazards in 2009—2014

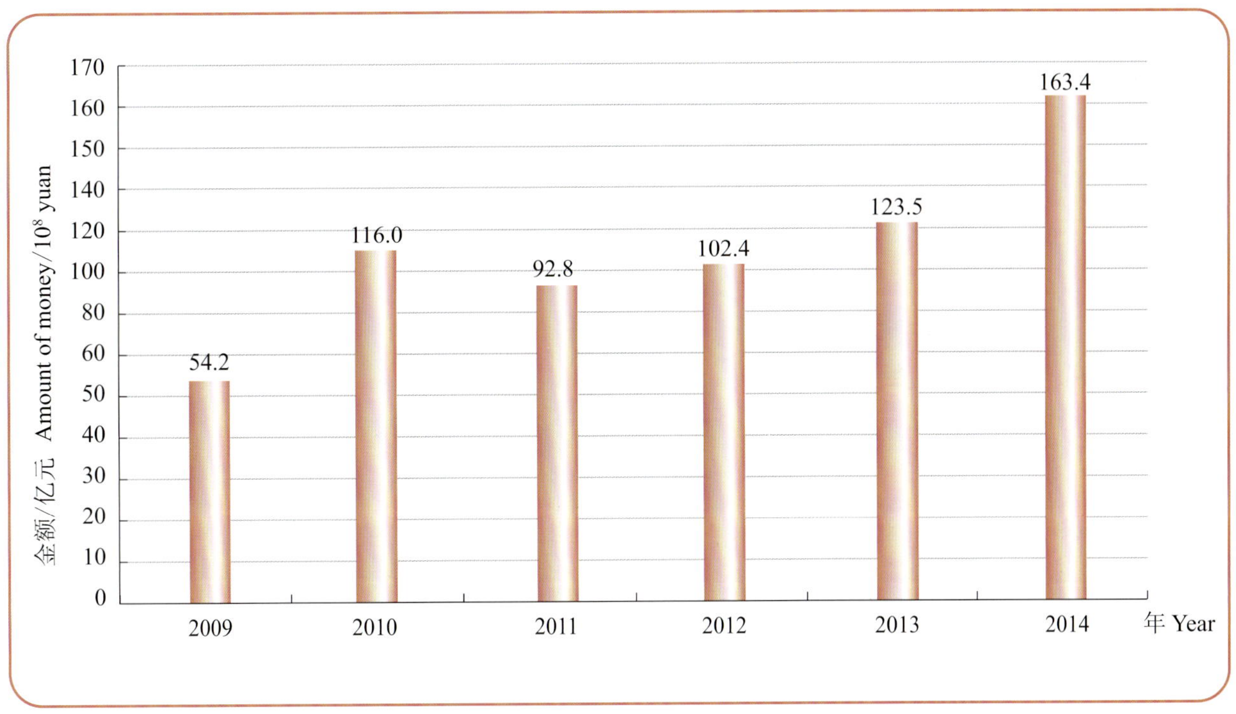

图 17　2009—2014 年地质灾害防治投入资金情况

Fig.17　Funds invested in the prevention and control of geohazards in 2009—2014

矿产品进出口情况　Imports and Exports of Mineral Commodities

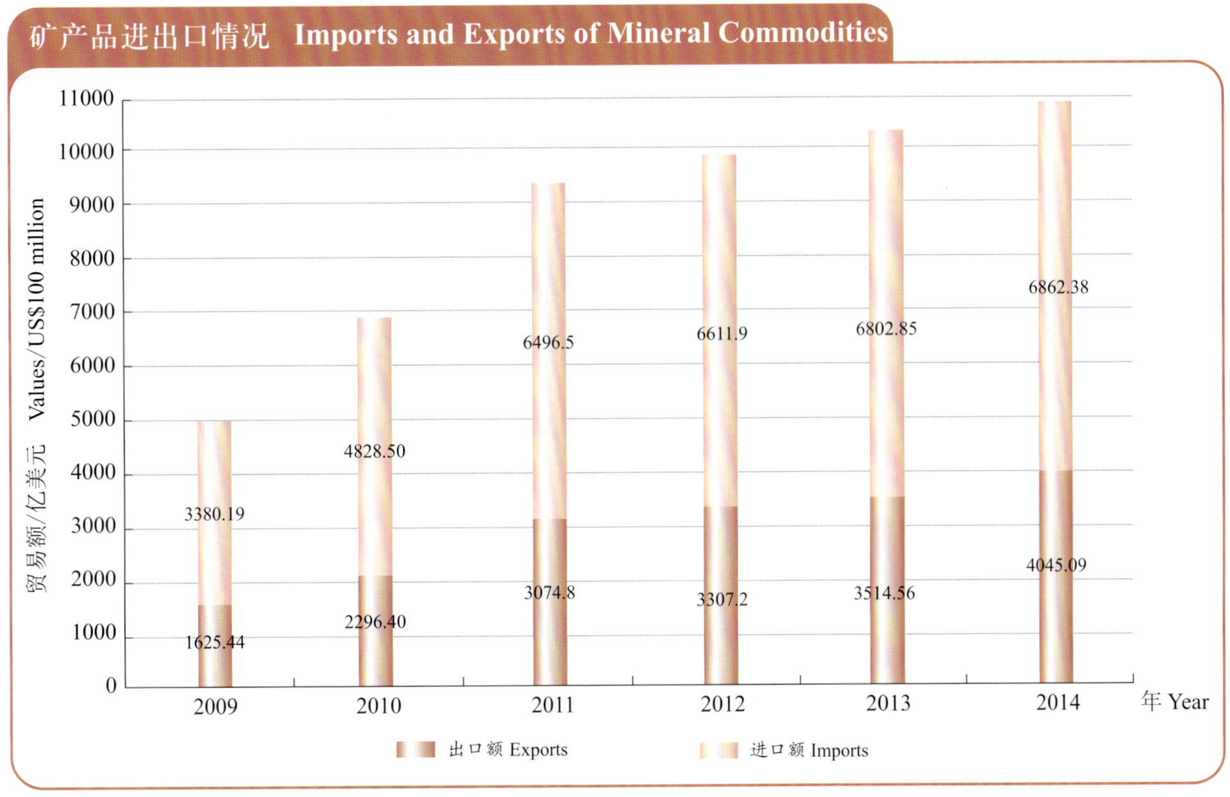

图 18　2009—2014 年我国矿产品及其相关产品的进出口贸易额变化趋势

Fig.18　Values of imports and exports of mineral commodities and related commodities of China in 2009—2014

目 录

CONTENTS

一、概况
Chapter1 General

二、国土资源调查、勘查
Chapter 2 Land and Resources Survey and Mineral Resources Exploration

四、国土资源行政管理
Chapter 4　Land and Resources Administration

五、国土资源科学技术研究
Chapter 5 Scientific and Technological Research on Land and Resources

六、测绘

Chapter 6　Surveying and Mapping

一、概　况

Chapter 1　General

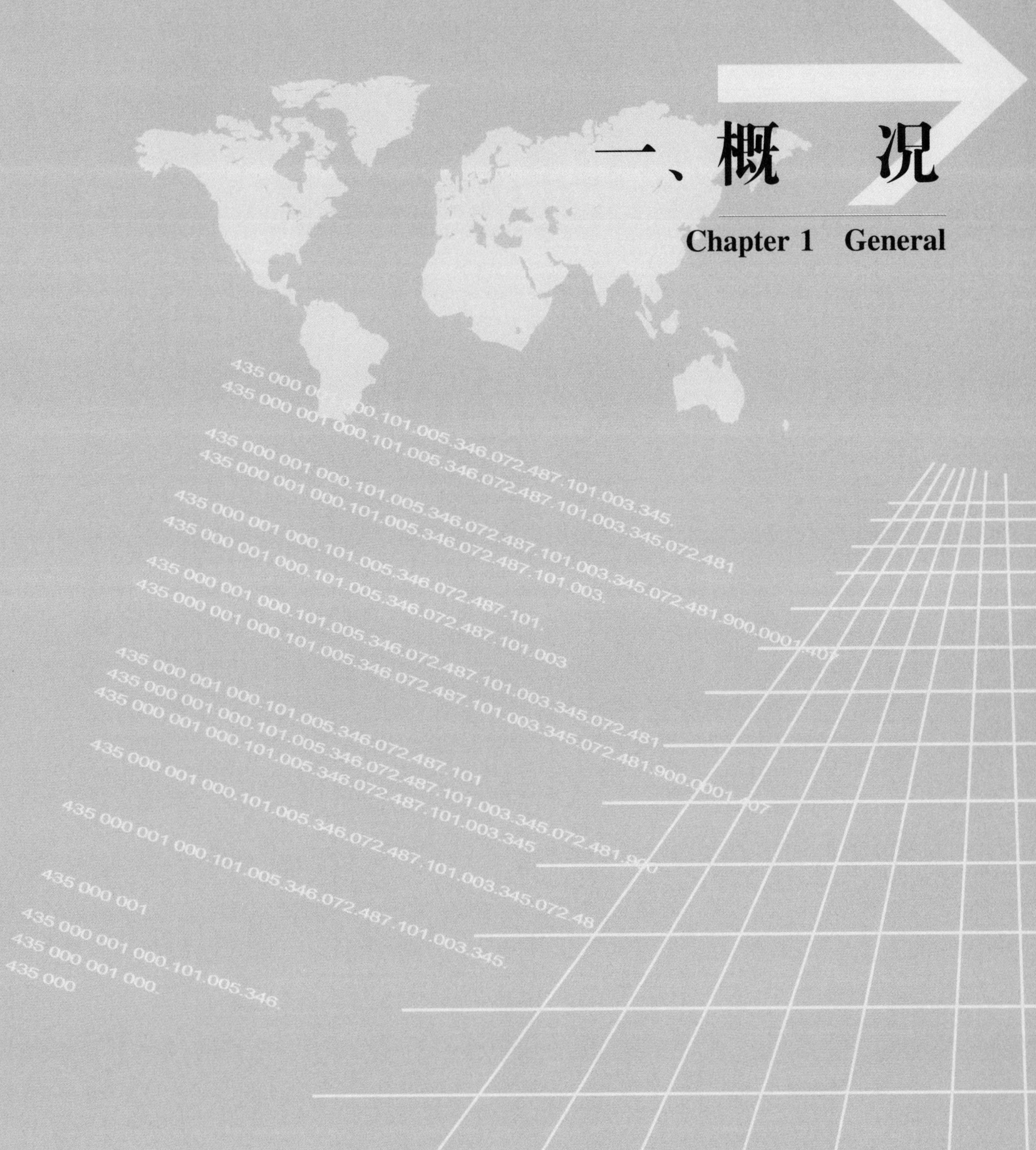

土地资源状况
Land Resources Conditions

项 目	Item	2014 年面积/万公顷 Area in 2014 /10^4 hectare
农用地	Agricultural Land	
耕 地	Cultivated Land	13505. 73
园 地	Garden Land	1437. 82
林 地	Forest Land	25307. 13
牧草地	Pasture Land	21946. 60
其他农用地	Other Agricultural Land	2376. 83
建设用地	Construction Land	
居民点及独立工矿用地	Land for Residential, Industrial/Mining Sites	3105. 66
交通运输用地	Land for Transport	349. 78
水利设施用地	Land for Water Conservancy Facilities	355. 98

注：2014 年土地变更调查的统一时点为 12 月 31 日。

Notes: The statistical time of The Land-use Alteration Survey in 2014 is changed to Dec. 31st.

二、国土资源调查、勘查

Chapter 2 Land and Resources Survey and Mineral Resources Exploration

土地资源

Land Resources

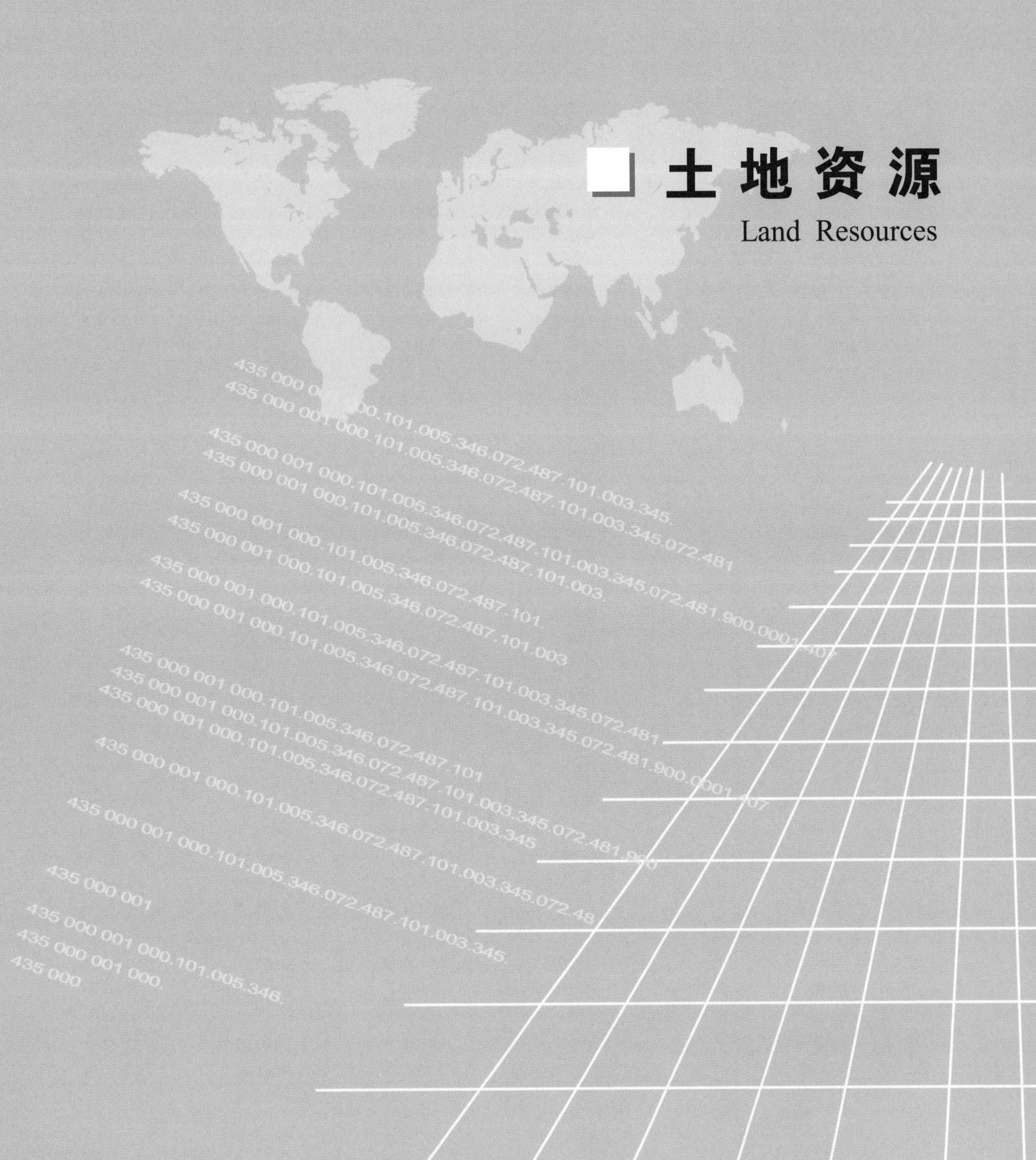

耕地增减
Changes in

单位：亩[①]

年份/地区	Year/Region	年内增加耕地面积 Increase of Cultivated Land Area during the Year			
		小计 Subtotal	补充耕地 Supplementary Cultivated Land	农业结构调整 Agricultural Restructuring	小计 Subtotal
	2012	4827610.50	4359939.30	467671.20	6029921.85
	2013	5394121.20	5064727.80	329393.40	5321106.75
	2014	4209770.25	3670373.85	539396.40	5819857.05
北京	Beijing	803.10	667.35	135.75	18930.90
天津	Tianjin	12312.00	12312.00		29233.20
河北	Hebei	149588.25	127845.30	21742.95	385377.15
山西	Shanxi	114859.35	107244.75	7614.60	188323.35
内蒙古	Inner Mongolia	620679.00	317483.40	303195.60	142294.65
辽宁	Liaoning	21671.40	21611.55	59.85	144158.70
吉林	Jilin	29341.05	28613.10	727.95	105990.30
黑龙江	Heilongjiang	73130.55	71992.95	1137.60	134796.60
上海	Shanghai	27704.85	27668.85	36.00	24800.85
江苏	Jiangsu	230876.70	211316.40	19560.30	342335.25
浙江	Zhejiang	199121.40	195469.35	3652.05	227689.35
安徽	Anhui	184722.90	183724.95	997.95	349087.50
福建	Fujian	82305.90	82294.20	11.70	117977.85
江西	Jiangxi	150055.35	149229.30	826.05	179466.75
山东	Shandong	208951.95	168540.60	40411.35	402373.20
河南	Henan	202262.10	198440.10	3822.00	544236.45
湖北	Hubei	109876.65	91245.30	18631.35	411957.75
湖南	Hunan	135352.20	135293.70	58.50	145806.75
广东	Guangdong	166888.80	164895.15	1993.65	144668.10
广西	Guangxi	530.10	528.60	1.50	137299.35
海南	Hainan	11855.85	11853.00	2.85	26821.05
重庆	Chongqing	130474.50	130185.90	288.60	155459.55
四川	Sichuan	316667.10	297848.40	18818.70	329955.30
贵州	Guizhou	149801.10	145137.15	4663.95	273272.40
云南	Yunnan	63274.05	61847.10	1426.95	248713.50
西藏	Tibet	21022.95	20334.60	688.35	9613.35
陕西	Shaanxi	262788.75	243125.85	19662.90	221599.65
甘肃	Gansu	108536.25	108082.20	454.05	122914.35
青海	Qinghai	6957.45	6956.10	1.35	44516.85
宁夏	Ningxia	143429.25	135038.70	8390.55	72132.30
新疆	Xinjiang	273929.40	213547.95	60381.45	138054.75

① 1 亩≈0.067 公顷。
① 1 mu≈0.067 hectare.

变动情况
Cultivated Land

Unit: mu①

年内减少耕地面积 Decrease of Cultivated Land Area during the Year				年末耕地面积 Cultivated Land Area at the Year End
建设占用 Land for Construction Use	灾毁耕地 Destroyed by Natural Hazards	生态退耕 Turned to Ecological Uses	农业结构调整 Agricultural Restructuring	
4853471. 40	238981. 95	161440. 50	776028. 00	2027376566. 10
4389726. 15	99741. 30	115935. 75	715703. 55	2027450581. 35
5011486. 05	35714. 85	40056. 60	732599. 55	2025860080. 65
13674. 45		10. 35	5246. 10	3299231. 40
27066. 45		31. 95	2134. 80	6557726. 10
247966. 35	317. 10	2473. 20	134620. 50	98032140. 15
160266. 00	3. 45	547. 20	27506. 70	60852535. 20
107682. 00	6384. 00	1371. 15	26857. 50	138460060. 50
125119. 95			19038. 75	74725141. 80
95024. 70		0. 30	10965. 30	105020454. 60
109839. 60			24957. 00	237899915. 70
23552. 40	172. 50	172. 95	903. 00	2823095. 40
270946. 80	39. 15	83. 25	71266. 05	68613573. 75
212108. 25		393. 75	15187. 35	29649022. 35
329147. 55	89. 10	205. 80	19645. 05	88082014. 05
106617. 00	1348. 80	90. 30	9921. 75	20045785. 20
170693. 10	2121. 75	4. 05	6647. 85	46280306. 55
281931. 90	791. 40	4039. 05	115610. 85	114309709. 80
480626. 10	8. 40	1115. 70	62486. 25	121768736. 10
377830. 50	19. 50	1749. 90	32357. 85	78925131. 75
140843. 10	156. 30	658. 95	4148. 40	62235221. 55
139248. 15		555. 60	4864. 35	39349724. 25
128063. 85	2. 55		9232. 95	66154950. 30
20420. 70	339. 45	2288. 10	3772. 80	10885777. 20
147221. 40	3029. 55	240. 45	4968. 15	36819679. 80
306940. 80	1077. 90		21936. 60	101012673. 15
261035. 40	30. 45		12206. 55	68101875. 45
218619. 30	18072. 15		12022. 05	93111679. 95
9019. 20		6. 75	587. 40	6637994. 70
187504. 20	7. 95	413. 70	33673. 80	59921583. 45
102187. 80	750. 45		19976. 10	80668028. 10
42159. 45	74. 10		2283. 30	8785619. 25
45966. 15		21364. 95	4801. 20	19288166. 55
122163. 45	878. 85	2239. 20	12773. 25	77542526. 55

土地利用
Land Use

单位：亩

地区	Region	农用地 Agricultural Land				
		小计 Subtotal	耕地 Cultivated Land	园地 Garden Land	林地 Forest Land	牧草地 Pasture Land
总 计	**Total**	**9716629404. 60**	**2030768442. 75**	**222176516. 70**	**3809243359. 05**	**3295809458. 85**
北 京	Beijing	17556395. 10	3407556. 45	2124258. 30	11155442. 85	3472. 95
天 津	Tianjin	10829909. 40	6707495. 70	474591. 30	848269. 05	
河 北	Hebei	197526527. 85	98420291. 55	13095120. 60	69480218. 10	6083980. 20
山 西	Shanxi	150801839. 55	61026472. 95	6229862. 55	73086887. 25	512186. 40
内蒙古	Inner Mongolia	1244617676. 25	137839301. 10	847506. 45	349363651. 20	744850627. 20
辽 宁	Liaoning	174506040. 15	75628899. 90	7166304. 30	84528803. 85	48702. 90
吉 林	Jilin	249686478. 30	105456748. 20	1020813. 90	132957119. 70	3617948. 85
黑龙江	Heilongjiang	599295314. 70	237988484. 25	676309. 50	327559026. 60	16595593. 95
上 海	Shanghai	4984107. 15	2846380. 95	269839. 20	759070. 50	63. 90
江 苏	Jiangsu	99083265. 15	69194018. 55	4810532. 70	3959691. 30	399. 00
浙 江	Zhejiang	130674009. 15	29800281. 30	9435239. 10	85309354. 95	5287. 05
安 徽	Anhui	168699702. 45	88605581. 10	5343186. 90	56711489. 40	3785. 85
福 建	Fujian	164829687. 30	20126702. 85	12228229. 35	125690248. 80	3902. 10
江 西	Jiangxi	218196906. 00	46337104. 80	5016512. 25	156337800. 45	10476. 60
山 东	Shandong	174724389. 45	115024312. 80	11208863. 40	23025685. 35	88984. 20
河 南	Henan	192059663. 25	122880115. 05	3465688. 35	52603620. 30	5502. 75
湖 北	Hubei	238959079. 35	79845569. 40	7458030. 75	129973323. 30	30030. 75
湖 南	Hunan	274391008. 65	62025280. 35	10306924. 20	184447153. 50	217589. 10
广 东	Guangdong	226470932. 10	37983294. 75	20416915. 65	151982583. 00	35366. 40
广 西	Guangxi	294705390. 90	66457930. 05	16542947. 40	200227511. 10	79685. 55
海 南	Hainan	45036437. 25	10946413. 50	14150513. 40	18190482. 45	87735. 60
重 庆	Chongqing	107137217. 55	36575803. 80	4163395. 95	56874631. 65	683430. 00
四 川	Sichuan	635045060. 70	100799461. 80	11495586. 15	333025028. 25	164448337. 95
贵 州	Guizhou	222714719. 25	68437761. 30	2366827. 05	135129531. 15	1130127. 00
云 南	Yunnan	495749978. 40	93658385. 40	24805004. 70	346039152. 60	2220902. 25
西 藏	Tibet	1308799624. 20	6644510. 25	22618. 35	240482815. 20	1060516196. 40
陕 西	Shaanxi	280506829. 80	59963539. 50	12751629. 90	168476389. 35	33037196. 85
甘 肃	Gansu	278869876. 05	81153495. 60	3935515. 35	91588600. 80	88896525. 00
青 海	Qinghai	677056424. 70	8820284. 85	91220. 25	53168802. 00	612648739. 20
宁 夏	Ningxia	57415501. 95	19321025. 70	794944. 65	11609866. 20	22630914. 30
新 疆	Xinjiang	775699412. 55	76845939. 00	9461584. 80	134651108. 85	537315768. 60

状况（2009年）
Status（2009）

Unit：mu

	建设用地 Construction Land				
其他农用地 Other Agriculture Land	小计 Subtotal	城镇村及工矿用地 Land for Residential, Industrial/Mining Sites	交通用地 Land for Transport	水利设施用地 Land for Water Conservancy Facilities	未利用地 Unused Land
358631627.25	**524993299.05**	**431086834.80**	**42347468.70**	**51558995.55**	
865664.55	5016553.05	4271876.85	436730.10	307946.10	
2799553.35	5715706.05	4586460.75	329108.55	800136.75	
10446917.40	30165008.85	26287844.55	2307458.25	1569706.05	
9946430.40	14215034.10	12532037.70	1161336.45	521659.95	
11716590.30	21859728.90	18346693.35	2577962.85	935072.70	
7133329.20	22295272.50	18452123.70	1988148.90	1854999.90	
6633847.65	15388732.65	12188314.05	1191443.10	2008975.50	
16475900.40	23119742.85	17496928.35	2069775.75	3553038.75	
1108752.60	4244925.45	3836913.75	375962.55	32049.15	
21118623.60	31637138.70	26360999.10	2769777.45	2506362.15	
6123846.75	17135056.20	13334912.40	1758684.75	2041459.05	
18035659.20	27994994.85	23272135.50	1594934.70	3127924.65	
6780604.20	10607858.10	8311605.60	1247680.35	1048572.15	
10495011.90	16961009.70	12806380.80	1132139.85	3022489.05	
25376543.70	39442937.85	33216272.10	2814985.05	3411680.70	
13104736.80	35669833.35	30785324.10	2148059.25	2736450.00	
21652125.15	22726163.40	17456637.00	1340427.45	3929098.95	
17394061.50	22437339.45	18520126.50	1654209.60	2263003.35	
16052772.30	27144043.95	22152160.20	2107341.75	2884542.00	
11397316.80	16542462.30	12374604.60	1600946.10	2566911.60	
1661292.30	4603511.85	3510836.85	270385.50	822289.50	
8839956.15	8826403.80	7610942.85	662207.40	553253.55	
25276646.55	24666261.00	21353406.30	1638251.85	1674602.85	
15650472.75	8231922.30	6810012.60	841724.55	580185.15	
29026533.45	13924307.85	11406122.40	1349294.25	1168891.20	
1133484.00	1985355.60	1390425.00	500286.60	94644.00	
6278074.20	12527405.10	10764905.25	1229845.50	532654.35	
13295739.30	11913217.05	10467548.85	877790.40	567877.80	
2327378.40	4462683.75	3038741.10	495686.10	928256.55	
3058751.10	3970254.30	3418230.00	421117.20	130907.10	
17425011.30	19562434.20	14725312.65	1453766.55	3383355.00	

土地利用
Land Use

单位：亩

地区	Region	农用地 Agricultural Land				
		小计 Subtotal	耕地 Cultivated Land	园地 Garden Land	林地 Forest Land	牧草地 Pasture Land
总 计	**Total**	**9709196006.10**	**2029023973.50**	**220546851.75**	**3806492113.05**	**3295079990.10**
北 京	Beijing	17437482.45	3356690.70	2089477.50	11130277.50	3189.15
天 津	Tianjin	10730124.30	6655566.00	468436.50	842694.60	
河 北	Hebei	197196549.00	98271374.40	13034794.50	69385501.65	6066562.95
山 西	Shanxi	150667650.15	60962635.80	6199109.10	73039760.40	510913.80
内蒙古	Inner Mongolia	1244326943.40	137814380.85	846794.25	349271576.70	744542099.40
辽 宁	Liaoning	174160360.35	75468215.10	7137229.95	84460646.85	48677.25
吉 林	Jilin	249460407.60	105261015.45	1019748.30	132940631.55	3598515.90
黑龙江	Heilongjiang	599130744.45	237870301.65	673533.90	327520382.85	16561199.10
上 海	Shanghai	4903891.80	2823397.20	265259.10	743511.45	
江 苏	Jiangsu	98576077.50	68932815.00	4724171.85	3928826.55	397.35
浙 江	Zhejiang	130388913.00	29754957.45	9312917.40	85221005.25	5229.15
安 徽	Anhui	168414503.55	88423172.55	5323918.80	56661558.30	5780.25
福 建	Fujian	164338086.15	20074965.30	12025415.55	125496924.90	4011.15
江 西	Jiangxi	217880450.55	46275409.95	5006751.45	156114339.00	10241.55
山 东	Shandong	174340501.05	114872071.20	11124600.60	22878347.40	88981.80
河 南	Henan	191747337.60	122661824.10	3445007.85	52518150.15	5485.80
湖 北	Hubei	238548838.05	79684170.15	7410471.90	129812474.40	30711.60
湖 南	Hunan	274064129.10	62062183.65	10257469.20	184168180.50	209879.40
广 东	Guangdong	226221722.70	38540402.70	20068467.45	151600347.30	35101.50
广 西	Guangxi	294426570.15	66370398.15	16486777.65	200118848.85	79132.20
海 南	Hainan	44965791.90	10948624.05	14089711.35	18140148.15	128643.45
重 庆	Chongqing	106940558.55	36642865.65	4133812.50	56826660.60	683210.85
四 川	Sichuan	634506511.80	100801553.55	11247776.55	332879223.60	164435295.00
贵 州	Guizhou	222583900.80	68493187.20	2363355.90	134940559.20	1112098.50
云 南	Yunnan	495580729.50	93601071.75	24760820.70	345949846.35	2219988.90
西 藏	Tibet	1308782071.20	6636393.90	23443.50	240479829.45	1060507628.70
陕 西	Shaanxi	280252516.95	59875806.30	12689941.65	168389609.10	32998527.90
甘 肃	Gansu	278693441.70	80947850.25	3940434.30	91614520.65	88883897.70
青 海	Qinghai	677002017.60	8818884.00	91018.95	53168413.65	612591816.15
宁 夏	Ningxia	57323561.25	19299928.65	784917.45	11601595.95	22595809.80
新 疆	Xinjiang	775573921.95	76821860.85	9501266.10	134647720.20	537116963.85

状况（2010年）
Status (2010)

Unit: mu

其他农用地 Other Agriculture Land	建设用地 Construction Land				未利用地 Unused Land
	小计 Subtotal	城镇村及工矿用地 Land for Residential, Industrial/Mining Sites	交通用地 Land for Transport	水利设施用地 Land for Water Conservancy Facilities	
358053077.70	**535178308.05**	**438658398.15**	**44727169.35**	**51792740.55**	
857847.60	5121147.00	4361730.15	451809.30	307607.55	
2763427.20	5822718.45	4665716.25	357025.95	799976.25	
10438315.50	30736329.45	26721460.05	2424061.65	1590807.75	
9955231.05	14411916.00	12641067.30	1222651.20	548197.50	
11852092.20	22400928.75	18753049.65	2709148.65	938730.45	
7045591.20	22797524.55	18891638.70	2043825.30	1862060.55	
6640496.40	15517508.40	12300671.10	1207307.10	2009530.20	
16505326.95	23416998.60	17692486.50	2142433.35	3582078.75	
1071724.05	4336770.90	3913225.65	386475.15	37070.10	
20989866.75	32324604.15	26936513.85	2886075.45	2502014.85	
6094803.75	17554009.80	13657562.40	1848652.05	2047795.35	
18000073.65	28334769.45	23538445.35	1672666.50	3123657.60	
6736769.25	10961938.35	8533458.00	1372284.60	1056195.75	
10473708.60	17346110.55	13066769.10	1248151.65	3031189.80	
25376500.05	40001242.80	33701436.15	2884053.75	3415752.90	
13116869.70	36178628.85	31180462.35	2244492.30	2753674.20	
21611010.00	23150737.35	17792980.35	1416453.30	3941303.70	
17366416.35	22848539.55	18771742.95	1794982.95	2281813.65	
15977403.75	27727041.75	22621589.85	2217939.60	2887512.30	
11371413.30	16862753.40	12618482.85	1673825.85	2570444.70	
1658664.90	4684501.50	3571090.80	291037.35	822373.35	
8654008.95	9073675.20	7801241.10	718247.25	554186.85	
25142663.10	25182625.20	21715370.40	1829708.85	1637545.95	
15674700.00	8457530.70	6935764.05	937296.90	584469.75	
29049001.80	14143149.90	11574636.60	1389888.75	1178624.55	
1134775.65	2004927.90	1405935.15	504306.15	94686.60	
6298632.00	12777698.70	10951597.05	1290941.70	535159.95	
13306738.80	12099080.85	10600759.05	929325.30	568996.50	
2331884.85	4561818.15	3087986.85	538646.85	935184.45	
3071009.40	4125907.80	3548998.35	444438.30	132471.15	
17486110.95	20215174.05	15104530.20	1649016.30	3461627.55	

土地利用
Land Use

单位：亩

地区	Region	农用地 Agricultural Land				
		小计 Subtotal	耕地 Cultivated Land	园地 Garden Land	林地 Forest Land	牧草地 Pasture Land
总 计	**Total**	**9702978300. 90**	**2028578488. 05**	**219051637. 05**	**3803399598. 90**	**3294224495. 40**
北 京	Beijing	17372245. 50	3329342. 40	2071094. 85	11110963. 05	3181. 80
天 津	Tianjin	10654699. 80	6616454. 70	463653. 75	837534. 75	
河 北	Hebei	197062639. 50	98474744. 85	12752737. 65	69278079. 75	6048182. 55
山 西	Shanxi	150654854. 85	60967607. 55	6187390. 05	73006735. 65	510669. 30
内蒙古	Inner Mongolia	1244061160. 65	137841326. 85	844011. 00	349120996. 80	744286599. 90
辽 宁	Liaoning	173807081. 85	75197759. 25	7108178. 40	84399220. 35	48664. 65
吉 林	Jilin	249487132. 95	105318277. 05	994451. 70	132917071. 65	3593996. 25
黑龙江	Heilongjiang	598940834. 10	237736955. 25	675558. 60	327461121. 15	16541096. 55
上 海	Shanghai	4834170. 00	2814747. 15	258796. 35	729813. 45	
江 苏	Jiangsu	98292025. 20	68816989. 65	4668216. 15	3909613. 65	1356. 00
浙 江	Zhejiang	130138507. 20	29723926. 50	9190195. 80	85123206. 90	5229. 15
安 徽	Anhui	168128736. 60	88297682. 10	5311813. 95	56560689. 45	7441. 95
福 建	Fujian	164098093. 35	20068651. 80	11950479. 45	125373093. 60	4007. 85
江 西	Jiangxi	217556566. 65	46279724. 55	4986280. 50	155815931. 85	10209. 00
山 东	Shandong	174055718. 55	114703853. 25	11047464. 60	22749234. 00	86672. 25
河 南	Henan	191378247. 45	122428501. 35	3408053. 10	52407133. 20	4542. 00
湖 北	Hubei	238142642. 85	79522347. 60	7380165. 30	129628667. 55	30685. 05
湖 南	Hunan	273806231. 55	62070639. 75	10209768. 60	183978435. 60	209799. 00
广 东	Guangdong	225955605. 30	39019743. 75	19708304. 85	151213068. 00	40313. 40
广 西	Guangxi	294221859. 15	66322995. 45	16442610. 90	200016248. 55	78925. 20
海 南	Hainan	44838065. 70	10898924. 55	14027331. 60	18096428. 55	167031. 90
重 庆	Chongqing	106805490. 45	36745650. 15	4115787. 60	56786998. 65	683191. 20
四 川	Sichuan	634215384. 00	101033603. 10	11211669. 30	332703957. 90	164426972. 70
贵 州	Guizhou	222154123. 35	68410968. 30	2365574. 40	134601538. 20	1098538. 65
云 南	Yunnan	495377243. 70	93502912. 80	24733227. 00	345862129. 20	2219104. 50
西 藏	Tibet	1308757765. 05	6635664. 45	23767. 35	240471238. 05	1060492041. 45
陕 西	Shaanxi	280018802. 10	59847989. 40	12649907. 10	168294181. 80	32916366. 75
甘 肃	Gansu	278531676. 90	80820078. 90	3917364. 45	91586462. 70	88867243. 05
青 海	Qinghai	676831636. 05	8824858. 95	92624. 25	53165574. 30	612412236. 30
宁 夏	Ningxia	57289948. 65	19274882. 55	787171. 50	11584776. 45	22555851. 30
新 疆	Xinjiang	775509111. 90	77030684. 10	9467986. 95	134609454. 15	536874345. 75

状况（2011年）
Status（2011）

Unit：mu

	建设用地 Construction Land				
其他农用地 Other Agriculture Land	小计 Subtotal	城镇村及工矿用地 Land for Residential, Industrial/Mining Sites	交通用地 Land for Transport	水利设施用地 Land for Water Conservancy Facilities	未利用地 Unused Land
357724081.50	**544763760.30**	**445892099.25**	**46611292.05**	**52260369.00**	
857663.40	5188270.50	4426750.80	453973.80	307545.90	
2737056.60	5910379.35	4732264.65	377521.05	800593.65	
10508894.70	31182618.15	27112814.25	2475362.55	1594441.35	
9982452.30	14545802.70	12737787.15	1258016.40	549999.15	
11968226.10	22855100.85	19086378.00	2771243.85	997479.00	
7053259.20	23343110.70	19246311.15	2098476.75	1998322.80	
6663336.30	15760584.75	12492954.60	1253916.00	2013714.15	
16526102.55	23684891.70	17887237.20	2196921.15	3600733.35	
1030813.05	4422772.95	3978156.45	406592.70	38023.80	
20895849.75	32730688.35	27265776.90	2963920.50	2500990.95	
6095948.85	17926522.05	13941247.20	1919705.85	2065569.00	
17951109.15	28687476.75	23814747.15	1757863.20	3114866.40	
6701860.65	11256000.45	8732361.75	1465394.55	1058244.15	
10464420.75	17728685.40	13351519.35	1339722.30	3037443.75	
25468494.45	40514145.45	34136242.05	2947543.50	3430359.90	
13130017.80	36770549.40	31643300.10	2351925.45	2775323.85	
21580777.35	23566993.05	18169544.85	1450996.65	3946451.55	
17337588.60	23162615.55	19002755.70	1876660.50	2283199.35	
15974175.30	28218024.90	22983961.95	2333089.35	2900973.60	
11361079.05	17154844.35	12763445.55	1779136.05	2612262.75	
1648349.10	4847321.25	3683826.60	303680.10	859814.55	
8473862.85	9249874.95	7925363.40	761929.80	562581.75	
24839181.00	25517143.35	21943839.75	1917020.25	1656283.35	
15677503.80	8833826.40	7186595.25	1050266.70	596964.45	
29059870.20	14404974.45	11753104.05	1468816.95	1183053.45	
1135053.75	2033048.85	1417114.20	520729.20	95205.45	
6310357.05	12996518.10	11141003.10	1319414.25	536100.75	
13340527.80	12366866.70	10789736.40	1004865.60	572264.70	
2336342.25	4672193.70	3165526.35	570827.25	935840.10	
3087266.85	4244740.35	3653541.75	458193.00	133005.60	
17526640.95	20987174.85	15726891.60	1757566.80	3502716.45	

土地利用
Land Use

单位：亩

地区	Region	农用地 Agricultural Land				
		小计 Subtotal	耕地 Cultivated Land	园地 Garden Land	林地 Forest Land	牧草地 Pasture Land
总 计	**Total**	**9696984562. 95**	**2027376566. 10**	**218000396. 55**	**3800953402. 20**	**3293479410. 00**
北 京	Beijing	17320425. 15	3312842. 40	2056765. 80	11094502. 20	3153. 60
天 津	Tianjin	10592600. 40	6589163. 55	460066. 80	833791. 80	
河 北	Hebei	196893914. 55	98374934. 55	12707345. 25	69207820. 35	6042808. 95
山 西	Shanxi	150614827. 80	60962876. 10	6164314. 05	72967123. 35	510095. 25
内蒙古	Inner Mongolia	1243808736. 90	137803900. 05	861054. 15	348999008. 25	744060275. 40
辽 宁	Liaoning	173486149. 35	74982793. 95	7082119. 65	84353920. 95	48696. 60
吉 林	Jilin	249340588. 20	105205488. 75	990942. 75	132901921. 35	3570038. 85
黑龙江	Heilongjiang	598844973. 45	237688352. 10	674136. 90	327431754. 30	16517487. 15
上 海	Shanghai	4801367. 85	2822780. 40	257221. 20	722554. 95	47. 25
江 苏	Jiangsu	98102640. 00	68769918. 30	4628044. 20	3893404. 80	1368. 90
浙 江	Zhejiang	129910225. 50	29690831. 70	9086574. 90	85037714. 10	5229. 15
安 徽	Anhui	167882455. 80	88219377. 15	5297404. 50	56477808. 75	7776. 60
福 建	Fujian	163899625. 65	20076014. 10	11858692. 20	125307919. 50	3891. 90
江 西	Jiangxi	217161099. 15	46252560. 45	4958522. 70	155501030. 10	10039. 20
山 东	Shandong	173702291. 10	114535032. 75	10974280. 80	22644451. 35	86428. 65
河 南	Henan	191185233. 30	122351350. 35	3375871. 95	52299072. 00	5248. 80
湖 北	Hubei	237704113. 35	79349559. 60	7348017. 45	129463471. 95	30671. 85
湖 南	Hunan	273629097. 75	62193689. 55	10158348. 30	183758453. 10	208922. 25
广 东	Guangdong	225742606. 95	39216551. 10	19525495. 80	150999634. 50	47890. 95
广 西	Guangxi	293987591. 55	66213591. 45	16413924. 45	199934045. 40	78738. 30
海 南	Hainan	44775301. 95	10900213. 20	13973698. 50	18066450. 15	189806. 70
重 庆	Chongqing	106639195. 35	36769224. 15	4092296. 85	56759433. 30	683055. 60
四 川	Sichuan	633837774. 00	100980928. 50	11167407. 15	332613176. 10	164420457. 60
贵 州	Guizhou	221953220. 70	68282833. 35	2484832. 35	134422214. 40	1092979. 35
云 南	Yunnan	495138528. 45	93373771. 05	24692307. 30	345810089. 25	2217196. 95
西 藏	Tibet	1308704812. 95	6633436. 80	23749. 80	240430527. 90	1060481778. 15
陕 西	Shaanxi	279567201. 60	59782345. 05	12499419. 60	168161367. 30	32810182. 20
甘 肃	Gansu	278428107. 30	80752014. 75	3896527. 65	91571812. 20	88864510. 95
青 海	Qinghai	676774545. 60	8827914. 60	92138. 55	53159121. 75	612358132. 05
宁 夏	Ningxia	57209986. 95	19241206. 35	780477. 75	11571727. 80	22529428. 50
新 疆	Xinjiang	775345324. 35	77221069. 95	9418397. 25	134558079. 00	536593072. 35

状况（2012年）
Status (2012)

Unit: mu

	建设用地 Construction Land				未利用地 Unused Land
其他农用地 Other Agriculture Land	小计 Subtotal	城镇村及工矿用地 Land for Residential, Industrial/Mining Sites	交通用地 Land for Transport	水利设施用地 Land for Water Conservancy Facilities	
357174788.10	**553605286.65**	**452988231.30**	**48143948.70**	**52473106.65**	
853161.15	5241790.05	4466381.85	467727.30	307680.90	
2709578.25	5998876.50	4811118.00	387454.05	800304.45	
10561005.45	31557023.40	27423649.35	2537867.85	1595506.20	
10010419.05	14771668.80	12878927.85	1339222.05	553518.90	
12084499.05	23265238.50	19386414.75	2829241.95	1049581.80	
7018618.20	23729476.65	19534321.95	2173266.45	2021888.25	
6672196.50	15934631.10	12650836.95	1269736.95	2014057.20	
16533243.00	23883476.25	18042266.85	2231516.70	3609692.70	
998764.05	4484280.00	4033884.30	411846.90	38548.80	
20809903.80	33063382.65	27533789.85	3027371.40	2502221.40	
6089875.65	18237443.40	14205697.20	1963067.25	2068678.95	
17880088.80	29000338.50	24048524.85	1844942.25	3106871.40	
6653107.95	11514835.65	8919032.85	1533871.65	1061931.15	
10438946.70	18083424.30	13661490.75	1385588.85	3036344.70	
25462097.55	41030574.90	34593111.45	3007428.60	3430034.85	
13153690.20	37233873.75	32041014.75	2411469.90	2781389.10	
21512392.50	24074674.95	18590495.40	1526809.95	3957369.60	
17309684.55	23408721.90	19212437.85	1913063.10	2283220.95	
15953034.60	28552775.70	23268229.65	2380353.00	2904193.05	
11347291.95	17467406.25	12908046.00	1879233.15	2680127.10	
1645133.40	4918824.75	3741397.95	316744.20	860682.60	
8335185.45	9438772.20	8071325.55	803296.50	564150.15	
24655804.65	25891164.60	22253493.15	1975228.50	1662442.95	
15670361.25	9212446.20	7481050.95	1130933.10	600462.15	
29045163.90	14651537.40	11972419.50	1492764.60	1186353.30	
1135320.30	2048671.50	1430052.00	522955.05	95664.45	
6313887.45	13409090.55	11487072.75	1384639.35	537378.45	
13343241.75	12638703.15	11011240.35	1053849.15	573613.65	
2337238.65	4797859.20	3274156.35	587349.00	936353.85	
3087146.55	4387713.60	3773936.85	480635.55	133141.20	
17554705.80	21676590.30	16282413.45	1874474.40	3519702.45	

土地利用
Land Use

单位：亩

地区	Region	农用地 Agricultural Land				
		小计 Subtotal	耕地 Cultivated Land	园地 Garden Land	林地 Forest Land	牧草地 Pasture Land
总 计	**Total**	**9692526334.95**	**2027450581.35**	**216819057.90**	**3798808924.20**	**3292708088.40**
北 京	Beijing	17271284.10	3317359.20	2033600.55	11070546.75	3093.60
天 津	Tianjin	10514337.45	6574647.30	455972.25	828928.65	
河 北	Hebei	196807229.40	98267877.15	12668118.30	69169971.45	6039683.70
山 西	Shanxi	150535666.80	60929879.10	6140835.45	72923526.90	508110.30
内蒙古	Inner Mongolia	1243660844.25	137984694.45	858735.90	348845163.00	743833918.65
辽 宁	Liaoning	173298730.50	74844924.45	7060681.80	84312536.70	48717.60
吉 林	Jilin	249238284.90	105097008.45	989459.70	132879290.10	3566399.25
黑龙江	Heilongjiang	599038551.60	237961582.50	672783.00	327403662.00	16480277.85
上 海	Shanghai	4761415.80	2820191.40	254695.65	715279.65	47.25
江 苏	Jiangsu	97909554.75	68723712.15	4592490.30	3882549.75	1366.95
浙 江	Zhejiang	129632246.40	29677591.80	8968234.35	84923892.15	5229.15
安 徽	Anhui	167777906.70	88246529.10	5288777.85	56408532.30	7534.35
福 建	Fujian	163623254.10	20081155.50	11733447.45	125204543.10	4291.50
江 西	Jiangxi	217089139.80	46309653.30	4941329.85	155402817.45	10002.75
山 东	Shandong	173512520.70	114502946.55	10925582.85	22529166.45	86405.25
河 南	Henan	190874363.10	122110522.65	3351849.00	52221185.10	5237.55
湖 北	Hubei	237339189.30	79227194.55	7322421.75	129304578.45	30671.85
湖 南	Hunan	273370507.05	62242715.40	10072900.05	183560276.85	203758.95
广 东	Guangdong	225437557.20	39327445.20	19338695.40	150817456.20	48012.45
广 西	Guangxi	293846353.05	66291716.70	16335390.90	199791541.20	78353.70
海 南	Hainan	44716074.90	10900742.40	13921360.80	18033745.35	212918.55
重 庆	Chongqing	106518034.35	36837352.35	4074836.40	56739525.15	682950.00
四 川	Sichuan	633518107.20	101021637.15	11095441.80	332554396.35	164414750.25
贵 州	Guizhou	221822066.70	68222109.15	2520665.70	134312273.70	1092658.80
云 南	Yunnan	494927978.70	93297192.15	24645068.10	345738602.85	2215028.25
西 藏	Tibet	1308680822.40	6626585.10	23733.90	240426469.80	1060464701.40
陕 西	Shaanxi	279378161.10	59880132.45	12384697.80	168038527.20	32733949.05
甘 肃	Gansu	278341379.55	80682383.55	3879563.40	91551737.85	88841377.50
青 海	Qinghai	676617439.20	8823178.65	91607.85	53143401.30	612219335.10
宁 夏	Ningxia	57165951.75	19216869.60	772573.95	11557957.05	22515052.95
新 疆	Xinjiang	775301382.15	77403051.90	9403505.85	134516843.40	536354253.90

状况（2013年）
Status（2013）

Unit：mu

	建设用地 Construction Land				
其他农用地 Other Agriculture Land	小计 Subtotal	城镇村及工矿用地 Land for Residential, Industrial/Mining Sites	交通用地 Land for Transport	水利设施用地 Land for Water Conservancy Facilities	未利用地 Unused Land
356739683. 10	**561846038. 25**	**459109197. 15**	**50174158. 65**	**52562682. 45**	
846684. 00	5294515. 20	4512717. 45	474162. 30	307635. 45	
2654789. 25	6089121. 00	4877637. 45	411432. 75	800050. 80	
10661578. 80	31862544. 30	27657790. 80	2607505. 95	1597247. 55	
10033315. 05	15017919. 60	13019441. 70	1444805. 10	553672. 80	
12138332. 25	23638981. 05	19632142. 05	2994805. 20	1012033. 80	
7031869. 95	23971386. 30	19694173. 50	2211467. 70	2065745. 10	
6706127. 40	16106987. 70	12766744. 65	1311679. 50	2028563. 55	
16520246. 25	24000335. 25	18131945. 25	2254960. 50	3613429. 50	
971201. 85	4529869. 20	4050471. 15	440435. 25	38962. 80	
20709435. 60	33385816. 50	27783852. 30	3107764. 65	2494199. 55	
6057298. 95	18614062. 95	14503489. 50	2028701. 25	2081872. 20	
17826533. 10	29151733. 05	24148244. 10	1900603. 05	3102885. 90	
6599816. 55	11799615. 75	9127676. 70	1606602. 60	1065336. 45	
10425336. 45	18339242. 70	13866865. 80	1436779. 35	3035597. 55	
25468419. 60	41456521. 65	34941771. 45	3056029. 20	3458721. 00	
13185568. 80	37780205. 25	32454825. 00	2541750. 45	2783629. 80	
21454322. 70	24474112. 50	18874587. 15	1639248. 90	3960276. 45	
17290855. 80	23736321. 15	19477095. 45	1974372. 90	2284852. 80	
15905947. 95	28976837. 10	23591011. 80	2481443. 10	2904382. 20	
11349350. 55	17710649. 40	13112249. 25	1917626. 70	2680773. 45	
1647307. 80	4983757. 50	3790856. 40	332729. 70	860171. 40	
8183370. 45	9574287. 45	8156911. 35	849376. 95	567999. 15	
24431881. 65	26225031. 60	22501488. 30	2056271. 55	1667271. 75	
15674359. 35	9493025. 10	7662408. 00	1228865. 10	601752. 00	
29032087. 35	14908113. 30	12179855. 25	1540973. 10	1187284. 95	
1139332. 20	2076172. 50	1445629. 05	533215. 80	97327. 65	
6340854. 60	13620597. 45	11644227. 00	1438284. 60	538085. 85	
13386317. 25	12965793. 00	11264022. 90	1126415. 85	575354. 25	
2339916. 30	5053236. 75	3445316. 40	671383. 05	936537. 30	
3103498. 20	4493045. 85	3850212. 00	508426. 05	134407. 80	
17623727. 10	22516200. 15	16943538. 00	2046040. 50	3526621. 65	

土地利用
Land Use

单位：亩

地区	Region	农用地 Agricultural Land				
		小计 Subtotal	耕地 Cultivated Land	园地 Garden Land	林地 Forest Land	牧草地 Pasture Land
总 计	**Total**	**9686116965. 45**	**2025860080. 65**	**215672914. 35**	**3796069038. 90**	**3291990649. 65**
北 京	Beijing	17239493. 55	3299231. 40	2026555. 65	11063143. 35	3079. 35
天 津	Tianjin	10473431. 85	6557726. 10	453637. 95	826430. 85	
河 北	Hebei	196559965. 05	98032140. 15	12610038. 30	69093980. 85	6027561. 45
山 西	Shanxi	150425689. 20	60852535. 20	6113756. 25	72881236. 95	508202. 10
内蒙古	Inner Mongolia	1243607631. 60	138460060. 50	852660. 45	348595111. 35	743477435. 10
辽 宁	Liaoning	173140180. 05	74725141. 80	7040348. 40	84279790. 80	48446. 70
吉 林	Jilin	249136959. 45	105020454. 60	987899. 85	132839392. 05	3562385. 40
黑龙江	Heilongjiang	598949051. 10	237899915. 70	671345. 70	327373260. 30	16454142. 45
上 海	Shanghai	4728143. 85	2823095. 40	252159. 75	707594. 10	47. 25
江 苏	Jiangsu	97661533. 05	68613573. 75	4552353. 30	3871982. 55	1349. 40
浙 江	Zhejiang	129365111. 40	29649022. 35	8862267. 30	84799785. 60	5142. 75
安 徽	Anhui	167442965. 10	88082014. 05	5277274. 05	56321198. 40	7200. 45
福 建	Fujian	163383385. 80	20045785. 20	11658969. 00	125112445. 05	4269. 60
江 西	Jiangxi	216811021. 65	46280306. 55	4919357. 70	155188405. 95	9935. 85
山 东	Shandong	173220910. 65	114309709. 80	10862831. 25	22422030. 75	86385. 75
河 南	Henan	190469597. 10	121768736. 10	3328330. 65	52145558. 10	5015. 40
湖 北	Hubei	236742700. 35	78925131. 75	7276830. 15	129114832. 95	30456. 00
湖 南	Hunan	273105975. 00	62235221. 55	10027064. 85	183363458. 85	203733. 00
广 东	Guangdong	225014911. 50	39349724. 25	19168061. 40	150625447. 50	47166. 90
广 西	Guangxi	293587632. 00	66154950. 30	16299871. 35	199712853. 90	78238. 05
海 南	Hainan	44654578. 95	10885777. 20	13886532. 00	18002674. 35	233951. 70
重 庆	Chongqing	106350233. 55	36819679. 80	4047903. 15	56709676. 05	682912. 80
四 川	Sichuan	633024516. 90	101012673. 15	11021537. 25	332433374. 85	164391738. 00
贵 州	Guizhou	221525829. 30	68101875. 45	2488922. 10	134173837. 95	1090061. 25
云 南	Yunnan	494258290. 20	93111679. 95	24538317. 75	345388792. 80	2210276. 40
西 藏	Tibet	1308646579. 80	6637994. 70	23545. 95	240411356. 25	1060428755. 40
陕 西	Shaanxi	279273587. 10	59921583. 45	12325140. 60	167959875. 00	32693889. 30
甘 肃	Gansu	278298342. 15	80668028. 10	3867958. 05	91506913. 35	88825089. 60
青 海	Qinghai	676594704. 75	8785619. 25	91402. 80	53136395. 10	612238284. 45
宁 夏	Ningxia	57164029. 05	19288166. 55	765099. 15	11529237. 60	22466182. 95
新 疆	Xinjiang	775259984. 40	77542526. 55	9374942. 25	134478965. 40	536169314. 85

状况（2014 年）
Status（2014）

Unit：mu

	建设用地 Construction Land				未利用地 Unused Land
其他农用地 Other Agriculture Land	小计 Subtotal	城镇村及工矿用地 Land for Residential, Industrial/Mining Sites	交通用地 Land for Transport	水利设施用地 Land for Water Conservancy Facilities	
356524281. 90	**571712917. 05**	**465848953. 20**	**52467241. 95**	**53396721. 90**	
847483. 80	5332328. 70	4544087. 55	480008. 25	308232. 90	
2635636. 95	6139993. 35	4914177. 15	425784. 45	800031. 75	
10796244. 30	32333418. 75	28000191. 45	2734273. 95	1598953. 35	
10069958. 70	15277399. 35	13192328. 40	1527798. 60	557272. 35	
12222364. 20	24034704. 15	19894630. 80	3120222. 15	1019851. 20	
7046452. 35	24182115. 60	19849754. 25	2262168. 45	2070192. 90	
6726827. 55	16255560. 90	12855481. 95	1366561. 35	2033517. 60	
16550386. 95	24174269. 55	18259386. 00	2286107. 40	3628776. 15	
945247. 35	4575942. 75	4091113. 95	444461. 85	40366. 95	
20622274. 05	33750559. 80	28055994. 60	3206684. 25	2487880. 95	
6048893. 40	18992067. 15	14802022. 65	2096384. 40	2093660. 10	
17755278. 15	29533443. 60	24426141. 75	2004417. 60	3102884. 25	
6561916. 95	12070531. 50	9291456. 00	1708632. 00	1070443. 50	
10413015. 60	18740512. 05	14169279. 60	1537196. 25	3034036. 20	
25539953. 10	41882554. 20	35295256. 80	3127549. 65	3459747. 75	
13221956. 85	38354803. 80	32895158. 55	2662472. 10	2797173. 15	
21395449. 50	25133626. 95	19332259. 05	1753328. 40	4048039. 50	
17276496. 75	24060975. 60	19723878. 15	2051109. 15	2285988. 30	
15824511. 45	29542885. 95	24035146. 95	2600240. 25	2907498. 75	
11341718. 40	18002884. 05	13325504. 40	1981839. 90	2695539. 75	
1645643. 70	5049809. 40	3833741. 55	351689. 70	864378. 15	
8090061. 75	9751985. 85	8289126. 90	889551. 75	573307. 20	
24165193. 65	26792079. 60	22869747. 90	2162981. 40	1759350. 30	
15671132. 55	9948500. 85	7944011. 70	1386249. 30	618239. 85	
29009223. 30	15720007. 95	12383934. 30	1631423. 10	1704650. 55	
1144927. 50	2121193. 50	1472698. 50	549902. 40	98592. 60	
6373098. 75	13926545. 55	11864965. 95	1520122. 65	541456. 95	
13430353. 05	13244945. 55	11470824. 75	1195261. 20	578859. 60	
2343003. 15	5049918. 00	3390999. 00	729749. 55	929169. 45	
3115342. 80	4617619. 20	3944069. 25	536673. 90	136876. 05	
17694235. 35	23119733. 85	17431583. 40	2136396. 60	3551753. 85	

土地登记发证与权属
Land Registration and License Issued

单位：宗

地区	Region	土地发证 Land License Issued					
		国有土地使用权 State-owned Land-use Right		集体土地所有权 Collective-owned Land-own Right		集体建设用地使用权 Right to the Use of Construction Land for Collectives	
		应发证宗数 Number of Land Plots Whose Registration should be Completed	已发证宗数 Number of Land Plots Whose Registration has been Completed	应发证宗数 Number of Land Plots Whose Registration should be Completed	已发证宗数 Number of Land Plots Whose Registration has been Completed	应发证宗数 Number of Land Plots Whose Registration should be Completed	已发证宗数 Number of Land Plots Whose Registration has been Completed
总 计		**125584979**	**117595336**	**8407357**	**8116056**	**12830724**	**9621757**
北 京	Beijing	271536	131956	24856	23466	27839	6599
天 津	Tianjin	1831236	1799581	22585	22091	48865	13221
河 北	Hebei	2917059	2636936	161602	176358	522046	336398
山 西	Shanxi	809036	706779	115041	111124	167681	114113
内蒙古	Inner Mongolia	2082044	1858194	139084	130514	50275	38927
辽 宁	Liaoning	3391532	2635872	161559	158335	240328	153906
吉 林	Jilin	3524808	3325831	218184	244927	259358	209558
黑龙江	Heilongjiang	5052905	4308832	59399	56765	33652	22653
上 海	Shanghai	10380485	10376458	13801	13628	38134	33677
江 苏	Jiangsu	12894490	12588628	1035054	1033694	1173621	1125007
浙 江	Zhejiang	12832308	12568861	498480	380023	319864	305324
安 徽	Anhui	3849553	3310493	17548	17126	75325	64789
福 建	Fujian	5730282	5452162	93361	90976	504911	447406
江 西	Jiangxi	2775808	2441915	944602	938248	536813	146835
山 东	Shandong	5510681	5354026	327776	325581	428857	412878
河 南	Henan	4454156	3766566	1558102	1456548	5422039	4417965
湖 北	Hubei	5779221	5168119	75004	73477	459611	179786
湖 南	Hunan	5398014	5039981	54904	50689	418747	142832
广 东	Guangdong	8699864	8006181	1500056	1456226	788007	764881
广 西	Guangxi	2822395	2685672	46474	46481	31455	22204
海 南	Hainan	387100	387100	198969	196055	14770	14005
重 庆	Chongqing	5448316	5359275	81304	80444	43863	40676
四 川	Sichuan	9781439	9539930	395411	392705	158897	149572
贵 州	Guizhou	1631659	1462916	24415	24391	44875	37983
云 南	Yunnan	2845025	2680955	441321	427090	252051	111763
西 藏	Tibet	93356	74491	12137	4609	58771	10009
陕 西	Shaanxi	657843	507408	105001	103523	139986	122980
甘 肃	Gansu	687895	655620	21254	21222	81785	61350
青 海	Qinghai	595006	538288	9181	8969	13434	6288
宁 夏	Ningxia	687912	657957	6072	6056	13468	5010
新 疆	Xinjiang	1762015	1568353	44820	44715	461396	103162

争议情况（2014年）

and Ownership Dispute (2014)

Unit: plot

宅基地使用权 Right to the Use of Original House Sites		土地权属争议 Land Ownership Dispute				
应发证宗数 Number of Land Plots Whose Registration should be Completed	已发证宗数 Number of Land Plots Whose Registration has been Completed	现有争议数 Number of Ownership Dispute Cases Available	当年受理现有争议数 Number of Ownership Dispute Cases Available Accepted in the Current Year	已处理争议数 Number of Ownership Dispute Cases Handled	当年已处理争议数 Number of Ownership Dispute Cases Handled in the Current Year	当年受理当年处理争议数 Number of Ownership Dispute Cases Accepted and Handled in the Current Year
244534659	**200096604**	**107394**	**19952**	**243210**	**26778**	**18799**
874138	498904	565	89	2556	50	32
1344388	362981	630		6188		
19188644	14628534	5551	1616	13182	3034	2436
6241838	4388639	4032	406	5796	682	361
3738746	3189805	7193	800	1207	586	180
6631679	4076046	2106	355	2626	78	52
4002823	3296489	19774	2686	8672	639	278
4392194	3494017	3676	566	7747	652	437
92238	90203	4		169	9	7
14238166	13510462	903	99	5252	1118	949
11410671	10628120	188	18	2505	192	149
12468865	11620509	730	120	4685	457	233
6231802	5319177	7357	288	4646	339	242
9973948	6926189	4934	2940	5869	3332	2660
22013553	21127017	13883	2090	34602	3000	2329
19723496	14607941	7071	1688	7352	1551	1271
11602389	6622127	1239	225	3696	487	437
9441547	5531019	3585	646	12535	1250	1033
14050237	13403115	6452	1220	9000	1920	764
7419084	6930511	3073	1011	5334	1046	729
2567684	2511601	69	1	7830	42	3
6777661	6604951	316	211	7818	306	280
17949652	17416369	874	336	22519	1375	1222
6010212	5204106	1009	380	15198	578	262
10811173	7130010	9037	1234	23315	2073	1015
374520	61555	5	5	67	5	5
6245954	5163732	1188	145	5392	263	191
4834997	3726131	437	269	11116	854	751
731717	588621	207	29	944	277	20
878962	839573	160	7	229	20	13
2271681	598150	1146	472	5163	563	458

主要统计指标解释

年末耕地面积 指年末统计区域内实有的全部耕地面积。

年内增加耕地面积 指本年度因土地整理、复垦、开发、农业结构调整而增加的耕地面积。

农业结构调整 指由于经济发展和保护生态环境需要，在报告期对原有种植业、林业、牧业、水产养殖业、副业等所占土地在农业生产中所占比例进行调整。

农业结构调整（增加耕地） 指由于农业结构调整，将原其他农业用途的土地改为耕地的面积。

年内减少耕地面积 指本年度因建设占用、灾害损毁、生态退耕和农业结构调整而减少的耕地面积。

建设占用 指因各类建设占用而减少的耕地面积。

灾害损毁 指因水冲、沙压、山崩、泥石流、沟蚀、地震等自然灾害破坏而减少的耕地面积。

生态退耕 指因生态环境建设需要，实际耕地退耕还林、还牧、还湖的面积。

农业结构调整（减少耕地） 指由于农业结构调整，将原耕地改为其他农业用途土地的面积。

Explanatory Notes on Main Statistical Indicators

Cultivated land area at the year end—refers to the area of all the cultivated land available within a geographic region of statistical surveys at the end of the year.

Increase of cultivated land area during the year—refers to the area of cultivated land increased during the year as a result of land consolidation, reclamation, new development, and agricultural restructuring.

Agricultural restructuring—refers to the adjustment of the percentages of the lands originally used by crop growing, forestry, livestock farming, aquatic products farming, and side – line occupation in agricultural production during the reporting period in order to meet the requirements for economic development and eco – environmental protection.

Agricultural restructuring (increase of cultivated land) —refers to the area of cultivated land to which the land for other agricultural uses is converted as a result of agricultural restructuring.

Decrease of cultivated land area during the year—refers to the area of cultivated land decreased during the year as a result of use for construction, damage by natural hazards, transfer of productive cultivated land to ecological preservation uses, and agricultural restructuring.

Land for construction use—refers to the area of cultivated land decreased due to various construction uses.

Destroyed by natural hazards—refers to the area of cultivated land decreased due to damage by natural hazards such as water erosion, sand coverage, landslides, mudflows, rill erosion, and earthquakes.

Turned to ecological uses—refers to the area of actual cultivated land converted for forestry, pasture, and lakes in order to meet the requirements for eco – environmental construction.

Agricultural restructuring (decrease of cultivated land) —refers to the area of land for other agricultural uses to which original cultivated land is converted as a result of agricultural restructuring.

矿产资源勘查
Mineral Resources Exploration

地质勘查投入和新发现矿
Input in Geological Exploration and Newly

年份/地区	Year/Region	地质勘查 Expenditures for Geological				
		合计 Total	中央财政拨款 Central Special Budgetary Allocations	地方财政拨款 Local Special Budgetary Allocations	企事 Funds from	
					小计 Subtotal	国内企事业 Funds from Domestic Enterprises and Institutions
	2012	12967540. 64	884198. 86	1283563. 65	10799778. 13	10516960. 04
	2013	12109591. 02	1042800. 58	1239283. 01	9827507. 43	9334793. 88
	2014	11269366. 67	891491. 91	962230. 46	9415644. 30	8881495. 89
北 京	Beijing	106023. 32	5522. 00	9300. 16	91201. 16	88118. 21
天 津	Tianjin	78754. 53	2420. 00	8612. 53	67722. 00	67302. 00
河 北	Hebei	391450. 64	18635. 00	60637. 41	312178. 23	304103. 87
山 西	Shanxi	229604. 98	10130. 00	54709. 36	164765. 62	113525. 06
内蒙古	Inner Mongolia	548333. 51	67522. 00	78905. 00	401906. 51	347847. 51
辽 宁	Liaoning	198212. 26	12968. 00	10210. 56	175033. 70	173762. 27
吉 林	Jilin	270662. 12	8251. 00	17864. 55	244546. 57	229669. 71
黑龙江	Heilongjiang	281894. 34	25716. 00	44268. 53	211909. 81	210432. 85
上 海	Shanghai	129843. 11	2120. 00	1331. 11	126392. 00	126392. 00
江 苏	Jiangsu	199539. 30	17657. 54	6751. 08	175130. 68	174461. 69
浙 江	Zhejiang	44628. 69	9110. 00	15712. 08	19806. 61	19575. 88
安 徽	Anhui	134358. 54	9394. 00	35231. 70	89732. 84	81685. 14
福 建	Fujian	41655. 14	10885. 00	9961. 74	20808. 40	17195. 95
江 西	Jiangxi	106796. 18	20141. 00	19154. 79	67500. 39	65458. 02
山 东	Shandong	507395. 78	13355. 00	56955. 67	437085. 11	424114. 47
河 南	Henan	376259. 30	14720. 00	50458. 44	311080. 86	308684. 04
湖 北	Hubei	178639. 63	20611. 00	13324. 46	144704. 17	143113. 54
湖 南	Hunan	90713. 90	22903. 00	38430. 00	29380. 90	28487. 31
广 东	Guangdong	56974. 02	17690. 59	6254. 27	33029. 16	31601. 67
广 西	Guangxi	74734. 10	16834. 09	23643. 70	34256. 31	32546. 35
海 南	Hainan	199563. 34	3945. 00	4686. 08	190932. 26	190932. 26
重 庆	Chongqing	95307. 67	11870. 00	49968. 66	33469. 01	33092. 09
四 川	Sichuan	764770. 21	40512. 00	53068. 50	671189. 71	669538. 93
贵 州	Guizhou	175703. 54	17050. 00	53958. 74	104694. 80	94437. 15
云 南	Yunnan	211819. 63	26295. 00	17809. 09	167715. 54	129035. 23
西 藏	Tibet	99717. 75	62479. 00	8376. 77	28861. 98	26770. 87
陕 西	Shaanxi	905751. 13	24547. 69	33955. 44	847248. 00	835693. 59
甘 肃	Gansu	523717. 49	26859. 00	39627. 17	457231. 32	450828. 59
青 海	Qinghai	355759. 67	101955. 00	57243. 91	196560. 76	186860. 02
宁 夏	Ningxia	97218. 87	4267. 00	8206. 96	84744. 91	82016. 96
新 疆	Xinjiang	2054779. 58	73447. 00	73612. 00	1907720. 58	1891555. 58
其 他	The Others	1738784. 40	171680. 00		1567104. 40	1302657. 08

①为 2003 年新增指标。
① Newly added indicators in 2003.

产地情况——按地区分列
Discovered Mineral Prospects by Region

经费/万元 Exploration/10^4 yuan			机械岩心钻探工作量/米 Footage of Core Drilling/meter	坑探工作量/米 Footage of Pitting/meter	新发现矿产地 Newly Discovered Mineral Prospects
业资金 Enterprises and Institutions					
港澳台商[①] Investment from Hong Kong, Macao and Taiwan	外商 Foreign Investment	其他投入 Other Investments			
10479. 91	11577. 69	260760. 49	34191939	869934	251
1694. 44	295089. 38	195929. 73	28980156	821223	247
882. 79	325947. 43	207318. 19	25878476	843807	287
		3082. 95	15800		
		420. 00	80875		
	2090. 00	5984. 36	1000688	7405	5
	46489. 67	4750. 89	814169	3409	5
	77. 00	53982. 00	3209742	64911	40
		1271. 43	532900	12343	3
	362. 19	14514. 67	727397	26699	1
		1476. 96	523617		1
			116		
		668. 99	138991	20	
		230. 73	160000	5089	3
	1916. 70	6131. 00	907534	18405	4
66. 20		3546. 25	258100	8146	4
241. 80	1755. 57	45. 00	888900	60907	58
		12970. 64	1213228	5684	10
		2396. 82	567406	22393	9
		1590. 63	225719	13347	
	805. 00	88. 59	472056	10340	14
495. 59	452. 93	478. 97	255900	16954	4
	375. 44	1334. 52	351685	13262	5
			174000	3968	39
		376. 92	177534	9769	
79. 20		1571. 58	583046	190000	3
		10257. 65	1143013	9099	7
		38680. 31	989500	107774	4
		2091. 11	176910	3229	
	1550. 00	10004. 41	3621180	89272	7
	4628. 47	1774. 26	1567043	46407	7
	587. 14	9113. 60	625658	7937	7
		2727. 95	482571		
	410. 00	15755. 00	3650492	87040	37
	264447. 32		342707		10

地质勘查投入和新发现矿产
Input in Geological Exploration and Newly

矿种	Mineral	地质勘查 Expenditures for Geological				
		合计 Total	中央财政拨款 Central Special Budgetary Allocations	地方财政拨款 Local Special Budgetary Allocations	企事 Funds from	
					小计 Subtotal	国内企事业 Funds from Domestic Enterprises and Institutions
总　计	**Total**	**11269366.67**	**891491.91**	**962230.46**	**9415644.30**	**8881495.89**
煤炭	Coal	592853.25	4745.00	200128.00	387980.25	365779.94
石油天然气	Oil & natural gas	6946738.05	25930.00		6920808.05	6656360.73
煤层气	Coal - bed methane	110404.08	1290.00		109114.08	57402.14
页岩气	Shale gas	152991.00	28020.00		124971.00	124971.00
天然沥青	Native bitumen	65.00			65.00	65.00
油页岩	Oil shale	9245.10	500.00	3578.40	5166.70	4533.95
石煤	Stone coal	6587.17		5408.16	1179.01	974.87
地热	Geothermal	30215.45		2520.77	27694.68	20216.77
铁矿	Iron	255415.08	16397.34	78317.18	160700.56	147367.88
锰矿	Manganese	35184.49	1819.30	6704.80	26660.39	21747.79
铬矿	Chromite	6984.66	1820.00	770.00	4394.66	4394.66
钛矿	Titanium	3065.49		447.56	2617.93	2128.78
钒矿	Vanadium	6142.07		1129.00	5013.07	4223.25
铜矿	Copper	561900.36	31128.01	66941.70	463830.65	428233.22
铝土矿	Bauxite	60965.73	390.00	15834.85	44740.88	44340.43
镁矿	Magnesium	630.00			630.00	630.00
镍矿	Nickel	30195.29	840.00	2692.71	26662.58	26036.51
钴矿	Cobalt	1486.16		341.00	1145.16	1145.16
钨矿	Tungsten	35120.09	2175.00	8878.83	24066.26	23536.26
锡矿	Tin	18706.45	895.00	3548.06	14263.39	12502.39
铋矿	Bismuth	6.53			6.53	6.53
钼矿	Molybdenum	40770.69		10754.95	30015.74	26540.56
锑矿	Antimony	8012.30	1415.00	2123.34	4473.96	4443.96
汞矿	Mercury	296.29		10.00	286.29	286.29
铅锌矿	Lead - zinc	299631.91	10898.78	46437.92	242295.21	205777.83
铂族金属	Platinum - group metals	1156.31		37.81	1118.50	419.48
金矿	Gold	566033.21	25370.48	101833.43	438829.30	367426.13
银矿	Silver	64027.73	520.00	18812.93	44694.80	41073.80

地情况——按矿种分列（2014 年）
Discovered Mineral Prospects by Mineral (2014)

经费/万元 Exploration/10^4 yuan			机械岩心钻探工作量/米 Footage of Core Drilling/meter	坑探工作量/米 Footage of Pitting/meter	新发现矿产地 Newly Discovered Mineral Prospects
业资金 Enterprises and Institutions					
港澳台商 Investment from Hong Kong, Macao and Taiwan	外商 Foreign Investment	其他投入 Other Investments			
882.79	**325947.43**	**207318.19**	**25878476**	**843807**	**287**
	410.00	21790.31	4114800	40941	26
	264447.32		7123460		19
	51711.94		153426		
			55368	24000	
		632.75	70175		3
		204.14	43241		
		7477.91	290392		5
		13332.68	1649949	157365	25
	420.44	4492.16	212786	7230	3
			29686		
		489.15	27047	160	
		789.82	48581	4819	3
		35597.43	2706200	150628	18
		400.45	514021	560	5
			1102		
		626.07	166372	473	2
			2995		
		530.00	294999	18982	5
		1761.00	113679	10105	3
			844		
		3475.18	323500	16098	3
		30.00	65021	7221	
			846	243	
	2356.35	34161.03	1885677	117638	20
		699.02	5893	667	
	6525.80	64877.37	3682352	204209	27
	75.58	3545.42	414413	20056	4

地质勘查投入和新发现矿产地情况

Input in Geological Exploration and Newly Discovered

矿种	Mineral	地质勘查 Expenditures for Geological				
		合计 Total	中央财政拨款 Central Special Budgetary Allocations	地方财政拨款 Local Special Budgetary Allocations	企事 Funds from	
					小计 Subtotal	国内企事业 Funds from Domestic Enterprises and Institutions
铌钽矿	Columbotantalite	10405.48		2138.19	8267.29	8207.96
铍矿	Beryllium	4561.00		361.00	4200.00	4168.00
锂矿	Lithium	4558.48		1620.14	2938.34	2938.34
锶矿	Strontium	973.37		780.00	193.37	193.37
铷矿	Rubidium	2918.57		2458.30	460.27	460.27
铯矿	Cesium	51.00			51.00	51.00
锆矿	Zirconium	281.00			281.00	2.00
稀土矿	Rare earth	13384.01	6840.00	4389.57	2154.44	2154.44
锗矿	Germanium	50.90			50.90	50.90
钪矿	Scandium	963.16		350.00	613.16	613.16
硒矿	Selenium	107.11			107.11	107.11
蓝晶石	Kyanite	226.00		126.00	100.00	100.00
红柱石	Andalusite	660.81		462.12	198.69	198.69
菱镁矿	Magnesite	741.40			741.40	741.40
普通萤石	Common fluorite	15708.77	270.00	2967.21	12471.56	12257.04
熔剂用灰岩	Limestone flux	2621.36		131.98	2489.38	2489.38
冶金用白云岩	Metallurgical dolomite	1304.03		397.55	906.48	723.18
冶金用石英岩	Metallurgical quartzite	904.72		609.72	295.00	295.00
冶金用脉石英	Metallurgical vein quartz	260.91			260.91	195.32
耐火粘土	Fireclay	299.77		294.72	5.05	5.05
熔剂用蛇纹岩	Serpentinite flux	179.06			179.06	179.06
硫矿	Native sulfur	4694.15		508.00	4186.15	3371.35
钠硝石	Natratine	2310.00			2310.00	1664.00
明矾石	Alunite	104.86		17.00	87.86	87.86
芒硝	Mirabilite	1926.50			1926.50	1926.50
重晶石	Barite	2988.99		1041.91	1947.08	1298.87
毒重石	Witherite	326.06		326.06		
天然碱	Trona	2633.15		1333.15	1300.00	1300.00
电石用灰岩	Limestone for calcium carbide	980.50		80.00	900.50	302.00
化工用白云岩	Dolostone for chemical industry	263.58		263.58		
含钾岩石	K – bearing rock	1019.75		6.00	1013.75	43.13
化肥用蛇纹岩	Serpentinite for fertilizer	679.00			679.00	679.00
泥炭	Peat	180.00			180.00	180.00
盐矿（包括地下卤水）	Salt(include natural brine)	13033.95		8664.27	4369.68	4369.68
钾盐	Potash	10348.22	6183.00	2123.70	2041.52	1341.52
镁盐	Magnesium salts	175.00			175.00	175.00
磷矿	Phosphate rock	49306.16		8856.30	40449.86	38798.66
硼矿	Boron	367.54		367.54		

——按矿种分列（2014 年）续表 1
Mineral Prospects by Mineral (2014) Continued 1

经费/万元 Exploration/10^4 yuan			机械岩心钻探工作量/米 Footage of Core Drilling/meter	坑探工作量/米 Footage of Pitting/meter	新发现矿产地 Newly Discovered Mineral Prospects
业资金 Enterprises and Institutions					
港澳台商 Investment from Hong Kong, Macao and Taiwan	外商 Foreign Investment	其他投入 Other Investments			
		59.33	50504	397	
		32.00	29454		
			9992	62	
			8863		
			14372		
			250		
		279.00	1161		
			35291	757	2
				649	
			1166	500	
			170		
			1379		
			10245		
		214.52	123079	13414	6
			12656		
		183.30	4165		1
		65.59	2373		
			1088	404	
			1716		
		814.80	28508	1377	
		646.00	2311	5468	
			599		
			17350		
		648.21	35360	955	1
			1437		
			9887		
		598.50	6161		
					1
		970.62	6821		
			3611		
			354		
			44168		
		700.00	24434	265	1
			800		
		1651.20	416664	23973	2
			1001		

地质勘查投入和新发现矿产地情况
Input in Geological Exploration and Newly Discovered

矿种	Mineral	地质勘查 Expenditures for Geological				
		合计 Total	中央财政拨款 Central Special Budgetary Allocations	地方财政拨款 Local Special Budgetary Allocations	企事 Funds from	
					小计 Subtotal	国内企事业 Funds from Domestic Enterprises and Institutions
金刚石	Diamond	4076.46	1630.00	2226.46	220.00	220.00
电气石	Tourmaline	45.00			45.00	45.00
光学萤石	Optical fluorite	202.25			202.25	202.25
石墨	Graphite	12718.88	620.00	2999.62	9099.26	8639.01
刚玉	Corundum					
硅灰石	Wollastonite	473.30		174.00	299.30	295.00
滑石	Talc	671.77		58.07	613.70	591.20
长石	Feldspar	1559.90		102.81	1457.09	1436.09
石榴子石	Garnet	11.00			11.00	11.00
叶蜡石	Pyrophyllite	602.77		20.00	582.77	81.00
沸石	Zeolite	251.00			251.00	58.00
石膏	Gypsum	2425.89		778.80	1647.09	1264.05
方解石	Calcite	546.26			546.26	543.76
宝石	Gem	129.50		1.36	128.14	128.14
玉石	Jade	558.06		353.38	204.68	204.68
玛瑙	Agate	47.24		35.24	12.00	12.00
霞石正长岩	Nepheline syenite	51.00			51.00	51.00
玻璃用白云岩	Dolostone for glass	243.21			243.21	243.21
玻璃用石英岩	Quartzite for glass	1878.77		768.99	1109.78	840.78
玻璃用砂岩	Sandstone for glass	393.85		352.35	41.50	41.50
玻璃用砂	Sand for glass	8.00			8.00	8.00
玻璃用脉石英	Vein quartz for glass	269.04		29.08	239.96	239.96
粉石英	Powdery quartz	30.00		10.00	20.00	20.00
玻璃用凝灰岩	Tuff for glass	13.98			13.98	13.98
玻璃用大理岩	Marble for glass	63.00			63.00	63.00
水泥用灰岩	Limestone for cement	17453.53		6212.25	11241.28	10323.89
泥灰岩	Marlstone	108.91			108.91	102.91
水泥配料用砂岩	Sandstone for cement	354.10		34.99	319.11	319.11
水泥配料用脉石英	Vein quartz for cement	38.00			38.00	
硅藻土	Diatomaceous earth	1221.75			1221.75	1101.75
高岭土	Kaolin	2227.47		640.04	1587.43	1493.85
陶瓷土	Ceramic clay	1183.85		166.19	1017.66	881.47
膨润土	Bentonite	727.49		250.00	477.49	477.49
水泥配料用页岩	Shale for cement	62.40			62.40	60.00
水泥配料用粘土	Clay for cement	71.30			71.30	71.30
水泥用凝灰岩	Tuff for cement	137.50			137.50	137.50
水泥用大理岩	Marble for cement	458.70			458.70	439.95
水泥配料用板岩	Slate for cement	110.54		63.68	46.86	46.86

——按矿种分列（2014 年）续表 2
Mineral Prospects by Mineral (2014) Continued 2

经费/万元 Exploration/10^4 yuan 业资金 Enterprises and Institutions 港澳台商 Investment from Hong Kong, Macao and Taiwan	外商 Foreign Investment	其他投入 Other Investments	机械岩心钻探工作量/米 Footage of Core Drilling/meter	坑探工作量/米 Footage of Pitting/meter	新发现矿产地 Newly Discovered Mineral Prospects
			13196		
			704		
			3558		
		460.25	95700		5
		4.30	2929		1
		22.50	7555	250	3
		21.00	5239	690	2
		501.77	4311	150	
		193.00	1979	87	
		383.04	27238	356	5
		2.50	4480		
			986		
			2040		
					1
			6450		
		269.00	9783		2
			1932		
			165		
			1939		
			120		
			430		
880.39		37.00	126495	2802	11
		6.00	210		
			666		
		38.00	128		
		120.00	13890		
		93.58	30792		8
		136.19	9005		6
			8033	1220	
2.40			1927		7
			341		1
			828		
		18.75	2054	1157	
			470		1

地质勘查投入和新发现矿产地情况
Input in Geological Exploration and Newly Discovered

矿种	Mineral	地质勘查 Expenditures for Geological				
		合计 Total	中央财政拨款 Central Special Budgetary Allocations	地方财政拨款 Local Special Budgetary Allocations	企事 Funds from	
					小计 Subtotal	国内企事业 Funds from Domestic Enterprises and Institutions
砖瓦用页岩	Shale for bricks and tiles	94. 40			94. 40	93. 40
砖瓦用砂岩	Sandstone for bricks and tiles					
凹凸棒石粘土	Attapulgite clay	5. 45			5. 45	5. 45
建筑用砂	Sand for building	184. 93			184. 93	141. 93
建筑石料用灰岩	Limestone stone for building	514. 68		165. 36	349. 32	276. 32
建筑用角闪岩	Amphibolite for building	77. 00			77. 00	77. 00
建筑用辉绿岩	Diabase for building	3. 00			3. 00	3. 00
建筑用凝灰岩	Tuff for building					
建筑用玄武岩	Basalt for building	165. 00		50. 00	115. 00	115. 00
建筑用闪长岩	Diorite for building	19. 86			19. 86	19. 86
建筑用花岗岩	Granite for building	844. 45		180. 00	664. 45	664. 45
建筑用大理岩	Marble for building	874. 91		140. 00	734. 91	619. 00
建筑用白云岩	Dolerite for building	97. 70			97. 70	65. 50
建筑用砂岩	Sandstone for building	296. 85		148. 21	148. 64	108. 64
建筑用页岩	Shale for building	12. 00		2. 00	10. 00	5. 00
饰面用辉长岩	Facing gabbro	49. 00			49. 00	49. 00
饰面用辉绿岩	Facing diabase	211. 02		76. 02	135. 00	120. 00
饰面用花岗岩	Facing granite	3705. 81		709. 50	2996. 31	2946. 75
饰面用灰岩	Facing limestone	369. 37		339. 37	30. 00	30. 00
饰面用大理岩	Facing marble	3175. 03		2400. 51	774. 52	736. 02
饰面用板岩	Facing slate	152. 91			152. 91	152. 91
珍珠岩	Perlite	179. 00		90. 00	89. 00	89. 00
陶粒用页岩	Shale for ceramsite	220. 00		220. 00		
陶粒用粘土	Clay for ceramsite	111. 00			111. 00	111. 00
石棉	Asbestos	4. 00			4. 00	4. 00
蓝石棉	Blue asbestos	24. 00			24. 00	24. 00
蛭石	Vermiculite	17. 95			17. 95	17. 95
铸石用玄武岩	Basalt for casting	32. 00			32. 00	32. 00
矿泉水	Mineral water	5020. 11			5020. 11	4711. 11
地下水	Groundwater	3907. 27			3907. 27	1393. 09
二氧化碳气	Carbon dioxide gas	30. 00			30. 00	30. 00
水工环科技及其他	Hydrology, engineering, environment, science and others	1200214. 03	721795. 00	324506. 77	153912. 26	153912. 26

——按矿种分列（2014 年）续表 3
Mineral Prospects by Mineral (2014) Continued 3

经费/万元 Exploration/10^4 yuan			机械岩心钻探工作量/米 Footage of Core Drilling/meter	坑探工作量/米 Footage of Pitting/meter	新发现矿产地 Newly Discovered Mineral Prospects
业资金 Enterprises and Institutions					
港澳台商 Investment from Hong Kong, Macao and Taiwan	外商 Foreign Investment	其他投入 Other Investments			
		1.00	2437		16
			1362		5
			255		
		43.00	1080		
		73.00	1786		1
			789		4
			12		1
			13626	650	3
		115.91	3907	690	
		32.20	190		
		40.00	959		2
		5.00			
			110		
		15.00	920		
		49.56	17577	1650	9
			485		
		38.50	7920		1
			1590		
			1145		1
			200		
			216		
		309.00	3800		3
		2514.18	17890		3
			510442	4490	

地质勘查单位
Employees and Assets

年份/地区	Year/Region	年末在职职工/人 On-the-job Employees at the Year End/Person							
			地质勘查人员 Geological Exploration Personnel	技术人员 Technical Personnel	高级 Senior	中级 Intermediate	工程勘察与施工人员 Personnel Engaging in Engineering Surveys and Operations	矿产开发人员 Personnel Engaging in Mineral Resource Development	其他人员 Other Personnel
	2012	597923	248147	166941	48434	74322	87199	35781	226796
	2013	541794	253438	173430	51992	81142	89562	34270	164524
	2014	496288	240295	167946	51751	81262	77997	23425	154571
北 京	Beijing	33928	10873	8697	3466	4242	4235	1204	17616
天 津	Tianjin	3447	1894	1557	579	800	539	94	920
河 北	Hebei	35058	18750	12290	3509	5345	4489	524	11295
山 西	Shanxi	20987	10274	7218	2172	3977	4536	541	5636
内蒙古	Inner Mongolia	11957	6845	3828	1420	1815	937	392	3783
辽 宁	Liaoning	17662	9263	7001	2405	3647	3495	804	4100
吉 林	Jilin	22051	6545	4641	1898	1959	1815	418	13273
黑龙江	Heilongjiang	19316	12114	6794	2119	3310	2605	355	4242
上 海	Shanghai	2852	1464	956	262	507	670	10	708
江 苏	Jiangsu	9600	6042	4381	1354	1975	1423	217	1918
浙 江	Zhejiang	10591	2719	2100	672	840	2990	517	4365
安 徽	Anhui	16010	9693	6388	1785	2736	2330	245	3742
福 建	Fujian	11990	5273	4110	1293	2051	1064	630	5023
江 西	Jiangxi	24362	12153	8530	2028	3340	4000	397	7812
山 东	Shandong	28614	12806	7949	2538	4028	4818	2234	8756
河 南	Henan	22460	11103	7479	1941	3732	4494	979	5884
湖 北	Hubei	15468	6987	5466	1741	2529	3310	475	4696
湖 南	Hunan	28330	11040	8178	2533	4374	6470	3463	7357
广 东	Guangdong	12297	7627	5983	1931	3068	2312	336	2022
广 西	Guangxi	13677	7142	5070	1496	2313	1248	1268	4019
海 南	Hainan	2093	1381	1238	415	695	199	51	462
重 庆	Chongqing	6624	3939	2830	840	1314	1375	321	989
四 川	Sichuan	30864	17313	11827	2868	6085	4024	1001	8526
贵 州	Guizhou	11365	5451	4205	1241	2406	1747	405	3762
云 南	Yunnan	17215	7179	5360	1914	2743	2650	2676	4710
西 藏	Tibet	3410	1103	671	202	327	466	897	944
陕 西	Shaanxi	25935	12639	8530	2923	4513	4281	1254	7761
甘 肃	Gansu	14150	7490	4849	1211	1823	1792	1148	3720
青 海	Qinghai	6970	4039	3409	1047	1797	848	234	1849
宁 夏	Ningxia	5067	2488	1351	422	562	1410	88	1081
新 疆	Xinjiang	11938	6666	5060	1526	2409	1425	247	3600

人员及资产情况
of Geological Exploration Units

平均从业人员/人 Average Employees/Person	劳动者报酬/万元 Remuneration Payment of Employees/10^4 yuan	离退休人员 Retirees		总资产/万元 Total Assets/10^4 yuan			总负债/万元 Total Debts/10^4 yuan	净资产/万元 Net Assets/10^4 yuan
		年末人数/人 Number of Retirees at the Year End/Person	总费用/万元 Total Expenditure/10^4 yuan		地勘专用仪器设备原值 Original Value of Special Instruments and Equipment	地勘专用仪器设备净值 Net Value of Special Instruments and Equipment		
615273	3557860. 00	429640	1544042. 40	57620877. 50	3081862. 40	1887680. 30	34312408. 50	23308469. 00
551114	3266431. 50	412749	1663392. 80	53199560. 50	2976138. 30	1754490. 50	30368239. 60	22831320. 90
500734	3078569. 82	402981	1654223. 95	53438818. 69	2834652. 48	1463526. 82	30046923. 98	23391894. 71
39237	353814. 98	10870	46252. 78	8500049. 37	272624. 44	173950. 63	4722769. 22	3777280. 15
3920	35661. 87	2073	8385. 85	383956. 42	26350. 44	16308. 72	186017. 63	197938. 79
36495	184483. 79	25997	91167. 46	1677627. 36	213786. 97	95728. 41	963082. 44	714544. 92
20896	105156. 24	12458	45283. 54	1486289. 77	117767. 82	61946. 06	972432. 78	513856. 99
12497	80409. 04	12599	47956. 89	1183180. 42	81516. 81	39688. 31	557634. 77	625545. 65
17670	87266. 83	15677	56736. 80	987866. 51	85838. 17	44963. 42	469045. 47	518821. 04
21427	94703. 62	14298	44904. 83	4846116. 69	56099. 27	26869. 12	3967156. 57	878960. 12
19001	76961. 69	12215	50593. 10	1248068. 11	92788. 56	47301. 44	580721. 51	667346. 60
2796	28448. 98	647	1136. 87	406606. 07	134498. 86	47975. 00	173817. 97	232788. 10
9746	78168. 36	9701	53081. 95	493487. 61	59183. 08	32191. 07	218852. 83	274634. 78
10697	86853. 25	10144	51371. 76	1015070. 78	25745. 50	16166. 86	514226. 30	500844. 48
16961	118627. 95	17170	70719. 00	1785641. 91	77720. 53	38696. 92	1182149. 63	603492. 28
12072	97132. 83	8660	25020. 08	8798131. 53	38576. 86	17452. 91	4573408. 97	4224722. 56
24290	117798. 31	20725	84997. 94	1272730. 37	85536. 03	44969. 55	840358. 74	432371. 63
25340	160239. 08	18595	91311. 38	1706207. 89	179969. 43	91188. 78	899193. 45	807014. 44
21491	157775. 61	16803	64208. 17	1235593. 42	157726. 40	86107. 78	755680. 85	479912. 57
15027	100959. 39	16957	91042. 98	1128120. 52	78653. 82	43986. 02	713704. 40	414416. 12
29875	138632. 71	22155	78760. 38	1480316. 63	97966. 27	57695. 33	745631. 89	734684. 74
12449	102643. 01	15310	105820. 29	782701. 45	142419. 74	51058. 65	316169. 09	466532. 36
13576	63772. 31	13666	57284. 93	685621. 41	43036. 55	27279. 73	295538. 08	390083. 33
2076	11918. 63	644	1789. 47	92126. 90	12691. 76	6892. 00	48346. 82	43780. 08
6554	45414. 25	4155	16780. 11	616491. 81	31103. 19	20003. 75	212146. 75	404345. 06
29262	161584. 56	20535	83039. 18	1579769. 90	148706. 35	80450. 27	1002970. 61	576799. 29
11130	49637. 85	12951	59018. 56	738703. 76	60657. 13	35651. 87	475425. 81	263277. 95
17191	112589. 59	11429	46152. 04	2200254. 54	65573. 82	33787. 77	1379183. 18	821071. 36
3393	23623. 88	2190	15077. 53	762280. 50	15282. 46	10813. 08	312500. 51	449779. 99
27069	161959. 95	19512	78849. 04	1917608. 40	173527. 14	97599. 96	1170408. 94	747199. 46
14035	88932. 14	27902	62389. 42	1432713. 76	66142. 98	26382. 42	703024. 21	729689. 55
7532	43743. 29	9961	47863. 61	860912. 00	63365. 34	34546. 01	388522. 20	472389. 80
4156	28392. 12	3741	16880. 72	220506. 29	37747. 45	14278. 20	97820. 17	122686. 12
12873	81263. 71	13241	60347. 29	1914066. 59	92049. 31	41596. 78	608982. 19	1305084. 40

地质勘查单

Revenue and Expenditure of

单位：万元

年份/地区 Year/Region	合计 Total	总收入 General						
		地质勘查业收入 Revenue from Geological Exploration						
			地质勘探费 Funds of Geological Exploration			地质专项拨款 Special Budgetary Allocations for Geological Projects		
				中央 Central	地方 Local		中央 Central	地方 Local
2012	21848907	7818761	2358066	608460	1749606	1716873	852203	864670
2013	19634314	7619442	2480540	574667	1905873	1963149	955857	1007292
2014	16701708	7378318	2730433	630855	2099578	1828341	890879	937462
北京 Beijing	1492704	606272	70662	45734	24928	275948	266292	9656
天津 Tianjin	145410	62720	17777	8102	9675	31699	23666	8033
河北 Hebei	783918	508564	166304	83825	82479	134152	80230	53922
山西 Shanxi	458596	215381	66531	24663	41868	55183	3490	51693
内蒙古 Inner Mongolia	315146	246927	76204	25987	50217	45383	9616	35767
辽宁 Liaoning	339354	208551	97690	6767	90923	56398	32451	23947
吉林 Jilin	402794	198688	104347	8410	95937	38930	8681	30249
黑龙江 Heilongjiang	378250	264847	99499	2818	96681	70144	21490	48654
上海 Shanghai	184248	44452	11604	9926	1678	5241	1640	3601
江苏 Jiangsu	392989	214869	69832	23560	46272	48348	32116	16232
浙江 Zhejiang	763061	158537	74112	11919	62193	14745	3034	11711
安徽 Anhui	730435	313673	145248	251	144997	34909	5420	29489
福建 Fujian	291319	85281	34903	18841	16062	12197	6120	6077
江西 Jiangxi	877411	335286	164931	4747	160184	46776	17615	29161
山东 Shandong	823066	457229	111753	46419	65334	61782	18199	43583
河南 Henan	434607	273262	123116	5486	117630	94575	13436	81139
湖北 Hubei	755887	321371	174567	29089	145478	65898	53319	12579
湖南 Hunan	627717	264188	139136	20919	118217	31616	6414	25202
广东 Guangdong	944727	237681	115738	12650	103088	78444	65394	13050
广西 Guangxi	308841	160133	90816	32389	58427	30710	8845	21865
海南 Hainan	37685	13322	4056	1735	2321	3716	3105	611
重庆 Chongqing	147930	86010	43421	10511	32910	35645	2148	33497
四川 Sichuan	970344	462558	214127	66510	147617	99475	33868	65607
贵州 Guizhou	356479	230616	67244	2781	64463	49318	7950	41368
云南 Yunnan	1500024	189405	40824	12076	28748	27468	8483	18985
西藏 Tibet	65105	25183	13260	7488	5772	6009	4330	1679
陕西 Shaanxi	915365	362124	96310	65165	31145	114141	96475	17666
甘肃 Gansu	413697	222859	97346	13631	83715	50208	16636	33572
青海 Qinghai	268033	178021	77289	14637	62652	39671	11441	28230
宁夏 Ningxia	151951	80942	37276	901	36375	11812	2711	9101
新疆 Xinjiang	424615	349366	84510	12918	71592	157800	26264	131536

位收支情况
Geological Exploration Units

Unit: 10^4 yuan

入 Revenue						总支出 General Expenditures			
地质勘查劳务收入 Revenue of Labor Services of Geological Exploration		矿业权转让收入 Revenue from Transfer of Mining Rights	工程勘察施工收入 Revenue from Engineering Surveys and Operations	矿产开发收入 Revenue from Mineral Resource Development	其他收入 Other Revenues		地质勘查（项目）支出 Expenditures of Mineral Exploration (Projects)		矿产开发支出 Expenditures of Mineral Resource Exploitation
	涉外 Foreign-related							自有资金 Self-owned Funds	
3743822	139540	210064	5485222	2761206	5573654	18083808	8281926	3673303	1344426
3175752	81910	227234	5602690	2246827	3938122	15959787	7289348	1926846	2141660
2819544	63880	136776	4700815	2181648	2304151	13587415	5930099	1428916	1859982
259662	17753	1790	417597	161860	305185	1199372	466354	151947	156290
13244	0	0	23936	0	58754	118022	41164	5797	1890
208108	4162	602	42581	14239	217932	705764	410862	79322	11790
93667	200	7000	191295	176	44744	401121	301538	81856	364
125340	0	0	42120	6513	19586	240530	181697	23778	1457
54463	0	660	82628	13457	34058	240533	146863	32883	11687
55411	0	6526	13993	169360	14227	276156	128936	25596	93319
95204	0	2000	86225	678	24500	362828	195324	40089	8022
27607	0	0	96647	0	43149	156168	87971	28884	0
96689	677	0	120737	3015	54368	304569	138911	28107	1782
69680	4800	5122	461623	32146	105633	547252	93015	20899	21750
133516	1650	2340	326736	40	87646	690128	187171	36380	1695
38181	221	12530	92644	71698	29166	202210	111504	46338	34659
123579	94	7899	471363	8899	53964	822430	141726	15282	5116
283694	299	27100	186511	77095	75131	665778	410128	166856	41237
55571	10334	1000	64699	20	95626	277235	162401	57885	189
80906	5693	6700	315547	2293	109976	537878	220818	14827	744
93436	2297	28	210853	22235	130413	537559	185367	41256	21033
43499	0	944	419426	224939	61737	624802	141781	19426	114309
38607	1814	2954	63498	11987	70269	213977	113631	34882	12583
5550	500	0	12744	0	11619	39575	27009	13804	210
6944	2658	1200	39692	4035	16993	203280	168146	101961	10578
148956	7041	2948	393904	34022	76912	843240	455586	44375	50064
114054	0	1796	70255	15871	37941	285318	193401	48829	16499
121113	2623	5484	88167	1151952	65016	1386395	149128	50779	1104991
5914	0	14970	13186	10302	1464	34606	21620	11932	1243
151673	20	7000	163856	53291	329094	699636	424332	139937	37769
75305	0	9444	99265	54804	27325	311961	185028	19403	60955
61061	994	275	35712	28229	25796	205391	134823	6854	19190
31854	0	0	23517	8302	39190	100086	59007	5960	13236
107056	50	8464	29858	190	36737	353615	244857	32792	5331

主要统计指标解释

新发现矿产地 指报告期内通过各类地质调查工作，或者根据群众报矿、群众采矿线索新发现的，并经过矿产调查工作证实为有进一步工作意义或具有工业价值，具有一定规模，作出初步评价的矿区。

新查明资源量 在本书中的查明资源量主要是指推断的内蕴经济资源量（333）以上的资源量。

坑探工作量 指用凿岩机械或人工开凿的各种坑道工程，以“米”计量，取整数。

机械岩心钻探工作量 指用动力机械带动，回转或冲击回转钻进，并以取出岩心了解和研究地下地质情况为目的的钻探工作。如手轮给进钻机、油压钻机、石油钻机、海洋石油钻机、水文水井钻机和汽车钻机等。以“米”计量，取整数。

地质勘查经费 指报告期完成的来自各方面的地质勘查资金。包括完成的中央财政、地方财政地质勘查拨款，企事业单位、港澳台商、外商投入的地质勘查工作的资金及其他资金。

中央财政拨款 指报告期实际完成的，由国家预算收支科目安排的直接用于地质勘查的经费。

地方财政拨款 指报告期实际完成的地方财政拨付的地质勘查经费。

企事业资金 指报告期完成的各类企事业单位投入的地质勘查工作的资金。包括国内企事业资金、港澳台商投资和外商投资。

国内企事业资金 指报告期完成的国有、集体企事业单位和私营企业投入地质勘查工作的资金。

港澳台商投资 指港澳台企业和经济组织或个人按我国有关政策、法规，用现汇、实物（折资）和技术等投入地质勘查工作的资金。

外商投资 指报告期内完成境外投入地质勘查工作的资金，包括外商直接投资、对外借贷（外国政府贷款、国际金融组织贷款、出口信贷、外国银行商业贷款、对外发行债券和股票）及外商其他投资（包括补偿贸易和加工装配由外商提供的设备价款、国际租赁）。不包括我国自有外汇资金（包括国家外汇、地方外汇、流程外汇、调剂外汇和中国银行自有资金发行的外汇贷款等）。

年末地质勘查人员 指年末在职职工中，直接从事地质勘查工作的人员。

技术人员 指在国土资源调查项目中从事工作并取得劳动报酬的，具有初级及初级以上地质勘查或土地勘测技术职称的专业技术人员。包括地质技术人员、工程技术人员、物化探技术人员、土地勘测、测绘、岩矿鉴定、化验等技术人员。

平均从业人员 指报告期内在填报单位从事一定社会劳动并取得劳动报酬或经营收入的各类人员。平均从业人数 =（年初人数 + 年末人数）/2 或平均从业人数 = 年度各月平均人数之和/12。

总资产 指填报单位年末拥有或控制的全部资产总额，包括流动资产、长期投资、固定资产、无形及递延资产、其他长期资产、递延税项等，为本单位资产负债表的资产总计项。

总负债 指填报单位年末所承担的能以货币计量，将以资产或劳务偿付的债务。

总收入 指报告期内地质勘查资质单位从事地质勘查等经济活动所取得的各种收入，包括地勘业收入、矿业权转让收入、矿产开发收入、工程勘察施工收入和其他收入。

地质勘查业收入 指报告期内从事地质勘查经济活动所取得的各种收入。包括地质勘探费、地质专项拨款、矿产勘查劳务收入等。其中，矿产勘查劳务收入中包括在本地区注册登记或本系统直属的具有地质勘查资质的单位在本省及省外、境外从事地质勘查工作所获得的收入，以及以合作、入股等方式获得的地质勘查收入。

地质勘探费 指报告期内国家（中央和地方）预算用于本单位地质勘探工作的费用，包括地质勘查管理机构及其事业单位经费、地质勘探经费等，按中央财政和地方财政投入分别统计。

中央财政专项拨款 指在报告期内地勘单位取得的中央财政专项拨款费用。

地方财政专项拨款 指在报告期内地勘单位取得的地方财政专项拨款费用。

地质勘查劳务收入 指报告期内填报单位在本省及省外、境外从事地质勘查工作取得的收入及以合作、入股等方式取得的地质勘查收入。

涉外 指报告期内填报单位在从事的地勘项目中由境外投资所带来的收入。

矿业权转让收入 指地勘单位通过矿业权转让取得的收入。

矿产开发收入 指地勘单位从事矿产开发经营活动取得的收入。

工程勘察施工收入 指地勘单位从事工程勘察施工经营活动取得的各项收入。

其他收入 指报告期内地勘单位从事除地质勘查、矿业权转让、矿产开发、工程勘察施工等以外的经济活动所取得的其他收入。

矿产开发支出 指报告期内填报单位因矿产开发经营活动而发生的各项费用支出总额。

总支出 指地勘单位在报告期内发生的各种经济支出。

Explanatory Notes on Main Statistical Indicators

Newly discovered mineral prospects—refer to mineral occurrences that are newly found through all kinds of geological survey or on the basis of the ore information and clues reported by the broad masses of people, demonstrated through mineral surveys to be of value for further work or of industrial value and have certain sizes, and evaluated preliminarily during the reporting period.

Identified resources—mainly refer to resources above inferred potentially economic resources (333) .

Footage of pitting—refers to the advances of various underground workings excavated by rock drills or manual operations. It is calculated by "meters" and rounded off.

Footage of core drilling—refers to the penetration of rotary or percussive drilling driven by power machinery that recovers the core in order to study the underground geology. The drills include hand – lever feed drills, hydraulic feed drills, oil drills, marine oil drills, hydrological water well drills, and truck – mounted drills. It is calculated in "meters" and rounded off.

Expenditures for geological exploration—refer to the funds for geological exploration from various sides completed during the reporting period. They include funds allocated from the Central and local financial budgets for geological exploration, funds invested by enterprises and institutions, Hong Kong, Macao and Taiwan businessmen, and foreign businessmen for geological exploration, and other funds.

Central special budgetary allocations—refer to expenditures directly used for geological exploration and arranged by the state budgeted revenue and expenditure account, which are actually completed during the reporting period.

Local special budgetary allocations—refer to expenditures for geological exploration and allocated by local finance, which are actually completed during the reporting period.

Funds from enterprises and institutions—refer to the funds invested by various enterprises and institutions for geological exploration, which are completed during the reporting period. They include funds invested by domestic enterprises and institutions, Hong Kong, Macao and Taiwan businessmen, and foreign businessmen.

Funds from domestic enterprises and institutions—refer to the funds invested by state – and collective – owned enterprises and institutions and private enterprises for geological exploration, which are completed during the reporting period.

Investments from Hong Kong, Macao and Taiwan—refer to the funds invested by Hong Kong, Macao, and Taiwan enterprises or economic establishments or individuals in cash, kind (converted into money according to the price indices), and technologies for geological exploration according to relevant policies, laws and regulations of China.

Foreign investment—refers to the funds invested from abroad for geological exploration, which are completed during the reporting period. They include foreign direct investments, foreign loans (loans from foreign governments, loans from international financial organizations, export credit loan, commercial loans from foreign banks, and bonds and stocks issued abroad) and other investments of foreigners (including compensation trade, processing and assembling for which the equipment and funds are provided by foreign businessmen, and international leasing), but China's free exchange funds (including national exchanges, local exchanges, floating exchanges, accommodation exchanges, and foreign exchanges loans issued using the equity capital of the Bank of China) are excluded.

Geological exploration personnel at the year end—refer to the personnel who directly engage in geological exploration among employees on the job at the year end.

Technical personnel—refer to professional technical personnel who work in geological exploration units and receive payments and have technical titles of geological survey or mineral exploration at and above the junior titles. They include geological technical personnel, engineering technical personnel, geophysical and geochemical technical personnel, surveying and mapping personnel, and technical personnel for identification and chemical analysis of rocks and minerals.

Average employees—refer to the average number of employees of geological exploration units during the reporting period. The average number of employees = (number of employees at year beginning + number of employees at year end) /2 or the sum of the average monthly numbers during the current year/12.

Total assets—refers to the total amount of all the assets owned or controlled by the reporting units at the year end, including current assets, long - term investment, fixed assets, immaterial assets, and deferred taxes.

Total debts—refer to the debts assumed by the filling units at the year end, which can be measured as currency and repaid by assets or labor services.

General revenue—refers to all kinds of revenue obtained in economic activities such as geological exploration carried out by qualified geological exploration units during the reporting period, including revenues from geological exploration, transfer of mining rights, mineral resources development, and engineering surveys and operations, and other revenues.

Revenue from geological exploration—refers to all kinds of revenue obtained in economic activities of geological exploration, including fees of geological exploration, special allocations for geology, and revenue of labor services of mineral exploration. Of these, the revenue of labor services of mineral exploration includes the revenue of geological exploration carried out by qualified geological exploration units registered in the area or affiliated to the system inside and outside the province and abroad and the revenue of geological exploration obtained through cooperation and investment as share - holders. Foreign - related refers to the revenue brought by Chinese investment abroad by geological exploration units in their geological exploration projects.

Funds of geological exploration—refer to the fees used for geological exploration of a unit from the State (Central and local) budgets during the reporting period, including funds of administration departments in charge of geological exploration and their institutions and funds of geological exploration, which are calculated separately according to the Central and local financial inputs.

Central special budgetary allocations—refer to the funds obtained by geological exploration units from the Central special budgetary allocations during the reporting period.

Local special budgetary allocations—refer to the funds obtained by geological exploration units from the local special budgetary allocations during the reporting period.

Revenue of labor services of geological exploration—refers to the revenue of geological exploration carried out by the reporting units during the reporting period inside and outside the province and abroad and the revenue of geological exploration obtained through cooperation and investment as share - holders.

Foreign - related—refers to the revenue brought by Chinese investment abroad of the reporting units in their geological exploration projects during the reporting period.

Revenue from transfer of mining rights—refers to the revenue obtained by geological exploration units through transfer of mining rights.

Revenue from mineral resource development—refers to the revenue obtained by geological exploration units through carrying out mineral resource developments and operations.

Revenue from engineering surveys and operations—refers to all items of revenues obtained by geological exploration units through carrying out engineering surveys and operations.

Other revenues—refer to other revenues obtained by geological exploration units during the reporting period through economic activities except geological exploration, transfer of mining rights, mineral resource development, and engineering surveys and operations.

Expenditures of mineral resource exploitation—refer to the total amount of all items of expenditures incurred due to mineral resource developments and operations of reporting units during the reporting period.

General expenditures—refer to all kinds of expenditures of geological exploration units incurred during the reporting period.

三、国土资源开发利用

Chapter 3 Land and Resources Development and Utilization

土地资源

Land Resources

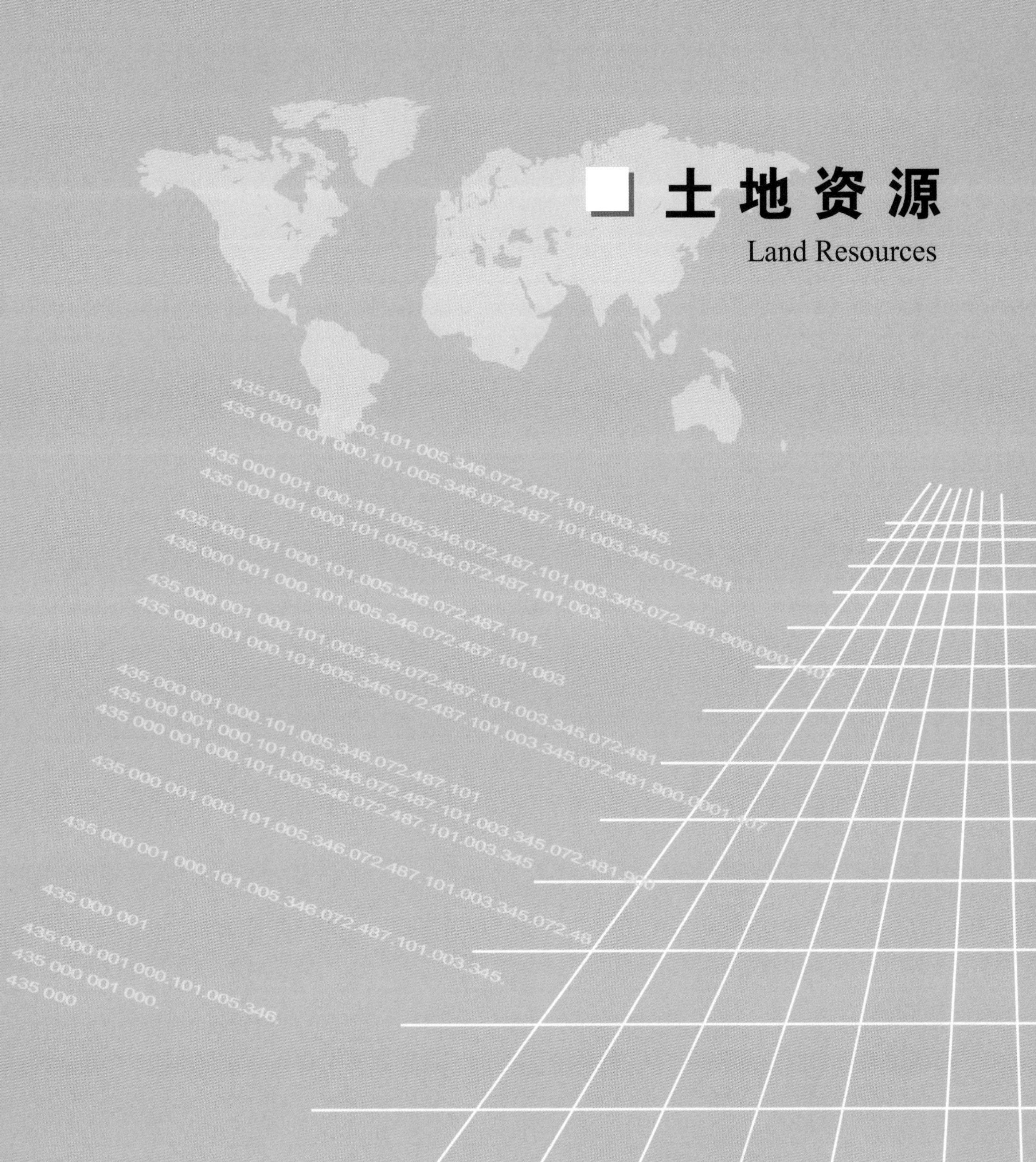

土地整治项目竣工情况
Results of Completion of the Land Consolidation and Rehabilitation Projects

年份/地区	Year/Region	土地整治项目个数/个 Number of Projects of Land Consolidation and Rehabilitation/number	项目规模/公顷 Project scale/hectare				新增农用地面积/公顷 Increase of Agricultural Land Area/hectare	
			合计 Total	整理 Land Consolidation	复垦 Land Reclamation	开发 Land Development		新增耕地面积 Increase of Cultivated Land Area
	2012	21803	2245804.71	1893058.26	50895.71	301850.73	427360.26	418614.73
	2013	20460	2400983.26	2115125.57	46915.49	238942.20	388431.87	346335.47
	2014	6806	870019.09	761864.81	15532.15	92622.12	139235.01	136961.42
北　京	Beijing	18	10104.92	10020.42		84.51	193.01	190.59
天　津	Tianjin	3	154.18			154.18	140.46	140.46
河　北	Hebei	224	8548.33	1142.74	2.49	7403.11	5519.06	5322.42
山　西	Shanxi	143	3578.92	1109.24	3.46	2466.21	2081.81	2061.26
内蒙古	Inner Mongolia	131	149597.21	144876.66	196.03	4524.52	25881.73	25818.08
辽　宁	Liaoning	16	914.91			914.91	575.07	575.07
吉　林	Jilin	2	273.79	1.81	2.34	269.64	271.98	271.98
黑龙江	Heilongjiang	52	174498.48	167324.42	6820.16	353.90	6470.80	6470.80
上　海	Shanghai	162	1381.04	487.18	893.85		1035.36	1035.20
江　苏	Jiangsu	1384	18716.55	11998.08	3791.76	2926.72	7600.13	7392.59
浙　江	Zhejiang	1361	80802.69	71615.08	2.40	9185.21	7976.55	7971.53
安　徽	Anhui	341	40703.36	39768.13	708.55	226.67	1626.72	1620.77
福　建	Fujian	44	443.34	257.92	97.16	88.26	206.41	206.41
江　西	Jiangxi	174	10889.93	4408.22	7.96	6473.75	6129.19	5825.30
山　东	Shandong	47	13204.49	12210.19	2.19	992.11	2306.64	2268.46
河　南	Henan	78	14329.61	4687.89	648.02	8993.70	11180.09	10932.05
湖　北	Hubei	695	8806.41	3270.26	131.80	5404.34	7461.78	7448.06
湖　南	Hunan	496	28113.61	20298.55	7.98	7807.08	6856.67	6814.48
广　东	Guangdong	68	5211.17	2899.06		2312.11	2176.02	2160.66
广　西	Guangxi	25	5773.35	3719.85		2053.50	1546.18	1546.18
海　南	Hainan	6	248.02	154.27		93.75	93.75	93.75
重　庆	Chongqing	146	35580.37	35039.71	6.58	534.08	4381.46	4351.66
四　川	Sichuan	341	176241.67	176025.19		216.48	9246.18	8676.48
贵　州	Guizhou	72	3842.44	1881.82	34.14	1926.48	1574.53	1479.37
云　南	Yunnan	30	8110.64	2724.83	60.24	5325.57	5313.02	5313.02
西　藏	Tibet	16	721.02			721.02	699.23	699.23
陕　西	Shaanxi	640	18968.64	6208.91	1386.41	11373.32	11665.55	11281.51
甘　肃	Gansu	57	14544.90	12370.26	591.89	1582.75	2389.16	2389.16
青　海	Qinghai	3	1509.25	851.22		658.03	1095.04	1095.04
宁　夏	Ningxia	9	7835.93	505.51	75.34	7255.08	5077.26	5073.45
新　疆	Xinjiang	22	26369.94	26007.40	61.39	301.15	464.18	436.39

主要统计指标解释

土地整治 即土地整理、复垦、开发。

土地整理 指在一定区域内，按照土地利用规划，对田、水、路、林、村综合整治，提高耕地质量，增加有效耕地面积，改善农业生产条件和生态环境。其内容主要包括调整用地结构，平整土地，道路、渠道等的综合治理，村庄及乡村企业用地的集中、搬迁和内部改造。

土地复垦 指对生产建设过程中，因挖损、塌陷、压占、污染等造成破坏的土地，以及洪灾、滑坡、崩塌、泥石流、风沙等自然灾害损害的土地，采取生物和工程技术手段，使其恢复到可利用状态的活动。

土地开发 指按照土地利用总体规划，在保护和改善生态环境、防治水土流失和土地荒漠的前提下，对滩涂、盐碱地、黄草地、裸土地等未利用地的宜农土地进行整治。

项目规模 指完成土地整治项目即土地整理复垦开发项目所包括的面积，按实际验收数统计。

新增农用地、耕地 指经过土地整治即土地整理、复垦、开发分别增加的农用地、耕地面积，按实际验收数统计。

Explanatory Notes on Main Statistical Indicators

Land consolidation and rehabilitation—refers to land consolidation, reclamation, and development.

Land consolidation—refers to the process of comprehensive renovation of farmland, water, roads, forests, and villages in a particular region according to land-use planning in order to raise the cultivated land quality, increase the effective cultivated land area and improve the conditions of agricultural production and ecological environment. The content mainly includes land-use structure readjustment, consolidation of scattered parcels of land, land leveling, road and canal improvements, and concentration, relocation, and internal modification of land used for villages and village-and-town enterprises.

Land reclamation—refers to the process of restoring to the usable state the land damaged by excavation, collapse, surface land occupation, and pollution during the production and by natural disasters such as floods, landslides, rock falls, mud-flows, and wind-blown sand disasters by taking biotechnical and engineering technological means.

Land development—refers to the process of improving unused land suited to agricultural purposes such as shoals, saline-alkali land, land overgrown with weeds, and naked land according to land-use planning in order to protect and improve the ecological environment, prevent and control soil erosion, and land desertification.

Project scale—refers to the area included in the land renovation project completed, i. e. the project of land consolidation, reclamation, and development. It is calculated according to the number of hectares checked and accepted actually.

Increase of agricultural land and cultivated land—refer to the areas of farmland, cultivated land added separately through land renovation, i. e. land consolidation, reclamation, and development. They are calculated according to the number of hectares checked and accepted actually.

矿产资源
Mineral Resources

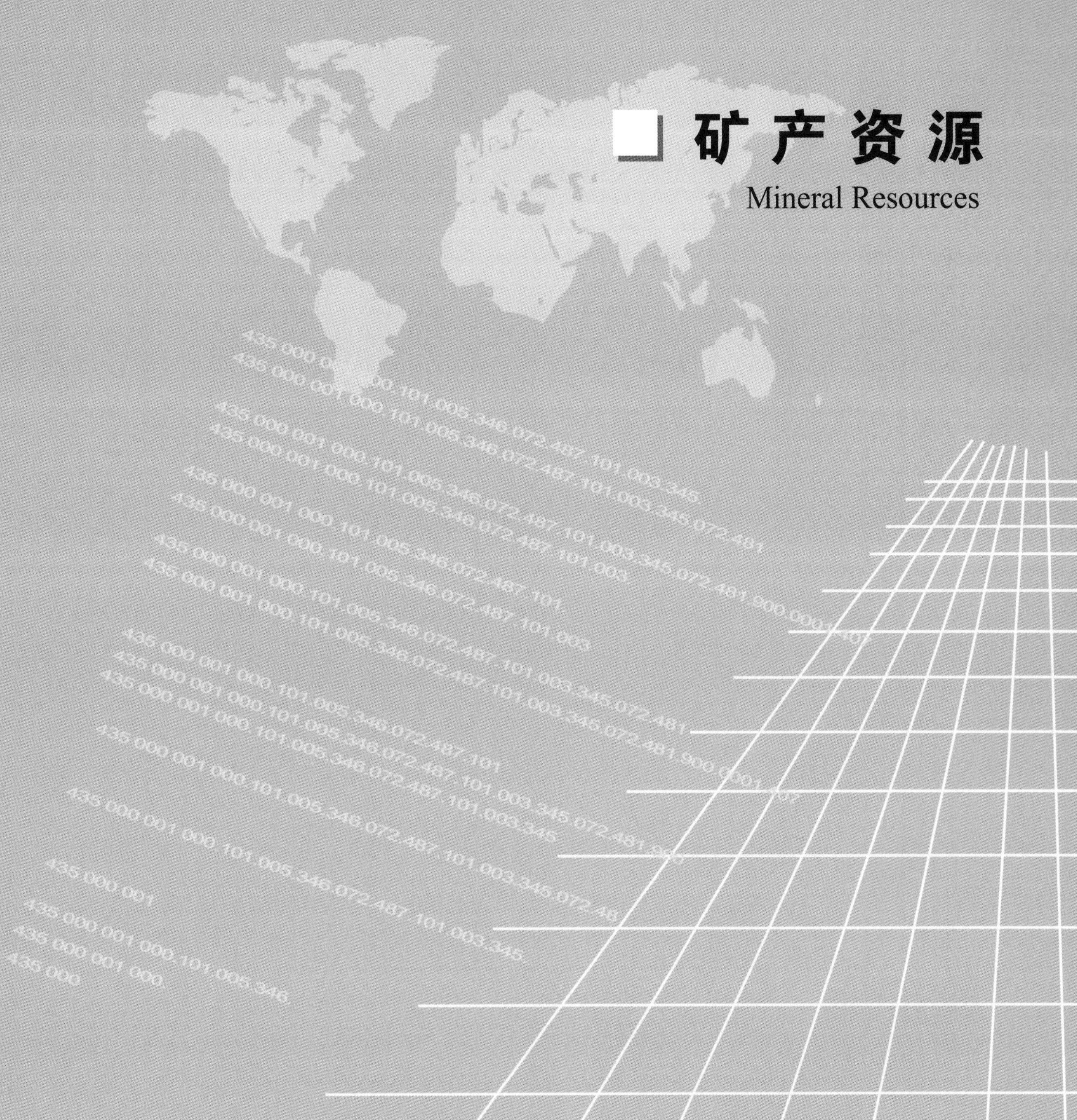

全国石油天然气开发利用
Oil and Gas Development

年份/地区	Year/Region	油气田总数/个 Number of Oil & Gas Fields/number	大型 Large	中型 Medium	小型 Small	从业人数/人 Employees/person	油产量/万吨 Oil Production/10^4 tons
	2012	920	104	224	592	665989	20683. 76
	2013	934	107	220	607	714548	20901. 69
	2014	955	111	230	614	710718	21140. 57
天　津	Tianjin	23	3	7	13	28589	464. 69
河　北	Hebei	62	1	17	44	48906	592. 33
山　西	Shanxi	1		1			
辽　宁	Liaoning	40	4	9	27	45083	1021. 89
吉　林	Jilin	46	5	11	30	28115	663. 93
黑龙江	Heilongjiang	53	9	12	32	92127	4000. 89
江　苏	Jiangsu	58	0	4	54	7626	206. 01
山　东	Shandong	74	12	39	23	78110	2787. 14
河　南	Henan	54	3	15	36	47321	526. 01
湖　北	Hubei	31	1	3	27	17944	97. 53
浙　江	zhejiang	3			3	488	5. 07
广　西	Guangxi	1			1	88	2. 44
广　东	guangdong	5			5	196	28. 59
四　川	Sichuan	145	7	15	123	41003	19. 20
陕　西	Shaanxi	64	15	21	28	186333	3789. 94
甘　肃	Gansu	7	0	2	5	10052	49. 14
青　海	Qinghai	27	5	5	17	21333	220. 00
新　疆	Xinjiang	91	22	20	49	47421	2705. 79
渤　海	Bohai Sea	64	13	19	32	5685	2610. 14
南　海	South China Sea	91	11	28	52	2878	1334. 19
东　海	East China Sea	15		2	13	1420	15. 65

注：1. 中国石油长庆、华北、大港和西南油田经济数据未按省分列，本汇总表将中国石油长庆全部计入陕西，中国石油华北全部计入
　　2. 本表不包括煤层气。

Notes：1. The data of the Changqing, North China, Dagang and Southwest oil fields of China National Petroleum Corporation (CNPC) are not Southwest in Sichuan.

2. The data of coal-bed methane are not included in the table.

情况—— 按地区分列
and Utilization by Region

气产量/亿立方米 Gas Production/ 10^8 m^3	工业总产值/万元 Gross Industrial Output Value/10^4 yuan	销售收入/万元 Sales Revenue/ 10^4 yuan	年利税总额/万元 Total Amount of Annual Profits and Taxes/ 10^4 yuan	实缴补偿费/万元 Compensation Fee Paid/ 10^4 yuan
1070.84	108107590.38	105383886.58	64865656.69	744356.14
1166.21	110313969.15	119182802.70	61936626.54	864701.03
1248.04	113621825.31	117826774.20	62202344.05	805839.73
5.39	1909128.00	1979554.00	853656.00	14128.00
9.87	2835694.00	2945596.00	941618.00	23283.00
1.31				
7.01	3612183.00	3425396.00	895070.00	31642.00
22.82	2130953.00	2160154.83	221547.02	18828.00
35.11	17918616.00	18024001.00	12811743.00	130193.00
0.52	950543.00	1081634.46	179688.00	7204.13
5.00	11661942.00	10512576.36	7192304.50	78110.63
123.55	4946833.00	4593932.46	1486803.48	42226.32
1.50	976271.00	909475.00	257463.91	3106.92
0.11	21821.00	21832.00	-39617.00	200.46
	10730.00	190325.00	4277.00	19.10
1.58	152188.00	151063.00	73670.00	1076.00
175.00	2646936.00	3989118.00	340225.92	22843.00
387.61	28564103.00	35169763.00	15447662.00	177606.00
0.15	1392604.00	493467.00	330886.00	2521.00
68.89	2566846.00	2054903.00	1276235.75	5637.70
296.69	13633207.00	14056871.33	7593978.88	114592.47
25.02	10253026.00	9884095.00	8208637.00	132622.00
71.93	7240891.60	6000461.39	4168116.63	
8.98	197309.71	182555.37	-41622.03	

河北，中国石油大港全部计入天津，中国石油西南全部计入四川。

listed by province. In this table, CNPC Changqing is included in Shaanxi, CNPC North China in Hebei, CNPC Dagang in Tianjin and CNPC

全国石油天然气开发利用
Oil and Gas Development and

经济类型	Economic Type	油气田总数/个 Number of Oil & Gas Fields/number				从业人数/人 Employees/ person
			大型 Large	中型 Medium	小型 Small	
总　计	**Total**	**955**	**111**	**230**	**614**	**710718**
国有企业	State-owned Enterprises	24	1	10	13	115485
国有联营企业	Joint State-owned Enterprises	1			1	88
股份有限公司	Share Holding Company Limited	930	110	220	600	595145

情况—— 按经济类型分列（2014 年）
Utilization by Economic Type（2014）

油产量/万吨 Oil Production/ 10^4 tons	气产量/亿立方米 Gas Production/ 10^8 m^3	工业总产值/万元 Gross Industrial Output Value/ 10^4 yuan	销售收入/万元 Sales Revenue/ 10^4 yuan	年利税总额/万元 Total Amount of Annual Profits and Taxes/ 10^4 yuan	实缴补偿费/万元 Compensation Fee Paid/ 10^4 yuan
21140. 57	**1248. 04**	**113621825. 31**	**117826774. 20**	**62202344. 05**	**805839. 73**
1256. 35	6. 07	9008494. 00	20822302. 00	5250300. 00	33365. 00
2. 44		10730. 00	190325. 00	4277. 00	19. 10
19881. 78	1241. 97	104602601. 31	96814147. 20	56947767. 05	772455. 63

全国非油气矿产资源开发利用
Non-Petroleum Mineral Resources Development

年份/地区	Year/Region	矿山企业数/个 Number of Mine Enterprises/number				
			大型 Large	中型 Medium	小型 Small	小矿 Small-scale Mine
	2012	103795	3913	5563	52543	41776
	2013	99536	3908	5860	52719	37049
	2014	92061	4080	6650	53709	27622
北　京	Beijing	202	25	47	124	6
天　津	Tianjin	421	114	114	124	69
河　北	Hebei	3817	122	245	2549	901
山　西	Shanxi	4257	339	735	1971	1212
内蒙古	Inner Mongolia	4832	220	354	2513	1745
辽　宁	Liaoning	3365	102	140	2207	916
吉　林	Jilin	1670	208	277	935	250
黑龙江	Heilongjiang	2891	185	182	1702	822
上　海	Shanghai	25	2	1	22	
江　苏	Jiangsu	1134	143	114	877	
浙　江	Zhejiang	1246	505	201	486	54
安　徽	Anhui	2272	188	222	923	939
福　建	Fujian	1770	264	237	1037	232
江　西	Jiangxi	5653	54	321	3248	2030
山　东	Shandong	2968	281	445	1999	243
河　南	Henan	2797	152	269	1517	859
湖　北	Hubei	3315	63	150	1717	1385
湖　南	Hunan	6195	93	316	4523	1263
广　东	Guangdong	1692	143	171	1252	126
广　西	Guangxi	3376	73	267	2373	663
海　南	Hainan	220	70	27	113	10
重　庆	Chongqing	2553	62	139	1987	365
四　川	Sichuan	6463	118	388	4209	1748
贵　州	Guizhou	6594	99	288	4162	2045
云　南	Yunnan	7860	66	243	4731	2820
西　藏	Tibet	52	7	12	27	6
陕　西	Shaanxi	5188	204	317	2404	2263
甘　肃	Gansu	3535	65	83	1207	2180
青　海	Qinghai	843	35	48	354	406
宁　夏	Ningxia	487	20	26	206	235
新　疆	Xinjiang	4368	58	271	2210	1829

情况—— 按地区分列
and Utilization by Region

从业人数/人 Employees/person	年产矿量（原矿）/万吨 Annual Production (Crude Ore)/ 10^4 tons	工业总产值/万元 Gross Industrial Output Value/ 10^4 yuan	综合利用产值/万元 Output Value of Comprehensive Use/ 10^4 yuan	矿产品销售收入/万元 Sales Revenue of Mineral Commodities/ 10^4 yuan	利润总额/万元 Total Profits/ 10^4 yuan
6711085	872344. 25	193873090. 06	12151041. 32	160927621. 27	30838149. 37
6344625	867935. 52	172445934. 79	12486974. 34	144884029. 44	20534242. 15
5842497	843578. 80	155518276. 48	12850582. 92	124628923. 10	11948428. 75
30963	2080. 33	517798. 96	50058. 35	458700. 60	24919. 36
13348	4296. 59	141190. 37	2591. 00	135553. 53	10901. 79
270918	37653. 78	6698477. 98	513967. 46	5360211. 36	357831. 51
888133	88732. 85	35970839. 84	3322376. 66	25445967. 51	1067833. 72
271236	96293. 03	17448711. 27	1937826. 75	15538517. 83	2168905. 47
219772	38128. 71	5235771. 97	633087. 90	3883464. 47	310516. 08
107742	12499. 06	1754190. 52	68850. 69	1463833. 60	-20170. 12
262103	14747. 06	2504765. 02	101907. 35	2264923. 95	-129185. 27
1648	120. 76	118654. 58	200. 00	101703. 99	4284. 15
113796	23138. 50	2282721. 77	139130. 61	1793128. 60	139792. 88
38499	52373. 01	1428339. 93	111636. 56	1068186. 27	126531. 11
303696	47215. 20	9417025. 51	857535. 98	8418266. 02	206626. 03
62265	15086. 90	1495308. 51	185548. 42	1321993. 61	218021. 25
203110	27927. 48	3456352. 59	268165. 24	2946088. 16	243828. 43
486009	46030. 12	10885573. 74	643232. 84	9005977. 88	767104. 84
438449	32048. 36	7798759. 99	473367. 44	6601864. 55	765804. 12
117989	21119. 34	2689656. 54	141751. 71	2188725. 62	255879. 36
237281	22645. 80	3009577. 79	90185. 24	2274023. 20	262431. 04
47370	28590. 71	1618259. 97	248487. 45	1289814. 11	162759. 62
90196	25901. 10	1521750. 37	209837. 23	1239486. 41	192012. 91
12158	4991. 12	362104. 22	34577. 16	273314. 05	54712. 43
150786	16229. 74	2113306. 44	408660. 69	1818689. 33	125786. 87
284317	26229. 48	4331173. 85	282989. 06	2815979. 93	322285. 56
239301	34389. 06	6045234. 33	1022457. 84	5046212. 59	949106. 55
291681	24915. 03	5817065. 47	229279. 05	3865711. 06	428123. 71
4941	468. 55	307988. 42	6354. 00	223287. 34	26996. 77
256545	39689. 22	8639622. 49	37309. 11	7796963. 42	1394772. 23
158232	12888. 93	3156778. 10	113817. 05	2874110. 34	269528. 76
40748	9169. 57	2626534. 67	304659. 58	1919463. 27	385078. 39
54528	8901. 91	2288808. 40	108361. 68	1599517. 35	207060. 42
144737	29077. 49	3835932. 87	302372. 86	3595243. 14	648348. 78

全国非油气矿产资源开发利用
Non-Petroleum Mineral Resources Development

矿种	Mineral	矿山企业数/个 Number of Mine Enterprises/number				
			大型 Large	中型 Medium	小型 Small	小矿 Small-scale Mine
总 计	**Total**	**92061**	**4080**	**6650**	**53709**	**27622**
煤炭	Coal	11190	790	1431	7067	1902
油页岩	Oil shale	23	4	9	7	3
油砂	Oil sand	1			1	
石煤	Stone coal	220	1	1	35	183
天然沥青	Natural asphalt	5				5
地热	Geotherm	1026	247	226	484	69
铁矿	Iron	4133	161	363	2690	919
锰矿	Manganese	448	26	55	302	65
铬矿	Chromite	14			11	3
钛矿	Titanium	108	22	15	59	12
钒矿	Vanadium	114	51	19	37	7
铜矿	Copper	898	32	68	618	180
铅矿	Lead	907	6	34	583	284
锌矿	Zinc	666	8	44	458	156
铝土矿	Bauxite	240	13	25	180	22
镁矿	Magnesium	8	1		1	6
镍矿	Nickel	66	7	12	37	10
钴矿	Cobalt	4	1		3	
钨矿	Tungsten	154	4	22	103	25
锡矿	Tin	124	2	14	87	21
铋矿	Bismuth	5			3	2
钼矿	Molybdenum	210	25	37	112	36
汞矿	Mercury	34			15	19
锑矿	Antimony	80	1	3	57	19
铂矿	Platinum	7	2	3	2	
金矿	Gold	1610	78	184	1054	294
银矿	Silver	115	7	11	74	23
铌钽矿	Columbotantalite	12		1	9	2
铌矿	Niobium	1				1
钽矿	Tantalum	7			5	2
铍矿	Beryllium	1				1
锂矿	Lithium	20	4	3	11	2
锆矿	Zirconium	26	23	2	1	
锶矿	Strontium	16	1		9	6
重稀土矿	Heavy rare earths	12	3		9	
轻稀土矿	Light rare earths	66	5	12	40	9
锗矿	Germanium	2			2	
碲矿	Tellurium	3			2	1
蓝晶石	Kyanite	6	2	1	3	
矽线石	Sillimanite	6	1	1	4	
红柱石	Andalusite	13	7	3	3	
菱镁矿	Magnesite	111	8	11	88	4

情况—— 按矿种分列（2014 年）
and Utilization by Mineral（2014）

从业人数/人 Employees/person	年产矿量（原矿）/万吨 Annual Production（Crude Ore）/ 10^4 tons	工业总产值/万元 Gross Industrial Output Value/ 10^4 yuan	综合利用产值/万元 Output Value of Comprehensive Use/ 10^4 yuan	矿产品销售收入/万元 Sales Revenue of Mineral Commodities/ 10^4 yuan	利润总额/万元 Total Profits/ 10^4 yuan
5842497	**843578.80**	**155518276.48**	**12850582.92**	**124628923.10**	**11948428.75**
3436302	284329.51	94161165.29	7496580.46	77997716.70	5906971.30
4343	363.68	34491.55	2179.33	20057.15	1767.00
3					
1769	160.19	6122.01	55.00	5788.35	759.86
55	0.11	325.00		177.00	
50196	10028.14	758008.77		363116.92	-5807.48
360782	68588.12	14914011.42	993341.30	12053829.84	1161765.39
22088	710.66	559999.59	49914.90	282936.04	-5771.62
190	2.35	1957.92	1154.60	1603.71	556.81
2500	101.11	10188.71	381.00	5956.06	483.75
4350	40.29	49655.50		19870.52	20.00
120915	15306.21	3826251.24	402278.69	3116473.67	331416.80
50232	1363.43	1185683.79	142995.27	1064437.24	164455.81
56711	2443.60	1547987.15	147860.50	1201577.17	253286.74
13078	2496.87	446821.93	22884.44	284656.01	12835.69
155	223.43	33557.20	172.32	10061.20	12.00
11872	1361.85	1025037.41	16760.70	980654.18	26463.08
30					
33796	1256.32	632180.38	51815.32	619709.96	62825.22
28371	867.86	549214.65	78018.73	506775.38	112274.48
171	1.77	1152.37	10.00	1052.37	
31359	7049.60	1327202.54	83557.03	753813.97	187820.83
1151	25.17	24944.83	2417.76	16004.93	3298.52
11010	110.86	230171.68	2018.00	91633.48	4375.82
245	8.50	3214.29		3214.29	8.11
168158	12832.82	4769984.19	461510.39	4241867.10	730492.92
11885	574.22	378167.05	96414.10	333887.06	52818.73
1371	172.98	27926.98	208.00	22323.44	48.80
50	10.00	540.00		200.00	126.00
206	2.21	304.00		116.00	-1476.00
14					
2187	514.08	84998.36	69372.34	37841.05	45.30
690	1185.80	7832.93	2363.35	7337.26	10.00
481	5.06	2195.92		2141.92	-464.50
327	487.73	58741.89	236.88	53245.22	3915.54
2011	667.86	150847.66	36021.12	56115.58	12089.70
361	51.70	14832.94		14832.94	641.25
14					
234	1.70	1500.00		1222.00	260.00
177					
445	28.52	6621.83	1555.00	4844.33	66.80
5290	1168.01	143521.96	2037.52	97915.57	6382.51

全国非油气矿产资源开发利用
Non-Petroleum Mineral Resources Development

矿种	Mineral	矿山企业数/个 Number of Mine Enterprises/number				
			大型 Large	中型 Medium	小型 Small	小矿 Small-scale Mine
普通萤石	Common fluorite	1229	18	45	791	375
熔剂用灰岩	Limestone for flux	230	23	26	156	25
冶金用白云岩	Metallurgical dolomite	283	11	18	210	44
冶金用石英岩	Metallurgical quartzite	589	9	22	421	137
冶金用砂岩	Sandstone for metallurgy	20	1		15	4
铸型用砂岩	Sandstone for casting	12			10	2
铸型用砂	Sand for casting	53		6	42	5
冶金用脉石英	Metallurgical vein quartz	301	1	3	214	83
耐火粘土	Fireclay	206	4	6	135	61
铁矾土	Ferruginous bauxite	14			9	5
铸型用粘土	Clay for casting	2			2	
耐火用橄榄岩	Refractory peridotite	7		2	3	2
熔剂用蛇纹岩	Serpentinite for flux	9	3	2	4	
自然硫	Native Sulfur	1				1
硫铁矿	Greigite	243	9	15	160	59
钠硝石	Natratine	3			2	1
明矾石	Alunite	3	1	1	1	
芒硝	Mirabilite	84	22	21	37	4
重晶石	Barite	473	15	27	310	121
毒重石	Witherite	35	1	1	13	20
天然碱	Trona	11	2	1	6	2
电石用灰岩	Tourmaline limestone	120	10	5	75	30
制碱用灰岩	Limestone for soda ash	34	1	2	27	4
化肥用灰岩	Limestone for fertilizer	7	1		4	2
化工用白云岩	Dolostone for chemical industry	26	1		20	5
化肥用石英岩	Quartzite for fertilizer	13		1	12	
化肥用砂岩	Sandstone for fertilizer	17			15	2
含钾砂页岩	K-bearing sandy shale	4			4	
含钾岩石	K-bearing rock	13		2	9	2
化肥用橄榄岩	Peridotite for fertilizer	2			2	
化肥用蛇纹岩	Serpentinite for fertilizer	19	1	2	8	8
泥炭	Peat	51			25	26
盐矿	Salt	202	102	34	60	6
镁盐	Magnesium	6	1	4	1	
钾盐	Potash	21	7	8	5	1
溴矿	Bromine	48			48	
砷矿	Arsenic	6			5	1

情况—— 按矿种分列（2014 年） 续表 1
and Utilization by Mineral（2014） Continued 1

从业人数/人 Employees/person	年产矿量（原矿）/万吨 Annual Production（Crude Ore）/ 10^4 tons	工业总产值/万元 Gross Industrial Output Value/ 10^4 yuan	综合利用产值/万元 Output Value of Comprehensive Use/ 10^4 yuan	矿产品销售收入/万元 Sales Revenue of Mineral Commodities/ 10^4 yuan	利润总额/万元 Total Profits/ 10^4 yuan
21927	431.02	208194.00	8026.22	170958.82	19959.49
13941	5758.36	278609.23	73479.85	169826.02	-4030.18
6173	2020.24	111739.90	20447.88	64684.83	-1552.33
5614	385.91	30530.07	1979.03	25203.58	2272.31
258	38.22	2907.27	55.10	1772.92	743.86
150	135.03	1264.20	2.00	1263.86	345.18
1181	80.01	16785.77		16418.58	888.92
2382	32.02	3243.04	178.00	2443.44	197.65
4486	133.65	45058.11	2404.00	33707.41	3601.43
89	1.85	260.85		134.89	15.17
22	1.50	28.58		28.40	5.00
257	20.07	2230.37	180.00	817.37	52.00
348	86.61	773.38	159.00	773.38	35.50
5					
19123	965.13	430099.97	93259.92	333025.79	69900.42
38					
1903	11.35	5708.50	145.80	4204.79	307.79
8499	1411.03	240327.29	18982.14	197865.15	13053.16
5838	310.83	71237.76	10708.00	61293.78	13014.92
640	12.96	9522.02		5402.56	114.00
2924	248.12	201556.93	9533.10	192186.78	58323.00
2069	1832.01	105481.08	4405.59	102341.51	10668.98
520	296.27	97029.65	85.00	68690.89	97.94
38	3.00	40.00		30.00	1.00
281	76.80	2493.37	601.75	1630.37	303.30
119	14.26	320.29	2.00	318.29	7.80
287	9.66	269.75	38.00	269.75	27.19
47	0.84	53.85		53.80	
76	0.24	30.00	0.30	28.20	5.30
46	4.03	135.00		128.00	4.00
313	3.02	97.75		97.75	1.20
762	20.23	1628.00	509.50	1567.78	55.32
51322	6608.96	1638811.79	298761.97	1179928.82	55864.56
626	51.22	8815.00	2700.00	6205.69	4052.49
11106	7311.50	1933464.18	148825.27	1540076.56	388309.59
2395	7.55	65517.54	10676.93	51591.91	6098.92
105	0.61	233.00	0.50	193.50	-239.60

全国非油气矿产资源开发利用
Non-Petroleum Mineral Resources Development

矿种	Mineral	矿山企业数/个 Number of Mine Enterprises/number				
			大型 Large	中型 Medium	小型 Small	小矿 Small-scale Mine
硼矿	Boron	58	3	4	50	1
磷矿	Phosphate rock	356	34	99	199	24
金刚石	Diamond	5	2	3		
石墨	Graphite	175	53	19	75	28
熔炼水晶	Smelting quartz	1				1
光学水晶	Optical crystal	1				1
工艺水晶	Crystal for artware	6			4	2
硅灰石	Wollastonite	235	3	8	160	64
滑石	Talc	134	6	12	80	36
石棉	Asbestos	35	12	3	19	1
云母	Mica	27			18	9
长石	Feldspar	385	6	16	276	87
电气石	Tourmaline	5			2	3
石榴子石	Garnet	22	2		11	9
叶蜡石	Pyrophyllite	82	3	28	41	10
透辉石	Diopside	38		8	24	6
蛭石	Vermiculite	18	1	2	14	1
沸石	Zeolite	62		3	41	18
透闪石	Tremolite	10	1	1	6	2
石膏	Gypsum	574	46	126	327	75
方解石	Calcite	685	14	32	480	159
光学萤石	Optic fluorite	4			1	3
宝石	Gem	7		1	1	5
玉石	Jade	152		1	30	121
玛瑙	Agate	5			1	4
玻璃用灰岩	Limestone for glass	2	1			1
水泥用灰岩	Limestone for cement	2910	432	338	1602	538
建筑石料用灰岩	Limestone for building stone	14537	155	288	9232	4862
饰面用灰岩	Facing limestone	220	1	5	99	115
制灰用石灰岩	Limestone for mortar	739	10	18	511	200
泥灰岩	Marlstone	26			15	11
白垩	Chalk	2			2	
玻璃用白云岩	Dolostone for glass	53	1	3	37	12
建筑用白云岩	Dolostone for building	1050	11	29	715	295
玻璃用石英岩	Quartzite for glass	501	18	41	346	96
玻璃用砂岩	Sandstone for glass	106	8	44	44	10
水泥配料用砂岩	Sandstone for cement	296	15	47	180	54
砖瓦用砂岩	Sandstone for bricks and Tiles	283	1	19	206	57
陶瓷用砂岩	Sandstone for ceramics	78		13	49	16
建筑用砂岩	Sandstone for building	1700	52	112	1107	429

情况—— 按矿种分列（2014 年） 续表 2
and Utilization by Mineral（2014） Continued 2

从业人数/人 Employees/person	年产矿量（原矿）/万吨 Annual Production（Crude Ore）/ 10^4 tons	工业总产值/万元 Gross Industrial Output Value/ 10^4 yuan	综合利用产值/万元 Output Value of Comprehensive Use/ 10^4 yuan	矿产品销售收入/万元 Sales Revenue of Mineral Commodities/ 10^4 yuan	利润总额/万元 Total Profits/ 10^4 yuan
1655	63. 59	9029. 65	2077. 30	8250. 67	-61. 61
49020	6948. 36	1912236. 35	108079. 48	1309653. 69	169048. 69
705					
6308	517. 63	63238. 48	4479. 05	46225. 10	1910. 99
2					
10					
35					
2556	110. 49	21454. 56	4478. 80	15305. 29	1156. 91
4567	187. 20	64377. 36	544. 28	45404. 28	4628. 11
2703	580. 82	26002. 91	6496. 16	19864. 85	364. 56
217	2. 56	722. 46		550. 46	41. 80
3879	366. 39	22563. 49	8085. 25	20238. 26	1525. 15
58					
319	10. 93	3001. 00	2243. 10	1215. 43	51. 87
1042	114. 05	13608. 46	1925. 20	12439. 09	1225. 88
641	55. 95	4685. 20	160. 00	4102. 33	266. 74
153	7. 74	1366. 04		1126. 04	115. 00
489	30. 64	1435. 93	352. 94	1284. 43	149. 29
88	0. 22	57. 70		7. 70	3. 00
21346	1997. 02	162391. 05	15250. 60	122742. 48	5932. 04
5793	760. 26	80613. 69	14345. 67	39403. 78	6111. 42
26	0. 20	20. 00		20. 00	10. 00
43	13. 82	1198. 00	350. 00	703. 72	52. 00
2150	13. 67	83963. 01	1105. 00	27769. 64	4987. 41
197		699. 84		681. 00	251. 00
5	3. 30	89. 00		89. 00	6. 60
94696	122488. 48	11245536. 73	840793. 80	6612847. 05	1138189. 68
180182	92615. 83	2096391. 32	341408. 88	1747872. 98	242049. 22
2894	289. 94	21599. 75	5440. 65	19129. 43	6740. 38
9785	3931. 27	143535. 29	26587. 88	128550. 40	9804. 37
314	61. 03	11567. 50	20. 00	1947. 69	701. 30
10					
744	208. 67	5079. 67	129. 41	3176. 23	401. 48
11836	5694. 68	121202. 96	22518. 44	109095. 33	16776. 51
5554	1112. 47	54310. 70	11434. 96	47599. 68	1671. 69
1742	462. 13	34864. 95	681. 00	26108. 42	2505. 59
6319	2295. 25	212656. 13	7589. 80	137391. 48	19189. 04
4630	608. 05	39731. 53	6593. 00	37828. 93	4273. 97
743	93. 23	2899. 68	128. 00	2858. 46	273. 31
18184	6384. 66	194190. 09	20782. 23	168663. 80	22983. 14

全国非油气矿产资源开发利用
Non-Petroleum Mineral Resources Development

矿种	Mineral	矿山企业数/个 Number of Mine Enterprises/number				
			大型 Large	中型 Medium	小型 Small	小矿 Small-scale Mine
玻璃用砂	Sand for glass	63	14	10	23	16
建筑用砂	Building sand	4556	32	190	2079	2255
水泥配料用砂	Sand for cement	20	1	2	11	6
水泥标准砂	Cement standard sand	3			2	1
砖瓦用砂	Sand for bricks and tiles	101		1	16	84
玻璃用脉石英	Vein quartz for glass	204	3	6	138	57
水泥配料用脉石英	Vein quartz for cement	11			7	4
粉石英	Powdery quartz	47		2	42	3
天然油石	Natural whetstone	1				1
硅藻土	Diatomite	41	1	13	25	2
陶粒页岩	Haydite shale	34	2	6	25	1
砖瓦用页岩	Shale for bricks and tiles	6942	11	861	4902	1168
水泥配料用页岩	Shale for cement	175	9	26	88	52
建筑用页岩	Shale for building	441		62	306	73
高岭土	Kaolin	502	36	69	330	67
陶瓷土	Ceramic clay	563	31	75	394	63
凹凸棒石粘土	Attapulgite clay	36	4	7	24	1
海泡石粘土	Sepiolite clay	5			5	
伊利石粘土	Illite clay	48	1	6	37	4
累托石粘土	Rectorite clay	2			1	1
膨润土	Bentonite	236	8	23	162	43
砖瓦用粘土	Clay for bricks and tiles	13443	2	264	4563	8614
陶粒用粘土	Earthenware clay	176	7	6	111	52
水泥配料用粘土	Clay for cement	131	9	9	57	56
水泥配料用红土	Laterite for cement	16		1	6	9
水泥配料用黄土	Loess for cement	10		1	7	2
水泥配料用泥岩	Mudstone for cement	28	2	1	10	15
保温材料用粘土	Clay for thermal insulating material	6			4	2
白云母粘土矿	Muscovite clay mine	2			1	1
建筑用橄榄岩	Peridotite for building	7			6	1
饰面用蛇纹岩	Facing serpentinite	61		1	47	13
饰面用辉石岩	Facing pyroxenite	2				2
建筑用辉石岩	Pyroxenite for building	9			7	2
铸石用玄武岩	Basalt for casting	18		1	13	4
岩棉用玄武岩	Basalt for wool rock	2			2	
饰面用玄武岩	Facing basalt	62	2		38	22
水泥混合材玄武岩	Basalt for addition of cement	8	1	2	3	2
建筑用玄武岩	Basalt for building	614	64	68	350	132
饰面用角闪岩	Facing amphibolite	5			5	
建筑用角闪岩	Amphibolite for building	27		1	18	8

情况—— 按矿种分列（2014 年） 续表 3
and Utilization by Mineral（2014） Continued 3

从业人数/人 Employees/person	年产矿量（原矿）/万吨 Annual Production（Crude Ore）/ 10^4 tons	工业总产值/万元 Gross Industrial Output Value/ 10^4 yuan	综合利用产值/万元 Output Value of Comprehensive Use/ 10^4 yuan	矿产品销售收入/万元 Sales Revenue of Mineral Commodities/ 10^4 yuan	利润总额/万元 Total Profits/ 10^4 yuan
2065	602.77	39945.69	357.06	26174.33	2151.82
41545	15124.61	341051.23	28230.66	310343.32	67482.33
492	359.30	18452.93	892.30	15333.03	265.77
68	2.16	1046.60		1046.60	164.00
1020	53.64	9440.76	393.00	8011.52	619.35
1522	96.67	7100.92	465.20	5624.92	800.08
46	4.13	117.00	95.00	117.00	-27.00
506	17.04	1686.20	200.00	1099.80	166.00
20					
1047	37.85	26281.38	78.66	12633.38	-937.44
622	30.30	1594.00	2.50	1427.60	119.70
132250	12725.41	883503.21	91247.94	778556.35	107455.92
1678	776.69	13742.18	804.09	13071.50	2268.02
7180	715.84	47541.90	4553.03	36778.65	6766.53
15007	646.09	99640.40	7650.91	86076.73	6754.54
5124	1228.87	50730.88	4199.77	39664.55	5554.60
595	95.05	10903.40	1656.30	10230.14	733.10
62					
819	7.67	318.55	123.88	291.55	25.46
24					
4785	238.24	123657.45	2534.67	115528.01	10686.25
391686	18200.04	1338841.07	114731.08	1199665.34	127297.39
3484	160.43	10107.75	391.00	8502.35	742.34
1710	595.20	43627.06	337.72	12520.52	590.12
197	24.60	1570.00	600.00	1557.50	68.00
248	64.27	969.26	120.00	969.26	166.00
504	321.69	69805.23	669.48	55135.99	10721.01
39					
25	0.05	5.10		5.00	-1.00
122	9.62	233.00		210.00	20.00
508	36.07	943.00	54.00	477.00	-131.80
55	6.34	503.00		479.66	85.00
85	4.18	211.75	10.00	162.75	19.94
206	62.99	2946.65	73.00	2857.75	347.59
99	16.18	1400.00		1400.00	
1084	39.35	6507.86	837.16	6496.86	1251.85
98	10.20	461.28	35.00	426.28	48.00
8742	5676.10	122491.65	12184.05	107390.92	10556.37
27					
387	141.01	3543.23	92.50	3169.23	74.20

全国非油气矿产资源开发利用
Non-Petroleum Mineral Resources Development

矿种	Mineral	矿山企业数/个 Number of Mine Enterprises/number				
			大型 Large	中型 Medium	小型 Small	小矿 Small-scale Mine
水泥用辉绿岩	Diabase for cement	4	1		2	1
铸石用辉绿岩	Diabase for casting	3		1	1	1
饰面用辉绿岩	Facing diabase	195	2	5	133	55
建筑用辉绿岩	Diabase for building	213	11	15	135	52
饰面用辉长岩	Facing gabbro	3			3	
建筑用辉长岩	Gabbro for building	6		1	4	1
饰面用安山岩	Facing andesite	6			3	3
建筑用安山岩	Andesite for building	512	114	20	271	107
水泥混合材用安山玢岩	Andesitic porphyrite for addition of cement	1		1		
建筑用闪长岩	Diorite for building	302	39	24	186	53
水泥混合材用闪长玢岩	Diorite porphyrite for addition of cement	1				1
饰面用闪长岩	Facing diorite	36		1	23	12
饰面用二长岩	Facing monzonite	1				1
建筑用二长岩	Monzonite for building	2	1			1
建筑用正长岩	Syenite for building	4			4	
建筑用花岗岩	Granite for building	3305	379	308	2126	492
饰面用花岗岩	Facing granite	1594	49	46	1167	332
麦饭石	Medical stone	10		1	4	5
珍珠岩	Perlite	69	1	4	46	18
建筑用流纹岩	Rhyolite for building	2		1	1	
黑曜岩	Obsidian	3			3	
浮石	Float-stone	20		1	16	3
水泥用粗面岩	Trachyte for cement	1			1	
铸石用粗面岩	Trachyte for casting	15	1		11	3
霞石正长岩	Nepheline syenite	12	1	4	7	
水泥用凝灰岩	Tuff for cement	30	1	6	17	6
建筑用凝灰岩	Tuff for building	1474	444	129	635	266
火山灰	Pozzuolana	6		2	4	
火山渣	Volcanic cinder	13		1	12	
饰面用大理岩	Facing marble	570	9	9	305	247
建筑用大理岩	Marble for building	461	22	16	314	109
水泥用大理岩	Marble for cement	176	16	17	117	26
玻璃用大理岩	Marble for glass	37			33	4
饰面用板岩	Facing slate	200	3	11	140	46
水泥配料用板岩	Slate for cement	42	1	1	30	10
片石	Schist	82		2	55	25
片麻岩	Gneiss	351	20	46	231	54
千枚岩	Phyllite	6			6	
砚石	Inkstone	5			2	3
矿泉水	Mineral water	813	45	68	565	135
地下水	Groundwater	4			3	1
其他矿产①	Other Minerals	119	2	8	96	13

①其他矿产为未命名矿产。
① Other minerals are unnamed minerals.

情况—— 按矿种分列（2014 年） 续表 4

and Utilization by Mineral (2014) Continued 4

从业人数/人 Employees/person	年产矿量（原矿）/万吨 Annual Production (Crude Ore) / 10^4 tons	工业总产值/万元 Gross Industrial Output Value/ 10^4 yuan	综合利用产值/万元 Output Value of Comprehensive Use/ 10^4 yuan	矿产品销售收入/万元 Sales Revenue of Mineral Commodities/ 10^4 yuan	利润总额/万元 Total Profits/ 10^4 yuan
52					
19	1.00	20.00	4.00	20.00	5.00
1658	147.40	8529.54	266.42	7788.97	1498.61
2279	476.80	16880.78	2191.00	19072.59	1452.46
24	0.11	94.75		94.75	-116.00
82	11.55	413.51		393.29	11.36
62	31.30	500.00		500.00	200.00
7447	4848.44	94731.71	9912.10	91050.84	17284.17
8					
3691	1526.01	32439.19	2168.71	26100.85	1916.36
10	3.00	168.00		168.00	18.00
391	34.96	3321.95	354.00	3144.95	656.81
2					
14	5.20	78.00		78.00	20.00
5					
47616	32058.73	685630.95	69571.48	616465.97	62716.88
29779	5400.77	321272.76	23573.26	264458.37	35373.03
85	5.21	255.00		255.00	38.00
2023	203.65	31599.94	6666.00	25359.95	3826.15
17	6.25	100.00		100.00	70.00
23	0.12	8.30		5.30	3.00
180	14.03	669.05	166.96	452.25	135.36
4					
167	24.86	599.02	300.50	501.02	336.00
240	30.46	1454.40	115.80	1406.40	138.00
244	81.34	3389.01	103.00	3172.01	967.10
26300	39879.86	910585.47	85181.92	593022.02	87986.11
88	37.25	864.00		864.00	65.00
152	6.72	157.00		148.00	20.50
6784	1056.03	107403.95	8057.98	96822.85	16281.22
4641	1544.76	32442.73	1981.69	28911.78	3917.56
4281	2555.31	196555.42	3123.70	193839.19	4582.96
232	69.43	6305.75	6169.00	6303.15	3418.40
1890	138.66	7607.59	338.92	5534.69	1016.72
370	132.86	2808.55	18.50	2726.44	763.03
776	251.92	5277.28	1551.05	4999.78	618.48
3796	1924.16	51149.57	25230.75	34715.45	7386.49
81	10.02	276.62		261.47	-1.00
41	0.27	250.00		250.00	9.00
26130	1274.82	549286.46		490623.21	298.63
354	46.56	128.50		100.00	30.00
1551	711.36	15921.27	5574.46	15459.33	1964.34

全国非油气矿产资源开发利用
Non-Petroleum Mineral Resources Development

经济类型	Economic Type	矿山企业数/个 Number of Mine Enterprises/number				
			大型 Large	中型 Medium	小型 Small	小矿 Small-scale Mine
总 计	**Total**	**92061**	**4080**	**6650**	**53709**	**27622**
一、内资企业	**Ⅰ. Domestic Funded Enterprises**	**91501**	**3914**	**6547**	**53464**	**27576**
国有企业	State-owned Enterprises	3089	613	615	1548	313
集体企业	Collective-owned Enterprises	6243	66	241	3387	2549
股份合作企业	Cooperative Stock Enterprises	987	50	80	589	268
联营企业	Joint Ownership Enterprises	350	13	34	195	108
有限责任公司	Limited Liability Corporations	17091	1506	2132	10224	3229
股份有限公司	Share Holding Company Limited	4077	460	563	2392	662
私营企业	Private Enterprises	56486	1117	2717	33397	19255
其他企业	Other Enterprises	3178	89	165	1732	1192
二、港澳台商投资企业	**Ⅱ. Enterprises with Funds from Hong Kong, Macao and Taiwan**	**233**	**67**	**38**	**114**	**14**
三、外商投资企业	**Ⅲ. Foreign Funded Enterprises**	**327**	**99**	**65**	**131**	**32**

情况 —— 按经济类型分列（2014 年）
and Utilization by Economic Type（2014）

从业人数/人 Employees/person	年产矿量（原矿）/万吨 Annual Production (Crude Ore) / 10^4 tons	工业总产值/万元 Gross Industrial Output Value/ 10^4 yuan	综合利用产值/万元 Output Value of Comprehensive Use/ 10^4 yuan	矿产品销售收入/万元 Sales Revenue of Mineral Commodities/ 10^4 yuan	利润总额/万元 Total Profits/ 10^4 yuan
5842497	**843578. 80**	**155518276. 48**	**12850582. 92**	**124628923. 10**	**11948428. 75**
5773365	**812624. 84**	**149666470. 87**	**12366322. 17**	**120577088. 84**	**11334367. 55**
1520526	179255. 66	53126660. 37	3836249. 02	40455978. 64	2855515. 50
237064	17901. 75	1713753. 21	211050. 00	1582379. 92	135173. 79
63506	8753. 53	1600889. 62	95550. 53	1475560. 91	169440. 79
25856	3532. 02	690678. 30	52350. 50	634307. 44	67338. 49
1572933	251224. 59	41733963. 50	3560528. 35	34045584. 14	2259484. 74
958469	124067. 47	32379203. 82	2671251. 57	26845264. 49	4086735. 56
1339078	216041. 93	17830352. 17	1899514. 45	15067859. 73	1715137. 53
55933	11847. 89	590969. 89	39827. 76	470153. 58	45541. 14
20119	**11150. 00**	**1413514. 39**	**85960. 04**	**1196700. 80**	**192828. 89**
49013	**19803. 96**	**4438291. 22**	**398300. 71**	**2855133. 46**	**421232. 31**

主要统计指标解释

矿种 指矿山企业开采的矿产名称。

矿山规模 指依据国土资源部矿山生产规模划分标准确定的大型、中型、小型、小矿。

小矿 指矿山生产规模为小型规模上限1/10以下的矿山。

经济类型 指工商行政管理部门对企业登记注册的类型。

矿山企业数 指各类矿山企业的数量，以“个”计量。

从业人数 指报告期内矿山企业中从事矿业生产劳动，并取得劳动报酬或经营收入的年平均就业人数。当年在矿山企业中从事采矿活动的临时工、轮换工，应加入此项统计。非独立法人矿山企业只填报本矿山的平均就业人数。

年产矿量 指矿山企业当年采矿作业实际生产的符合产品质量要求的各类矿产的实物数量。应严格按各对应矿产的计量单位，分固、液、气三种状态分别合计填报。

工业总产值 指以货币表现的矿山企业报告期生产的最终工业产品总价值量。

综合利用产值 指在总产值中，由于对共生、伴生矿及“三废”综合利用的最终工业产品的价值量总和。

利润总额 指企业当年实现的利润总量。反映企业最终的财务成果。

矿产品销售收入 指矿山企业当年度销售该矿产品（包括产成品、半成品及废品）所取得的收入。以销售实现为原则进行填报。

Explanatory Notes on Main Statistical Indicators

Mineral—refers to the name of the mineral mined by a mining enterprise.

Size of mine—refers to large, medium and small sizes as well as small-scale mines defined according to the production scale standards of mines set by the Ministry of Land and Resources.

Small-scale mine—refers to a mine whose production scale is small below 1/10 of the upper limit of a small-sized mine.

Enterprise type—refers to the type of registration of an enterprise stipulated by administrative agencies for industry and commerce.

Number of mine enterprises—refers to the number of various kinds of mining enterprises.

Employees—refers to the annual average number of all the persons who are engaged in mining labor and get remuneration payment or earn income in mining enterprises during the report period. Temporary laborers and rotated laborers who are engaged in mining operations in mining enterprises during the current year should be included in this statistics. Mining enterprises that are non - independent legal persons are demanded to report the average number of employees in their own mines only.

Annual production—refers to the quantity of various mineral materials that are actually produced by a mining enterprise in mining operations during the current year and meet the requirements of the product quality. The ore outputs should be reported according to the related measuring units of the minerals and separately according to the solid, liquid and gas states.

Gross industrial output value—refers to the gross value of the final industrial products produced by mining enterprises during the report period, which is expressed in currency.

Output value of comprehensive use—refers to the total sum of the values of final industrial products in the gross value of mining output due to the comprehensive use of co-products, by-products and "three wastes" (waste slag, waste gas, waste liquid).

Total profits—refers to the total amount of profits achieved by an enterprise during the current year, which reflects the final financial outcomes of an enterprise.

Sales revenue of mineral commodities—refers to the revenue earned by selling mineral commodities (including finished commodities, half-finished commodities and wastes) by a mining enterprises during the current year, which is demanded to be reported in light of the principle of achieving sales.

海洋资源

Marine Resources

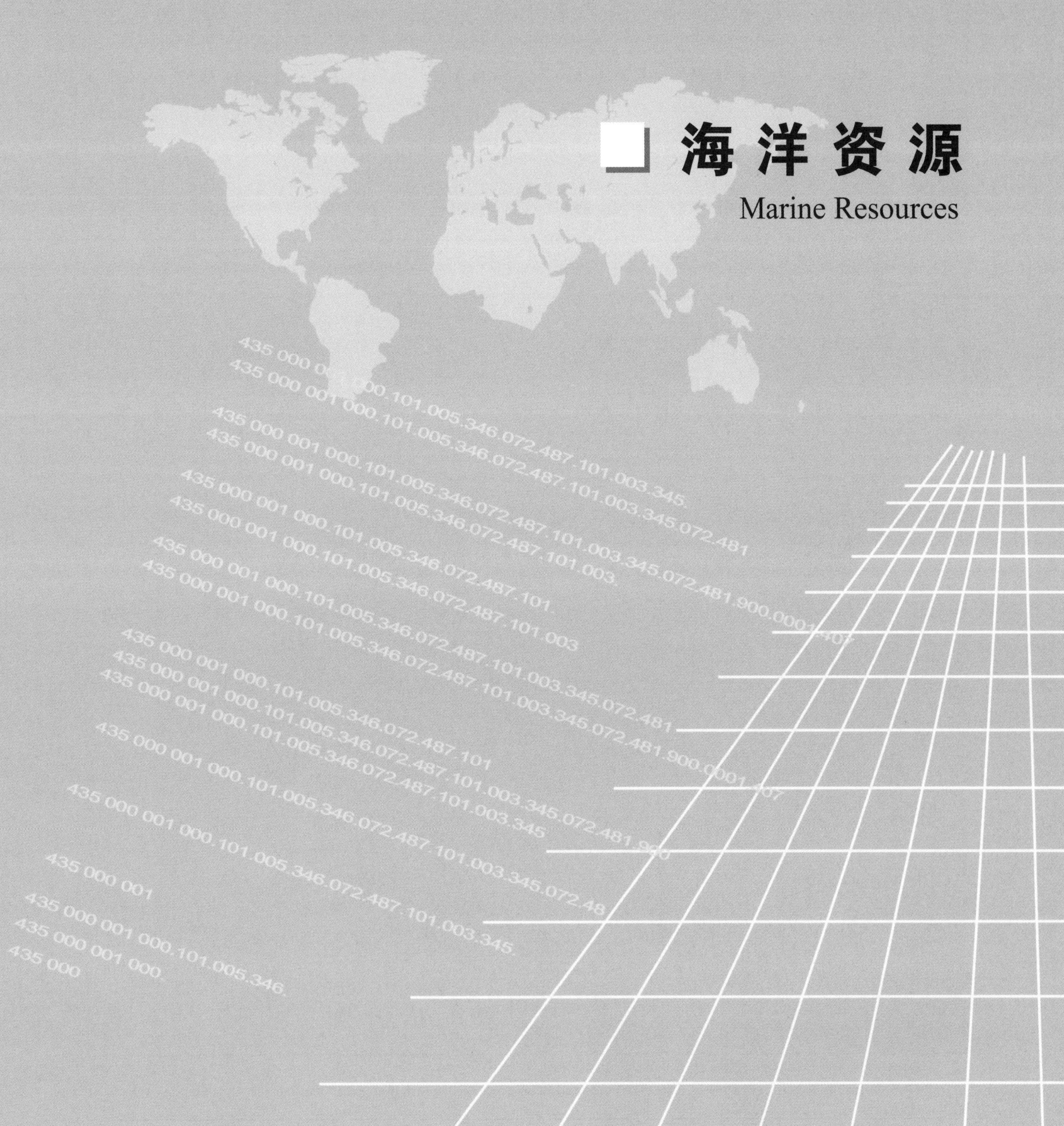

海洋资源利用情况
Uses of Marine Resources

年份/地区	Year/Region	海洋石油/万吨 Marine Oil/ 10^4 tons	海洋天然气/亿立方米 Marine Natural Gas/$10^8 m^3$	海滨砂矿/万吨 Beach Placers/ 10^4 tons	海洋渔业/万吨 Marine Aquatic Products/10^4 tons		海洋盐业/万吨 Marine Salt Industry/10^4 tons
					捕捞产量 Marine Fishing Production	养殖产量 Mariculture Production	
2011		4451. 97	121. 45	4231. 04	1356. 72	1551. 33	3322. 42
2012		4444. 79	122. 82	4351. 29	1389. 53	1643. 81	2986. 42
2013		4541. 09	117. 65	4434. 32	1399. 58①	1739. 25	2681. 13
天津	Tianjin	2634. 68	26. 17		6. 65	1. 23	152. 18
河北	Hebei	239. 87	6. 72		23. 05	45. 23	287. 64
辽宁	Liaoning	11. 29	0. 14		128. 37	282. 76	98. 28
上海	Shanghai	18. 65	7. 97		12. 48		
江苏	Jiangsu				57. 33	93. 87	77. 63
浙江	Zhejiang			2134. 42	356. 02	87. 17	15. 85
福建	Fujian			299. 51	216. 78	354. 9	29. 22
山东	Shandong	291. 3	1. 29	1318. 45	242. 82	456. 64	1989. 92
广东	Guangdong	1345. 3	75. 35		155. 40	287. 00	7. 75
广西	Guangxi			481. 00	65. 34	105. 65	16. 1
海南	Hainan			200. 94	112. 13	24. 81	6. 56

①捕捞产量全国总计包括北京 7008 吨，中农集团 225030 吨。

① Data for marine fishing production includes 7008 tons from Beijing and 225030 tons from the China National Agricultural Development Group Co. , Ltd. .

海洋监测、调查情况（2013 年）
Marine Monitoring and Survey (2013)

		站点（船舶）数/个、艘 Number of Stations/number vessel	项目数/个 Number of Projects/number	实际获得数据量/个 Actual Data Quantity/number	发布公（简）报/期 Communique (Bulletin) Issued/issue	提交报告/期 Report Submitted/issue
海洋监测	**Marine Monitoring**	**522**	**764**	**522792964**	**10654**	
赤潮监测	Akashiwo Monitoring					
台站监测	Station Monitoring	108	396	272599939	113	
断面监测	Sectional Monitoring	120	27	10109	4	
浮标监测	Buoy Monitoring	67	90	4022687		
海冰监测	Sea Ice Monitoring	12	37	7541	458	
船舶监测	Ship Monitoring	95	22	16475852	9900	
其他监测	Other Monitoring	120	192	229676836	179	
海洋调查	**Marine Survey**	**3203**	**569**	**2329579**	**94**	
大洋调查	Ocean Survey	375	30	53447	65	
极地调查	Polar Survey	273	28	8943		
专项调查	Specified Subject Investigation	1689	100	1908138	6	
其他调查	Other Survey	866	411	359051	23	

注：以上数据来自《2013 年国家海洋局综合统计年报》（内部）。
Note: The data above come from *Statical Year Book* 2013 (*Internal*) published by State Oceanic Administration.

海洋行政管理（2013 年）
Marine Administration (2013)

		总计 Grand Total
发放海域使用权发证/本	Permits of Marine Area Use Right Issued/piece	3881
签发疏浚物海洋倾倒许可证/份	Permits of Dredged Material Ocean Dumping Issued/piece	116
海域使用执法检查/次	Law Enforcement Inspection of Sea Area Use/times	7622
涉外海洋科研/项	Foreign Marine Scientific Research/piece	51
海底电缆管道执法检查次数/次	Law Enforcement Inspection of Submarine Cable and Pipeline Laying/times	520
海洋工程环境保护监督检查次数/次	Law Enforcement Inspection of Maritime Engineering Environmental Protection/times	5354
海洋倾废监督检查次数/次	Law Enforcement Inspection of Waste Ocean Dumping/times	4127
海洋生态保护执法检查/次	Law Enforcement Inspection of Marine Ecological Protection/times	648

注："发放海域使用权发证数据"来自《2013 年海域使用管理公报》，"签发疏浚物海洋倾倒许可证"等数据来自《2013 年国家海洋局综合统计年报》（内部）。

Note: "Permits of marine area use right issued" comes from *Management Communiqué on Sea Area Use 2013*, the data below "Permits of dredged material ocean dumping issued" come from *Statistical Year Book 2013 (internal) Published by State Oceanic Administration*.

主要统计指标解释

海洋捕捞产量 指国内海域捕捞产量，不包括远洋渔业产量。

海水养殖产量 指从人工投放苗种或天然纳苗并进行人工饲养管理的海水养殖水域中捕捞的水产品产量。

海洋盐业 指利用海水生产以氯化钠为主要成分的盐产品的活动，包括采盐和盐加工，不包括盐化工，盐化工列入海洋化工业。

Explanatory Notes on Main Statistical Indicators

Marine fishing production—refers to the fishing production in China seas, excluding overseas fisheries production.

Mariculture production—refers to the output of aquatic products managed with artificial breeding in sea water.

Marine salt industry—refers to those activities that using sea water to produce salt products with sodium salts as main components, including salt mining and salt processing, not including salt chemical industry which is included in marine chemical industry.

四、国土资源行政管理

Chapter 4 Land and Resources Administration

国土资源管理机构

Land and Resources Administrative Agencies

全国省、市、县级国土资源管理机构数

Number of Land and Resources Administrative Agencies of the Provincial, Municipal and County Level

单位：个　　　　Unit：number

年份/地区	Year/Region	合计 Total	省级 Provincial Level	市（地）级 Municipal（Prefecture）Level	县（区）级 County（District）Level
	2012	3293	32	442	2819
	2013	3139	32	440	2667
	2014	3234	32	362	2840
北　京	Beijing	17	1		16
天　津	Tianjin	12	1		11
河　北	Hebei	176	1	11	164
山　西	Shanxi	144	1	11	132
内蒙古	Inner Mongolia	129	1	14	114
辽　宁	Liaoning	79	1	14	64
吉　林	Jilin	54	1	10	43
黑龙江	Heilongjiang	114	1	16	97
上　海	Shanghai	18	1		17
江　苏	Jiangsu	109	1	13	95
浙　江	Zhejiang	104	1	12	91
安　徽	Anhui	116	1	16	99
福　建	Fujian	80	1	9	70
江　西	Jiangxi	115	1	11	103
山　东	Shandong	179	1	19	159
河　南	Henan	163	1	17	145
湖　北	Hubei	111	1	17	93
湖　南	Hunan	131	1	14	116
广　东	Guangdong	153	1	21	131
广　西	Guangxi	102	1	14	87
海　南	Hainan	20	1	2	17
重　庆	Chongqing	40	1		39
四　川	Sichuan	206	1	21	184
贵　州	Guizhou	110	1	9	100
云　南	Yunnan	158	1	16	141
西　藏	Tibet	81	1	7	73
陕　西	Shaanxi	126	1	11	114
甘　肃	Gansu	99	1	15	83
青　海	Qinghai	56	1	8	47
宁　夏	Ningxia	23	1	5	17
新　疆	Xinjiang	209	2	29	178

注：不包含部机关及直属事业单位。

Note：The data of the MLR and its units affiliated are not included.

土地资源管理

Land Resources Administration

审批建设用地情况
Examination and Approval of Land for Construction Use

单位：公顷 Unit：hectare

年份/地区	Year/Region	合计 Total	农用地转用 Transferred Agricultural	耕地 Cultivated Land	国务院批准建设用地 Land for Construction Approved by the State Council	农用地转用 Transferred Agricultural	耕地 Cultivated Land	省级政府批准建设用地 Land for Construction Approved by Provincial Government	农用地转用 Transferred Agricultural	耕地 Cultivated Land
	2012	615216.40	429083.24	259351.55	242114.45	185478.73	106142.91	373101.95	243604.51	153208.64
	2013	534335.97	372392.16	219620.36	213329.11	160705.15	86858.53	321006.86	211687.02	132761.84
	2014	403821.55	279388.17	160776.15	154326.38	114830.62	61633.62	249495.17	164557.55	99142.53
北　京	Beijing	1453.95	620.60	272.34	750.43	290.34	108.37	703.51	330.26	163.97
天　津	Tianjin	2447.20	1747.17	1006.37	1057.94	1016.91	637.73	1389.26	730.26	368.64
河　北	Hebei	14301.50	8409.21	5986.73	7468.44	6087.40	4484.16	6833.05	2321.81	1502.57
山　西	Shanxi	15972.40	10395.49	7790.34	7310.01	4677.42	3359.89	8662.39	5718.07	4430.45
内蒙古	Inner Mongolia	22992.90	14213.86	4903.48	7381.39	6461.04	1807.82	15611.51	7752.81	3095.66
辽　宁	Liaoning	14413.41	11340.64	7645.65	7511.95	5913.75	3546.03	6901.47	5426.90	4099.62
吉　林	Jilin	8381.62	7280.90	4614.21	5349.04	4973.12	2730.14	3032.58	2307.78	1884.07
黑龙江	Heilongjiang	6267.32	5188.23	3962.70	4044.37	3280.96	2402.59	2222.95	1907.27	1560.10
上　海	Shanghai	1967.65	1288.80	978.57	525.42	298.46	260.91	1442.23	990.34	717.67
江　苏	Jiangsu	19596.85	11960.24	8519.45	5560.67	3726.57	2557.44	14036.18	8233.67	5962.00
浙　江	Zhejiang	14166.24	10467.68	7348.97	4939.90	3692.12	2818.19	9226.33	6775.56	4530.78
安　徽	Anhui	13050.96	8206.06	6031.82	2367.22	1985.17	1458.97	10683.75	6220.89	4572.86
福　建	Fujian	12416.58	10234.69	4198.46	2671.80	2175.21	890.89	9744.78	8059.47	3307.57
江　西	Jiangxi	18526.28	12713.55	5424.97	2442.20	1976.17	658.90	16084.08	10737.38	4766.08
山　东	Shandong	22064.95	13746.58	10521.53	7951.22	7334.97	5761.69	14113.72	6411.62	4759.84
河　南	Henan	24009.03	16165.40	13662.04	5097.18	3388.52	2861.30	18911.85	12776.88	10800.74
湖　北	Hubei	16749.52	13776.88	7704.48	4051.31	3638.32	1996.48	12698.21	10138.56	5708.00
湖　南	Hunan	22689.09	17919.06	9055.90	7626.50	5307.77	1949.44	15062.59	12611.29	7106.46
广　东	Guangdong	18399.13	14459.99	4712.08	4239.24	3373.83	993.09	14159.89	11086.16	3718.99
广　西	Guangxi	10990.74	9056.94	4429.26	3776.50	3092.76	1362.48	7214.23	5964.18	3066.77
海　南	Hainan	1634.50	1331.88	426.98	736.97	595.76	223.09	897.52	736.12	203.89
重　庆	Chongqing	7790.98	6918.67	4415.21	1999.91	1720.33	1063.83	5791.07	5198.34	3351.38
四　川	Sichuan	43606.59	28390.08	13064.43	28815.15	18650.01	6693.18	14791.44	9740.08	6371.24
贵　州	Guizhou	14474.91	10535.71	6488.43	4820.04	3678.82	2093.94	9654.87	6856.89	4394.49
云　南	Yunnan	5624.82	4376.66	2560.00	2128.39	1452.88	838.78	3496.44	2923.78	1721.21
西　藏	Tibet	447.34	271.05	105.86	447.34	271.05	105.86			
陕　西	Shaanxi	8504.00	6055.94	4283.81	5369.22	4532.29	3173.64	3134.78	1523.64	1110.17
甘　肃	Gansu	8274.75	5219.31	4100.16	6096.56	3922.75	3134.54	2178.19	1296.56	965.62
青　海	Qinghai	3775.88	2293.01	145.11	3480.68	2098.11	104.67	295.20	194.90	40.44
宁　夏	Ningxia	6390.19	3787.48	1813.25	718.57	524.05	323.23	5671.62	3263.43	1490.02
新　疆	Xinjiang	22440.27	11016.43	4603.56	7590.79	4693.76	1232.36	14849.48	6322.67	3371.20

审批建设用地情况 续表

Examination and Approval of Land for Construction Use Continued

单位：公顷 Unit：hectare

年份/地区	Year/Region	城镇村建设用地 Land for Construction in City, Town and Village						单独选址建设用地 Land for Construction at Separated Selected Sites			
			商服用地 Land for Commercial and Service Uses	工矿仓储用地 Land for Industry, Mining and Warehousing	住宅用地 Land for Residential Uses	公共管理与公共服务用地 Land for Public Management and Public Services	交通运输用地 Land for Transport		交通运输用地 Land for Transport	水利设施用地 Land for Water Conservancy Facilities	能源用地① Land for Energy Projects
	2012	379231.41	47732.11	155221.72	94020.80	46190.77	25923.92	235985.00	130453.19	17621.00	67346.09
	2013	346826.06	50564.97	137006.94	87221.23	40808.37	23358.23	187509.91	114274.45	22958.34	39715.92
	2014	262717.84	41103.11	97931.99	67161.91	28513.26	18868.40	141103.71	82874.61	25133.62	21751.99
北　京	Beijing	1323.51	145.51	92.04	288.47	343.80	260.51	130.43			
天　津	Tianjin	1614.62	252.47	495.79	644.99	87.89	132.67	832.58	819.12		3.70
河　北	Hebei	9193.97	1098.63	4606.80	2693.06	706.00	63.82	5107.53	4967.38	29.12	99.45
山　西	Shanxi	9330.53	1451.43	3067.53	2339.41	1611.80	732.41	6641.87	4522.86	1783.85	232.14
内蒙古	Inner Mongolia	13708.29	3012.81	7834.25	1133.05	1260.11	427.32	9284.61	8165.50	38.07	619.90
辽　宁	Liaoning	10045.02	1989.64	3366.83	2948.86	966.38	764.81	4368.39	2917.23	20.63	126.16
吉　林	Jilin	3649.33	544.93	964.00	1419.69	323.25	369.86	4732.29	4221.02	6.67	415.53
黑龙江	Heilongjiang	3849.43	806.64	1748.21	638.59	295.85	320.80	2417.89	1138.47		1129.85
上　海	Shanghai	1886.31	117.22	240.27	293.75	740.93	210.41	81.34	22.99		1.09
江　苏	Jiangsu	15351.86	2422.76	5621.90	4169.47	1185.21	431.57	4244.99	3066.89	534.54	185.79
浙　江	Zhejiang	9863.61	1754.52	2676.38	2572.65	1558.84	948.69	4302.63	3066.37	861.44	230.03
安　徽	Anhui	9859.67	1460.59	3857.59	2768.44	910.20	789.86	3191.30	2604.71	181.11	104.22
福　建	Fujian	8797.08	1005.63	3684.67	2134.48	986.31	888.79	3619.51	2956.64	210.07	33.39
江　西	Jiangxi	16144.17	2244.10	7036.73	3557.93	1859.89	1281.47	2382.11	2186.06	64.55	109.72
山　东	Shandong	18063.36	1960.00	8173.42	5142.75	2005.71	651.49	4001.58	3551.39	14.01	165.92
河　南	Henan	21587.16	2959.42	8011.76	7775.95	1424.47	1095.49	2421.88	2037.94	19.32	251.86
湖　北	Hubei	13148.44	1723.27	5345.30	3745.32	952.08	789.46	3601.07	2901.52		90.47
湖　南	Hunan	14455.96	2540.98	4799.36	3391.08	1661.00	1959.40	8233.13	3083.13	4305.03	512.80
广　东	Guangdong	14879.86	2468.65	5863.20	3112.54	1234.63	1061.90	3519.26	1942.58	44.91	284.55
广　西	Guangxi	8324.58	1819.08	2578.02	1847.47	1198.69	813.97	2666.16	1830.52	33.72	153.34
海　南	Hainan	1104.71	402.01	83.54	405.46	134.08	73.68	529.78	248.55		281.23
重　庆	Chongqing	6110.24	164.20	3405.23	641.23	1004.31	878.83	1680.75	557.59	487.02	129.87
四　川	Sichuan	15003.53	2459.15	4818.44	4906.69	1834.60	814.01	28603.06	3632.98	13765.37	11139.42
贵　州	Guizhou	11847.92	2331.80	2656.62	3678.02	1938.12	1074.45	2626.98	2364.23	49.22	106.82
云　南	Yunnan	3047.49	792.97	876.23	661.52	434.28	204.09	2577.34	1584.65	69.60	665.68
西　藏	Tibet	447.34	209.23	25.48	50.17	33.33	89.14				
陕　西	Shaanxi	3692.36	649.14	928.33	1126.99	518.29	349.73	4811.64	4695.05	61.46	55.13
甘　肃	Gansu	1912.00	686.80	303.14	450.75	263.66	180.15	6362.75	4469.47		1716.18
青　海	Qinghai	365.59	88.90	132.26	72.58	31.85	30.00	3410.29	3271.68		120.93
宁　夏	Ningxia	4603.17	37.20	1149.54	211.32	62.00	39.68	1787.02	1553.17		194.97
新　疆	Xinjiang	9506.74	1503.43	3489.12	2339.24	945.70	1139.95	12933.54	4494.93	2553.91	2591.81

①为 2009 年新增指标。

①Newly added indicators in 2009.

土地征收情况
Land Requisition

单位：公顷　　　　Unit：hectare

年份/地区	Year/Region	土地征收面积 Requisitioned Land Area	农用地 Agricultural Land	耕地 Cultivated Land	国务院批准 Requisition Land Area Approved by the State Council	农用地 Agricultural Land	耕地 Cultivated Land	省级政府批准 Requisition Land Area Approved by the Provincial Government	农用地 Agricultural Land	耕地 Cultivated Land
	2012	517764.28	388474.08	246282.95	199453.29	167659.28	99480.83	318310.99	220814.80	146802.12
	2013	453070.75	337575.45	206905.94	152235.30	127018.51	69589.73	300835.46	210556.94	137316.21
	2014	389607.91	291955.50	181205.98	110051.28	93857.07	53287.69	279556.64	198098.43	127918.29
北　京	Beijing	1301.99	518.13	234.94	539.71	163.92	77.66	762.29	354.20	157.27
天　津	Tianjin	3048.79	2575.02	1618.56	914.33	838.27	584.50	2134.46	1736.75	1034.07
河　北	Hebei	19383.18	12385.40	8820.15	5545.98	4693.91	3465.01	13837.20	7691.48	5355.14
山　西	Shanxi	14928.04	9817.78	7351.75	6529.96	4294.61	3035.69	8398.08	5523.17	4316.05
内蒙古	Inner Mongolia	18623.57	11231.59	4507.54	6287.92	5641.22	1758.53	12335.66	5590.36	2749.01
辽　宁	Liaoning	12274.62	9930.18	6898.77	4883.95	4104.69	2507.24	7390.67	5825.50	4391.52
吉　林	Jilin	7818.28	6541.39	5338.51	3204.45	3072.76	2202.28	4613.83	3468.63	3136.23
黑龙江	Heilongjiang	6110.57	5333.75	4635.99	3336.78	2958.89	2537.08	2773.79	2374.87	2098.90
上　海	Shanghai	2264.25	1679.66	1286.31	578.02	407.67	347.94	1686.24	1271.99	938.37
江　苏	Jiangsu	17706.72	11125.77	8011.50	3129.89	2436.71	1638.65	14576.83	8689.05	6372.85
浙　江	Zhejiang	14865.44	11556.67	8201.96	3779.52	3172.77	2441.33	11085.92	8383.90	5760.63
安　徽	Anhui	18202.79	12375.68	9174.64	2183.38	1881.21	1356.64	16019.41	10494.47	7818.00
福　建	Fujian	13200.29	11008.39	4654.28	2214.16	1817.27	663.95	10986.13	9191.13	3990.34
江　西	Jiangxi	19624.92	13513.03	5979.32	2183.99	1876.59	664.16	17440.93	11636.44	5315.15
山　东	Shandong	25411.40	18775.49	13866.39	6446.14	5907.42	4167.84	18965.27	12868.07	9698.55
河　南	Henan	23360.73	16542.19	13908.28	4025.43	3498.84	2876.50	19335.31	13043.35	11031.78
湖　北	Hubei	23789.02	19908.55	11296.94	3930.72	3483.87	1803.19	19858.30	16424.67	9493.75
湖　南	Hunan	21324.11	18500.25	9445.37	6768.31	5783.99	2224.49	14555.80	12716.26	7220.88
广　东	Guangdong	14808.14	11958.50	4028.34	3051.04	2694.95	674.25	11757.10	9263.55	3354.09
广　西	Guangxi	11392.84	9700.62	5085.75	3298.23	2817.25	1333.98	8094.60	6883.36	3751.77
海　南	Hainan	1146.59	959.92	406.49	243.54	207.94	143.60	903.06	751.98	262.89
重　庆	Chongqing	7687.40	6804.32	4303.46	1314.12	1148.51	653.12	6373.29	5655.81	3650.34
四　川	Sichuan	38020.16	29184.24	14556.49	19793.45	17230.99	6670.35	18226.71	11953.24	7886.14
贵　州	Guizhou	15841.57	11764.96	7503.44	4187.28	3506.96	2114.57	11654.29	8258.00	5388.87
云　南	Yunnan	7313.25	6144.34	3720.20	1639.21	1384.69	819.11	5674.04	4759.65	2901.09
西　藏	Tibet									
陕　西	Shaanxi	15722.55	10391.29	7007.21	5120.37	4485.32	3113.42	10602.18	5905.97	3893.79
甘　肃	Gansu	5607.07	4559.51	4058.49	3793.79	3350.22	2949.47	1813.28	1209.29	1109.02
青　海	Qinghai	2488.78	2219.81	2081.87				2488.78	2219.81	2081.87
宁　夏	Ningxia	3379.69	2360.18	1490.20	263.41	218.54	146.50	3116.29	2141.65	1343.70
新　疆	Xinjiang	2961.15	2588.89	1732.87	864.22	777.09	316.63	2096.93	1811.80	1416.24

国有建设用地供应情况
State-owned Land for Construction Use

年份/地区	Year/Region	建设用地供应总量 Total Amount of Construction-Use Land Supplied			划拨 Allocation			出让 Granting		
		宗数/宗 Number of Plots	土地面积/公顷 Land Area/hectare	新增 Newly Increased Area	宗数/宗 Number of Plots	土地面积/公顷 Land Area/hectare	新增 Newly Increased Area	宗数/宗 Number of Plots	土地面积/公顷 Land Area/hectare	新增 Newly Increased Area
	2012	192039	711281. 31	292591. 16	53106	377133. 53	65794. 02	138588	332432. 34	226287. 60
	2013	227109	750835. 48	309617. 91	57704	373275. 34	63445. 35	168844	374804. 03	245326. 56
	2014	182581	647996. 14	311650. 02	50028	369833. 12	129489. 28	132398	277346. 56	181884. 37
北京	Beijing	618	2074. 80	1407. 38	249	550. 99	293. 74	369	1523. 81	1113. 64
天津	Tianjin	2089	5675. 89	2932. 22	1139	2168. 32	474. 42	950	3507. 57	2457. 80
河北	Hebei	7882	25417. 62	14112. 42	1503	11313. 93	4301. 40	6378	14103. 68	9811. 01
山西	Shanxi	3267	10675. 93	5405. 93	733	5222. 06	1373. 02	2534	5453. 86	4032. 91
内蒙古	Inner Mongolia	5420	23234. 30	8850. 30	1452	12809. 05	2466. 95	3968	10425. 25	6383. 35
辽宁	Liaoning	4511	18825. 36	8188. 98	1029	8495. 95	2733. 14	3468	10222. 69	5455. 84
吉林	Jilin	4715	17539. 20	7439. 33	1155	12648. 47	4098. 31	3554	4819. 62	3337. 22
黑龙江	Heilongjiang	3961	10309. 46	5249. 00	1187	4038. 77	1594. 96	2725	6025. 43	3641. 45
上海	Shanghai	997	3655. 75	1619. 70	562	2181. 77	675. 30	435	1473. 98	944. 41
江苏	Jiangsu	13159	41808. 60	25151. 86	2768	16055. 68	12660. 31	10383	25749. 71	12488. 35
浙江	Zhejiang	10950	27315. 73	18511. 67	4674	15896. 25	12831. 37	6266	11273. 64	5534. 46
安徽	Anhui	8198	33804. 70	11292. 36	2955	19130. 05	3763. 69	5243	14674. 64	7528. 67
福建	Fujian	4079	19105. 33	17077. 53	1581	11145. 50	10573. 28	2482	7886. 80	6431. 21
江西	Jiangxi	5419	17399. 32	11738. 16	1656	7578. 73	5111. 03	3762	9815. 60	6622. 13
山东	Shandong	12838	39531. 68	20900. 56	2601	12894. 24	3494. 82	10236	26637. 32	17405. 74
河南	Henan	8385	27861. 42	11504. 09	3213	11943. 60	1245. 13	5172	15917. 82	10258. 96
湖北	Hubei	9721	32889. 87	14476. 36	1850	18513. 54	4144. 68	7834	14372. 58	10331. 69
湖南	Hunan	13039	27406. 12	11219. 89	2327	17775. 03	4096. 82	10712	9631. 08	7123. 07
广东	Guangdong	10896	27681. 37	22282. 49	1728	15813. 10	15011. 01	9168	11868. 27	7271. 49
广西	Guangxi	7920	20296. 86	7127. 12	1713	13622. 03	2437. 76	6207	6674. 82	4689. 36
海南	Hainan	449	1516. 14	742. 85	113	523. 40	55. 54	335	991. 99	687. 31
重庆	Chongqing	2935	18228. 84	5056. 16	1208	10613. 27	1067. 43	1727	7615. 57	3988. 73
四川	Sichuan	10894	51795. 56	24260. 49	2437	39665. 51	14953. 35	8456	12014. 18	9307. 14
贵州	Guizhou	5745	19509. 26	6983. 38	1697	11699. 41	1863. 36	4047	7800. 13	5120. 02
云南	Yunnan	8945	52679. 10	11434. 20	2190	46549. 06	7039. 89	6755	6130. 04	4394. 31
西藏	Tibet	485	891. 45	497. 89	187	112. 46	58. 57	294	778. 30	439. 32
陕西	Shaanxi	3506	13393. 96	6556. 56	1141	7130. 19	1114. 35	2365	6263. 77	5442. 20
甘肃	Gansu	4269	18048. 20	8621. 50	2399	11387. 02	3072. 86	1869	6660. 18	5547. 64
青海	Qinghai	972	4344. 44	1866. 75	244	2358. 25	325. 81	727	1955. 38	1510. 12
宁夏	Ningxia	1481	8187. 54	3203. 18	582	4506. 49	61. 22	899	3681. 05	3141. 96
新疆	Xinjiang	4836	26892. 34	15939. 70	1755	15490. 97	6495. 74	3078	11397. 83	9442. 86

——按供地方式和地区分列
Supplied by Land Supply Way and by Region

	租赁 Lease				其他供地方式 Other Land Supply Ways			
成交价款/万元 Transaction Price Value/10^4 yuan	宗数/宗 Number of Plots	土地面积/公顷 Land Area/hectare	新增 Newly Increased Area	租金/万元 Rent/10^4 yuan	宗数/宗 Number of Plots	土地面积/公顷 Land Area/hectare	新增 Newly Increased Area	收入/万元 Income/10^4 yuan
280422827.78	330	1700.12	509.54	83378.06	15	15.31		
437452967.12	543	2728.75	844.90	995055.74	18	27.36	1.10	1257.13
343773734.05	148	814.18	276.38	20884.94	7	2.30		4907.42
20276041.51								
8019998.79								
11013345.49	1	0.01		2.70				
4423551.23								
3690934.20								
11212374.72	14	106.72		2826.86				
3632684.98	6	71.12	3.80	232.66				
4904074.22	49	245.26	12.59	2775.56				
14863603.24								
44307114.80	8	3.21	3.20	42.65				
23329794.50	10	145.84	145.84	971.00				
18137696.72								
10851790.26	16	73.04	73.04	6762.08				
10139466.23	1	4.99	4.99	1500.00				
27569112.48	1	0.12		112.85				
14225404.79								
12665606.39	35	2.90		437.91	2	0.85		3201.63
10332925.83								
30315827.11								
6313009.20								
1613889.09					1	0.76		284.00
13313844.81								
15546826.79	1	115.88		3528.59				
6610147.94	1	9.73		1206.73				
4758924.45								
166526.94					4	0.69		1421.79
5748392.61								
1927530.52	1	1.00	1.00	11.10				
731888.70	1	30.81	30.81	416.27				
977345.58								
2154059.93	3	3.54	1.10	57.97				

国有建设用地供应情况
State-owned Land for Construction Use Supplied by Land Supply

地区	Region	建设用地供应总量 Total Amount of Construction Use Land Supplied			划拨 Allocation			出让 Granting		
		宗数/宗 Number of Plots	土地面积/公顷 Land Area/hectare	新增 Newly Increased Area	宗数/宗 Number of Plots	土地面积/公顷 Land Area/hectare	新增 Newly Increased Area	宗数/宗 Number of Plots	土地面积/公顷 Land Area/hectare	新增 Newly Increased Area
总计	**Total**	**182581**	**647996. 14**	**311650. 02**	**50028**	**369833. 12**	**129489. 28**	**132398**	**277346. 56**	**181884. 37**
北京	**Beijing**	**618**	**2074. 80**	**1407. 38**	**249**	**550. 99**	**293. 74**	**369**	**1523. 81**	**1113. 64**
天津	**Tianjin**	**2089**	**5675. 89**	**2932. 22**	**1139**	**2168. 32**	**474. 42**	**950**	**3507. 57**	**2457. 80**
河北	**Hebei**	**7882**	**25417. 62**	**14112. 42**	**1503**	**11313. 93**	**4301. 40**	**6378**	**14103. 68**	**9811. 01**
石家庄市	Shijiazhuang City	982	4546. 31	1271. 54	384	3165. 01	144. 36	598	1381. 30	1127. 18
唐山市	Tangshan City	1140	4041. 78	2551. 31	103	1150. 20	1041. 82	1037	2891. 58	1509. 49
秦皇岛市	Qinhuangdao City	323	571. 37	345. 17	53	156. 07	1. 11	269	415. 29	344. 06
邯郸市	Handan City	849	3634. 50	1584. 74	329	2384. 15	623. 04	520	1250. 35	961. 70
邢台市	Xingtai City	581	1377. 99	922. 32	49	274. 13	128. 92	532	1103. 86	793. 40
保定市	Baoding City	688	1597. 08	1156. 56	48	296. 32	187. 41	640	1300. 76	969. 15
张家口市	Zhangjiakou City	499	1030. 39	550. 55	79	171. 07	14. 52	420	859. 32	536. 02
承德市	Chengde City	363	2176. 65	2008. 72	62	1641. 62	1560. 38	301	535. 02	448. 34
沧州市	Cangzhou City	954	3604. 27	1661. 02	275	1613. 45	322. 16	679	1990. 83	1338. 86
廊坊市	Langfang City	695	1682. 28	1148. 21	100	435. 98	266. 20	595	1246. 31	882. 01
衡水市	Hengshui City	808	1154. 99	912. 29	21	25. 94	11. 49	787	1129. 05	900. 80
山西	**Shanxi**	**3267**	**10675. 93**	**5405. 93**	**733**	**5222. 06**	**1373. 02**	**2534**	**5453. 86**	**4032. 91**
太原市	Taiyuan City	235	1366. 12	584. 09	42	614. 68		193	751. 45	584. 09
大同市	Datong City	383	1788. 21	654. 19	120	1200. 15	221. 68	263	588. 05	432. 51
阳泉市	Yangquan City	90	572. 16	394. 42	18	342. 60	196. 61	72	229. 56	197. 81
长治市	Changzhi City	332	892. 35	397. 21	70	442. 39	15. 99	262	449. 96	381. 22
晋城市	Jincheng City	240	722. 09	492. 60	68	266. 47	166. 87	172	455. 61	325. 73
朔州市	Shuozhou City	122	323. 32	174. 97	23	33. 49	4. 55	99	289. 83	170. 42
晋中市	Jinzhong City	487	915. 87	542. 80	67	218. 91	57. 33	420	696. 96	485. 47
运城市	Yuncheng City	501	1071. 77	606. 46	89	290. 06	70. 89	412	781. 71	535. 57
忻州市	Xinzhou City	280	913. 27	288. 45	63	553. 03	16. 94	217	360. 24	271. 50
临汾市	Linfen City	346	1412. 36	699. 46	121	1097. 89	515. 87	225	314. 47	183. 58
吕梁市	Lüliang City	251	698. 40	571. 28	52	162. 39	106. 29	199	536. 02	464. 99
内蒙古	**Inner Mongolia**	**5420**	**23234. 30**	**8850. 30**	**1452**	**12809. 05**	**2466. 95**	**3968**	**10425. 25**	**6383. 35**
呼和浩特市	Hohhot City	166	903. 07	578. 25	42	319. 94	58. 61	124	583. 12	519. 64
包头市	Baotou City	216	1161. 90	765. 78	69	641. 38	458. 53	147	520. 52	307. 25
乌海市	Wuhai City	80	394. 08	138. 95	9	18. 58	1. 49	71	375. 50	137. 46
赤峰市	Chifeng City	644	1898. 53	971. 86	158	404. 92	169. 85	486	1493. 61	802. 01

——按供地方式和省市分列（2014 年）

Way and by Province，Autonomous Region and Municipality（2014）

	租赁 Lease				其他供地方式 Other Land Supply Ways			
成交价款/万元 Transaction Price Value/10^4 yuan	宗数/宗 Number of Plots	土地面积/公顷 Land Area/hectare	新增 Newly Increased Area	成交价款/万元 Transaction Price Value/10^4 yuan	宗数/宗 Number of Plots	土地面积/公顷 Land Area/hectare	新增 Newly Increased Area	收入/万元 Income/10^4 yuan
343773734.05	**148**	**814.18**	**276.38**	**20884.94**	**7**	**2.30**		**4907.42**
20276041.51								
8019998.79								
11013345.49	**1**	**0.01**		**2.70**				
1967507.69								
1687942.70								
364465.37	1	0.01		2.70				
946782.98								
675800.67								
1019009.96								
564866.89								
391285.10								
1066824.92								
1729711.41								
599147.79								
4423551.23								
1447876.80								
591329.97								
83461.62								
277618.94								
392755.50								
163016.80								
439380.46								
372416.89								
263580.03								
195939.87								
196174.36								
3690934.20								
630058.04								
420916.10								
45819.78								
732860.11								

国有建设用地供应情况
State-owned Land for Construction Use Supplied by Land Supply

地区	Region	建设用地供应总量 Total Amount of Construction Use Land Supplied			划拨 Allocation			出让 Granting		
		宗数/宗 Number of Plots	土地面积/公顷 Land Area/hectare		宗数/宗 Number of Plots	土地面积/公顷 Land Area/hectare		宗数/宗 Number of Plots	土地面积/公顷 Land Area/hectare	
				新增 Newly Increased Area			新增 Newly Increased Area			新增 Newly Increased Area
通辽市	Tongliao City	509	2387. 92	565. 39	113	1482. 35	148. 38	396	905. 57	417. 01
鄂尔多斯市	Erdos City	710	3073. 98	1741. 64	176	1128. 15	588. 55	534	1945. 84	1153. 09
呼伦贝尔市	Hulunbuir City	873	4577. 36	610. 68	388	3447. 43	133. 37	485	1129. 93	477. 31
巴彦淖尔市	Bayannur City	336	925. 37	530. 56	60	334. 14	142. 71	276	591. 23	387. 84
乌兰察布市	Ulanqab City	414	2216. 46	1110. 91	126	1303. 94	371. 58	288	912. 53	739. 33
兴安盟	Xing'an League	520	872. 25	272. 54	127	523. 54	74. 24	393	348. 71	198. 30
锡林郭勒盟	Xilingol League	670	2291. 58	786. 59	124	1385. 37	170. 96	546	906. 22	615. 64
阿拉善盟	Alxa League	282	2531. 78	777. 16	60	1819. 32	148. 69	222	712. 46	628. 46
辽宁	**Liaoning**	**4511**	**18825. 36**	**8188. 98**	**1029**	**8495. 95**	**2733. 14**	**3468**	**10222. 69**	**5455. 84**
沈阳市	Shenyang City	689	4382. 63	1971. 92	167	2140. 62	242. 71	522	2242. 01	1729. 21
大连市	Dalian City	508	2266. 08	644. 16	127	989. 35	86. 84	372	1187. 61	557. 32
鞍山市	Anshan City	366	891. 88	496. 44	42	119. 56	30. 44	324	772. 32	466. 00
抚顺市	Fushun City	169	332. 23	155. 27	36	88. 04	26. 58	133	244. 19	128. 68
本溪市	Benxi City	210	627. 56	166. 65	104	182. 08	18. 86	101	427. 89	147. 80
丹东市	Dandong City	389	718. 79	331. 61	71	190. 31	95. 80	318	528. 48	235. 80
锦州市	Jinzhou City	268	894. 66	198. 51	53	277. 29	31. 99	215	617. 37	166. 52
营口市	Yingkou City	381	835. 45	323. 06	43	104. 66	0. 64	338	730. 79	322. 42
阜新市	Fuxin City	206	540. 14	322. 45	42	102. 29	18. 26	164	437. 86	304. 19
辽阳市	Liaoyang City	176	569. 74	198. 70	32	229. 96	34. 97	144	339. 77	163. 73
盘锦市	Panjin City	144	968. 23	430. 21	13	51. 31	14. 56	131	916. 92	415. 64
铁岭市	Tieling City	301	715. 54	347. 04	33	44. 86	20. 36	268	670. 67	326. 68
朝阳市	Chaoyang City	430	982. 52	366. 12	162	283. 26	47. 95	268	699. 25	318. 17
葫芦岛市	Huludao City	274	4099. 92	2236. 84	104	3692. 37	2063. 17	170	407. 56	173. 67
吉林	**Jilin**	**4715**	**17539. 20**	**7439. 33**	**1155**	**12648. 47**	**4098. 31**	**3554**	**4819. 62**	**3337. 22**
长春市	Changchun City	765	2378. 48	1239. 91	193	1207. 01	418. 99	572	1171. 48	820. 92
吉林市	Jilin City	621	2225. 77	956. 63	170	1207. 25	263. 34	450	957. 36	693. 29
四平市	Siping City	906	1076. 64	341. 95	128	653. 68	68. 64	778	422. 96	273. 32
辽源市	Liaoyuan City	143	452. 54	80. 42	40	337. 79	6. 18	103	114. 76	74. 25
通化市	Tonghua City	444	1084. 67	413. 25	96	577. 57	49. 48	344	500. 68	363. 51
白山市	Baishan City	506	1008. 09	208. 57	99	727. 83	59. 16	407	280. 25	149. 41

——按供地方式和省市分列（2014 年） 续表 1

Way and by Province, Autonomous Region and Municipality (2014) Continued 1

	租赁 Lease				其他供地方式 Other Land Supply Ways			
成交价款/万元 Transaction Price Value/10^4 yuan	宗数/宗 Number of Plots	土地面积/公顷 Land Area/hectare	新增 Newly Increased Area	成交价款/万元 Transaction Price Value/10^4 yuan	宗数/宗 Number of Plots	土地面积/公顷 Land Area/hectare	新增 Newly Increased Area	收入/万元 Income/10^4 yuan
269911.42								
551895.72								
326467.51								
100318.36								
253704.18								
104485.41								
145289.71								
109207.86								
11212374.72	**14**	**106.72**		**2826.86**				
4339941.90								
1699517.61	9	89.12		2476.48				
703281.04								
209145.88								
296846.29	5	17.60		350.38				
385166.23								
334816.25								
611246.63								
204170.32								
397878.46								
610127.47								
585638.27								
512517.09								
322081.27								
3632684.98	**6**	**71.12**	**3.80**	**232.66**				
1836853.90								
583984.36	1	61.16		183.48				
172477.05								
44496.85								
310794.42	4	6.42	0.25	35.72				
76297.68								

国有建设用地供应情况
State-owned Land for Construction Use Supplied by Land Supply

地区	Region	建设用地供应总量 Total Amount of Construction Use Land Supplied			划拨 Allocation			出让 Granting		
		宗数/宗 Number of Plots	土地面积/公顷 Land Area/hectare		宗数/宗 Number of Plots	土地面积/公顷 Land Area/hectare		宗数/宗 Number of Plots	土地面积/公顷 Land Area/hectare	
				新增 Newly Increased Area			新增 Newly Increased Area			新增 Newly Increased Area
松原市	Songyuan City	374	3443. 57	1842. 08	133	3137. 61	1609. 10	241	305. 96	232. 97
白城市	Baicheng City	383	3706. 31	1209. 92	115	3299. 98	937. 30	268	406. 33	272. 62
延边朝鲜族自治州	Yanbian Korean A. P.	573	2163. 14	1146. 60	181	1499. 75	686. 13	391	659. 84	456. 92
黑龙江	**Heilongjiang**	**3961**	**10309. 46**	**5249. 00**	**1187**	**4038. 77**	**1594. 96**	**2725**	**6025. 43**	**3641. 45**
哈尔滨市	Harbin City	662	1913. 74	1182. 94	215	531. 64	172. 78	438	1376. 75	1010. 17
齐齐哈尔市	Qiqihar City	363	1281. 23	560. 37	65	300. 25	154. 66	298	980. 97	405. 71
鸡西市	Jixi City	128	412. 17	154. 08	39	209. 57	29. 88	88	202. 57	124. 20
鹤岗市	Hegang City	138	623. 07	98. 52	43	304. 45	38. 97	74	131. 29	56. 61
双鸭山市	Shuangyashan City	99	234. 50	159. 09	32	94. 33	60. 50	67	140. 17	98. 58
大庆市	Daqing City	345	738. 68	371. 01	66	246. 57	119. 99	279	492. 11	251. 02
伊春市	Yichun City	225	621. 72	413. 19	105	238. 66	108. 23	115	380. 89	304. 95
佳木斯市	Jiamusi City	167	680. 25	432. 36	46	350. 54	269. 23	116	326. 29	163. 13
七台河市	Qitaihe City	56	307. 91	151. 86	24	178. 13	44. 36	27	120. 13	97. 85
牡丹江市	Mudanjiang City	225	699. 32	275. 37	67	370. 85	24. 88	158	328. 48	250. 49
黑河市	Heihe City	219	247. 54	94. 91	100	63. 32	4. 28	118	170. 43	90. 64
绥化市	Suihua City	441	1114. 06	761. 37	96	270. 04	191. 79	345	844. 02	569. 58
大兴安岭地区	Da Hinggan Ling Prefecture	160	412. 79	36. 83	39	362. 44	0. 09	121	50. 35	36. 74
农垦总局	General Bureau of Agriculture	451	556. 14	221. 09	149	155. 03	58. 61	302	401. 11	162. 49
森工总局	General Bureau of Forest Industry	255	399. 46	320. 36	92	356. 45	316. 71	163	43. 01	3. 65
友谊国土资源局	Youyi Land and Resources Bureau	14	46. 81	11. 13	4	2. 62		8	20. 65	11. 13
五大连池风景名胜区	Wudalianchi	13	20. 09	4. 53	5	3. 89		8	16. 20	4. 53
上海	**Shanghai**	**997**	**3655. 75**	**1619. 70**	**562**	**2181. 77**	**675. 30**	**435**	**1473. 98**	**944. 41**
江苏	**Jiangsu**	**13159**	**41808. 60**	**25151. 86**	**2768**	**16055. 68**	**12660. 31**	**10383**	**25749. 71**	**12488. 35**
南京市	Nanjing City	795	2989. 12	2076. 06	281	1636. 91	1314. 59	514	1352. 21	761. 47
无锡市	Wuxi City	845	2671. 30	1672. 74	338	1189. 14	841. 62	499	1478. 95	827. 92
徐州市	Xuzhou City	982	4933. 68	2811. 93	342	2752. 51	1713. 33	640	2181. 18	1098. 59
常州市	Changzhou City	1009	2663. 38	1393. 72	128	453. 04	351. 57	881	2210. 34	1042. 14
苏州市	Suzhou City	1323	3969. 19	1823. 54	355	1221. 11	683. 62	968	2748. 08	1139. 91
南通市	Nantong City	1613	4045. 37	2005. 21	187	741. 60	487. 08	1426	3303. 76	1518. 13

——按供地方式和省市分列（2014 年）　续表 2

Way and by Province, Autonomous Region and Municipality (2014)　Continued 2

成交价款/万元 Transaction Price Value/10^4 yuan	租赁 Lease				其他供地方式 Other Land Supply Ways			
	宗数/宗 Number of Plots	土地面积/公顷 Land Area/hectare	新增 Newly Increased Area	成交价款/万元 Transaction Price Value/10^4 yuan	宗数/宗 Number of Plots	土地面积/公顷 Land Area/hectare	新增 Newly Increased Area	收入/万元 Income/10^4 yuan
144344.53								
179830.41								
283605.77	1	3.54	3.54	13.47				
4904074.22	**49**	**245.26**	**12.59**	**2775.56**				
1615936.37	9	5.35		827.99				
261912.29								
52160.72	1	0.03		1.40				
31874.31	21	187.33	2.94	108.85				
37142.13								
339751.39								
80859.63	5	2.17		18.71				
51470.27	5	3.41		4.26				
23446.78	5	9.66	9.65	384.66				
2090679.29								
30378.29	1	13.79		827.20				
213497.28								
4818.15								
57047.47								
4607.23								
3503.92	2	23.54		602.49				
4988.70								
14863603.24								
44307114.80	**8**	**3.21**	**3.20**	**42.65**				
6353747.60								
2600164.64	8	3.21	3.20	42.65				
3737530.41								
5972235.26								
5807461.07								
5839546.55								

国有建设用地供应情况
State-owned Land for Construction Use Supplied by Land Supply

地区	Region	建设用地供应总量 Total Amount of Construction Use Land Supplied			划拨 Allocation			出让 Granting		
		宗数/宗 Number of Plots	土地面积/公顷 Land Area/hectare		宗数/宗 Number of Plots	土地面积/公顷 Land Area/hectare		宗数/宗 Number of Plots	土地面积/公顷 Land Area/hectare	
				新增 Newly Increased Area			新增 Newly Increased Area			新增 Newly Increased Area
连云港市	Lianyungang City	464	4023.00	2504.68	90	2182.45	2013.50	374	1840.54	491.18
淮安市	Huai'an City	1446	2489.18	1710.85	128	781.41	695.96	1318	1707.77	1014.89
盐城市	Yancheng City	1017	3453.48	2007.42	126	785.65	705.89	891	2667.83	1301.53
扬州市	Yangzhou City	772	3052.09	2223.17	81	1505.49	1433.32	691	1546.60	789.85
镇江市	Zhenjiang City	587	1545.90	956.15	107	468.98	414.78	480	1076.92	541.37
泰州市	Taizhou City	746	2327.85	1470.49	139	577.94	527.00	607	1749.91	943.49
宿迁市	Suqian City	1560	3645.06	2495.92	466	1759.45	1478.04	1094	1885.62	1017.88
浙江	**Zhejiang**	**10950**	**27315.73**	**18511.67**	**4674**	**15896.25**	**12831.37**	**6266**	**11273.64**	**5534.46**
杭州市	Hangzhou City	1464	3985.06	3053.56	444	2238.23	1729.05	1011	1604.47	1182.14
宁波市	Ningbo City	1248	3239.00	2012.29	470	1609.69	1315.75	778	1629.30	696.55
温州市	Wenzhou City	1831	4305.25	3286.77	1337	3562.30	2930.59	494	742.95	356.18
嘉兴市	Jiaxing City	1042	1936.22	1143.01	353	504.29	376.35	688	1428.46	763.19
湖州市	Huzhou City	801	1643.57	948.09	164	281.24	214.98	637	1362.33	733.10
绍兴市	Shaoxing City	865	2774.45	2007.46	363	1681.46	1530.29	502	1092.99	477.17
金华市	Jinhua City	1230	3237.52	2223.05	500	2273.84	1660.32	730	963.68	562.72
衢州市	Quzhou City	462	2095.26	1507.63	152	1440.58	1246.37	310	654.68	261.26
舟山市	Zhoushan City	219	918.36	316.25	86	239.52	213.51	133	678.84	102.74
台州市	Taizhou City	1009	2068.93	1387.65	474	1435.27	1144.13	535	633.67	243.52
丽水市	Lishui City	779	1112.10	625.92	331	629.83	470.03	448	482.27	155.89
安徽	**Anhui**	**8198**	**33804.70**	**11292.36**	**2955**	**19130.05**	**3763.69**	**5243**	**14674.64**	**7528.67**
合肥市	Hefei City	633	3649.64	1555.47	272	2055.43	760.14	361	1594.22	795.33
芜湖市	Wuhu City	669	2798.00	712.93	286	1373.00	35.13	383	1425.00	677.80
蚌埠市	Bengbu City	374	2033.07	544.86	141	1148.33		233	884.74	544.86
淮南市	Huainan City	151	1040.89	727.65	76	800.14	576.51	75	240.75	151.15
马鞍山市	Ma'anshan City	363	845.76	209.67	126	488.48		237	357.29	209.67
淮北市	Huaibei City	130	637.60	109.62	56	375.16	8.33	74	262.43	101.29
铜陵市	Tongling City	78	369.89	93.53	3	15.33		75	354.56	93.53
安庆市	Anqing City	769	1787.62	623.61	294	1063.54	221.67	475	724.08	401.94
黄山市	Huangshan City	321	617.51	370.14	140	225.36	54.86	181	392.15	315.28

——按供地方式和省市分列（2014年） 续表3
Way and by Province, Autonomous Region and Municipality (2014) Continued 3

	租赁 Lease				其他供地方式 Other Land Supply Ways			
成交价款/万元 Transaction Price Value/10^4 yuan	宗数/宗 Number of Plots	土地面积/公顷 Land Area/hectare	新增 Newly Increased Area	成交价款/万元 Transaction Price Value/10^4 yuan	宗数/宗 Number of Plots	土地面积/公顷 Land Area/hectare	新增 Newly Increased Area	收入/万元 Income/10^4 yuan
1355396.92								
2066712.43								
1992429.78								
2742770.15								
1380336.20								
3137361.58								
1321422.20								
23329794.50	**10**	**145.84**	**145.84**	**971.00**				
7489218.90	9	142.37	142.37	686.00				
3353928.98								
2815922.00								
2064482.10	1	3.47	3.47	285.00				
1735120.79								
1729606.16								
1660965.82								
510964.59								
409014.06								
1047662.26								
512908.85								
18137696.72								
4173677.37								
1451157.41								
997939.39								
396117.99								
293541.32								
244895.56								
530505.74								
754828.56								
248191.46								

国有建设用地供应情况
State-owned Land for Construction Use Supplied by Land Supply

地区	Region	建设用地供应总量 Total Amount of Construction Use Land Supplied			划拨 Allocation			出让 Granting		
		宗数/宗 Number of Plots	土地面积/公顷 Land Area/hectare	新增 Newly Increased Area	宗数/宗 Number of Plots	土地面积/公顷 Land Area/hectare	新增 Newly Increased Area	宗数/宗 Number of Plots	土地面积/公顷 Land Area/hectare	新增 Newly Increased Area
滁州市	Chuzhou City	805	3280. 58	576. 22	175	1445. 96	19. 66	630	1834. 62	556. 56
阜阳市	Fuyang City	343	1893. 14	419. 86	116	995. 98	59. 12	227	897. 16	360. 74
宿州市	Suzhou City	406	1417. 25	587. 70	89	563. 76	1. 87	317	853. 49	585. 83
巢湖市	Chaohu City	731	2094. 25	469. 53	343	1440. 32	65. 60	388	653. 93	403. 92
六安市	Lu'an City	719	4148. 83	1954. 02	186	2567. 93	1071. 40	533	1580. 90	882. 62
亳州市	Bozhou City	525	3293. 97	559. 53	270	2458. 30	146. 24	255	835. 67	413. 29
池州市	Chizhou City	310	961. 29	534. 26	89	282. 92	38. 56	221	678. 37	495. 70
宣城市	Xuancheng City	871	2935. 41	1243. 77	293	1830. 12	704. 61	578	1105. 28	539. 16
福建	**Fujian**	**4079**	**19105. 33**	**17077. 53**	**1581**	**11145. 50**	**10573. 28**	**2482**	**7886. 80**	**6431. 21**
福州市	Fuzhou City	463	2931. 71	2474. 76	179	1568. 10	1514. 74	284	1363. 61	960. 02
厦门市	Xiamen City	198	858. 10	499. 05	116	507. 38	273. 72	82	350. 72	225. 33
莆田市	Putian City	227	1241. 26	1083. 54	121	798. 97	784. 74	99	382. 21	238. 73
三明市	Sanming City	378	1488. 38	1306. 55	148	841. 65	749. 33	230	646. 73	557. 23
泉州市	Quanzhou City	1096	4965. 41	4689. 95	501	3499. 37	3460. 61	594	1456. 04	1219. 33
漳州市	Zhangzhou City	651	2822. 36	2683. 01	168	1141. 23	1124. 09	483	1681. 13	1558. 92
南平市	Nanping City	353	1672. 51	1598. 85	115	931. 41	923. 52	238	741. 10	675. 33
龙岩市	Longyan City	315	943. 00	826. 89	123	489. 92	456. 33	185	450. 36	367. 83
宁德市	Ningde City	398	2182. 59	1914. 94	110	1367. 45	1286. 20	287	814. 90	628. 49
江西	**Jiangxi**	**5419**	**17399. 32**	**11738. 16**	**1656**	**7578. 73**	**5111. 03**	**3762**	**9815. 60**	**6622. 13**
南昌市	Nanchang City	532	2337. 84	1598. 90	89	803. 08	694. 73	443	1534. 76	904. 17
景德镇市	Jingdezhen City	160	569. 87	347. 89	45	166. 92	90. 30	115	402. 95	257. 58
萍乡市	Pingxiang City	157	319. 00	278. 93	25	15. 87	8. 62	132	303. 13	270. 31
九江市	Jiujiang City	687	2358. 51	1722. 58	190	763. 76	674. 22	497	1594. 75	1048. 36
新余市	Xinyu City	213	608. 21	399. 66	52	95. 46	76. 26	161	512. 75	323. 40
鹰潭市	Yingtan City	196	614. 78	442. 04	62	162. 58	86. 42	133	447. 21	350. 63
赣州市	Ganzhou City	866	1963. 94	1258. 38	409	891. 08	500. 40	457	1072. 86	757. 99
吉安市	Ji'an City	754	1468. 04	1054. 83	217	540. 71	333. 54	537	927. 33	721. 29
宜春市	Yichun City	701	3647. 36	2596. 55	181	2122. 38	1567. 80	520	1524. 97	1028. 74
抚州市	Fuzhou City	469	1804. 22	1350. 29	183	1071. 06	849. 73	286	733. 16	500. 56
上饶市	Shangrao City	684	1707. 56	688. 11	203	945. 82	229. 01	481	761. 74	459. 10

——按供地方式和省市分列（2014 年） 续表 4

Way and by Province, Autonomous Region and Municipality (2014) Continued 4

	租赁 Lease				其他供地方式 Other Land Supply Ways			
成交价款/万元 Transaction Price Value/10^4 yuan	宗数/宗 Number of Plots	土地面积/公顷 Land Area/hectare	新增 Newly Increased Area	成交价款/万元 Transaction Price Value/10^4 yuan	宗数/宗 Number of Plots	土地面积/公顷 Land Area/hectare	新增 Newly Increased Area	收入/万元 Income/10^4 yuan
1111171. 40								
1657087. 85								
1237273. 28								
697989. 18								
1857992. 69								
1105888. 57								
604665. 50								
774773. 46								
10851790. 26	**16**	**73. 04**	**73. 04**	**6762. 08**				
2863500. 83								
2271923. 34								
627878. 42	7	60. 07	60. 07	6662. 73				
439960. 82								
2078020. 87	1	10. 00	10. 00	45. 00				
1284144. 80								
443631. 81								
276631. 13	7	2. 72	2. 72	47. 24				
566098. 24	1	0. 24	0. 24	7. 12				
10139466. 23	**1**	**4. 99**	**4. 99**	**1500. 00**				
3015715. 62								
269457. 53								
322940. 83								
1606207. 80								
555497. 34								
299818. 99	1	4. 99	4. 99	1500. 00				
1282712. 00								
536723. 81								
957027. 24								
504953. 11								
788411. 96								

国有建设用地供应情况
State-owned Land for Construction Use Supplied by Land Supply

地区	Region	建设用地供应总量 Total Amount of Construction Use Land Supplied			划拨 Allocation			出让 Granting		
		宗数/宗 Number of Plots	土地面积/公顷 Land Area/hectare	新增 Newly Increased Area	宗数/宗 Number of Plots	土地面积/公顷 Land Area/hectare	新增 Newly Increased Area	宗数/宗 Number of Plots	土地面积/公顷 Land Area/hectare	新增 Newly Increased Area
山东	**Shandong**	**12838**	**39531. 68**	**20900. 56**	**2601**	**12894. 24**	**3494. 82**	**10236**	**26637. 32**	**17405. 74**
济南市	Jinan City	646	3171. 44	1447. 38	227	1722. 57	371. 14	419	1448. 87	1076. 25
青岛市	Qingdao City	1452	5222. 97	2266. 05	424	1954. 51	291. 49	1028	3268. 47	1974. 56
淄博市	Zibo City	598	1114. 88	661. 15	116	179. 18	139. 83	482	935. 70	521. 32
枣庄市	Zaozhuang City	456	1134. 36	596. 18	139	452. 91	51. 24	317	681. 44	544. 94
东营市	Dongying City	560	2194. 06	1341. 85	130	505. 63	62. 88	430	1688. 43	1278. 97
烟台市	Yantai City	824	2575. 55	1005. 65	92	553. 31	104. 96	731	2022. 12	900. 69
潍坊市	Weifang City	1420	5550. 47	1960. 23	176	1573. 63	52. 21	1244	3976. 84	1908. 02
济宁市	Jining City	966	2875. 72	1532. 77	276	1137. 29	351. 95	690	1738. 43	1180. 82
泰安市	Tai'an City	451	1607. 10	914. 03	114	604. 90	77. 00	337	1002. 20	837. 03
威海市	Weihai City	699	2055. 80	716. 91	82	342. 46	44. 92	617	1713. 34	671. 99
日照市	Rizhao City	1007	1054. 05	689. 21	72	487. 60	221. 78	935	566. 45	467. 43
莱芜市	Laiwu City	332	358. 88	298. 28	20	27. 31	13. 03	312	331. 57	285. 26
临沂市	Linyi City	1355	3601. 34	2394. 17	473	1167. 11	485. 95	882	2434. 23	1908. 23
德州市	Dezhou City	406	2171. 44	1523. 04	48	1019. 63	684. 54	358	1151. 82	838. 50
聊城市	Liaocheng City	583	1808. 82	1422. 57	69	515. 45	404. 61	514	1293. 38	1017. 95
滨州市	Binzhou City	586	1412. 18	941. 90	59	448. 82	81. 23	527	963. 35	860. 67
菏泽市	Heze City	497	1622. 63	1189. 18	84	201. 93	56. 06	413	1420. 70	1133. 11
河南	**Henan**	**8385**	**27861. 42**	**11504. 09**	**3213**	**11943. 60**	**1245. 13**	**5172**	**15917. 82**	**10258. 96**
郑州市	Zhengzhou City	2111	7244. 05	1943. 12	1332	4669. 29	23. 46	779	2574. 76	1919. 66
开封市	Kaifeng City	292	1237. 80	556. 75	41	472. 03	6. 90	251	765. 77	549. 86
洛阳市	Luoyang City	457	1718. 94	733. 31	82	469. 22	7. 03	375	1249. 72	726. 28
平顶山市	Pingdingshan City	537	1838. 32	596. 85	271	1051. 65	18. 73	266	786. 67	578. 12
安阳市	Anyang City	580	2071. 63	861. 34	185	712. 13	47. 41	395	1359. 50	813. 93
鹤壁市	Hebi City	220	739. 11	385. 41	79	223. 37	1. 07	141	515. 75	384. 34
新乡市	Xinxiang City	482	1847. 03	710. 31	110	470. 33	50. 95	372	1376. 71	659. 36
焦作市	Jiaozuo City	402	1825. 10	997. 31	159	670. 28	345. 34	243	1154. 82	651. 97
濮阳市	Puyang City	199	586. 64	212. 76	42	230. 61	9. 12	157	356. 03	203. 63

——按供地方式和省市分列（2014 年） 续表 5

Way and by Province，Autonomous Region and Municipality（2014） Continued 5

成交价款/万元 Transaction Price Value/10^4 yuan	租赁 Lease 宗数/宗 Number of Plots	租赁 Lease 土地面积/公顷 Land Area/hectare	租赁 Lease 新增 Newly Increased Area	租赁 Lease 成交价款/万元 Transaction Price Value/10^4 yuan	其他供地方式 Other Land Supply Ways 宗数/宗 Number of Plots	其他供地方式 土地面积/公顷 Land Area/hectare	其他供地方式 新增 Newly Increased Area	其他供地方式 收入/万元 Income/10^4 yuan
27569112.48	**1**	**0.12**		**112.85**				
4119439.84								
4385180.07								
1435619.09								
1079754.38								
794553.54								
1746748.08	1	0.12		112.85				
3060977.27								
1877605.82								
869283.03								
1682222.68								
563587.96								
156252.78								
2285559.02								
1142921.36								
753311.79								
509110.20								
1106985.54								
14225404.79								
5533651.80								
601598.21								
962760.69								
488475.11								
938741.05								
387041.88								
614840.73								
504200.76								
335009.81								

国有建设用地供应情况
State-owned Land for Construction Use Supplied by Land Supply

地区	Region	建设用地供应总量 Total Amount of Construction Use Land Supplied			划拨 Allocation			出让 Granting		
		宗数/宗 Number of Plots	土地面积/公顷 Land Area/hectare	新增 Newly Increased Area	宗数/宗 Number of Plots	土地面积/公顷 Land Area/hectare	新增 Newly Increased Area	宗数/宗 Number of Plots	土地面积/公顷 Land Area/hectare	新增 Newly Increased Area
许昌市	Xuchang City	245	732.64	413.39	39	111.38	9.28	206	621.25	404.11
漯河市	Luohe City	302	711.86	353.03	122	363.79	117.38	180	348.06	235.66
三门峡市	Sanmenxia City	218	586.69	346.77	36	135.20		182	451.49	346.77
南阳市	Nanyang City	726	1661.89	891.51	315	534.15	28.50	411	1127.74	863.01
商丘市	Shangqiu City	356	1541.24	595.20	64	581.13	116.72	292	960.11	478.48
信阳市	Xinyang City	296	801.57	460.25	61	183.79	20.69	235	617.78	439.56
周口市	Zhoukou City	366	1100.63	670.31	84	320.25	152.08	282	780.38	518.24
驻马店市	Zhumadian City	596	1616.27	776.45	191	745.01	290.48	405	871.26	485.97
湖北	**Hubei**	**9721**	**32889.87**	**14476.36**	**1850**	**18513.54**	**4144.68**	**7834**	**14372.58**	**10331.69**
武汉市	Wuhan City	911	6720.61	3148.65	386	4098.79	903.63	490	2618.92	2245.02
黄石市	Huangshi City	264	974.87	295.65	54	457.23	36.42	210	517.65	259.23
十堰市	Shiyan City	314	7233.03	938.67	42	6376.62	148.74	272	856.42	789.93
宜昌市	Yichang City	767	2356.14	1810.09	139	1189.63	976.14	628	1166.51	833.96
襄阳市	Xiangyang City	1380	2708.11	1434.30	178	1031.99	350.80	1202	1676.12	1083.51
鄂州市	Ezhou City	100	417.83	347.16	20	143.45	103.18	80	274.39	243.98
荆门市	Jingmen City	607	1459.81	731.15	208	405.62	110.24	399	1054.19	620.91
孝感市	Xiaogan City	684	1442.86	905.69	61	277.19	119.80	622	1165.64	785.89
荆州市	Jingzhou City	1632	1808.26	749.32	219	800.40	172.41	1413	1007.86	576.91
黄冈市	Huanggang City	523	2286.77	935.74	118	1047.69	92.21	404	1238.27	843.53
咸宁市	Xianning City	665	2428.90	1272.98	82	1424.23	504.89	583	1004.67	768.09
随州市	Suizhou City	314	1401.28	874.36	103	837.04	425.70	211	564.24	448.67
恩施土家族苗族自治州	Enshi Tujia & Miao A. P.	1139	659.97	480.92	159	210.27	79.55	980	449.71	401.37
省直辖县级行政区划	County-level Administrative Units Directly Under the Provincial Government	421	991.41	551.67	81	213.41	120.97	340	778.00	430.71
湖南	**Hunan**	**13039**	**27406.12**	**11219.89**	**2327**	**17775.03**	**4096.82**	**10712**	**9631.08**	**7123.07**
长沙市	Changsha City	1239	6229.81	2585.91	544	4061.51	916.50	695	2168.30	1669.41
株洲市	Zhuzhou City	469	2170.31	743.96	200	1718.22	344.43	269	452.09	399.53
湘潭市	Xiangtan City	565	1621.15	586.40	157	999.09	140.17	408	622.07	446.23
衡阳市	Hengyang City	575	4872.19	1932.78	74	3900.19	1240.63	501	971.99	692.16

——按供地方式和省市分列（2014年） 续表6

Way and by Province, Autonomous Region and Municipality (2014) Continued 6

成交价款/万元 Transaction Price Value/10^4 yuan	租赁 Lease				其他供地方式 Other Land Supply Ways			
	宗数/宗 Number of Plots	土地面积/公顷 Land Area/hectare	新增 Newly Increased Area	成交价款/万元 Transaction Price Value/10^4 yuan	宗数/宗 Number of Plots	土地面积/公顷 Land Area/hectare	新增 Newly Increased Area	收入/万元 Income/10^4 yuan
651717. 14								
248005. 82								
235145. 32								
810338. 27								
511965. 95								
440752. 62								
478823. 91								
482335. 73								
12665606. 39	**35**	**2. 90**		**437. 91**	**2**	**0. 85**		**3201. 63**
5134756. 83	35	2. 90		437. 91				
344757. 03								
594998. 40								
934130. 79								
1273549. 82								
178601. 00								
578735. 94								
783174. 53					1	0. 03		46. 21
614808. 96								
711286. 68					1	0. 81		3155. 42
529348. 51								
288623. 91								
354171. 25								
344662. 75								
10332925. 83								
3562730. 18								
600329. 89								
442277. 70								
1137403. 97								

国有建设用地供应情况
State-owned Land for Construction Use Supplied by Land Supply

地区	Region	建设用地供应总量 Total Amount of Construction Use Land Supplied			划拨 Allocation			出让 Granting		
		宗数/宗 Number of Plots	土地面积/公顷 Land Area/hectare	新增 Newly Increased Area	宗数/宗 Number of Plots	土地面积/公顷 Land Area/hectare	新增 Newly Increased Area	宗数/宗 Number of Plots	土地面积/公顷 Land Area/hectare	新增 Newly Increased Area
邵阳市	Shaoyang City	1040	1583.32	370.33	73	1088.44	24.02	967	494.87	346.31
岳阳市	Yueyang City	566	1401.66	864.25	136	704.20	342.48	430	697.46	521.77
常德市	Changde City	1053	1730.11	959.05	173	821.45	295.44	880	908.66	663.62
张家界市	Zhangjiajie City	376	724.94	96.67	66	645.10	59.81	310	79.84	36.86
益阳市	Yiyang City	1961	1458.89	389.76	182	943.72	9.23	1779	515.16	380.53
郴州市	Chenzhou City	1158	1330.43	627.98	168	675.28	169.78	990	655.15	458.20
永州市	Yongzhou City	1232	1299.95	872.51	136	652.03	392.94	1096	647.92	479.57
怀化市	Huaihua City	1211	1249.50	595.74	119	560.06	95.13	1092	689.44	500.61
娄底市	Loudi City	864	1023.72	306.95	95	589.29	24.34	769	434.42	282.61
湘西土家族苗族自治州	West Hunan Tujia & Miao A. P.	730	710.15	287.58	204	416.44	41.92	526	293.71	245.67
广东	**Guangdong**	**10896**	**27681.37**	**22282.49**	**1728**	**15813.10**	**15011.01**	**9168**	**11868.27**	**7271.49**
广州市	Guangzhou City	428	3395.53	2947.53	264	2408.50	2315.19	164	987.03	632.34
韶关市	Shaoguan City	484	870.92	589.56	29	311.32	300.42	455	559.60	289.14
深圳市	Shenzhen City	225	568.93	76.90	6	21.16	13.16	219	547.77	63.74
珠海市	Zhuhai City	189	864.66	340.60	82	322.64	168.65	107	542.03	171.95
汕头市	Shantou City	89	569.40	488.17	42	435.11	397.72	47	134.29	90.46
佛山市	Foshan City	2188	2364.85	1330.50	129	1311.96	1073.64	2059	1052.89	256.86
江门市	Jiangmen City	348	1338.51	1054.04	55	681.99	668.80	293	656.52	385.25
湛江市	Zhanjiang City	602	737.75	560.79	212	198.68	166.49	390	539.06	394.30
茂名市	Maoming City	382	1587.03	1331.40	111	1148.33	1140.26	271	438.71	191.15
肇庆市	Zhaoqing City	799	980.21	785.65	74	142.50	121.35	725	837.71	664.29
惠州市	Huizhou City	1257	3077.87	2587.61	135	2252.28	2169.94	1122	825.59	417.67
梅州市	Meizhou City	1807	562.80	400.00	25	81.02	68.16	1782	481.77	331.84
汕尾市	Shanwei City	70	956.85	910.42	46	837.88	826.98	24	118.97	83.44
河源市	Heyuan City	179	1765.72	1686.62	39	1297.17	1296.28	140	468.55	390.35
阳江市	Yangjiang City	279	1569.99	1448.19	100	1070.41	1034.20	179	499.58	413.98
清远市	Qingyuan City	809	1034.20	760.10	302	196.24	187.40	507	837.97	572.69
东莞市	Dongguan City	172	1096.59	907.19	21	559.74	546.10	151	536.84	361.09
中山市	Zhongshan City	98	703.95	632.44	8	489.99	489.83	90	213.96	142.61

——按供地方式和省市分列（2014 年） 续表 7

Way and by Province, Autonomous Region and Municipality (2014) Continued 7

	租赁 Lease				其他供地方式 Other Land Supply Ways			
成交价款/万元 Transaction Price Value/10^4 yuan	宗数/宗 Number of Plots	土地面积/公顷 Land Area/hectare	新增 Newly Increased Area	成交价款/万元 Transaction Price Value/10^4 yuan	宗数/宗 Number of Plots	土地面积/公顷 Land Area/hectare	新增 Newly Increased Area	收入/万元 Income/10^4 yuan
448311. 14								
520308. 11								
676415. 42								
135542. 52								
406755. 25								
565129. 26								
484889. 65								
705808. 96								
448277. 41								
198746. 38								
30315827. 11								
8334208. 44								
304700. 22								
6787055. 60								
2361575. 60								
931067. 64								
3979580. 50								
769837. 93								
449421. 68								
631869. 17								
450923. 75								
776204. 96								
501858. 14								
163846. 64								
292478. 94								
333391. 49								
846248. 56								
1058410. 74								
275127. 83								

国有建设用地供应情况
State-owned Land for Construction Use Supplied by Land Supply

地区	Region	建设用地供应总量 Total Amount of Construction Use Land Supplied			划拨 Allocation			出让 Granting		
		宗数/宗 Number of Plots	土地面积/公顷 Land Area/hectare	新增 Newly Increased Area	宗数/宗 Number of Plots	土地面积/公顷 Land Area/hectare	新增 Newly Increased Area	宗数/宗 Number of Plots	土地面积/公顷 Land Area/hectare	新增 Newly Increased Area
潮州市	Chaozhou City	168	363. 31	317. 21	8	110. 51	103. 07	160	252. 80	214. 14
揭阳市	Jieyang City	184	2095. 99	2031. 14	24	1203. 83	1203. 76	160	892. 16	827. 38
云浮市	Yunfu City	139	1176. 30	1096. 46	16	731. 84	719. 61	123	444. 46	376. 85
广西	**Guangxi**	**7920**	**20296. 86**	**7127. 12**	**1713**	**13622. 03**	**2437. 76**	**6207**	**6674. 82**	**4689. 36**
南宁市	Nanning City	820	4689. 79	1634. 56	172	3518. 25	794. 30	648	1171. 54	840. 26
柳州市	Liuzhou City	843	1492. 30	822. 97	126	803. 73	331. 33	717	688. 57	491. 63
桂林市	Guilin City	1453	2402. 37	515. 53	176	1925. 93	237. 14	1277	476. 44	278. 39
梧州市	Wuzhou City	336	1349. 11	345. 86	103	1001. 23	83. 78	233	347. 89	262. 07
北海市	Beihai City	536	524. 17	105. 43	39	191. 10		497	333. 07	105. 43
防城港市	Fangchenggang City	210	1548. 88	218. 61	89	1044. 81	0. 13	121	504. 07	218. 48
钦州市	Qinzhou City	413	1026. 70	335. 04	211	558. 63	92. 25	202	468. 07	242. 80
贵港市	Guigang City	139	981. 54	291. 75	18	549. 31		121	432. 23	291. 75
玉林市	Yulin City	227	860. 62	390. 93	65	419. 18		162	441. 44	390. 93
百色市	Baise City	1119	2298. 72	640. 51	338	1730. 03	141. 41	781	568. 69	499. 10
贺州市	Hezhou City	367	682. 79	306. 85	116	341. 17	11. 79	251	341. 62	295. 06
河池市	Hechi City	369	463. 44	233. 25	63	195. 44	11. 94	306	268. 01	221. 31
来宾市	Laibin City	664	920. 41	351. 93	27	526. 13	5. 94	637	394. 29	345. 98
崇左市	Chongzuo City	424	1056. 01	933. 91	170	817. 09	727. 74	254	238. 92	206. 17
海南	**Hainan**	**449**	**1516. 14**	**742. 85**	**113**	**523. 40**	**55. 54**	**335**	**991. 99**	**687. 31**
海口市	Haikou City	50	122. 34	16. 90	12	20. 96		38	101. 38	16. 90
三亚市	Sanya City	36	175. 44	94. 10	14	54. 44		22	120. 99	94. 10
省直辖县级行政区划	County-level Administrative Units Directed Under the Provincial Government	363	1218. 36	631. 85	87	447. 99	55. 54	275	769. 61	576. 31
重庆	**Chongqing**	**2935**	**18228. 84**	**5056. 16**	**1208**	**10613. 27**	**1067. 43**	**1727**	**7615. 57**	**3988. 73**
四川	**Sichuan**	**10894**	**51795. 56**	**24260. 49**	**2437**	**39665. 51**	**14953. 35**	**8456**	**12014. 18**	**9307. 14**
成都市	Chengdu City	1374	9151. 28	3598. 97	600	6970. 07	1612. 92	774	2181. 21	1986. 05
自贡市	Zigong City	101	730. 79	399. 27	41	476. 73	216. 47	60	254. 06	182. 80
攀枝花市	Panzhihua City	231	1068. 93	579. 43	51	819. 84	387. 63	180	249. 09	191. 80
泸州市	Luzhou City	460	2123. 34	1315. 94	119	1582. 90	895. 50	341	540. 44	420. 44

——按供地方式和省市分列（2014 年） 续表 8

Way and by Province, Autonomous Region and Municipality (2014) Continued 8

	租赁 Lease				其他供地方式 Other Land Supply Ways			
成交价款/万元 Transaction Price Value/10^4 yuan	宗数/宗 Number of Plots	土地面积/公顷 Land Area/hectare	新增 Newly Increased Area	成交价款/万元 Transaction Price Value/10^4 yuan	宗数/宗 Number of Plots	土地面积/公顷 Land Area/hectare	新增 Newly Increased Area	收入/万元 Income/10^4 yuan
392401.79								
396278.43								
279339.05								
6313009.20								
2325382.57								
957963.95								
626702.49								
186341.80								
169147.09								
140343.04								
231648.00								
357603.68								
280475.44								
371597.51								
106908.02								
164010.33								
253393.73								
141491.55								
1613889.09					**1**	**0.76**		**284.00**
248473.68								
694271.95								
671143.47					1	0.76		284.00
13313844.81								
15546826.79	**1**	**115.88**		**3528.59**				
5593444.69								
419519.96								
94244.64								
507824.08								

国有建设用地供应情况
State-owned Land for Construction Use Supplied by Land Supply

地区	Region	建设用地供应总量 Total Amount of Construction Use Land Supplied			划拨 Allocation			出让 Granting		
		宗数/宗 Number of Plots	土地面积/公顷 Land Area/hectare		宗数/宗 Number of Plots	土地面积/公顷 Land Area/hectare		宗数/宗 Number of Plots	土地面积/公顷 Land Area/hectare	
				新增 Newly Increased Area			新增 Newly Increased Area			新增 Newly Increased Area
德阳市	Deyang City	715	2073. 24	667. 47	204	1241. 17	201. 35	511	832. 07	466. 12
绵阳市	Mianyang City	1917	1978. 52	578. 38	136	1143. 07	0. 71	1781	835. 44	577. 67
广元市	Guangyuan City	1608	996. 18	248. 91	111	690. 23	75. 49	1497	305. 95	173. 42
遂宁市	Suining City	269	1011. 47	526. 83	45	447. 78	118. 57	224	563. 69	408. 27
内江市	Neijiang City	197	1446. 36	242. 27	83	1131. 64	60. 29	114	314. 72	181. 98
乐山市	Leshan City	317	1312. 48	954. 35	100	700. 16	503. 06	217	612. 32	451. 30
南充市	Nanchong City	320	2300. 07	793. 56	101	1556. 97	307. 36	219	743. 11	486. 20
眉山市	Meishan City	334	1836. 82	1183. 91	72	961. 95	447. 24	262	874. 87	736. 67
宜宾市	Yibin City	483	5696. 14	1145. 45	213	5025. 52	561. 05	270	670. 62	584. 40
广安市	Guang'an City	251	996. 79	606. 15	79	461. 33	98. 99	172	535. 46	507. 16
达州市	Dazhou City	394	1944. 40	352. 08	111	1593. 99	65. 17	283	350. 41	286. 91
雅安市	Ya'an City	149	1891. 76	132. 02	69	1676. 86	6. 43	80	214. 90	125. 59
巴中市	Bazhong City	940	1168. 13	311. 62	74	596. 42	0. 97	865	455. 83	310. 65
资阳市	Ziyang City	180	850. 81	467. 67	32	186. 40	2. 35	148	664. 41	465. 32
阿坝藏族羌族自治州	Aba Tibetan & Qiang A. P.	38	92. 88	78. 22	14	10. 00	2. 27	24	82. 88	75. 95
甘孜藏族自治州	Ganzi Tibetan A. P.	168	2883. 42	36. 56	38	2855. 01	28. 74	130	28. 41	7. 83
凉山彝族自治州	Liangshan Yi A. P.	448	10241. 75	10041. 43	144	9537. 47	9360. 81	304	704. 28	680. 62
贵州	**Guizhou**	**5745**	**19509. 26**	**6983. 38**	**1697**	**11699. 41**	**1863. 36**	**4047**	**7800. 13**	**5120. 02**
贵阳市	Guiyang City	428	2598. 49	1047. 35	155	1472. 10	153. 59	273	1126. 39	893. 76
六盘水市	Liupanshui City	402	748. 32	355. 22	67	237. 94	0. 47	335	510. 38	354. 75
遵义市	Zunyi City	1441	3890. 04	1842. 95	416	2427. 59	830. 03	1025	1462. 45	1012. 92
安顺市	Anshun City	262	935. 79	305. 88	78	381. 81	2. 76	184	553. 98	303. 12
铜仁地区	Tongren Prefecture	450	2727. 90	558. 94	217	2062. 51	103. 50	233	665. 39	455. 44
黔西南布依族苗族自治州	Southwest Guizhou Buyei & Miao A. P.	408	1367. 95	396. 88	108	785. 24	158. 05	300	582. 71	238. 84
毕节地区	Bijie Prefecture	700	2350. 87	1179. 30	131	1017. 56	421. 21	569	1333. 31	758. 09
黔东南苗族侗族自治州	Southeast Guizhou Miao & Dong A. P.	884	2545. 44	642. 21	328	1806. 77	151. 60	555	728. 95	490. 61
黔南布依族苗族自治州	South Guizhou Buyei & Miao A. P.	770	2344. 46	654. 64	197	1507. 89	42. 16	573	836. 57	612. 48

——按供地方式和省市分列（2014 年） 续表 9
Way and by Province，Autonomous Region and Municipality（2014） Continued 9

	租赁 Lease				其他供地方式 Other Land Supply Ways			
成交价款/万元 Transaction Price Value/10^4 yuan	宗数/宗 Number of Plots	土地面积/公顷 Land Area/hectare	新增 Newly Increased Area	成交价款/万元 Transaction Price Value/10^4 yuan	宗数/宗 Number of Plots	土地面积/公顷 Land Area/hectare	新增 Newly Increased Area	收入/万元 Income/10^4 yuan
490537.56								
677365.79								
313595.09								
398197.32								
362577.05								
691812.27								
1223860.27								
885734.00								
610103.50								
646345.16								
528138.26								
105424.72								
668411.52	1	115.88		3528.59				
955730.72								
23336.50								
25959.46								
324664.22								
6610147.94	**1**	**9.73**		**1206.73**				
1537208.48								
688688.91								
958329.58								
241272.44								
431801.41								
208306.12								
1444272.13								
345415.03	1	9.73		1206.73				
754853.85								

国有建设用地供应情况
State-owned Land for Construction Use Supplied by Land Supply

地区	Region	建设用地供应总量 Total Amount of Construction Use Land Supplied			划拨 Allocation			出让 Granting		
		宗数/宗 Number of Plots	土地面积/公顷 Land Area/hectare		宗数/宗 Number of Plots	土地面积/公顷 Land Area/hectare		宗数/宗 Number of Plots	土地面积/公顷 Land Area/hectare	
				新增 Newly Increased Area			新增 Newly Increased Area			新增 Newly Increased Area
云南	**Yunnan**	**8945**	**52679.10**	**11434.20**	**2190**	**46549.06**	**7039.89**	**6755**	**6130.04**	**4394.31**
昆明市	Kunming City	2000	3195.80	1674.31	257	1456.82	397.48	1743	1738.97	1276.83
曲靖市	Qujing City	382	1370.61	311.11	79	884.81	2.54	303	485.80	308.57
玉溪市	Yuxi City	219	540.49	281.00	57	143.03	8.01	162	397.46	272.98
保山市	Baoshan City	557	1712.94	569.58	98	1280.25	196.49	459	432.68	373.10
昭通市	Zhaotong City	1024	1216.44	606.32	178	1012.68	453.88	846	203.77	152.43
丽江市	Lijiang City	145	1019.84	755.89	33	735.34	657.40	112	284.49	98.50
普洱市	Pu'er City	575	30253.15	159.49	214	30048.19	11.90	361	204.95	147.59
临沧市	Lincang City	146	4199.02	3887.76	60	4026.87	3722.30	86	172.15	165.47
楚雄彝族自治州	Chuxiong Yi A. P.	378	885.57	204.59	98	620.22	17.50	280	265.35	187.10
红河哈尼族彝族自治州	Honghe Hani & Yi A. P.	1130	2963.36	1434.37	453	2509.10	1148.06	677	454.26	286.31
文山壮族苗族自治州	Wenshan Zhuang & Miao A. P.	292	1115.69	337.39	122	725.27	19.87	170	390.41	317.53
西双版纳傣族自治州	Xishuangbanna Dai A. P.	258	408.92	281.84	75	83.49	4.79	183	325.43	277.06
大理白族自治州	Dali Bai A. P.	861	2459.05	348.06	370	2074.96	106.93	491	384.09	241.12
德宏傣族景颇族自治州	Dehong Dai & Jingpo A. P.	258	850.77	340.03	75	591.57	170.75	183	259.20	169.28
怒江傈僳族自治州	Nujiang Lisu A. P.	689	154.44	21.74	10	131.20	6.53	679	23.24	15.21
迪庆藏族自治州	Diqing Tibetan A. P.	31	333.04	220.71	11	225.25	115.47	20	107.79	105.24
西藏	**Tibet**	**485**	**891.45**	**497.89**	**187**	**112.46**	**58.57**	**294**	**778.30**	**439.32**
拉萨市	Lhasa City	103	326.33	264.62	40	43.51	25.68	59	282.13	238.94
昌都地区	Qamdo Prefecture	21	3.72		21	3.72				
山南地区	Lhokha Prefecture	22	136.91	136.91				22	136.91	136.91
日喀则地区	Xigaze Prefecture	47	8.65	6.44	14	5.27	3.36	33	3.38	3.07
那曲地区	Nagqu Prefecture									
阿里地区	Ngari Prefecture	105	32.50	32.27	82	29.53	29.53	23	2.98	2.74
林芝地区	Nyingchi Prefecture	187	383.35	57.66	30	30.44		157	352.91	57.66
陕西	**Shaanxi**	**3506**	**13393.96**	**6556.56**	**1141**	**7130.19**	**1114.35**	**2365**	**6263.77**	**5442.20**
西安市	Xi'an City	703	2895.28	1127.58	343	1568.91	46.66	360	1326.37	1080.92

——按供地方式和省市分列（2014 年） 续表 10

Way and by Province，Autonomous Region and Municipality（2014） Continued 10

	租赁 Lease				其他供地方式 Other Land Supply Ways			
成交价款/万元 Transaction Price Value/10^4 yuan	宗数/宗 Number of Plots	土地面积/公顷 Land Area/hectare	新增 Newly Increased Area	成交价款/万元 Transaction Price Value/10^4 yuan	宗数/宗 Number of Plots	土地面积/公顷 Land Area/hectare	新增 Newly Increased Area	收入/万元 Income/10^4 yuan
4758924. 45								
2126090. 91								
284839. 79								
176315. 48								
256985. 18								
157044. 79								
91883. 01								
159595. 19								
77824. 44								
136143. 01								
381022. 19								
219744. 96								
213528. 10								
323388. 62								
136420. 98								
6058. 21								
12039. 60								
166526. 94					**4**	**0. 69**		**1421. 79**
137983. 30					4	0. 69		1421. 79
5034. 25								
1173. 62								
298. 69								
22037. 08								
5748392. 61								
2737020. 87								

国有建设用地供应情况
State-owned Land for Construction Use Supplied by Land Supply

地区	Region	建设用地供应总量 Total Amount of Construction Use Land Supplied			划拨 Allocation			出让 Granting		
		宗数/宗 Number of Plots	土地面积/公顷 Land Area/hectare	新增 Newly Increased Area	宗数/宗 Number of Plots	土地面积/公顷 Land Area/hectare	新增 Newly Increased Area	宗数/宗 Number of Plots	土地面积/公顷 Land Area/hectare	新增 Newly Increased Area
铜川市	Tongchuan City	71	820. 75	244. 37	33	661. 88	93. 76	38	158. 87	150. 62
宝鸡市	Baoji City	247	834. 52	659. 89	26	76. 45	10. 16	221	758. 07	649. 73
咸阳市	Xianyang City	467	1877. 58	867. 37	161	941. 58		306	936. 00	867. 37
渭南市	Weinan City	260	1350. 21	370. 38	96	932. 55	26. 59	164	417. 67	343. 79
延安市	Yan'an City	212	728. 19	165. 47	85	488. 86	9. 44	127	239. 33	156. 04
汉中市	Hanzhong City	613	1416. 27	1006. 21	141	420. 94	64. 45	472	995. 32	941. 76
榆林市	Yulin City	294	2009. 66	1541. 74	97	1150. 77	772. 25	197	858. 90	769. 49
安康市	Ankang City	411	774. 57	176. 87	97	553. 13	15. 71	314	221. 43	161. 17
商洛市	Shangluo City	228	686. 95	396. 66	62	335. 13	75. 35	166	351. 81	321. 31
甘肃	**Gansu**	**4269**	**18048. 20**	**8621. 50**	**2399**	**11387. 02**	**3072. 86**	**1869**	**6660. 18**	**5547. 64**
兰州市	Lanzhou City	324	1731. 72	1131. 10	41	470. 16	57. 95	283	1261. 56	1073. 15
嘉峪关市	Jiayuguan City	117	1413. 88	790. 23	26	577. 96		91	835. 92	790. 23
金昌市	Jinchang City	74	493. 99	105. 49	22	384. 50	24. 43	52	109. 49	81. 06
白银市	Baiyin City	313	1202. 17	628. 92	94	636. 85	272. 75	219	565. 31	356. 17
天水市	Tianshui City	129	859. 82	173. 00	56	651. 90	7. 00	73	207. 92	166. 00
武威市	Wuwei City	300	3394. 92	928. 98	174	2375. 51	174. 03	126	1019. 42	754. 95
张掖市	Zhangye City	464	1767. 06	564. 43	84	1111. 54	7. 41	380	655. 52	557. 02
平凉市	Pingliang City	187	666. 44	354. 18	69	294. 26	100. 24	118	372. 18	253. 94
酒泉市	Jiuquan City	330	3079. 67	2483. 28	160	2171. 97	1628. 93	169	906. 70	853. 35
庆阳市	Qingyang City	1558	1626. 01	692. 46	1504	1439. 38	512. 96	54	186. 63	179. 50
定西市	Dingxi City	152	877. 23	315. 78	58	681. 89	143. 23	94	195. 35	172. 55
陇南市	Longnan City	98	313. 31	24. 37	39	288. 95	9. 99	59	24. 36	14. 38
临夏回族自治州	Linxia Hui A. P.	147	469. 47	306. 32	61	210. 26	61. 03	86	259. 21	245. 29
甘南藏族自治州	Gannan Tibetan A. P.	76	152. 50	122. 96	11	91. 90	72. 90	65	60. 60	50. 06
青海	**Qinghai**	**972**	**4344. 44**	**1866. 75**	**244**	**2358. 25**	**325. 81**	**727**	**1955. 38**	**1510. 12**
西宁市	Xining City	243	1205. 97	729. 04	56	325. 85	3. 18	187	880. 12	725. 87
海东地区	Haidong Prefecture	129	565. 15	177. 05	47	358. 36	57. 55	82	206. 79	119. 50
海北藏族自治州	Haibei Tibetan A. P.	80	666. 20	308. 94	32	576. 04	231. 12	48	90. 16	77. 82
黄南藏族自治州	Huangnan Tibetan A. P.	26	55. 07	34. 01	7	22. 98	6. 52	19	32. 09	27. 50
海南藏族自治州	Hainan Tibetan A. P.	356	401. 02	77. 55	63	300. 95		293	100. 07	77. 55
果洛藏族自治州	Golog Tibetan A. P.	14	89. 37	79. 55				14	89. 37	79. 55

——按供地方式和省市分列（2014 年） 续表 11

Way and by Province, Autonomous Region and Municipality (2014) Continued 11

	租赁 Lease				其他供地方式 Other Land Supply Ways			
成交价款/万元 Transaction Price Value/10^4 yuan	宗数/宗 Number of Plots	土地面积/公顷 Land Area/hectare	新增 Newly Increased Area	成交价款/万元 Transaction Price Value/10^4 yuan	宗数/宗 Number of Plots	土地面积/公顷 Land Area/hectare	新增 Newly Increased Area	收入/万元 Income/10^4 yuan
56978.69								
457890.90								
590363.73								
266574.08								
330746.65								
488815.42								
277820.61								
374193.22								
167988.44								
1927530.52	**1**	**1.00**	**1.00**	**11.10**				
673275.84								
53168.82								
14017.77								
151224.59								
145259.57								
121055.11								
119278.53								
242559.34								
106763.45	1	1.00	1.00	11.10				
94120.80								
87892.72								
14796.09								
96314.45								
7803.43								
731888.70	**1**	**30.81**	**30.81**	**416.27**				
566773.14								
72350.56								
9580.40								
11069.37								
20503.52								
1739.01								

国有建设用地供应情况
State-owned Land for Construction Use Supplied by Land Supply

地区	Region	建设用地供应总量 Total Amount of Construction Use Land Supplied			划拨 Allocation			出让 Granting		
		宗数/宗 Number of Plots	土地面积/公顷 Land Area/hectare	新增 Newly Increased Area	宗数/宗 Number of Plots	土地面积/公顷 Land Area/hectare	新增 Newly Increased Area	宗数/宗 Number of Plots	土地面积/公顷 Land Area/hectare	新增 Newly Increased Area
玉树藏族自治州	Yushu Tibetan A. P.	12	16. 21		5	13. 3142		7	2. 8947	
海西蒙古族藏族自治州	Haixi Mongol & Tibetan A. P.	112	1345. 45	460. 59	34	760. 75	27. 44	77	553. 89	402. 34
宁夏	**Ningxia**	**1481**	**8187. 54**	**3203. 18**	**582**	**4506. 49**	**61. 22**	**899**	**3681. 05**	**3141. 96**
银川市	Yinchuan City	573	3615. 47	1491. 49	197	1874. 17	26. 20	376	1741. 30	1465. 29
石嘴山市	Shizuishan City	145	536. 50	233. 25	53	180. 93		92	355. 57	233. 25
吴忠市	Wuzhong City	393	1855. 65	722. 90	165	1109. 64		228	746. 02	722. 90
固原市	Guyuan City	163	833. 11	250. 66	78	559. 86		85	273. 25	250. 66
中卫市	Zhongwei City	207	1346. 81	504. 87	89	781. 89	35. 02	118	564. 92	469. 85
新疆	**Xinjiang**	**4836**	**26892. 34**	**15939. 70**	**1755**	**15490. 97**	**6495. 74**	**3078**	**11397. 83**	**9442. 86**
乌鲁木齐市	Urumqi City	377	2001. 68	1441. 01	145	892. 57	578. 60	232	1109. 11	862. 41
克拉玛依市	Karamay City	227	770. 80	460. 64	102	540. 40	306. 07	125	230. 39	154. 57
吐鲁番地区	Turpan Prefecture	228	2518. 26	1349. 58	64	1290. 78	175. 88	164	1227. 48	1173. 71
哈密地区	Hami Prefecture	269	3130. 13	2410. 04	107	2379. 50	1789. 00	162	750. 62	621. 04
昌吉回族自治州	Changji Hui A. P.	805	3988. 58	2130. 89	341	2115. 43	455. 93	463	1871. 89	1673. 86
博尔塔拉蒙古自治州	Bortala Mongol A. P.	159	934. 21	506. 44	46	350. 05	11. 69	112	582. 16	494. 75
巴音郭楞蒙古自治州	Bayingolin Mongol A. P.	371	2228. 51	1638. 23	108	1069. 17	706. 79	263	1159. 34	931. 44
阿克苏地区	Akesu Prefecture	436	2654. 94	1557. 87	145	1619. 23	612. 97	291	1035. 71	944. 90
克孜勒苏柯尔克孜自治州	Kizilsu Kirgiz A. P.	137	902. 01	372. 68	65	581. 51	71. 44	72	320. 50	301. 24
喀什地区	Kashi Prefecture	511	1430. 05	838. 99	101	499. 43	111. 88	410	930. 62	727. 11
和田地区	Hotan Prefecture	114	880. 86	471. 42	38	559. 30	170. 11	76	321. 56	301. 31
伊犁哈萨克自治州	Ili Kazak A. P.	529	2994. 84	1662. 23	178	1886. 54	916. 52	351	1108. 30	745. 71
塔城地区	Tacheng Prefecture	240	968. 12	291. 66	59	502. 40		180	465. 45	291. 66
阿勒泰地区	Altay Prefecture	382	1396. 80	752. 78	231	1184. 18	584. 38	151	212. 62	168. 40
石河子市	Shihezi City	51	92. 56	55. 22	25	20. 48	4. 48	26	72. 08	50. 74
阿拉尔市	Aral City									
图木舒克市	Tumxuk City									
五家渠市	Wujiaqu City									

——按供地方式和省市分列（2014 年） 续表 12

Way and by Province, Autonomous Region and Municipality (2014) Continued 12

	租赁 Lease				其他供地方式 Other Land Supply Ways			
成交价款/万元 Transaction Price Value/10^4 yuan	宗数/宗 Number of Plots	土地面积/公顷 Land Area/hectare	新增 Newly Increased Area	成交价款/万元 Transaction Price Value/10^4 yuan	宗数/宗 Number of Plots	土地面积/公顷 Land Area/hectare	新增 Newly Increased Area	收入/万元 Income/10^4 yuan
3461. 45								
46411. 25	1	30. 81	30. 81	416. 27				
977345. 58								
546611. 13								
55279. 28								
90450. 78								
88559. 86								
196444. 53								
2154059. 93	**3**	**3. 54**	**1. 10**	**57. 97**				
434768. 08								
56624. 06								
112030. 11								
65973. 33								
407917. 32	1	1. 27	1. 10	2. 22				
64207. 47	1	2. 00		51. 08				
120354. 29								
87204. 27								
16222. 40								
160613. 69								
37299. 92								
449186. 93								
68793. 29	1	0. 27		4. 67				
28651. 61								
44213. 16								

国有建设用地供应情况
State-owned Land for Construction Use

单位：公顷

年份/地区	Year/Region	供地总量 Total Amount of Land Supplied	工矿仓储用地 Land for Industry, Mining and Warehousing	商服用地 Land for Commercial and Service Uses	住宅用地合计		
						普通商品住房 Ordinary Commercial House	
							中低价位、中小套型 Medium- and Low-price, Medium- and Small-sized Ordinary Commercial Houses
	2012	711281.31	207194.53	50939.34	114664.56	84647.33	30488.05
	2013	750835.48	213520.95	67042.26	141966.60	112913.41	39590.89
	2014	647996.14	149556.13	50216.97	104499.35	81680.46	28500.74
北　京	Beijing	2074.80	408.08	458.37	622.27	484.53	87.94
天　津	Tianjin	5675.89	2329.43	292.67	1029.16	636.71	33.94
河　北	Hebei	25417.62	8263.76	1849.17	4356.78	3953.90	903.85
山　西	Shanxi	10675.93	2836.68	945.30	1720.55	1450.47	249.15
内蒙古	Inner Mongolia	23234.30	6520.54	2099.01	2329.35	1871.49	890.47
辽　宁	Liaoning	18825.36	5340.69	1697.57	3768.34	3336.79	1289.88
吉　林	Jilin	17539.20	3857.43	764.04	1766.69	1418.27	423.46
黑龙江	Heilongjiang	10309.46	3688.57	1247.97	2321.58	1561.71	352.01
上　海	Shanghai	3655.75	711.39	229.58	520.97	467.70	150.32
江　苏	Jiangsu	41808.60	12154.88	4856.80	10842.76	8538.76	3811.29
浙　江	Zhejiang	27315.73	5590.08	2177.49	4866.22	2657.39	2657.39
安　徽	Anhui	33804.70	7230.12	2862.41	7692.12	4861.36	1222.68
福　建	Fujian	19105.33	5197.90	977.79	2124.75	2098.16	791.49
江　西	Jiangxi	17399.32	4952.72	1646.86	3687.95	3055.15	757.20
山　东	Shandong	39531.68	12317.16	4980.34	10307.29	9291.04	5285.19
河　南	Henan	27861.42	8961.67	2038.48	6246.17	5419.41	1114.77
湖　北	Hubei	32889.87	8174.27	2146.79	5116.27	4142.53	1352.02
湖　南	Hunan	27406.12	4481.43	2003.99	4104.88	2896.09	319.97
广　东	Guangdong	27681.37	5907.19	1827.01	3955.54	3789.93	749.58
广　西	Guangxi	20296.86	3063.68	1170.35	2451.82	2050.48	812.21
海　南	Hainan	1516.14	197.69	290.61	540.78	359.73	148.12
重　庆	Chongqing	18228.84	3562.31	1107.10	3452.33	2953.24	925.21
四　川	Sichuan	51795.56	5961.75	2601.84	4716.04	3548.72	747.83
贵　州	Guizhou	19509.26	3480.00	1811.62	3356.99	2877.47	1777.06
云　南	Yunnan	52679.10	2102.72	1705.77	2758.85	2181.11	260.34
西　藏	Tibet	891.45	166.34	444.14	144.16	132.83	
陕　西	Shaanxi	13393.96	3401.68	1115.50	2768.81	1772.01	325.40
甘　肃	Gansu	18048.20	5153.63	1895.78	1951.85	1469.31	393.47
青　海	Qinghai	4344.44	1370.57	413.97	570.38	463.25	35.51
宁　夏	Ningxia	8187.54	2686.06	626.44	1074.97	615.93	158.73
新　疆	Xinjiang	26892.34	9485.69	1932.21	3332.76	1325.00	474.24

——按用地类型和地区分列
Supplied by Land-use Type and by Region

unit：hectare

Land for Residential Uses				其他用地 Other Types					
经济适用住房 Economically Affordable House	廉租住房 Cheap Rent House	公共租赁住房 Public Rental Housing	高档住宅 High-grade Residence		公共管理与公共服务用地 Land for Public Management and Public Services	特殊用地 Land for Special Uses	交通运输用地 Land for Transport	水域及水利设施用地 Land for Water Conservancy Facilities	其他土地 Land for Other Uses
20245. 62	9545. 24		226. 36	338482. 89	100396. 99	2817. 40	173662. 64	56514. 24	5091. 63
22072. 37	3731. 38	3124. 77	124. 67	328305. 67	95745. 09	3292. 68	187944. 28	36548. 66	4774. 96
17525. 23	2244. 99	2935. 93	112. 73	343723. 70	73665. 20	2794. 99	178067. 63	86128. 57	3067. 30
115. 24	0. 29	22. 21		586. 07	479. 47	13. 02	93. 59		
392. 45				2024. 63	559. 01	13. 00	1452. 62		
308. 20	27. 05	67. 32	0. 31	10947. 91	2961. 36	136. 36	7419. 51	430. 69	
151. 74	90. 51	27. 83		5173. 40	1005. 01	133. 96	3760. 60	257. 39	16. 43
330. 13	77. 43	50. 30		12285. 41	2200. 79	101. 41	9982. 57		0. 65
396. 45	13. 43	21. 66		8018. 76	2008. 60	70. 00	2683. 27	3210. 35	46. 55
277. 23	60. 99	10. 21		11151. 05	1206. 90	17. 40	8257. 81	1668. 94	
705. 23	25. 64	29. 00		3051. 34	1192. 77	93. 19	1442. 85	322. 51	
47. 71		5. 55		2193. 81	590. 53	17. 15	1485. 32	100. 81	
2201. 72	64. 66	37. 61	0. 01	13954. 16	4359. 02	157. 92	5785. 30	3532. 46	119. 45
2168. 99	2. 43	30. 17	7. 25	14681. 94	4141. 61	38. 56	8303. 34	2194. 13	4. 29
1916. 09	322. 19	592. 48		16020. 04	4045. 49	80. 51	9842. 82	1639. 60	411. 62
5. 78	8. 90	8. 23	3. 69	10804. 89	1971. 23	220. 30	8202. 06	401. 29	10. 00
313. 90	134. 55	184. 35		7111. 79	2270. 28	144. 57	4612. 23	47. 09	37. 63
911. 11	7. 97	95. 78	1. 38	11926. 89	3370. 02	139. 70	4358. 68	3937. 10	121. 40
549. 12	90. 26	187. 38		10615. 10	3887. 17	47. 09	6001. 32	534. 11	145. 41
771. 32	35. 56	166. 87		17452. 54	2398. 38	101. 99	8695. 37	6251. 06	5. 73
1002. 78	107. 69	98. 32		16815. 82	4853. 50	128. 56	8402. 62	3431. 14	
122. 26	0. 66	41. 92	0. 78	15991. 63	2424. 94	26. 45	13442. 34	65. 65	32. 25
314. 13	20. 60	66. 60		13611. 00	1923. 80	96. 31	8932. 56	2658. 34	
89. 67	5. 72	6. 27	79. 40	487. 06	219. 18	28. 10	236. 73	3. 05	
424. 97	14. 24	59. 88		10107. 09	2109. 47	47. 60	7849. 70	100. 32	
987. 25	124. 99	55. 08		38515. 93	4953. 10	107. 45	15032. 96	18213. 47	208. 95
187. 77	122. 78	168. 97		10860. 65	2225. 77	68. 69	5821. 46	898. 46	1846. 28
309. 71	44. 26	223. 73	0. 04	46111. 76	1643. 98	139. 71	10181. 96	34146. 10	
	11. 34			136. 81	112. 80	11. 45	12. 56		
578. 86	253. 83	164. 00	0. 11	6107. 98	1494. 57	118. 63	4472. 40	12. 38	10. 00
241. 67	15. 47	225. 39		9046. 95	5591. 75	123. 98	3122. 15	193. 67	15. 40
80. 65	23. 97	2. 13	0. 39	1989. 53	605. 03	25. 99	1210. 85	143. 04	4. 63
326. 18	17. 04	115. 82		3800. 08	950. 19	27. 56	2774. 59	47. 75	
1296. 92	520. 55	170. 90	19. 39	12141. 68	5909. 49	318. 37	4195. 52	1687. 68	30. 63

国有建设用地供应情况——
State-owned Land for Construction Use Supplied by Land-use Type

单位：公顷

地区	Region	供地总量 Total Amount of Land Supplied	工矿仓储用地 Land for Industry, Mining and Warehousing	商服用地 Land for Commercial and Service Uses	住宅用地	普通商品住房 Ordinary Commercial House	中低价位、中小套型 Medium- and Low-price, Medium- and Small-sized Ordinary Commercial Houses
总　计	**Total**	**647996. 14**	**149556. 13**	**50216. 97**	**104499. 35**	**81680. 46**	**28500. 74**
北京	**Beijing**	**2074. 80**	**408. 08**	**458. 37**	**622. 27**	**484. 53**	**87. 94**
天津	**Tianjin**	**5675. 89**	**2329. 43**	**292. 67**	**1029. 16**	**636. 71**	**33. 94**
河北	**Hebei**	**25417. 62**	**8263. 76**	**1849. 17**	**4356. 78**	**3953. 90**	**903. 85**
石家庄市	Shijiazhuang City	4546. 31	694. 44	125. 36	450. 94	429. 04	137. 72
唐山市	Tangshan City	4041. 78	1882. 81	539. 53	407. 15	390. 13	40. 05
秦皇岛市	Qinhuangdao City	571. 37	180. 90	100. 71	141. 53	113. 66	8. 31
邯郸市	Handan City	3634. 50	804. 46	131. 07	873. 08	654. 08	101. 07
邢台市	Xingtai City	1377. 99	667. 24	106. 17	325. 07	306. 72	29. 86
保定市	Baoding City	1597. 08	676. 34	174. 41	442. 48	432. 13	24. 79
张家口市	Zhangjiakou City	1030. 39	374. 30	135. 54	345. 45	325. 19	99. 70
承德市	Chengde City	2176. 65	259. 80	113. 98	171. 98	168. 86	0. 76
沧州市	Cangzhou City	3604. 27	1520. 02	150. 72	366. 78	325. 54	15. 82
廊坊市	Langfang City	1682. 28	468. 64	146. 75	564. 53	555. 32	306. 97
衡水市	Hengshui City	1154. 99	734. 82	124. 94	267. 78	253. 20	138. 79
山西	**Shanxi**	**10675. 93**	**2836. 68**	**945. 30**	**1720. 55**	**1450. 47**	**249. 15**
太原市	Taiyuan City	1366. 12	401. 69	163. 82	177. 83	174. 26	44. 09
大同市	Datong City	1788. 21	209. 16	117. 18	293. 64	208. 83	27. 09
阳泉市	Yangquan City	572. 16	158. 14	23. 34	48. 75	47. 06	29. 79
长治市	Changzhi City	892. 35	257. 41	71. 03	125. 29	118. 22	11. 12
晋城市	Jincheng City	722. 09	271. 26	57. 54	113. 23	108. 39	21. 30
朔州市	Shuozhou City	323. 32	136. 42	55. 61	114. 16	102. 21	21. 30
晋中市	Jinzhong City	915. 87	326. 02	123. 64	171. 55	159. 80	26. 30
运城市	Yuncheng City	1071. 77	371. 20	124. 30	318. 30	278. 51	21. 75
忻州市	Xinzhou City	913. 27	152. 36	120. 43	91. 61	55. 69	7. 11
临汾市	Linfen City	1412. 36	151. 38	52. 74	137. 65	108. 03	19. 00
吕梁市	Lüliang City	698. 40	401. 65	35. 67	128. 54	89. 47	20. 31
内蒙古	**Inner Mongolia**	**23234. 30**	**6520. 54**	**2099. 01**	**2329. 35**	**1871. 49**	**890. 47**
呼和浩特市	Hohhot City	903. 07	310. 14	78. 34	167. 68	166. 58	75. 63
包头市	Baotou City	1161. 90	287. 88	117. 78	259. 05	127. 55	110. 19

按用地类型和省市分列（2014 年）
and by Province，Autonomous Region and Municipality（2014）

unit：hectare

Land for Residential Uses				其他用地 Other Types					
经济适用住房 Economically Affordable House	廉租住房 Cheap Rent House	公共租赁住房 Public Rental Housing	高档住宅 High-grade Residence		公共管理与公共服务用地 Land for Public Management and Public Services	特殊用地 Land for Special Uses	交通运输用地 Land for Transport	水域及水利设施用地 Land for Water Conservancy Facilities	其他土地 Land for Other Uses
17525.23	**2244.99**	**2935.93**	**112.73**	**343723.70**	**73665.20**	**2794.99**	**178067.63**	**86128.57**	**3067.30**
115.24	**0.29**	**22.21**		**586.07**	**479.47**	**13.02**	**93.59**		
392.45				**2024.63**	**559.01**	**13.00**	**1452.62**		
308.20	**27.05**	**67.32**	**0.31**	**10947.91**	**2961.36**	**136.36**	**7419.51**	**430.69**	
19.23	0.67	2.00		3275.57	661.12	59.35	2201.01	354.10	
16.85			0.17	1212.29	417.80	21.62	772.87		
24.80		3.07		148.23	104.01		44.22		
199.81	0.97	18.22		1825.89	572.66	3.84	1227.44	21.96	
6.28	7.40	4.67		279.52	77.90		200.29	1.33	
5.24	0.67	4.44		303.85	69.77	2.84	225.51	5.73	
12.58	2.41	5.27		175.10	149.65	5.70	19.74		
1.13	0.71	1.28		1630.88	72.92	34.02	1523.95		
19.19	12.17	9.87		1566.75	684.34	7.03	834.48	40.90	
	0.90	8.30		502.37	137.40		364.97		
3.09	1.15	10.19	0.14	27.45	13.79	1.97	5.03	6.67	
151.74	**90.51**	**27.83**		**5173.40**	**1005.01**	**133.96**	**3760.60**	**257.39**	**16.43**
	3.58			622.78	129.97	1.47	491.35		
	62.69	22.13		1168.23	169.28	64.70	934.25		
1.70				341.93	40.21	1.02	300.69		
7.07				438.62	54.79	0.87	382.96		
4.83				280.06	117.82	3.88	151.43	6.93	
10.31	1.64			17.13	15.80	1.33			
11.02	0.18	0.54		294.66	134.11	23.38	117.21	19.96	
35.66	2.43	1.71		257.97	114.04	3.15	124.34		16.43
35.56	0.24	0.12		548.88	79.80	16.36	452.35	0.37	
24.09	4.28	1.25		1070.59	62.97	13.92	763.57	230.14	
21.51	15.48	2.08		132.55	86.22	3.88	42.45		
330.13	**77.43**	**50.30**		**12285.41**	**2200.79**	**101.41**	**9982.57**		**0.65**
1.10				346.91	184.28	9.61	153.03		
102.06	10.67	18.77		497.18	44.99	30.24	421.96		

国有建设用地供应情况——
State-owned Land for Construction Use Supplied by Land-use Type

单位：公顷

地区	Region	供地总量 Total Amount of Land Supplied	工矿仓储用地 Land for Industry, Mining and Warehousing	商服用地 Land for Commercial and Service Uses	住宅用地		
						普通商品住房 Ordinary Commercial House	
							中低价位、中小套型 Medium- and Low-price, Medium- and Small-sized Ordinary Commercial Houses
乌海市	Wuhai City	394.08	330.99	20.54	23.97	2.56	2.43
赤峰市	Chifeng City	1898.53	823.55	324.80	347.98	333.31	57.17
通辽市	Tongliao City	2387.92	598.21	129.74	185.71	177.01	129.22
鄂尔多斯市	Erdos City	3073.98	1338.80	472.31	175.77	152.61	33.85
呼伦贝尔市	Hulunbuir City	4577.36	546.14	273.07	388.37	295.07	145.76
巴彦淖尔市	Bayannur City	925.37	346.51	113.93	105.45	78.63	18.67
乌兰察布市	Ulanqab City	2216.46	424.15	300.30	276.28	184.94	72.82
兴安盟	Xing'an League	872.25	167.75	63.53	146.78	119.05	63.65
锡林郭勒盟	Xilingol League	2291.58	773.46	130.38	177.37	169.95	125.20
阿拉善盟	Alxa League	2531.78	572.96	74.28	74.96	64.23	55.88
辽宁	**Liaoning**	**18825.36**	**5340.69**	**1697.57**	**3768.34**	**3336.79**	**1289.88**
沈阳市	Shenyang City	4382.63	1322.40	345.83	663.59	647.47	70.63
大连市	Dalian City	2266.08	713.46	145.78	372.78	372.78	278.15
鞍山市	Anshan City	891.88	301.00	154.68	310.39	308.84	150.08
抚顺市	Fushun City	332.23	90.67	80.92	78.32	73.82	62.88
本溪市	Benxi City	627.56	344.34	126.25	80.75	57.05	5.65
丹东市	Dandong City	718.79	220.09	67.30	140.36	130.91	
锦州市	Jinzhou City	894.66	385.87	42.45	208.45	172.84	139.78
营口市	Yingkou City	835.45	380.70	74.92	292.83	272.35	49.81
阜新市	Fuxin City	540.14	257.39	43.06	204.29	137.40	76.28
辽阳市	Liaoyang City	569.74	195.74	53.38	84.47	73.88	26.18
盘锦市	Panjin City	968.23	240.31	331.64	331.69	331.69	71.50
铁岭市	Tieling City	715.54	237.89	89.88	335.21	335.21	284.05
朝阳市	Chaoyang City	982.52	436.89	63.66	234.13	213.44	
葫芦岛市	Huludao City	4099.92	213.93	77.82	431.08	209.12	74.90
吉林	**Jilin**	**17539.20**	**3857.43**	**764.04**	**1766.69**	**1418.27**	**423.46**
长春市	Changchun City	2378.48	577.56	272.20	497.69	394.97	21.55
吉林市	Jilin City	2225.77	704.82	102.30	234.37	216.67	35.67
四平市	Siping City	1076.64	245.02	73.55	145.84	133.10	41.57
辽源市	Liaoyuan City	452.54	72.88	17.57	39.31	19.32	
通化市	Tonghua City	1084.67	293.62	55.91	177.85	148.89	54.38

按用地类型和省市分列（2014 年） 续表 1

and by Province，Autonomous Region and Municipality（2014） Continued 1

unit：hectare

Land for Residential Uses				其他用地 Other Types					
经济适用住房 Economically Affordable House	廉租住房 Cheap Rent House	公共租赁住房 Public Rental Housing	高档住宅 High-grade Residence		公共管理与公共服务用地 Land for Public Management and Public Services	特殊用地 Land for Special Uses	交通运输用地 Land for Transport	水域及水利设施用地 Land for Water Conservancy Facilities	其他土地 Land for Other Uses
21.22		0.19		18.58	13.89	4.69			
12.39	1.90	0.38		402.20	131.92	1.49	268.80		
		8.69		1474.26	221.27		1252.99		
19.81	2.60	0.74		1087.10	383.71	2.49	700.90		
71.75	20.60	0.94		3369.79	339.16	3.86	3026.76		
	23.24	3.58		359.48	206.02	20.45	133.01		
84.96	2.31	4.07		1215.74	208.37	1.39	1005.32		0.65
7.90	11.38	8.45		494.19	158.65	10.74	324.81		
0.02	4.73	2.67		1210.37	246.36	9.01	955.00		
8.92		1.80		1809.59	62.17	7.44	1739.98		
396.45	**13.43**	**21.66**		**8018.76**	**2008.60**	**70.00**	**2683.27**	**3210.35**	**46.55**
		16.12		2050.82	764.10	4.85	1281.42	0.45	
				1034.05	543.20	8.49	482.36		
	1.55			125.81	30.72	27.98	67.11		
4.50				82.32	27.40	0.63	46.54	7.75	
16.87	6.83			76.23	47.19		29.04		
9.32		0.13		291.03	37.59		190.70	62.74	
35.21		0.40		257.89	75.97		181.93		
17.55	2.94			86.99	84.18		2.82		
66.89				35.40	16.54	0.69	18.17		
5.56	1.57	3.46		236.14	48.88		187.25		
				64.60	56.62	2.11	5.87		
				52.55	38.47	13.75	0.33		
18.59	0.55	1.55		247.84	109.60	10.71	126.52	1.01	
221.96				3377.09	128.14	0.80	63.21	3138.40	46.55
277.23	**60.99**	**10.21**		**11151.05**	**1206.90**	**17.40**	**8257.81**	**1668.94**	
94.96	7.76			1031.04	258.03	2.54	735.56	34.91	
5.76	9.07	2.87		1184.27	209.54	1.21	971.53	2.00	
5.15	6.60	1.00		612.23	99.21		513.02		
19.99				322.78	17.77		304.44	0.57	
28.96				557.29	47.14	0.75	496.82	12.57	

国有建设用地供应情况——
State-owned Land for Construction Use Supplied by Land-use Type

单位：公顷

地区	Region	供地总量 Total Amount of Land Supplied	工矿仓储用地 Land for Industry, Mining and Warehousing	商服用地 Land for Commercial and Service Uses	住宅用地		
						普通商品住房 Ordinary Commercial House	
							中低价位、中小套型 Medium- and Low-price, Medium- and Small-sized Ordinary Commercial Houses
白山市	Baishan City	1008.09	79.00	91.03	130.41	64.61	0.53
松原市	Songyuan City	3443.57	1059.41	20.78	90.13	86.45	37.03
白城市	Baicheng City	3706.31	480.10	48.77	175.09	138.15	95.41
延边朝鲜族自治州	Yanbian Korean A. P.	2163.14	345.02	81.92	275.99	216.12	137.32
黑龙江	**Heilongjiang**	**10309.46**	**3688.57**	**1247.97**	**2321.58**	**1561.71**	**352.01**
哈尔滨市	Harbin City	1913.74	578.32	273.79	516.85	460.10	35.99
齐齐哈尔市	Qiqihar City	1281.23	626.95	136.61	226.86	179.76	9.70
鸡西市	Jixi City	412.17	144.37	30.18	35.03	28.04	7.05
鹤岗市	Hegang City	623.07	270.11	40.60	281.67	8.32	
双鸭山市	Shuangyashan City	234.50	10.81	79.79	53.17	46.14	31.07
大庆市	Daqing City	738.68	298.98	100.56	249.39	241.85	23.96
伊春市	Yichun City	621.72	275.43	85.87	150.25	28.34	
佳木斯市	Jiamusi City	680.25	207.71	37.67	89.01	88.53	68.75
七台河市	Qitaihe City	307.91	81.47	34.26	128.92	11.31	10.06
牡丹江市	Mudanjiang City	699.32	311.76	68.89	102.51	87.08	3.62
黑河市	Heihe City	247.54	89.89	36.56	62.52	58.70	15.15
绥化市	Suihua City	1114.06	399.25	189.91	273.36	254.65	121.44
大兴安岭地区	Da Hinggan Ling Prefecture	412.79	13.01	34.48	26.38	2.73	0.22
农垦总局	General Bureau of Agriculture	556.14	318.28	72.62	76.74	46.17	17.69
森工总局	General Bureau of Forest dustry	399.46	20.47	19.46	35.85	10.19	7.32
友谊国土资源局	Youyi Land and Resources Bureau	46.81	39.74	0.18	5.44	4.27	
五大连池风景名胜区	Wudalianchi	20.09	2.02	6.56	7.62	5.53	
上海	**Shanghai**	**3655.75**	**711.39**	**229.58**	**520.97**	**467.70**	**150.32**
江苏	**Jiangsu**	**41808.60**	**12154.88**	**4856.80**	**10842.76**	**8538.76**	**3811.29**
南京市	Nanjing City	2989.12	526.11	184.95	836.05	482.90	131.88
无锡市	Wuxi City	2671.30	764.57	334.79	665.39	367.24	7.29
徐州市	Xuzhou City	4933.68	724.89	601.04	1269.86	933.15	696.40
常州市	Changzhou City	2663.38	1071.91	577.62	667.82	537.90	132.31
苏州市	Suzhou City	3969.19	1585.31	305.51	1215.96	946.73	576.59
南通市	Nantong City	4045.37	1411.31	685.02	1366.58	1200.28	353.58

按用地类型和省市分列（2014 年） 续表 2

and by Province，Autonomous Region and Municipality（2014） Continued 2

unit：hectare

Land for Residential Uses					其他用地 Other Types				
经济适用住房 Economically Affordable House	廉租住房 Cheap Rent House	公共租赁住房 Public Rental Housing	高档住宅 High-grade Residence		公共管理与公共服务用地 Land for Public Management and Public Services	特殊用地 Land for Special Uses	交通运输用地 Land for Transport	水域及水利设施用地 Land for Water Conservancy Facilities	其他土地 Land for Other Uses
57.57	8.23			707.64	64.83	1.10	600.46	41.25	
	0.68	3.00		2273.26	127.00	7.93	980.15	1158.18	
10.13	26.81			3002.35	315.79	1.41	2310.28	374.86	
54.71	1.84	3.34		1460.20	67.59	2.47	1345.55	44.60	
705.23	**25.64**	**29.00**		**3051.34**	**1192.77**	**93.19**	**1442.85**	**322.51**	
46.99	2.79	6.97		544.79	385.82	8.33	137.30	13.34	
44.79	0.43	1.88		290.80	152.73	2.02	85.21	50.85	
6.99				202.58	35.72	0.34	166.52		
259.46	7.54	6.35		30.68	30.68				
7.03				90.73	49.19	5.23	36.31		
7.55				89.75	39.06	26.42	24.27		
121.62	0.29			110.16	38.84	2.08	69.24		
	0.48			345.86	98.05	0.21	244.35	3.25	
117.61				63.25	53.42	1.67	8.16		
	1.72	13.71		216.17	84.17	25.25	106.75		
1.55	2.27			58.57	9.63	1.67	47.27		
9.11	9.51	0.09		251.54	106.21	11.41	133.91		
23.65				338.92	6.20	2.92	329.80		
30.46	0.11			88.50	70.98	4.52	12.99		
25.18	0.48			323.68	26.72	1.12	40.76	255.08	
1.16				1.46	1.46				
2.09				3.89	3.89				
47.71		**5.55**		**2193.81**	**590.53**	**17.15**	**1485.32**	**100.81**	
2201.72	**64.66**	**37.61**	**0.01**	**13954.16**	**4359.02**	**157.92**	**5785.30**	**3532.46**	**119.45**
343.56	4.10	5.49		1442.00	441.63	1.92	958.16	2.01	38.27
254.63	43.52			906.55	574.21	35.87	288.91	7.56	
336.60		0.11		2337.89	414.39	38.18	445.60	1439.73	
116.47	13.44		0.01	346.03	171.89	17.92	156.22		
265.26	0.15	3.81		862.41	354.23	10.45	427.28	22.67	47.79
164.75	0.71	0.84		582.45	187.97	14.02	347.07		33.40

国有建设用地供应情况——
State-owned Land for Construction Use Supplied by Land-use Type

单位：公顷

地区	Region	供地总量 Total Amount of Land Supplied	工矿仓储用地 Land for Industry, Mining and Warehousing	商服用地 Land for Commercial and Service Uses	住宅用地		
						普通商品住房 Ordinary Commercial House	
							中低价位、中小套型 Medium- and Low-price, Medium- and Small-sized Ordinary Commercial Houses
连云港市	Lianyungang City	4023.00	901.95	548.87	423.73	381.32	27.56
淮安市	Huai'an City	2489.18	736.08	274.38	514.70	507.24	473.20
盐城市	Yancheng City	3453.48	1370.45	640.88	700.18	651.01	489.99
扬州市	Yangzhou City	3052.09	641.86	300.77	672.56	637.93	460.52
镇江市	Zhenjiang City	1545.90	577.24	90.51	445.42	368.64	281.24
泰州市	Taizhou City	2327.85	829.66	175.60	820.19	785.87	177.96
宿迁市	Suqian City	3645.06	1013.53	136.85	1244.32	738.55	2.78
浙江	**Zhejiang**	**27315.73**	**5590.08**	**2177.49**	**4866.22**	**2657.39**	**2657.39**
杭州市	Hangzhou City	3985.06	910.59	259.75	674.40	421.36	421.36
宁波市	Ningbo City	3239.00	814.27	264.30	710.20	394.86	394.86
温州市	Wenzhou City	4305.25	305.70	136.07	888.72	263.18	263.18
嘉兴市	Jiaxing City	1936.22	770.34	286.95	417.39	279.51	279.51
湖州市	Huzhou City	1643.57	596.14	432.17	385.25	310.80	310.80
绍兴市	Shaoxing City	2774.45	394.59	160.10	576.29	509.00	509.00
金华市	Jinhua City	3237.52	542.32	202.58	402.37	188.43	188.43
衢州市	Quzhou City	2095.26	352.93	236.28	85.31	53.84	53.84
舟山市	Zhoushan City	918.36	186.44	48.00	63.27	23.02	23.02
台州市	Taizhou City	2068.93	447.26	70.04	411.86	96.75	96.75
丽水市	Lishui City	1112.10	269.49	81.25	251.15	116.65	116.65
安徽	**Anhui**	**33804.70**	**7230.12**	**2862.41**	**7692.12**	**4861.36**	**1222.68**
合肥市	Hefei City	3649.64	889.70	419.18	552.24	230.58	
芜湖市	Wuhu City	2798.00	585.42	408.77	914.07	428.60	278.61
蚌埠市	Bengbu City	2033.07	404.81	101.96	534.33	355.21	89.56
淮南市	Huainan City	1040.89	229.84	26.04	372.16	115.66	2.28
马鞍山市	Ma'anshan City	845.76	163.82	100.24	134.85	125.41	69.31
淮北市	Huaibei City	637.60	181.36	55.20	187.88	64.63	45.68
铜陵市	Tongling City	369.89	167.78	48.60	137.87	137.87	23.88
安庆市	Anqing City	1787.62	450.31	134.82	306.56	188.12	43.78
黄山市	Huangshan City	617.51	117.81	166.69	131.70	102.34	3.01

按用地类型和省市分列（2014 年） 续表 3

and by Province, Autonomous Region and Municipality (2014) Continued 3

unit: hectare

Land for Residential Uses				其他用地 Other Types					
经济适用住房 Economically Affordable House	廉租住房 Cheap Rent House	公共租赁住房 Public Rental Housing	高档住宅 High-grade Residence		公共管理与公共服务用地 Land for Public Management and Public Services	特殊用地 Land for Special Uses	交通运输用地 Land for Transport	水域及水利设施用地 Land for Water Conservancy Facilities	其他土地 Land for Other Uses
29.12		13.29		2148.45	1056.07	5.42	473.08	613.88	
7.47				964.01	137.54	1.79	824.67		
44.03	1.74	3.39		741.97	190.51	2.50	548.96		
31.19		3.43		1436.90	91.47	1.47	209.12	1134.85	
71.70		5.08		432.74	373.32	6.71	52.71		
34.32				502.40	134.19	12.94	355.27		
502.62	0.99	2.17		1250.36	231.60	8.72	698.26	311.77	
2168.99	**2.43**	**30.17**	**7.25**	**14681.94**	**4141.61**	**38.56**	**8303.34**	**2194.13**	**4.29**
243.40		9.64		2140.32	699.52	2.30	885.94	552.56	
306.02		9.32		1450.23	292.21	7.73	937.41	212.87	
613.11		5.67	6.76	2974.75	1045.67	5.31	1847.32	76.45	
135.92		1.96		461.54	224.53	5.83	228.60	2.58	
71.78	2.17	0.07	0.43	230.01	196.98	0.45	32.50	0.09	
67.29				1643.47	356.77	0.32	323.31	963.06	
213.94				2090.25	353.79	12.63	1622.62	101.22	
31.48				1420.74	89.23	0.05	1112.91	218.55	
38.49		1.76		620.65	152.79	0.33	463.24		4.29
313.54		1.51	0.06	1139.77	476.67	3.15	657.04	2.92	
134.02	0.26	0.23		510.20	253.45	0.47	192.45	63.84	
1916.09	**322.19**	**592.48**		**16020.04**	**4045.49**	**80.51**	**9842.82**	**1639.60**	**411.62**
299.97		21.69		1788.51	511.07	26.06	820.80	93.05	337.53
226.81	37.56	221.10		889.75	307.16	6.74	499.61	76.23	
1.41	49.75	127.96		991.96	145.92	1.00	761.46	9.49	74.09
248.26	3.37	4.87		412.86	116.68	8.09	288.09		
8.75		0.69		446.85	267.28	1.11	178.46		
34.49		88.76		213.16	169.06	4.00	40.10		
				15.65	14.19		1.46		
99.76	0.86	17.82		895.94	260.05	8.99	624.86	2.03	
25.09	0.18	4.08		201.32	99.53	1.90	99.89		

国有建设用地供应情况——
State-owned Land for Construction Use Supplied by Land-use Type

单位：公顷

地区	Region	供地总量 Total Amount of Land Supplied	工矿仓储用地 Land for Industry, Mining and Warehousing	商服用地 Land for Commercial and Service Uses	住宅用地		
						普通商品住房 Ordinary Commercial House	中低价位、中小套型 Medium- and Low-price, Medium- and Small-sized Ordinary Commercial Houses
滁州市	Chuzhou City	3280. 58	833. 96	134. 78	1044. 80	845. 40	99. 89
阜阳市	Fuyang City	1893. 14	375. 93	117. 19	523. 70	392. 42	43. 08
宿州市	Suzhou City	1417. 25	249. 73	266. 35	430. 32	372. 88	248. 69
巢湖市	Chaohu City	2094. 25	359. 09	64. 83	477. 88	385. 29	111. 06
六安市	Lu'an City	4148. 83	729. 52	238. 19	902. 21	585. 39	30. 37
亳州市	Bozhou City	3293. 97	402. 14	142. 30	619. 56	282. 41	10. 01
池州市	Chizhou City	961. 29	366. 98	212. 58	156. 99	71. 25	59. 44
宣城市	Xuancheng City	2935. 41	721. 93	224. 69	265. 01	177. 89	64. 03
福建	**Fujian**	**19105. 33**	**5197. 90**	**977. 79**	**2124. 75**	**2098. 16**	**791. 49**
福州市	Fuzhou City	2931. 71	771. 02	255. 05	332. 73	328. 64	117. 12
厦门市	Xiamen City	858. 10	235. 80	59. 12	63. 28	59. 58	3. 18
莆田市	Putian City	1241. 26	234. 72	27. 82	282. 60	282. 06	112. 23
三明市	Sanming City	1488. 38	502. 29	73. 90	128. 00	124. 12	76. 77
泉州市	Quanzhou City	4965. 41	851. 00	190. 97	582. 91	575. 59	252. 27
漳州市	Zhangzhou City	2822. 36	1143. 18	128. 91	386. 25	385. 00	84. 88
南平市	Nanping City	1672. 51	506. 74	95. 29	114. 86	114. 45	30. 05
龙岩市	Longyan City	943. 00	312. 07	60. 67	124. 26	122. 67	64. 29
宁德市	Ningde City	2182. 59	641. 08	86. 05	109. 88	106. 05	50. 70
江西	**Jiangxi**	**17399. 32**	**4952. 72**	**1646. 86**	**3687. 95**	**3055. 15**	**757. 20**
南昌市	Nanchang City	2337. 84	487. 74	352. 94	695. 90	636. 98	304. 23
景德镇市	Jingdezhen City	569. 87	228. 90	66. 45	150. 74	111. 76	
萍乡市	Pingxiang City	319. 00	124. 19	49. 24	130. 38	129. 75	3. 77
九江市	Jiujiang City	2358. 51	746. 23	244. 94	769. 81	575. 86	51. 11
新余市	Xinyu City	608. 21	231. 55	56. 77	219. 20	201. 41	108. 04
鹰潭市	Yingtan City	614. 78	166. 34	111. 40	173. 49	165. 52	
赣州市	Ganzhou City	1963. 94	602. 88	182. 35	424. 51	283. 66	66. 08
吉安市	Ji'an City	1468. 04	597. 04	150. 29	296. 56	226. 32	54. 33
宜春市	Yichun City	3647. 36	922. 80	197. 06	430. 85	384. 38	72. 65
抚州市	Fuzhou City	1804. 22	501. 50	102. 41	129. 22	110. 08	7. 55
上饶市	Shangrao City	1707. 56	343. 55	133. 02	267. 30	229. 42	89. 46

按用地类型和省市分列（2014 年）　续表 4

and by Province, Autonomous Region and Municipality (2014)　Continued 4

unit: hectare

Land for Residential Uses					其他用地 Other Types				
经济适用住房 Economically Affordable House	廉租住房 Cheap Rent House	公共租赁住房 Public Rental Housing	高档住宅 High-grade Residence		公共管理与公共服务用地 Land for Public Management and Public Services	特殊用地 Land for Special Uses	交通运输用地 Land for Transport	水域及水利设施用地 Land for Water Conservancy Facilities	其他土地 Land for Other Uses
192.17	1.54	5.70		1267.04	334.13	16.33	916.58		
72.85	39.69	18.73		876.32	258.79	0.53	615.67	1.33	
38.17	2.05	17.22		470.85	61.07	0.30	409.20	0.28	
86.68	1.12	4.80		1192.45	193.94	4.35	837.59	156.58	
297.95	3.60	15.27		2278.91	245.09	0.66	1242.73	790.43	
137.05	167.16	32.94		2129.96	654.51		1253.91	221.53	
65.52	9.36	10.86		224.75	87.33	0.45	136.98		
81.16	5.96			1723.78	319.71		1115.43	288.64	
5.78	**8.90**	**8.23**	**3.69**	**10804.89**	**1971.23**	**220.30**	**8202.06**	**401.29**	**10.00**
	3.33	0.75		1572.92	310.67	52.73	1107.98	101.53	
2.00			1.71	499.90	133.91	30.92	335.06		
0.54				696.12	77.69		565.95	52.48	
	0.16	3.72		784.19	196.73	5.72	557.59	24.15	
	5.22	2.10		3340.53	691.03	55.58	2458.23	125.69	10.00
		1.24		1164.02	185.48	33.50	943.79	1.26	
		0.41		955.62	148.16	25.18	771.98	10.31	
1.40	0.19	0.00		446.01	94.62	5.54	319.37	26.48	
1.85			1.98	1345.58	132.95	11.12	1142.12	59.39	
313.90	**134.55**	**184.35**		**7111.79**	**2270.28**	**144.57**	**4612.23**	**47.09**	**37.63**
34.05	5.22	19.65		801.26	378.85	24.79	397.63		
30.22	1.25	7.50		123.78	40.81	1.22	35.08	46.67	
0.16	0.46			15.18	10.46	2.55	2.17		
47.84	57.43	88.67		597.53	111.47	3.08	482.91	0.07	
	9.45	8.33		100.69	48.50		51.99	0.20	
7.77		0.20		163.56	40.28	0.13	123.15		
104.19	16.90	19.76		754.20	489.84	18.46	245.90		
32.84	26.26	11.14		424.15	260.90	3.33	159.76	0.16	
37.50	3.93	5.03		2096.65	252.65	10.58	1833.43		
5.52	8.54	5.08		1071.10	293.29	72.49	705.31		
13.81	5.09	18.98		963.69	343.22	7.95	574.90		37.63

国有建设用地供应情况——
State-owned Land for Construction Use Supplied by Land-use Type

单位：公顷

地区	Region	供地总量 Total Amount of Land Supplied	工矿仓储用地 Land for Industry, Mining and Warehousing	商服用地 Land for Commercial and Service Uses	住宅用地		
						普通商品住房 Ordinary Commercial House	
							中低价位、中小套型 Medium- and Low-price, Medium- and Small-sized Ordinary Commercial Houses
山东	**Shandong**	**39531.68**	**12317.16**	**4980.34**	**10307.29**	**9291.04**	**5285.19**
济南市	Jinan City	3171.44	496.26	246.15	721.89	658.26	16.15
青岛市	Qingdao City	5222.97	1588.58	375.25	1365.39	1234.67	982.07
淄博市	Zibo City	1114.88	323.92	296.90	323.16	310.47	37.70
枣庄市	Zaozhuang City	1134.36	237.03	181.37	502.54	459.35	27.37
东营市	Dongying City	2194.06	1371.57	134.72	366.00	358.42	50.49
烟台市	Yantai City	2575.55	734.63	216.21	947.84	940.92	823.56
潍坊市	Weifang City	5550.47	1735.02	1323.69	1106.25	1086.48	464.24
济宁市	Jining City	2875.72	510.69	604.11	606.39	569.53	172.08
泰安市	Tai'an City	1607.10	456.28	145.01	462.53	400.76	101.52
威海市	Weihai City	2055.80	624.15	227.10	715.51	674.65	618.44
日照市	Rizhao City	1054.05	309.32	45.48	220.89	177.14	27.72
莱芜市	Laiwu City	358.88	229.61	29.54	93.65	69.76	
临沂市	Linyi City	3601.34	973.25	517.13	1371.94	932.13	930.76
德州市	Dezhou City	2171.44	542.68	196.80	405.50	389.67	337.25
聊城市	Liaocheng City	1808.82	749.56	168.17	441.69	432.98	314.57
滨州市	Binzhou City	1412.18	649.14	76.84	274.42	223.25	122.46
菏泽市	Heze City	1622.63	785.46	195.86	381.71	372.61	258.83
河南	**Henan**	**27861.42**	**8961.67**	**2038.48**	**6246.17**	**5419.41**	**1114.77**
郑州市	Zhengzhou City	7244.05	942.65	342.62	1424.34	1233.22	
开封市	Kaifeng City	1237.80	348.17	82.74	344.40	280.60	150.65
洛阳市	Luoyang City	1718.94	649.18	107.06	433.05	395.65	124.01
平顶山市	Pingdingshan City	1838.32	556.22	80.47	794.83	707.28	39.71
安阳市	Anyang City	2071.63	558.53	231.51	517.63	513.61	151.11
鹤壁市	Hebi City	739.11	257.01	71.18	268.13	187.92	46.14
新乡市	Xinxiang City	1847.03	852.28	168.03	367.24	347.47	61.85
焦作市	Jiaozuo City	1825.10	794.06	104.34	187.95	178.65	81.67
濮阳市	Puyang City	586.64	168.88	62.83	199.70	139.42	1.41

按用地类型和省市分列（2014 年） 续表 5

and by Province, Autonomous Region and Municipality (2014) Continued 5

unit: hectare

Land for Residential Uses				其他用地 Other Types					
经济适用住房 Economically Affordable House	廉租住房 Cheap Rent House	公共租赁住房 Public Rental Housing	高档住宅 High-grade Residence		公共管理与公共服务用地 Land for Public Management and Public Services	特殊用地 Land for Special Uses	交通运输用地 Land for Transport	水域及水利设施用地 Land for Water Conservancy Facilities	其他土地 Land for Other Uses
911.11	**7.97**	**95.78**	**1.38**	**11926.89**	**3370.02**	**139.70**	**4358.68**	**3937.10**	**121.40**
58.55		5.08		1707.14	231.65	22.24	273.30	1179.94	
115.32	1.54	13.85		1893.75	991.32	6.82	895.27	0.34	
10.02		2.68		170.91	101.75		69.16		
43.19				213.41	101.36	4.24	103.56	4.25	
		7.58		321.76	143.12	16.23	162.13	0.27	
5.06	0.74	1.11		676.87	76.63	4.98	594.92	0.33	
4.13		15.64		1385.51	311.13	1.82	326.00	746.55	
28.78	0.51	6.19	1.38	1154.53	230.54	40.16	210.02	673.82	
52.03	2.13	7.61		543.28	73.52		467.67	2.09	
39.63		1.22		489.04	258.84	2.40	227.79		
42.68	0.89	0.18		478.35	145.67	1.84	330.85		
23.81	0.08			6.07	6.07				
430.73		9.07		739.03	197.73	29.86	511.19	0.26	
8.86	1.80	5.17		1026.46	126.23	0.55	4.05	774.24	121.40
		8.71		449.40	66.69	7.22	14.87	360.62	
45.15	0.28	5.75		411.79	87.83	1.36	128.21	194.39	
3.16		5.95		259.60	219.92		39.68		
549.12	**90.26**	**187.38**		**10615.10**	**3887.17**	**47.09**	**6001.32**	**534.11**	**145.41**
189.19		1.94		4534.44	1326.38	11.80	3143.97	50.19	2.10
60.75		3.05		462.50	124.12		48.18	290.20	
32.92		4.48		529.65	289.95		239.70		
56.43	4.89	26.24		406.80	202.35	0.64	133.02		70.80
4.03				763.95	216.76	6.91	418.38	121.90	
56.10	24.10			142.79	38.02	2.75	102.02		
	4.16	15.61		459.48	140.60	2.89	315.98		
7.69		1.62		738.73	538.89		132.44	67.41	
48.69		11.59		155.24	119.31	4.93	31.01		

国有建设用地供应情况——
State-owned Land for Construction Use Supplied by Land-use Type

单位：公顷

地区	Region	供地总量 Total Amount of Land Supplied	工矿仓储用地 Land for Industry, Mining and Warehousing	商服用地 Land for Commercial and Service Uses	住宅用地		
						普通商品住房 Ordinary Commercial House	
							中低价位、中小套型 Medium- and Low-price, Medium- and Small-sized Ordinary Commercial Houses
许昌市	Xuchang City	732. 64	236. 27	128. 82	236. 63	218. 50	78. 21
漯河市	Luohe City	711. 86	205. 59	32. 14	102. 35	92. 98	
三门峡市	Sanmenxia City	586. 69	299. 58	57. 70	94. 45	87. 81	69. 16
南阳市	Nanyang City	1661. 89	807. 73	83. 02	329. 71	271. 08	46. 58
商丘市	Shangqiu City	1541. 24	928. 96	181. 55	208. 49	191. 29	71. 74
信阳市	Xinyang City	801. 57	358. 93	77. 62	252. 58	209. 05	71. 13
周口市	Zhoukou City	1100. 63	453. 15	124. 57	225. 47	161. 23	93. 54
驻马店市	Zhumadian City	1616. 27	544. 45	102. 29	259. 22	203. 65	27. 87
湖北	**Hubei**	**32889. 87**	**8174. 27**	**2146. 79**	**5116. 27**	**4142. 53**	**1352. 02**
武汉市	Wuhan City	6720. 61	1828. 23	155. 67	901. 32	684. 44	54. 30
黄石市	Huangshi City	974. 87	359. 54	51. 11	162. 83	128. 66	24. 07
十堰市	Shiyan City	7233. 03	373. 67	181. 36	301. 64	293. 64	154. 37
宜昌市	Yichang City	2356. 14	604. 92	350. 22	267. 43	187. 11	49. 26
襄阳市	Xiangyang City	2708. 11	913. 31	337. 44	649. 34	423. 61	175. 99
鄂州市	Ezhou City	417. 83	138. 87	18. 81	117. 49	117. 49	
荆门市	Jingmen City	1459. 81	621. 27	156. 72	292. 03	268. 31	57. 40
孝感市	Xiaogan City	1442. 86	608. 90	110. 11	526. 79	422. 60	80. 14
荆州市	Jingzhou City	1808. 26	687. 11	102. 27	287. 57	277. 52	95. 97
黄冈市	Huanggang City	2286. 77	638. 20	267. 93	593. 49	418. 47	189. 45
咸宁市	Xianning City	2428. 90	422. 94	210. 75	364. 30	359. 77	350. 57
随州市	Suizhou City	1401. 28	347. 12	39. 40	190. 83	175. 09	14. 81
恩施土家族苗族自治州	Enshi Tujia & Miao A. P.	659. 97	183. 34	56. 93	210. 21	195. 90	33. 86
省直辖县级行政区划	County-level Administrative Units Directly under the Provincial Government	991. 41	446. 85	108. 07	251. 00	189. 93	71. 84
湖南	**Hunan**	**27406. 12**	**4481. 43**	**2003. 99**	**4104. 88**	**2896. 09**	**319. 97**
长沙市	Changsha City	6229. 81	1221. 14	376. 27	776. 44	496. 01	100. 71
株洲市	Zhuzhou City	2170. 31	149. 25	73. 92	321. 14	215. 65	
湘潭市	Xiangtan City	1621. 15	475. 17	65. 43	103. 39	72. 73	2. 89
衡阳市	Hengyang City	4872. 19	362. 48	206. 22	384. 34	375. 03	18. 29

按用地类型和省市分列（2014 年） 续表 6

and by Province, Autonomous Region and Municipality (2014) Continued 6

unit: hectare

Land for Residential Uses					其他用地 Other Types				
经济适用住房 Economically Affordable House	廉租住房 Cheap Rent House	公共租赁住房 Public Rental Housing	高档住宅 High-grade Residence		公共管理与公共服务用地 Land for Public Management and Public Services	特殊用地 Land for Special Uses	交通运输用地 Land for Transport	水域及水利设施用地 Land for Water Conservancy Facilities	其他土地 Land for Other Uses
14.42		3.71		130.91	73.57	0.77	56.58		
		9.37		371.77	60.37	8.04	303.37		
3.69		2.95		134.96	22.04	3.34	109.58		
24.74	11.29	22.59		441.43	173.17	3.14	265.12		
2.67	6.69	7.85		222.24	54.98		94.75		72.51
4.00	25.14	14.39		112.44	52.88	0.96	58.60		
33.65	2.00	28.58		297.44	166.09	0.90	126.04	4.40	
10.17	11.99	33.40		710.31	287.71		422.60		
771.32	**35.56**	**166.87**		**17452.54**	**2398.38**	**101.99**	**8695.37**	**6251.06**	**5.73**
212.10	2.87	1.91		3835.39	1046.93	37.94	2750.28	0.24	
30.04		4.12		401.39	84.85	5.30	311.25		
2.75	4.87	0.38		6376.36	81.16	3.33	100.94	6190.94	
61.38	5.54	13.40		1133.58	312.27	11.20	808.29	1.81	
118.19	2.42	105.12		808.02	119.98	13.80	674.24		
				142.66	23.76		118.91		
11.10	3.10	9.53		389.78	101.00	4.49	244.72	37.22	2.35
103.56		0.63		197.06	102.15	0.83	94.08		
	3.42	6.63		731.31	113.49	14.12	603.71		
165.80	2.69	6.53		787.15	122.87		656.21	8.07	
		4.52		1430.91	120.00	4.50	1303.03		3.38
9.29	2.45	4.01		823.93	30.15	1.22	792.57		
0.71	3.51	10.09		209.50	131.26	5.27	72.61	0.36	
56.39	4.69			185.49	8.53		164.53	12.42	
1002.78	**107.69**	**98.32**		**16815.82**	**4853.50**	**128.56**	**8402.62**	**3431.14**	
273.60	5.46	1.38		3855.95	2275.80	42.77	1440.18	97.20	
95.91	0.91	8.66		1626.01	443.39	3.46	1172.37	6.78	
23.64	5.07	1.95		977.16	164.69	3.68	808.80		
1.51	2.04	5.76		3919.14	81.35		804.60	3033.18	

国有建设用地供应情况——
State-owned Land for Construction Use Supplied by Land-use Type

单位：公顷

地区	Region	供地总量 Total Amount of Land Supplied	工矿仓储用地 Land for Industry, Mining and Warehousing	商服用地 Land for Commercial and Service Uses	住宅用地		
						普通商品住房 Ordinary Commercial House	
							中低价位、中小套型 Medium- and Low-price, Medium- and Small-sized Ordinary Commercial Houses
邵阳市	Shaoyang City	1583. 32	240. 95	75. 59	186. 67	168. 45	15. 30
岳阳市	Yueyang City	1401. 66	296. 82	191. 99	237. 26	168. 61	63. 69
常德市	Changde City	1730. 11	505. 75	178. 39	287. 10	220. 21	6. 38
张家界市	Zhangjiajie City	724. 94	10. 02	44. 63	43. 68	22. 87	
益阳市	Yiyang City	1458. 89	231. 73	144. 01	211. 17	136. 30	39. 80
郴州市	Chenzhou City	1330. 43	239. 19	129. 01	342. 39	202. 99	1. 03
永州市	Yongzhou City	1299. 95	309. 80	132. 15	293. 67	203. 17	13. 85
怀化市	Huaihua City	1249. 50	148. 33	206. 33	366. 81	323. 67	20. 84
娄底市	Loudi City	1023. 72	151. 10	141. 14	353. 27	176. 54	37. 19
湘西土家族苗族自治州	West Hunan Tujia & Miao A. P.	710. 15	139. 70	38. 91	197. 53	113. 87	
广东	**Guangdong**	**27681. 37**	**5907. 19**	**1827. 01**	**3955. 54**	**3789. 93**	**749. 58**
广州市	Guangzhou City	3395. 53	341. 34	214. 78	327. 89	249. 21	52. 37
韶关市	Shaoguan City	870. 92	345. 48	78. 05	152. 22	142. 25	29. 87
深圳市	Shenzhen City	568. 93	95. 03	184. 96	171. 15	168. 95	63. 68
珠海市	Zhuhai City	864. 66	205. 93	160. 81	100. 67	73. 62	31. 33
汕头市	Shantou City	569. 40	36. 39	13. 58	72. 41	72. 41	3. 69
佛山市	Foshan City	2364. 85	491. 90	226. 05	419. 65	417. 39	92. 07
江门市	Jiangmen City	1338. 51	393. 65	51. 55	115. 75	113. 57	105. 58
湛江市	Zhanjiang City	737. 75	240. 68	23. 59	252. 89	229. 49	10. 82
茂名市	Maoming City	1587. 03	156. 28	83. 88	258. 18	257. 15	46. 23
肇庆市	Zhaoqing City	980. 21	646. 05	108. 67	129. 50	125. 78	37. 29
惠州市	Huizhou City	3077. 87	397. 08	111. 94	335. 44	332. 20	16. 13
梅州市	Meizhou City	562. 80	187. 22	110. 95	219. 18	219. 18	27. 75
汕尾市	Shanwei City	956. 85	26. 17	19. 99	95. 74	94. 83	11. 01
河源市	Heyuan City	1765. 72	252. 98	58. 78	168. 92	165. 39	
阳江市	Yangjiang City	1569. 99	322. 94	27. 50	262. 90	262. 00	45. 88
清远市	Qingyuan City	1034. 20	384. 39	64. 11	369. 80	369. 70	125. 08
东莞市	Dongguan City	1096. 59	233. 03	36. 80	139. 54	137. 97	18. 70
中山市	Zhongshan City	703. 95	162. 33	6. 01	45. 62	45. 62	

按用地类型和省市分列（2014 年） 续表 7

and by Province, Autonomous Region and Municipality (2014) Continued 7

unit: hectare

Land for Residential Uses				其他用地 Other Types					
经济适用住房 Economically Affordable House	廉租住房 Cheap Rent House	公共租赁住房 Public Rental Housing	高档住宅 High-grade Residence		公共管理与公共服务用地 Land for Public Management and Public Services	特殊用地 Land for Special Uses	交通运输用地 Land for Transport	水域及水利设施用地 Land for Water Conservancy Facilities	其他土地 Land for Other Uses
8. 73	6. 99	2. 49		1080. 11	151. 26		925. 81	3. 04	
61. 23	3. 12	4. 29		675. 59	180. 34	37. 78	457. 47		
42. 71	9. 71	14. 47		758. 87	312. 78	5. 45	321. 96	118. 67	
8. 70	3. 73	8. 37		626. 61	77. 55	0. 69	496. 38	52. 00	
67. 03	3. 46	4. 38		871. 97	139. 24	5. 71	722. 70	4. 32	
86. 17	15. 59	37. 64		619. 84	170. 25	3. 38	400. 10	46. 11	
70. 95	19. 01	0. 55		564. 33	177. 86	13. 36	303. 48	69. 64	
38. 73	0. 26	4. 15		528. 02	227. 12	6. 42	294. 31	0. 18	
149. 71	27. 02			378. 20	200. 22	2. 28	175. 70		
74. 15	5. 31	4. 21		334. 00	251. 65	3. 59	78. 77		
122. 26	**0. 66**	**41. 92**	**0. 78**	**15991. 63**	**2424. 94**	**26. 45**	**13442. 34**	**65. 65**	**32. 25**
78. 20		0. 48		2511. 52	395. 70		2115. 34	0. 49	
9. 97				295. 18	7. 15	0. 36	286. 49	1. 17	
		2. 20		117. 79	95. 80		21. 16	0. 82	
6. 41		20. 64		397. 26	157. 18	1. 01	229. 56	8. 46	1. 05
				447. 02	348. 33	0. 16	98. 53		
	0. 66	1. 55	0. 04	1227. 25	166. 15		1061. 10		
		2. 18		777. 56	94. 91	0. 58	682. 07		
21. 08		2. 32		220. 58	99. 29		118. 28	2. 80	0. 21
		1. 03		1088. 69	59. 27		1029. 42		
2. 89		0. 83		95. 99	31. 71	0. 66	50. 94		12. 67
		3. 24		2233. 41	238. 95	1. 45	1993. 01		
				45. 46	30. 26	11. 29	3. 90		
0. 91				814. 95	91. 58		723. 37		
2. 79			0. 73	1285. 04	64. 08		1174. 06	46. 90	
		0. 90		956. 65	155. 05		801. 60		
		0. 10		215. 90	145. 77	6. 61	63. 53		
		1. 57		687. 22	149. 51	0. 62	537. 09		
				489. 99	26. 29		463. 71		

国有建设用地供应情况——
State-owned Land for Construction Use Supplied by Land-use Type

单位：公顷

地区	Region	供地总量 Total Amount of Land Supplied	工矿仓储用地 Land for Industry, Mining and Warehousing	商服用地 Land for Commercial and Service Uses	住宅用地		
						普通商品住房 Ordinary Commercial House	
							中低价位、中小套型 Medium- and Low-price, Medium- and Small-sized Ordinary Commercial Houses
潮州市	Chaozhou City	363.31	111.17	60.67	85.57	80.80	
揭阳市	Jieyang City	2095.99	696.81	80.98	68.88	68.88	2.52
云浮市	Yunfu City	1176.30	180.34	103.35	163.66	163.56	29.57
广西	**Guangxi**	**20296.86**	**3063.68**	**1170.35**	**2451.82**	**2050.48**	**812.21**
南宁市	Nanning City	4689.79	596.72	198.96	389.77	363.48	29.91
柳州市	Liuzhou City	1492.30	398.83	65.66	235.84	217.22	161.34
桂林市	Guilin City	2402.37	192.32	123.64	214.40	209.10	142.34
梧州市	Wuzhou City	1349.11	176.79	39.17	136.78	130.76	
北海市	Beihai City	524.17	235.51	34.03	84.27	32.51	6.19
防城港市	Fangchenggang City	1548.88	205.91	85.19	339.96	155.66	2.37
钦州市	Qinzhou City	1026.70	189.54	15.96	122.43	92.80	38.43
贵港市	Guigang City	981.54	109.46	37.09	276.74	267.13	224.78
玉林市	Yulin City	860.62	235.60	98.10	131.04	108.09	45.56
百色市	Baise City	2298.72	248.54	156.81	176.31	170.37	39.32
贺州市	Hezhou City	682.79	168.06	26.23	68.80	63.01	56.35
河池市	Hechi City	463.44	82.94	106.10	81.85	65.85	1.82
来宾市	Laibin City	920.41	169.02	89.35	85.94	82.13	56.72
崇左市	Chongzuo City	1056.01	54.43	94.08	107.71	92.38	7.08
海南	**Hainan**	**1516.14**	**197.69**	**290.61**	**540.78**	**359.73**	**148.12**
海口市	Haikou City	122.34	44.04	18.55	29.45	23.93	
三亚市	Sanya City	175.44	7.40	77.35	63.88	43.97	
省直辖县级行政区划	County-level Administrative Units Directly under the Provincial Government	1218.36	146.24	194.71	447.45	291.83	148.12
重庆	**Chongqing**	**18228.84**	**3562.31**	**1107.10**	**3452.33**	**2953.24**	**925.21**
四川	**Sichuan**	**51795.56**	**5961.75**	**2601.84**	**4716.04**	**3548.72**	**747.83**
成都市	Chengdu City	9151.28	1198.70	488.71	850.89	343.55	6.48
自贡市	Zigong City	730.79	102.34	64.24	106.62	86.96	
攀枝花市	Panzhihua City	1068.93	175.42	36.18	49.19	43.52	
泸州市	Luzhou City	2123.34	287.34	55.73	256.15	144.78	5.09

按用地类型和省市分列（2014 年） 续表 8

and by Province，Autonomous Region and Municipality（2014） Continued 8

unit：hectare

Land for Residential Uses				其他用地 Other Types					
经济适用住房 Economically Affordable House	廉租住房 Cheap Rent House	公共租赁住房 Public Rental Housing	高档住宅 High-grade Residence		公共管理与公共服务用地 Land for Public Management and Public Services	特殊用地 Land for Special Uses	交通运输用地 Land for Transport	水域及水利设施用地 Land for Water Conservancy Facilities	其他土地 Land for Other Uses
		4. 78		105. 89	11. 12	3. 71	86. 05	5. 01	
				1249. 32	36. 05		1194. 95		18. 32
		0. 11		728. 95	20. 79		708. 16		
314. 13	**20. 60**	**66. 60**		**13611. 00**	**1923. 80**	**96. 31**	**8932. 56**	**2658. 34**	
17. 75	3. 09	5. 46		3504. 34	661. 23	6. 73	2836. 37		
14. 17	1. 61	2. 84		791. 97	104. 75	37. 91	608. 24	41. 08	
4. 44	0. 36	0. 50		1872. 01	263. 25		730. 53	878. 23	
5. 48	0. 49	0. 04		996. 38	61. 11		902. 24	33. 03	
4. 76	0. 34	46. 65		170. 37	154. 17	3. 30	12. 90		
182. 79	1. 35	0. 17		917. 82	32. 19	26. 07	859. 56		
26. 03		3. 60		698. 77	40. 46	10. 71	647. 60		
8. 19	1. 42			558. 25	25. 92		194. 17	338. 15	
21. 71	1. 24			395. 89	193. 03	0. 88	201. 97		
1. 24	2. 87	1. 83		1717. 06	101. 52	1. 28	383. 96	1230. 29	
0. 66	0. 80	4. 33		419. 69	42. 47	4. 36	369. 98	2. 88	
11. 54	3. 53	0. 93		192. 56	65. 98	4. 55	121. 67	0. 36	
0. 29	3. 52			576. 11	97. 14		354. 77	124. 20	
15. 09		0. 24		799. 79	80. 58	0. 50	708. 60	10. 11	
89. 67	**5. 72**	**6. 27**	**79. 40**	**487. 06**	**219. 18**	**28. 10**	**236. 73**	**3. 05**	
4. 07	1. 45			30. 30	24. 60	5. 70			
13. 81		6. 10		26. 80	25. 84		0. 95		
71. 79	4. 27	0. 17	79. 40	429. 96	168. 74	22. 40	235. 78	3. 05	
424. 97	**14. 24**	**59. 88**		**10107. 09**	**2109. 47**	**47. 60**	**7849. 70**	**100. 32**	
987. 25	**124. 99**	**55. 08**		**38515. 93**	**4953. 10**	**107. 45**	**15032. 96**	**18213. 47**	**208. 95**
504. 73	0. 90	1. 72		6612. 98	1297. 69	10. 11	5076. 58	71. 77	156. 82
15. 92	2. 81	0. 93		457. 59	22. 23	5. 13	430. 23		
4. 75	0. 60	0. 32		808. 14	111. 30	0. 46	113. 17	583. 21	
103. 52		7. 85		1524. 11	327. 65	5. 64	984. 10	206. 73	

国有建设用地供应情况——

State-owned Land for Construction Use Supplied by Land-use Type

单位：公顷

地区	Region	供地总量 Total Amount of Land Supplied	工矿仓储用地 Land for Industry, Mining and Warehousing	商服用地 Land for Commercial and Service Uses	住宅用地		
						普通商品住房 Ordinary Commercial House	
							中低价位、中小套型 Medium- and Low-price, Medium- and Small-sized Ordinary Commercial Houses
德阳市	Deyang City	2073. 24	352. 85	169. 19	247. 31	231. 01	88. 40
绵阳市	Mianyang City	1978. 52	301. 36	171. 55	333. 51	304. 18	0. 65
广元市	Guangyuan City	996. 18	183. 77	52. 01	194. 96	130. 85	14. 31
遂宁市	Suining City	1011. 47	327. 13	117. 86	146. 44	121. 21	33. 68
内江市	Neijiang City	1446. 36	173. 68	54. 73	142. 24	114. 09	
乐山市	Leshan City	1312. 48	177. 84	221. 46	206. 34	184. 09	96. 86
南充市	Nanchong City	2300. 07	248. 05	213. 59	352. 65	341. 66	12. 77
眉山市	Meishan City	1836. 82	335. 14	177. 32	339. 48	311. 70	8. 26
宜宾市	Yibin City	5696. 14	443. 63	94. 97	310. 57	181. 06	36. 93
广安市	Guang'an City	996. 79	151. 00	152. 01	273. 29	254. 67	106. 44
达州市	Dazhou City	1944. 40	185. 13	117. 61	92. 85	74. 95	51. 81
雅安市	Ya'an City	1891. 76	166. 94	30. 95	30. 06	26. 01	14. 22
巴中市	Bazhong City	1168. 13	223. 77	110. 65	323. 62	285. 08	10. 97
资阳市	Ziyang City	850. 81	310. 99	116. 52	343. 04	325. 46	260. 07
阿坝藏族羌族自治州	Aba Tibetan & Qiang A. P.	92. 88	12. 07	71. 32	0. 85	0. 85	0. 74
甘孜藏族自治州	Ganzi Tibetan A. P.	2883. 42	0. 16	22. 96	4. 98	4. 45	0. 10
凉山彝族自治州	Liangshan Yi A. P.	10241. 75	604. 43	62. 27	111. 00	38. 60	0. 04
贵州	**Guizhou**	**19509. 26**	**3480. 00**	**1811. 62**	**3356. 99**	**2877. 47**	**1777. 06**
贵阳市	Guiyang City	2598. 49	484. 47	296. 49	348. 37	308. 29	221. 56
六盘水市	Liupanshui City	748. 32	184. 23	137. 62	206. 07	180. 23	2. 70
遵义市	Zunyi City	3890. 04	642. 54	207. 01	840. 87	766. 90	660. 52
安顺市	Anshun City	935. 79	297. 04	128. 64	244. 79	237. 75	85. 03
铜仁地区	Tongren Prefecture	2727. 90	172. 99	214. 92	319. 75	275. 26	233. 66
黔西南布依族苗族自治州	Southwest Guizhou Buyei & Miao A. P.	1367. 95	349. 14	158. 75	94. 16	69. 58	63. 39
毕节地区	Bijie Prefecture	2350. 87	623. 61	162. 39	690. 66	581. 25	323. 29
黔东南苗族侗族自治州	Southeast Guizhou Miao & Dong A. P.	2545. 44	470. 34	159. 80	279. 93	223. 29	117. 89
黔南布依族苗族自治州	South Guizhou Buyei & Miao A. P.	2344. 46	255. 64	346. 00	332. 40	234. 92	69. 00

按用地类型和省市分列（2014 年） 续表 9

and by Province, Autonomous Region and Municipality (2014) Continued 9

unit: hectare

Land for Residential Uses				其他用地 Other Types					
经济适用住房 Economically Affordable House	廉租住房 Cheap Rent House	公共租赁住房 Public Rental Housing	高档住宅 High-grade Residence		公共管理与公共服务用地 Land for Public Management and Public Services	特殊用地 Land for Special Uses	交通运输用地 Land for Transport	水域及水利设施用地 Land for Water Conservancy Facilities	其他土地 Land for Other Uses
16.30				1303.89	563.66		740.23		
9.70	11.71	7.92		1172.10	197.90	2.73	725.87	245.59	
14.73	48.40	0.99		565.43	72.90	13.61	478.92		
20.60		4.63		420.04	72.76	2.53	278.68	66.07	
	16.91	11.25		1075.71	428.81	8.17	608.41	30.32	
22.24				706.83	146.20	1.18	558.17	1.29	
6.06	3.18	1.76		1485.78	236.22	0.27	1201.43		47.86
24.66		3.13		984.87	88.39	4.00	892.48		
126.32	1.26	1.93		4846.97	223.85	15.86	725.82	3881.44	
9.21	0.93	8.49		420.50	141.56	13.89	265.05		
15.11		2.79		1548.81	339.85	10.00	1075.58	123.37	
3.89		0.16		1663.82	209.26		3.37	1451.19	
18.87	18.98	0.70		510.08	132.99	3.28	373.81		
1.11	16.47			80.26	54.54		21.46		4.27
				8.64	8.64				
		0.53		2855.33	22.78		411.65	2420.90	
69.54	2.86			9464.04	253.92	10.59	67.96	9131.58	
187.77	**122.78**	**168.97**		**10860.65**	**2225.77**	**68.69**	**5821.46**	**898.46**	**1846.28**
17.72	7.39	14.96		1469.16	230.91	12.34	1225.78	0.13	
5.58	20.16	0.10		220.41	146.76		73.64		
32.83	0.63	40.50		2199.63	157.59	11.65	1752.03	11.11	267.24
4.86	2.19			265.32	120.55	3.04	25.19		116.54
4.98	21.29	18.22		2020.24	420.15	4.84	1275.25		320.00
	14.05	10.53		765.89	353.63	10.34	99.95	0.65	301.33
36.61	41.14	31.66		874.20	269.92	6.59	38.10	3.53	556.05
32.35	6.84	17.45		1635.38	294.62	6.34	183.67	882.95	267.80
52.84	9.10	35.53		1410.43	231.63	13.54	1147.85	0.09	17.31

国有建设用地供应情况——
State-owned Land for Construction Use Supplied by Land-use Type

单位：公顷

地区	Region	供地总量 Total Amount of Land Supplied	工矿仓储用地 Land for Industry, Mining and Warehousing	商服用地 Land for Commercial and Service Uses	住宅用地		
						普通商品住房 Ordinary Commercial House	
							中低价位、中小套型 Medium- and Low-price, Medium- and Small-sized Ordinary Commercial Houses
云南	**Yunnan**	**52679.10**	**2102.72**	**1705.77**	**2758.85**	**2181.11**	**260.34**
昆明市	Kunming City	3195.80	388.08	570.66	721.52	690.13	86.94
曲靖市	Qujing City	1370.61	283.57	77.80	219.87	157.95	14.66
玉溪市	Yuxi City	540.49	241.79	62.39	102.43	92.53	
保山市	Baoshan City	1712.94	106.63	102.89	221.67	146.87	6.84
昭通市	Zhaotong City	1216.44	68.44	36.85	117.88	81.45	2.29
丽江市	Lijiang City	1019.84	46.30	169.19	90.23	86.57	10.06
普洱市	Pu'er City	30253.15	73.47	93.44	136.20	87.51	4.33
临沧市	Lincang City	4199.02	13.25	111.83	47.60	18.82	
楚雄彝族自治州	Chuxiong Yi A. P.	885.57	164.12	38.97	271.24	61.89	26.69
红河哈尼族彝族自治州	Honghe Hani & Yi A. P.	2963.36	182.86	114.19	178.02	158.18	79.23
文山壮族苗族自治州	Wenshan Zhuang & Miao A. P.	1115.69	175.27	39.15	185.36	168.05	10.97
西双版纳傣族自治州	Xishuangbanna Dai A. P.	408.92	14.55	119.03	188.17	175.71	4.48
大理白族自治州	Dali Bai A. P.	2459.05	128.38	85.15	201.52	186.03	
德宏傣族景颇族自治州	Dehong Dai & Jingpo A. P.	850.77	126.89	72.35	56.31	48.61	13.26
怒江傈僳族自治州	Nujiang Lisu A. P.	154.44	15.30	2.20	4.80	4.77	0.57
迪庆藏族自治州	Diqing Tibetan A. P.	333.04	73.83	9.69	16.04	16.04	
西藏	**Tibet**	**891.45**	**166.34**	**444.14**	**144.16**	**132.83**	
拉萨市	Lhasa City	326.33	67.17	178.13	44.08	44.08	
昌都地区	Qamdo Prefecture	3.72	0.07		0.68		
山南地区	Lhokha Prefecture	136.91	89.71	3.59			
日喀则地区	Xigaze Prefecture	8.65	0.35	2.53	2.76	0.30	
那曲地区	Nagqu Prefecture						
阿里地区	Ngari Prefecture	32.50	0.10	4.15	8.42	0.23	
林芝地区	Nyingchi Prefecture	383.35	8.94	255.75	88.21	88.21	
陕西	**Shaanxi**	**13393.96**	**3401.68**	**1115.50**	**2768.81**	**1772.01**	**325.40**
西安市	Xi'an City	2895.28	590.51	284.93	691.76	473.61	

按用地类型和省市分列（2014 年） 续表 10

and by Province, Autonomous Region and Municipality (2014) Continued 10

unit: hectare

Land for Residential Uses				其他用地 Other Types					
经济适用住房 Economically Affordable House	廉租住房 Cheap Rent House	公共租赁住房 Public Rental Housing	高档住宅 High-grade Residence		公共管理与公共服务用地 Land for Public Management and Public Services	特殊用地 Land for Special Uses	交通运输用地 Land for Transport	水域及水利设施用地 Land for Water Conservancy Facilities	其他土地 Land for Other Uses
309.71	**44.26**	**223.73**	**0.04**	**46111.76**	**1643.98**	**139.71**	**10181.96**	**34146.10**	
18.75	0.24	12.40		1515.54	345.79	6.39	1151.38	11.98	
47.11	0.65	14.16		789.37	75.38	33.01	680.12	0.86	
1.94	0.63	7.33		133.88	32.43		101.28	0.17	
0.47	0.68	73.66		1281.75	72.92	5.95	1012.53	190.35	
0.56	15.04	20.84		993.28	243.17	3.39	731.66	15.05	
3.67				714.12	6.46		107.05	600.61	
0.92		47.76		29950.05	89.66	48.04	500.49	29311.85	
23.66		5.12		4026.34	18.64	1.27	505.42	3501.02	
206.22	0.41	2.72		411.23	113.94		294.70	2.59	
	8.31	11.49	0.04	2488.29	213.84	12.82	2143.19	118.43	
	11.00	6.30		715.91	87.12	14.55	604.03	10.21	
6.39	3.40	2.67		87.17	35.08	4.65	44.81	2.63	
	3.91	11.58		2044.00	76.34	9.25	1664.79	293.63	
		7.70		595.22	113.51	0.40	442.84	38.46	
0.02				132.14	17.64		102.93	11.57	
				233.48	102.05		94.75	36.68	
	11.34			**136.81**	**112.80**	**11.45**	**12.56**		
				36.95	23.75	5.00	8.20		
	0.68			2.97	2.89	0.08			
				43.61	43.61				
	2.46			3.00	3.00				
	8.19			19.83	15.26	0.22	4.36		
				30.44	24.29	6.15			
578.86	**253.83**	**164.00**	**0.11**	**6107.98**	**1494.57**	**118.63**	**4472.40**	**12.38**	**10.00**
177.03	32.19	8.92		1328.08	524.42	76.98	726.68		

国有建设用地供应情况——
State-owned Land for Construction Use Supplied by Land-use Type

单位：公顷

地区	Region	供地总量 Total Amount of Land Supplied	工矿仓储用地 Land for Industry, Mining and Warehousing	商服用地 Land for Commercial and Service Uses	住宅用地		
						普通商品住房 Ordinary Commercial House	中低价位、中小套型 Medium- and Low-price, Medium- and Small-sized Ordinary Commercial Houses
铜川市	Tongchuan City	820.75	119.55	33.14	14.36	4.44	
宝鸡市	Baoji City	834.52	399.26	128.30	235.77	213.12	1.27
咸阳市	Xianyang City	1877.58	455.02	182.42	476.94	229.41	125.01
渭南市	Weinan City	1350.21	146.66	65.83	313.69	190.71	68.20
延安市	Yan'an City	728.19	194.22	39.67	278.22	110.68	1.15
汉中市	Hanzhong City	1416.27	532.18	191.66	331.95	265.42	29.39
榆林市	Yulin City	2009.66	732.54	51.38	149.92	111.01	58.81
安康市	Ankang City	774.57	37.64	74.09	183.00	97.78	12.40
商洛市	Shangluo City	686.95	194.09	64.09	93.19	75.82	29.16
甘肃	**Gansu**	**18048.20**	**5153.63**	**1895.78**	**1951.85**	**1469.31**	**393.47**
兰州市	Lanzhou City	1731.72	356.62	293.91	620.29	568.42	70.14
嘉峪关市	Jiayuguan City	1413.88	526.68	265.74	44.82	43.51	
金昌市	Jinchang City	493.99	80.52	15.09	35.99	10.25	7.69
白银市	Baiyin City	1202.17	240.28	185.87	135.81	87.02	71.18
天水市	Tianshui City	859.82	156.14	264.52	211.14	176.12	6.43
武威市	Wuwei City	3394.92	772.32	161.22	257.91	82.32	11.28
张掖市	Zhangye City	1767.06	753.73	178.66	160.16	129.22	27.81
平凉市	Pingliang City	666.44	130.37	99.00	126.31	106.90	46.86
酒泉市	Jiuquan City	3079.67	686.77	115.08	138.32	116.93	70.70
庆阳市	Qingyang City	1626.01	1262.74	101.36	42.71	29.08	17.81
定西市	Dingxi City	877.23	59.59	78.93	49.89	47.11	13.71
陇南市	Longnan City	313.31	13.74	3.84	7.46	5.41	1.68
临夏回族自治州	Linxia Hui A. P.	469.47	67.98	123.56	114.34	65.33	48.06
甘南藏族自治州	Gannan Tibetan A. P.	152.50	46.17	8.99	6.68	1.70	0.12
青海	**Qinghai**	**4344.44**	**1370.57**	**413.97**	**570.38**	**463.25**	**35.51**
西宁市	Xining City	1205.97	604.07	133.10	158.26	138.67	15.82
海东地区	Haidong Prefecture	565.15	104.00	32.17	115.40	60.84	7.38
海北藏族自治州	Haibei Tibetan A. P.	666.20	7.29	69.93	37.05	10.95	6.50
黄南藏族自治州	Huangnan Tibetan A. P.	55.07	3.69	24.99	10.16	5.43	
海南藏族自治州	Hainan Tibetan A. P.	401.02	27.20	71.45	3.32	2.93	0.94
果洛藏族自治州	Golog Tibetan A. P.	89.37	79.55	9.69	0.13		

按用地类型和省市分列（2014 年） 续表 11

and by Province, Autonomous Region and Municipality (2014) Continued 11

unit: hectare

Land for Residential Uses				其他用地 Other Types					
经济适用住房 Economically Affordable House	廉租住房 Cheap Rent House	公共租赁住房 Public Rental Housing	高档住宅 High-grade Residence		公共管理与公共服务用地 Land for Public Management and Public Services	特殊用地 Land for Special Uses	交通运输用地 Land for Transport	水域及水利设施用地 Land for Water Conservancy Facilities	其他土地 Land for Other Uses
	4.35	5.58		653.69	41.66		612.02		
1.11	7.65	13.88		71.19	51.40	17.46	2.33		
97.14	108.70	41.68		763.20	178.44	7.39	577.37		
52.34	60.43	10.21		824.03	137.23	5.62	680.92	0.25	
135.05	13.35	19.14		216.08	84.95	0.89	130.24		
63.60	0.30	2.63		360.48	176.28	2.08	176.16	5.97	
26.30	7.59	5.02		1075.83	143.06	6.04	926.38	0.35	
19.87	17.75	47.61		479.83	87.67		379.34	2.82	10.00
6.42	1.52	9.32	0.11	335.57	69.47	2.16	260.96	2.98	
241.67	**15.47**	**225.39**		**9046.95**	**5591.75**	**123.98**	**3122.15**	**193.67**	**15.40**
49.21		2.67		460.90	82.71	1.87	359.48	16.84	
	0.24	1.08		576.65	457.07	0.96	4.20	114.42	
7.87		17.88		362.40	346.12	0.22	13.68	2.38	
41.48	7.31			640.20	321.39	90.07	228.74		
23.75		11.27		228.01	156.68	8.73	62.61		
4.43	3.11	168.05		2203.48	1911.48		243.68	32.92	15.40
25.17	0.86	4.91		674.51	621.75	1.06	47.92	3.78	
14.45	0.47	4.50		310.76	152.59	2.95	155.22		
7.47	0.77	13.16		2139.50	1279.18	16.97	839.81	3.54	
10.68	1.07	1.88		219.20	65.23	0.47	144.90	8.61	
2.78				688.83	73.60	0.66	613.89	0.67	
2.05				288.27	43.47	0.02	243.40	1.37	
48.17	0.85			163.58	71.87		91.71		
4.17	0.81			90.66	8.62		72.90	9.14	
80.65	**23.97**	**2.13**	**0.39**	**1989.53**	**605.03**	**25.99**	**1210.85**	**143.04**	**4.63**
18.80	0.20	0.59		310.54	180.62	9.97	72.62	47.33	
49.91	3.50	1.15		313.59	37.27	0.84	267.80	7.68	
5.45	20.27	0.39		551.92	132.77		414.53		4.63
4.73				16.24	16.24				
			0.39	299.05	148.43	14.42	48.17	88.03	
0.13									

国有建设用地供应情况——
State-owned Land for Construction Use Supplied by Land-use Type

单位：公顷

地区	Region	供地总量 Total Amount of Land Supplied	工矿仓储用地 Land for Industry, Mining and Warehousing	商服用地 Land for Commercial and Service Uses	住宅用地		
						普通商品住房 Ordinary Commercial House	
							中低价位、中小套型 Medium- and Low-price, Medium- and Small-sized Ordinary Commercial Houses
玉树藏族自治州	Yushu Tibetan A. P.	16. 21		2. 89			
海西蒙古族藏族自治州	Haixi Mongol & Tibetan A. P.	1345. 45	544. 77	69. 74	246. 06	244. 43	4. 87
宁夏	**Ningxia**	**8187. 54**	**2686. 06**	**626. 44**	**1074. 97**	**615. 93**	**158. 73**
银川市	Yinchuan City	3615. 47	1141. 57	245. 04	641. 27	348. 34	137. 39
石嘴山市	Shizuishan City	536. 50	252. 76	62. 12	64. 94	33. 30	
吴忠市	Wuzhong City	1855. 65	822. 28	81. 82	120. 26	49. 72	10. 78
固原市	Guyuan City	833. 11	152. 52	90. 98	52. 97	32. 20	
中卫市	Zhongwei City	1346. 81	316. 93	146. 47	195. 53	152. 37	10. 56
新疆	**Xinjiang**	**26892. 34**	**9485. 69**	**1932. 21**	**3332. 76**	**1325. 00**	**474. 24**
乌鲁木齐市	Urumqi City	2001. 68	636. 42	155. 63	367. 55	199. 56	77. 31
克拉玛依市	Karamay City	770. 80	182. 31	52. 98	87. 46	17. 86	11. 02
吐鲁番地区	Turpan Prefecture	2518. 26	1324. 43	174. 62	18. 81	17. 62	7. 31
哈密地区	Hami Prefecture	3130. 13	673. 53	78. 89	164. 47	27. 16	
昌吉回族自治州	Changji Hui A. P.	3988. 58	1152. 64	399. 14	426. 09	307. 68	208. 09
博尔塔拉蒙古自治州	Bortala Mongol A. P.	934. 21	568. 09	37. 45	101. 44	64. 97	58. 02
巴音郭楞蒙古自治州	Bayingolin Mongol A. P.	2228. 51	1069. 03	175. 62	177. 04	82. 39	11. 09
阿克苏地区	Akesu Prefecture	2654. 94	1256. 73	110. 54	543. 44	126. 28	16. 08
克孜勒苏柯尔克孜自治州	Kizilsu Kirgiz A. P.	902. 01	265. 32	50. 32	43. 52	6. 77	
喀什地区	Kashi Prefecture	1430. 05	747. 09	158. 74	199. 35	84. 46	47. 74
和田地区	Hotan Prefecture	880. 86	376. 33	43. 70	136. 87	7. 63	3. 91
伊犁哈萨克自治州	Ili Kazak A. P.	2994. 84	745. 17	301. 36	458. 95	237. 56	33. 05
塔城地区	Tacheng Prefecture	968. 12	236. 30	119. 69	209. 12	110. 08	
阿勒泰地区	Altay Prefecture	1396. 80	223. 09	44. 03	379. 23	25. 60	0. 62
石河子市	Shihezi City	92. 56	29. 20	29. 50	19. 42	9. 38	
阿拉尔市	Aral City						
图木舒克市	Tumxuk City						
五家渠市	Wujiaqu City						

按用地类型和省市分列（2014 年） 续表 12

and by Province, Autonomous Region and Municipality (2014) Continued 12

unit: hectare

Land for Residential Uses				其他用地 Other Types					
经济适用住房 Economically Affordable House	廉租住房 Cheap Rent House	公共租赁住房 Public Rental Housing	高档住宅 High-grade Residence		公共管理与公共服务用地 Land for Public Management and Public Services	特殊用地 Land for Special Uses	交通运输用地 Land for Transport	水域及水利设施用地 Land for Water Conservancy Facilities	其他土地 Land for Other Uses
				13.31	13.31				
1.64				484.88	76.39	0.75	407.74		
326.18	**17.04**	**115.82**		**3800.08**	**950.19**	**27.56**	**2774.59**	**47.75**	
259.90	9.95	23.09		1587.58	353.68	13.37	1185.39	35.15	
31.46		0.17		156.67	59.96	0.39	93.40	2.92	
6.77	6.68	57.08		831.30	243.92	7.03	580.35		
4.97	0.41	15.40		536.65	110.45	6.16	420.04		
23.08		20.08		687.87	182.18	0.61	495.41	9.68	
1296.92	**520.55**	**170.90**	**19.39**	**12141.68**	**5909.49**	**318.37**	**4195.52**	**1687.68**	**30.63**
131.19		17.42	19.39	842.07	182.43	64.82	591.20	3.62	
57.89		11.72		448.04	319.17	44.93	83.93	0.01	
0.79	0.40			1000.40	410.08		386.09	204.23	
111.29	22.19	3.82		2213.25	1756.97	1.88	423.78		30.63
35.44	39.79	43.18		2010.71	555.12	2.99	832.18	620.42	
31.86	0.94	3.66		227.23	224.54	2.68			
63.06	31.30	0.29		806.82	581.27	39.13	8.30	178.12	
395.81	10.06	11.30		744.22	638.75	11.59	12.89	80.99	
24.24	3.81	8.71		542.85	126.14	8.71	0.34	407.66	
1.05	83.90	29.93		324.87	188.00	57.16	79.11	0.59	
0.17	126.10	2.97		323.96	100.86	26.06	197.04		
42.98	152.30	26.12		1489.36	430.94	39.98	993.42	25.02	
53.39	45.41	0.23		403.01	120.57	5.51	110.21	166.72	
347.76	3.94	1.93		750.44	260.19	12.93	477.03	0.30	
	0.41	9.62		14.45	14.45				

国有建设用地出让情况
State-owned Land for Construction

年份/地区	Year/Region	出让 Granting				协议 Granting through	
		宗数 Number of Land Plots	面积/公顷 Area/hectare	新增 Newly Increased	成交价款/万元 Transaction Price Value/10^4 yuan	宗数 Number of Land Plots	面积/公顷 Area/hectare
	2012	138588	332432. 34	226287. 60	280422827. 78	46419	30802. 81
	2013	168844	374804. 03	245326. 56	437452967. 12	57408	28619. 41
	2014	132398	277346. 56	181884. 37	343773734. 05	42068	20807. 31
北 京	Beijing	369	1523. 81	1113. 64	20276041. 51	218	510. 41
天 津	Tianjin	950	3507. 57	2457. 80	8019998. 79	367	252. 52
河 北	Hebei	6378	14103. 68	9811. 01	11013345. 49	804	1048. 30
山 西	Shanxi	2534	5453. 86	4032. 91	4423551. 23	315	586. 63
内蒙古	Inner Mongolia	3968	10425. 25	6383. 35	3690934. 20	961	683. 49
辽 宁	Liaoning	3468	10222. 69	5455. 84	11212374. 72	680	706. 70
吉 林	Jilin	3554	4819. 62	3337. 22	3632684. 98	1497	594. 21
黑龙江	Heilongjiang	2725	6025. 43	3641. 45	4904074. 22	706	891. 50
上 海	Shanghai	435	1473. 98	944. 41	14863603. 24	24	55. 47
江 苏	Jiangsu	10383	25749. 71	12488. 35	44307114. 80	1034	552. 32
浙 江	Zhejiang	6266	11273. 64	5534. 46	23329794. 50	502	1023. 23
安 徽	Anhui	5243	14674. 64	7528. 67	18137696. 72	552	568. 88
福 建	Fujian	2482	7886. 80	6431. 21	10851790. 26	182	421. 61
江 西	Jiangxi	3762	9815. 60	6622. 13	10139466. 23	330	364. 76
山 东	Shandong	10236	26637. 32	17405. 74	27569112. 48	1232	1454. 20
河 南	Henan	5172	15917. 82	10258. 96	14225404. 79	670	876. 29
湖 北	Hubei	7834	14372. 58	10331. 69	12665606. 39	2785	557. 58
湖 南	Hunan	10712	9631. 08	7123. 07	10332925. 83	6779	755. 88
广 东	Guangdong	9168	11868. 27	7271. 49	30315827. 11	6380	2475. 74
广 西	Guangxi	6207	6674. 82	4689. 36	6313009. 20	4164	1160. 89
海 南	Hainan	335	991. 99	687. 31	1613889. 09	83	93. 38
重 庆	Chongqing	1727	7615. 57	3988. 73	13313844. 81	222	69. 56
四 川	Sichuan	8456	12014. 18	9307. 14	15546826. 79	5292	1204. 72
贵 州	Guizhou	4047	7800. 13	5120. 02	6610147. 94	686	270. 41
云 南	Yunnan	6755	6130. 04	4394. 31	4758924. 45	3795	671. 83
西 藏	Tibet	294	778. 30	439. 32	166526. 94	210	516. 76
陕 西	Shaanxi	2365	6263. 77	5442. 20	5748392. 61	432	260. 61
甘 肃	Gansu	1869	6660. 18	5547. 64	1927530. 52	451	576. 32
青 海	Qinghai	727	1955. 38	1510. 12	731888. 70	332	898. 81
宁 夏	Ningxia	899	3681. 05	3141. 96	977345. 58	47	169. 37
新 疆	Xinjiang	3078	11397. 83	9442. 86	2154059. 93	336	534. 92

——按地区分列
Use Granted by Region

出让 Agreement		"招拍挂"出让 Granting through Bidding, Auction and Listing			
新增 Newly Increased	成交价款/万元 Transaction Price Value/10^4 yuan	宗数 Number of Land Plots	面积/公顷 Area/hectare	新增 Newly Increased	成交价款/万元 Transaction Price Value/10^4 yuan
13134.07	13888544.98	92169	301629.53	213019.54	266534282.80
9084.87	16357949.49	111436	346184.62	236241.69	421095017.62
8286.38	16122213.37	90330	256539.25	173158.67	327651520.68
199.68	513252.78	151	1013.39	913.96	19762788.73
178.31	178124.79	583	3255.04	2279.49	7841874.00
245.90	523052.77	5574	13055.37	9565.11	10490292.72
339.90	216415.06	2219	4867.23	3693.01	4207136.17
185.83	129646.61	3007	9741.75	6197.51	3561287.59
85.17	237469.92	2788	9515.99	5370.67	10974904.81
213.17	112328.02	2057	4225.40	3124.05	3520356.96
433.83	2160533.95	2019	5133.92	3207.62	2743540.27
48.68	117324.24	411	1418.52	895.73	14746279.00
225.88	307856.60	9349	25197.39	12262.47	43999258.20
245.80	848735.01	5764	10250.41	5288.66	22481059.49
42.80	743005.24	4691	14105.76	7485.87	17394691.48
254.65	227547.21	2300	7465.18	6176.56	10624243.05
98.76	587485.76	3432	9450.84	6523.37	9551980.47
349.71	909780.32	9004	25183.13	17056.02	26659332.17
333.71	616189.65	4502	15041.53	9925.25	13609215.13
289.47	435383.71	5049	13815.00	10042.22	12230222.68
150.15	469606.31	3933	8875.21	6972.92	9863319.52
1221.31	4516774.28	2788	9392.53	6050.18	25799052.83
248.98	539674.11	2043	5513.94	4440.38	5773335.10
31.22	49467.79	252	898.61	656.10	1564421.30
49.76	65793.40	1505	7546.00	3938.97	13248051.41
821.84	667455.82	3164	10809.46	8485.30	14879370.97
131.43	72960.65	3361	7529.72	4988.59	6537187.29
281.93	277170.55	2960	5458.21	4112.38	4481753.90
	18632.02	84	261.54		147894.92
129.86	139552.47	1933	6003.16	5312.34	5608840.14
321.30	154425.31	1418	6083.86	5226.34	1773105.21
789.13	55266.52	395	1056.57	721.00	676622.18
47.54	90063.50	852	3511.67	3094.42	887282.08
290.70	141239.01	2742	10862.90	9152.16	2012820.92

国有建设用地出让情况
State-owned Land for Construction Use Granted

地区	Region	出让 Granting			
		宗数 Number of Land Plots	面积/公顷 Area/hectare	新增 Newly Increased	成交价款/万元 Transaction Price Value/10^4 yuan
总计	**Total**	**132398**	**277346. 56**	**181884. 37**	**343773734. 05**
北京	**Beijing**	**369**	**1523. 81**	**1113. 64**	**20276041. 51**
天津	**Tianjin**	**950**	**3507. 57**	**2457. 80**	**8019998. 79**
河北	**Hebei**	**6378**	**14103. 68**	**9811. 01**	**11013345. 49**
石家庄市	Shijiazhuang City	598	1381. 30	1127. 18	1967507. 69
唐山市	Tangshan City	1037	2891. 58	1509. 49	1687942. 70
秦皇岛市	Qinhuangdao City	269	415. 29	344. 06	364465. 37
邯郸市	Handan City	520	1250. 35	961. 70	946782. 98
邢台市	Xingtai City	532	1103. 86	793. 40	675800. 67
保定市	Baoding City	640	1300. 76	969. 15	1019009. 96
张家口市	Zhangjiakou City	420	859. 32	536. 02	564866. 89
承德市	Chengde City	301	535. 02	448. 34	391285. 10
沧州市	Cangzhou City	679	1990. 83	1338. 86	1066824. 92
廊坊市	Langfang City	595	1246. 31	882. 01	1729711. 41
衡水市	Hengshui City	787	1129. 05	900. 80	599147. 79
山西	**Shanxi**	**2534**	**5453. 86**	**4032. 91**	**4423551. 23**
太原市	Taiyuan City	193	751. 45	584. 09	1447876. 80
大同市	Datong City	263	588. 05	432. 51	591329. 97
阳泉市	Yangquan City	72	229. 56	197. 81	83461. 62
长治市	Changzhi City	262	449. 96	381. 22	277618. 94
晋城市	Jincheng City	172	455. 61	325. 73	392755. 50
朔州市	Shuozhou City	99	289. 83	170. 42	163016. 80
晋中市	Jinzhong City	420	696. 96	485. 47	439380. 46
运城市	Yuncheng City	412	781. 71	535. 57	372416. 89
忻州市	Xinzhou City	217	360. 24	271. 50	263580. 03
临汾市	Linfen City	225	314. 47	183. 58	195939. 87
吕梁市	Lüliang City	199	536. 02	464. 99	196174. 36
内蒙古	**Inner Mongolia**	**3968**	**10425. 25**	**6383. 35**	**3690934. 20**
呼和浩特市	Hohhot City	124	583. 12	519. 64	630058. 04
包头市	Baotou City	147	520. 52	307. 25	420916. 10
乌海市	Wuhai City	71	375. 50	137. 46	45819. 78
赤峰市	Chifeng City	486	1493. 61	802. 01	732860. 11
通辽市	Tongliao City	396	905. 57	417. 01	269911. 42

——按省市分列（2014 年）

by Province, Autonomous Region and Municipality (2014)

协议出让 Granting through Agreement				"招拍挂"出让 Granting through Bidding, Auction and Listing			
宗数 Number of Land Plots	面积/公顷 Area/hectare	新增 Newly Increased	成交价款/万元 Transaction Price Value/10^4 yuan	宗数 Number of Land Plots	面积/公顷 Area/hectare	新增 Newly Increased	成交价款/万元 Transaction Price Value/10^4 yuan
42068	**20807.31**	**8286.38**	**16122213.37**	**90330**	**256539.25**	**173158.67**	**327651520.68**
218	**510.41**	**199.68**	**513252.78**	**151**	**1013.39**	**913.96**	**19762788.73**
367	**252.52**	**178.31**	**178124.79**	**583**	**3255.04**	**2279.49**	**7841874.00**
804	**1048.30**	**245.90**	**523052.77**	**5574**	**13055.37**	**9565.11**	**10490292.72**
31	127.05	61.28	50709.81	567	1254.25	1065.90	1916797.87
239	398.15	27.79	164138.38	798	2493.43	1481.69	1523804.33
50	28.04	1.11	27364.17	219	387.25	342.96	337101.20
65	46.99	6.17	58186.67	455	1203.36	955.53	888596.31
41	12.16	6.34	11613.09	491	1091.70	787.06	664187.58
45	46.27	9.95	19870.67	595	1254.49	959.20	999139.30
68	161.26	47.29	31891.87	352	698.06	488.74	532975.02
50	52.13	21.97	53925.18	251	482.90	426.38	337359.92
92	60.65	10.13	45143.13	587	1930.18	1328.73	1021681.78
39	86.13	42.74	43316.49	556	1160.18	839.27	1686394.92
84	29.47	11.13	16893.30	703	1099.59	889.67	582254.49
315	**586.63**	**339.90**	**216415.06**	**2219**	**4867.23**	**3693.01**	**4207136.17**
10	18.26		62478.34	183	733.19	584.09	1385398.46
25	65.56	16.90	40751.60	238	522.50	415.61	550578.37
1	0.14	0.14	26.71	71	229.43	197.67	83434.91
57	18.12	2.69	9657.65	205	431.85	378.53	267961.30
42	130.92	35.76	35351.90	130	324.70	289.97	357403.60
1	1.41	1.41	230.00	98	288.42	169.01	162786.80
50	59.16	45.80	18487.87	370	637.79	439.67	420892.59
75	41.60	2.67	10283.19	337	740.11	532.90	362133.70
1	6.49		486.65	216	353.75	271.50	263093.38
33	20.82	14.67	4262.88	192	293.65	168.91	191676.99
20	224.17	219.86	34398.28	179	311.85	245.13	161776.08
961	**683.49**	**185.83**	**129646.61**	**3007**	**9741.75**	**6197.51**	**3561287.59**
9	8.85		1479.16	115	574.27	519.64	628578.88
12	81.41		6757.47	135	439.11	307.25	414158.63
29	65.95	12.04	5851.27	42	309.54	125.42	39968.51
101	107.39	13.74	36997.49	385	1386.23	788.27	695862.62
101	29.92	14.04	5368.45	295	875.66	402.97	264542.97

国有建设用地出让情况
State-owned Land for Construction Use Granted

地区	Region	出让 Granting			
		宗数 Number of Land Plots	面积/公顷 Area/hectare	新增 Newly Increased	成交价款/万元 Transaction Price Value/10^4 yuan
鄂尔多斯市	Erdos City	534	1945. 84	1153. 09	551895. 72
呼伦贝尔市	Hulunbuir City	485	1129. 93	477. 31	326467. 51
巴彦淖尔市	Bayannur City	276	591. 23	387. 84	100318. 36
乌兰察布市	Ulanqab City	288	912. 53	739. 33	253704. 18
兴安盟	Xing'an League	393	348. 71	198. 30	104485. 41
锡林郭勒盟	Xilingol League	546	906. 22	615. 64	145289. 71
阿拉善盟	Alxa League	222	712. 46	628. 46	109207. 86
辽宁	**Liaoning**	**3468**	**10222. 69**	**5455. 84**	**11212374. 72**
沈阳市	Shenyang City	522	2242. 01	1729. 21	4339941. 90
大连市	Dalian City	372	1187. 61	557. 32	1699517. 61
鞍山市	Anshan City	324	772. 32	466. 00	703281. 04
抚顺市	Fushun City	133	244. 19	128. 68	209145. 88
本溪市	Benxi City	101	427. 89	147. 80	296846. 29
丹东市	Dandong City	318	528. 48	235. 80	385166. 23
锦州市	Jinzhou City	215	617. 37	166. 52	334816. 25
营口市	Yingkou City	338	730. 79	322. 42	611246. 63
阜新市	Fuxin City	164	437. 86	304. 19	204170. 32
辽阳市	Liaoyang City	144	339. 77	163. 73	397878. 46
盘锦市	Panjin City	131	916. 92	415. 64	610127. 47
铁岭市	Tieling City	268	670. 67	326. 68	585638. 27
朝阳市	Chaoyang City	268	699. 25	318. 17	512517. 09
葫芦岛市	Huludao City	170	407. 56	173. 67	322081. 27
吉林	**Jilin**	**3554**	**4819. 62**	**3337. 22**	**3632684. 98**
长春市	Changchun City	572	1171. 48	820. 92	1836853. 90
吉林市	Jilin City	450	957. 36	693. 29	583984. 36
四平市	Siping City	778	422. 96	273. 32	172477. 05
辽源市	Liaoyuan City	103	114. 76	74. 25	44496. 85
通化市	Tonghua City	344	500. 68	363. 51	310794. 42
白山市	Baishan City	407	280. 25	149. 41	76297. 68
松原市	Songyuan City	241	305. 96	232. 97	144344. 53
白城市	Baicheng City	268	406. 33	272. 62	179830. 41
延边朝鲜族自治州	Yanbian Korean A. P.	391	659. 84	456. 92	283605. 77

——按省市分列（2014 年） 续表 1

by Province, Autonomous Region and Municipality（2014） Continued 1

协议出让 Granting through Agreement				"招拍挂"出让 Granting through Bidding, Auction and Listing			
宗数 Number of Land Plots	面积/公顷 Area/hectare	新增 Newly Increased	成交价款/万元 Transaction Price Value/10^4 yuan	宗数 Number of Land Plots	面积/公顷 Area/hectare	新增 Newly Increased	成交价款/万元 Transaction Price Value/10^4 yuan
121	22. 99	0. 04	3340. 00	413	1922. 84	1153. 05	548555. 72
84	113. 51	30. 60	25195. 39	401	1016. 42	446. 71	301272. 12
42	50. 66	1. 03	9489. 19	234	540. 57	386. 82	90829. 17
17	42. 52	25. 00	8826. 09	271	870. 01	714. 32	244878. 08
157	30. 39	1. 44	7619. 11	236	318. 32	196. 87	96866. 30
242	95. 58	62. 81	15342. 97	304	810. 64	552. 83	129946. 74
46	34. 33	25. 10	3380. 03	176	678. 13	603. 36	105827. 83
680	**706. 70**	**85. 17**	**237469. 92**	**2788**	**9515. 99**	**5370. 67**	**10974904. 81**
47	22. 27	0. 46	23980. 22	475	2219. 74	1728. 75	4315961. 68
86	110. 76	25. 20	60641. 56	286	1076. 85	532. 12	1638876. 05
53	78. 53	1. 00	22366. 40	271	693. 79	465. 00	680914. 64
77	56. 28	29. 77	14207. 27	56	187. 91	98. 92	194938. 61
29	29. 64	1. 68	16584. 87	72	398. 25	146. 12	280261. 42
131	130. 27	6. 52	6841. 49	187	398. 22	229. 28	378324. 74
27	22. 04	10. 20	3031. 35	188	595. 33	156. 32	331784. 90
11	37. 75	2. 82	36494. 72	327	693. 04	319. 61	574751. 91
15	19. 85		5385. 80	149	418. 01	304. 19	198784. 52
79	52. 23	3. 65	19380. 29	65	287. 54	160. 08	378498. 17
12	19. 24		4061. 22	119	897. 69	415. 64	606066. 26
26	13. 20	3. 87	3895. 44	242	657. 47	322. 81	581742. 82
53	72. 89		14282. 64	215	626. 36	318. 17	498234. 45
34	41. 76		6316. 63	136	365. 80	173. 67	315764. 64
1497	**594. 21**	**213. 17**	**112328. 02**	**2057**	**4225. 40**	**3124. 05**	**3520356. 96**
216	118. 39	52. 97	56608. 24	356	1053. 09	767. 95	1780245. 67
48	167. 36	102. 38	9434. 24	402	790. 00	590. 91	574550. 11
528	48. 54	2. 53	8889. 83	250	374. 42	270. 79	163587. 22
26	21. 95		2790. 92	77	92. 80	74. 25	41705. 93
186	79. 49	30. 14	15390. 92	158	421. 19	333. 37	295403. 50
231	79. 26	3. 41	6095. 13	176	200. 99	146. 00	70202. 55
45	10. 27		1009. 55	196	295. 69	232. 97	143334. 99
89	26. 66	20. 02	4988. 16	179	379. 67	252. 60	174842. 26
128	42. 29	1. 71	7121. 04	263	617. 55	455. 22	276484. 74

国有建设用地出让情况
State-owned Land for Construction Use Granted

地区	Region	出让 Granting			
		宗数 Number of Land Plots	面积/公顷 Area/hectare	新增 Newly Increased	成交价款/万元 Transaction Price Value/10^4 yuan
黑龙江	**Heilongjiang**	**2725**	**6025. 43**	**3641. 45**	**4904074. 22**
哈尔滨市	Harbin City	438	1376. 75	1010. 17	1615936. 37
齐齐哈尔市	Qiqihar City	298	980. 97	405. 71	261912. 29
鸡西市	Jixi City	88	202. 57	124. 20	52160. 72
鹤岗市	Hegang City	74	131. 29	56. 61	31874. 31
双鸭山市	Shuangyashan City	67	140. 17	98. 58	37142. 13
大庆市	Daqing City	279	492. 11	251. 02	339751. 39
伊春市	Yichun City	115	380. 89	304. 95	80859. 63
佳木斯市	Jiamusi City	116	326. 29	163. 13	51470. 27
七台河市	Qitaihe City	27	120. 13	97. 85	23446. 78
牡丹江市	Mudanjiang City	158	328. 48	250. 49	2090679. 29
黑河市	Heihe City	118	170. 43	90. 64	30378. 29
绥化市	Suihua City	345	844. 02	569. 58	213497. 28
大兴安岭地区	Da Hinggan Ling Prefecture	121	50. 35	36. 74	4818. 15
农垦总局	General Bureau of Agriculture	302	401. 11	162. 49	57047. 47
森工总局	General Bureau of Forest Industry	163	43. 01	3. 65	4607. 23
友谊国土资源局	Youyi Land and Resources Bureau	8	20. 65	11. 13	3503. 92
五大连池风景名胜区	Wudalianchi	8	16. 20	4. 53	4988. 70
上海	**Shanghai**	**435**	**1473. 98**	**944. 41**	**14863603. 24**
江苏	**Jiangsu**	**10383**	**25749. 71**	**12488. 35**	**44307114. 80**
南京市	Nanjing City	514	1352. 21	761. 47	6353747. 60
无锡市	Wuxi City	499	1478. 95	827. 92	2600164. 64
徐州市	Xuzhou City	640	2181. 18	1098. 59	3737530. 41
常州市	Changzhou City	881	2210. 34	1042. 14	5972235. 26
苏州市	Suzhou City	968	2748. 08	1139. 91	5807461. 07
南通市	Nantong City	1426	3303. 76	1518. 13	5839546. 55
连云港市	Lianyungang City	374	1840. 54	491. 18	1355396. 92
淮安市	Huai'an City	1318	1707. 77	1014. 89	2066712. 43
盐城市	Yancheng City	891	2667. 83	1301. 53	1992429. 78
扬州市	Yangzhou City	691	1546. 60	789. 85	2742770. 15
镇江市	Zhenjiang City	480	1076. 92	541. 37	1380336. 20
泰州市	Taizhou City	607	1749. 91	943. 49	3137361. 58
宿迁市	Suqian City	1094	1885. 62	1017. 88	1321422. 20

——按省市分列（2014 年） 续表 2
by Province, Autonomous Region and Municipality (2014) Continued 2

协议出让 Granting through Agreement				"招拍挂"出让 Granting through Bidding, Auction and Listing			
宗数 Number of Land Plots	面积/公顷 Area/hectare	新增 Newly Increased	成交价款/万元 Transaction Price Value/10^4 yuan	宗数 Number of Land Plots	面积/公顷 Area/hectare	新增 Newly Increased	成交价款/万元 Transaction Price Value/10^4 yuan
706	**891.50**	**433.83**	**2160533.95**	**2019**	**5133.92**	**3207.62**	**2743540.27**
64	139.67	55.76	76998.17	374	1237.08	954.41	1538938.19
61	53.80	9.29	10552.59	237	927.17	396.42	251359.69
39	43.04	15.33	7317.17	49	159.53	108.87	44843.55
31	46.92	1.27	14704.23	43	84.37	55.34	17170.08
12	10.30	2.05	2749.07	55	129.87	96.54	34393.06
145	46.44	20.59	8665.40	134	445.67	230.43	331085.99
69	257.45	217.29	36647.47	46	123.44	87.67	44212.15
23	70.46	3.66	7751.76	93	255.83	159.47	43718.51
3	25.81	25.47	4552.82	24	94.32	72.38	18893.96
29	16.88	6.19	1968673.68	129	311.59	244.30	122005.61
33	23.48	5.31	4026.88	85	146.96	85.33	26351.41
19	15.61	9.81	2406.90	326	828.41	559.77	211090.38
47	6.41	0.53	916.55	74	43.94	36.21	3901.61
76	116.66	61.05	10995.19	226	284.44	101.44	46052.28
48	7.82	0.25	1268.58	115	35.19	3.40	3338.65
5	5.22		598.92	3	15.43	11.13	2905.00
2	5.53		1708.55	6	10.67	4.53	3280.15
24	**55.47**	**48.68**	**117324.24**	**411**	**1418.52**	**895.73**	**14746279.00**
1034	**552.32**	**225.88**	**307856.60**	**9349**	**25197.39**	**12262.47**	**43999258.20**
114	22.25	5.14	37944.81	400	1329.96	756.33	6315802.80
26	32.55	8.39	69539.92	473	1446.40	819.53	2530624.72
29	12.11		4001.86	611	2169.07	1098.59	3733528.55
50	32.95	16.05	11506.93	831	2177.39	1026.10	5960728.33
20	94.77	61.63	32796.03	948	2653.31	1078.28	5774665.04
43	9.46	2.37	10176.31	1383	3294.30	1515.76	5829370.25
10	4.59		3035.87	364	1835.96	491.18	1352361.05
546	221.45	75.45	74636.75	772	1486.32	939.44	1992075.68
23	17.68	0.77	7423.45	868	2650.15	1300.76	1985006.33
103	17.68	3.32	26947.83	588	1528.92	786.53	2715822.32
47	2.90	1.76	1296.35	433	1074.02	539.60	1379039.85
23	83.93	51.01	28550.50	584	1665.98	892.47	3108811.07
				1094	1885.62	1017.88	1321422.20

国有建设用地出让情况
State-owned Land for Construction Use Granted

地区	Region	出让 Granting			
		宗数 Number of Land Plots	面积/公顷 Area/hectare	新增 Newly Increased	成交价款/万元 Transaction Price Value/10^4 yuan
浙江	**Zhejiang**	**6266**	**11273. 64**	**5534. 46**	**23329794. 50**
杭州市	Hangzhou City	1011	1604. 47	1182. 14	7489218. 90
宁波市	Ningbo City	778	1629. 30	696. 55	3353928. 98
温州市	Wenzhou City	494	742. 95	356. 18	2815922. 00
嘉兴市	Jiaxing City	688	1428. 46	763. 19	2064482. 10
湖州市	Huzhou City	637	1362. 33	733. 10	1735120. 79
绍兴市	Shaoxing City	502	1092. 99	477. 17	1729606. 16
金华市	Jinhua City	730	963. 68	562. 72	1660965. 82
衢州市	Quzhou City	310	654. 68	261. 26	510964. 59
舟山市	Zhoushan City	133	678. 84	102. 74	409014. 06
台州市	Taizhou City	535	633. 67	243. 52	1047662. 26
丽水市	Lishui City	448	482. 27	155. 89	512908. 85
安徽	**Anhui**	**5243**	**14674. 64**	**7528. 67**	**18137696. 72**
合肥市	Hefei City	361	1594. 22	795. 33	4173677. 37
芜湖市	Wuhu City	383	1425. 00	677. 80	1451157. 41
蚌埠市	Bengbu City	233	884. 74	544. 86	997939. 39
淮南市	Huainan City	75	240. 75	151. 15	396117. 99
马鞍山市	Ma'anshan City	237	357. 29	209. 67	293541. 32
淮北市	Huaibei City	74	262. 43	101. 29	244895. 56
铜陵市	Tongling City	75	354. 56	93. 53	530505. 74
安庆市	Anqing City	475	724. 08	401. 94	754828. 56
黄山市	Huangshan City	181	392. 15	315. 28	248191. 46
滁州市	Chuzhou City	630	1834. 62	556. 56	1111171. 40
阜阳市	Fuyang City	227	897. 16	360. 74	1657087. 85
宿州市	Suzhou City	317	853. 49	585. 83	1237273. 28
巢湖市	Chaohu City	388	653. 93	403. 92	697989. 18
六安市	Lu'an City	533	1580. 90	882. 62	1857992. 69
亳州市	Bozhou City	255	835. 67	413. 29	1105888. 57
池州市	Chizhou City	221	678. 37	495. 70	604665. 50
宣城市	Xuancheng City	578	1105. 28	539. 16	774773. 46
福建	**Fujian**	**2482**	**7886. 80**	**6431. 21**	**10851790. 26**
福州市	Fuzhou City	284	1363. 61	960. 02	2863500. 83

——按省市分列（2014 年） 续表 3

by Province, Autonomous Region and Municipality (2014) Continued 3

协议出让 Granting through Agreement				“招拍挂”出让 Granting through Bidding, Auction and Listing			
宗数 Number of Land Plots	面积/公顷 Area/hectare	新增 Newly Increased	成交价款/万元 Transaction Price Value/10^4 yuan	宗数 Number of Land Plots	面积/公顷 Area/hectare	新增 Newly Increased	成交价款/万元 Transaction Price Value/10^4 yuan
502	**1023.23**	**245.80**	**848735.01**	**5764**	**10250.41**	**5288.66**	**22481059.49**
31	17.15	9.50	29512.86	980	1587.32	1172.64	7459706.04
56	146.92	41.53	144386.75	722	1482.39	655.01	3209542.23
129	163.81	62.65	442662.26	365	579.13	293.54	2373259.74
92	113.79	74.49	156718.91	596	1314.67	688.70	1907763.19
8	8.39	7.14	8389.23	629	1353.94	725.96	1726731.56
18	21.54	11.63	13324.77	484	1071.44	465.54	1716281.39
29	23.71	20.62	7875.96	701	939.97	542.10	1653089.86
				310	654.68	261.26	510964.59
51	501.89	3.88	34855.08	82	176.96	98.85	374158.98
79	7.19	2.02	4705.94	456	626.48	241.50	1042956.31
9	18.84	12.33	6303.24	439	463.44	143.56	506605.61
552	**568.88**	**42.80**	**743005.24**	**4691**	**14105.76**	**7485.87**	**17394691.48**
26	3.05		5273.57	335	1591.16	795.33	4168403.80
65	328.24	1.05	417521.27	318	1096.76	676.75	1033636.15
16	38.75		61710.03	217	845.99	544.86	936229.36
11	17.12		18230.16	64	223.63	151.15	377887.83
80	33.63	12.13	58448.32	157	323.66	197.54	235093.00
4	18.80	12.06	30499.56	70	243.63	89.23	214396.00
4	7.84		90.74	71	346.72	93.53	530415.00
67	40.99	2.54	41539.72	408	683.09	399.40	713288.84
1	3.66	3.66	1000.00	180	388.49	311.62	247191.46
1	0.84			629	1833.79	556.56	1111171.40
13	29.69	5.00	82861.09	214	867.47	355.74	1574226.77
99	28.10	0.33	12035.34	218	825.39	585.50	1225237.95
48	1.56		1038.73	340	652.37	403.92	696950.45
74	9.33	5.98	10338.69	459	1571.56	876.64	1847654.00
7	3.39	0.05	1141.96	248	832.28	413.24	1104746.61
				221	678.37	495.70	604665.50
36	3.89		1276.08	542	1101.39	539.16	773497.38
182	**421.61**	**254.65**	**227547.21**	**2300**	**7465.18**	**6176.56**	**10624243.05**
32	96.54	60.80	110665.08	252	1267.07	899.22	2752835.74

国有建设用地出让情况
State-owned Land for Construction Use Granted

地区	Region	出让 Granting			
		宗数 Number of Land Plots	面积/公顷 Area/hectare	新增 Newly Increased	成交价款/万元 Transaction Price Value/10^4 yuan
厦门市	Xiamen City	82	350. 72	225. 33	2271923. 34
莆田市	Putian City	99	382. 21	238. 73	627878. 42
三明市	Sanming City	230	646. 73	557. 23	439960. 82
泉州市	Quanzhou City	594	1456. 04	1219. 33	2078020. 87
漳州市	Zhangzhou City	483	1681. 13	1558. 92	1284144. 80
南平市	Nanping City	238	741. 10	675. 33	443631. 81
龙岩市	Longyan City	185	450. 36	367. 83	276631. 13
宁德市	Ningde City	287	814. 90	628. 49	566098. 24
江西	**Jiangxi**	**3762**	**9815. 60**	**6622. 13**	**10139466. 23**
南昌市	Nanchang City	443	1534. 76	904. 17	3015715. 62
景德镇市	Jingdezhen City	115	402. 95	257. 58	269457. 53
萍乡市	Pingxiang City	132	303. 13	270. 31	322940. 83
九江市	Jiujiang City	497	1594. 75	1048. 36	1606207. 80
新余市	Xinyu City	161	512. 75	323. 40	555497. 34
鹰潭市	Yingtan City	133	447. 21	350. 63	299818. 99
赣州市	Ganzhou City	457	1072. 86	757. 99	1282712. 00
吉安市	Ji'an City	537	927. 33	721. 29	536723. 81
宜春市	Yichun City	520	1524. 97	1028. 74	957027. 24
抚州市	Fuzhou City	286	733. 16	500. 56	504953. 11
上饶市	Shangrao City	481	761. 74	459. 10	788411. 96
山东	**Shandong**	**10236**	**26637. 32**	**17405. 74**	**27569112. 48**
济南市	Jinan City	419	1448. 87	1076. 25	4119439. 84
青岛市	Qingdao City	1028	3268. 47	1974. 56	4385180. 07
淄博市	Zibo City	482	935. 70	521. 32	1435619. 09
枣庄市	Zaozhuang City	317	681. 44	544. 94	1079754. 38
东营市	Dongying City	430	1688. 43	1278. 97	794553. 54
烟台市	Yantai City	731	2022. 12	900. 69	1746748. 08
潍坊市	Weifang City	1244	3976. 84	1908. 02	3060977. 27
济宁市	Jining City	690	1738. 43	1180. 82	1877605. 82
泰安市	Tai'an City	337	1002. 20	837. 03	869283. 03
威海市	Weihai City	617	1713. 34	671. 99	1682222. 68

——按省市分列（2014 年） 续表 4
by Province, Autonomous Region and Municipality (2014) Continued 4

协议出让 Granting through Agreement				“招拍挂”出让 Granting through Bidding, Auction and Listing			
宗数 Number of Land Plots	面积/公顷 Area/hectare	新增 Newly Increased	成交价款/万元 Transaction Price Value/10^4 yuan	宗数 Number of Land Plots	面积/公顷 Area/hectare	新增 Newly Increased	成交价款/万元 Transaction Price Value/10^4 yuan
2	1.83	1.83	1122.60	80	348.90	223.50	2270800.75
18	46.01	42.04	12922.66	81	336.19	196.69	614955.76
30	15.27	11.41	10193.87	200	631.46	545.82	429766.95
40	26.93	25.76	10093.58	554	1429.11	1193.58	2067927.29
24	66.09	56.91	38445.32	459	1615.04	1502.01	1245699.49
8	7.33	6.57	6038.87	230	733.77	668.76	437592.94
8	0.65		3246.76	177	449.70	367.83	273384.38
20	160.96	49.34	34818.48	267	653.94	579.15	531279.76
330	**364.76**	**98.76**	**587485.76**	**3432**	**9450.84**	**6523.37**	**9551980.47**
136	230.24	44.68	483910.77	307	1304.52	859.49	2531804.85
8	2.60	1.76	897.57	107	400.35	255.82	268559.95
11	1.80		1674.15	121	301.32	270.31	321266.68
26	8.72	6.24	9234.69	471	1586.03	1042.13	1596973.11
				161	512.75	323.40	555497.34
20	33.87	26.53	8341.31	113	413.34	324.09	291477.68
22	10.90		16988.58	435	1061.96	757.99	1265723.42
56	13.32	11.53	15205.53	481	914.00	709.76	521518.28
5	10.61		1343.62	515	1514.36	1028.74	955683.62
32	3.95	0.36	2823.35	254	729.20	500.21	502129.76
14	48.73	7.67	47066.20	467	713.01	451.43	741345.76
1232	**1454.20**	**349.71**	**909780.32**	**9004**	**25183.13**	**17056.02**	**26659332.17**
30	26.66	7.14	30407.81	389	1422.21	1069.11	4089032.04
82	119.16	83.81	134727.76	946	3149.31	1890.75	4250452.32
177	166.62	0.22	201296.78	305	769.09	521.10	1234322.31
19	4.86	1.73	5989.28	298	676.58	543.21	1073765.10
15	46.80	21.08	68938.54	415	1641.63	1257.89	725615.00
136	342.25	26.99	56379.07	595	1679.87	873.70	1690369.01
63	185.22	3.08	28776.95	1181	3791.62	1904.94	3032200.32
103	90.12	42.65	72994.48	587	1648.32	1138.16	1804611.35
43	73.60	55.42	14459.38	294	928.61	781.61	854823.66
68	208.76	8.33	184773.06	549	1504.58	663.66	1497449.63

国有建设用地出让情况
State-owned Land for Construction Use Granted

地区	Region	出让 Granting			
		宗数 Number of Land Plots	面积/公顷 Area/hectare	新增 Newly Increased	成交价款/万元 Transaction Price Value/10^4 yuan
日照市	Rizhao City	935	566.45	467.43	563587.96
莱芜市	Laiwu City	312	331.57	285.26	156252.78
临沂市	Linyi City	882	2434.23	1908.23	2285559.02
德州市	Dezhou City	358	1151.82	838.50	1142921.36
聊城市	Liaocheng City	514	1293.38	1017.95	753311.79
滨州市	Binzhou City	527	963.35	860.67	509110.20
菏泽市	Heze City	413	1420.70	1133.11	1106985.54
河南	**Henan**	**5172**	**15917.82**	**10258.96**	**14225404.79**
郑州市	Zhengzhou City	779	2574.76	1919.66	5533651.80
开封市	Kaifeng City	251	765.77	549.86	601598.21
洛阳市	Luoyang City	375	1249.72	726.28	962760.69
平顶山市	Pingdingshan City	266	786.67	578.12	488475.11
安阳市	Anyang City	395	1359.50	813.93	938741.05
鹤壁市	Hebi City	141	515.75	384.34	387041.88
新乡市	Xinxiang City	372	1376.71	659.36	614840.73
焦作市	Jiaozuo City	243	1154.82	651.97	504200.76
濮阳市	Puyang City	157	356.03	203.63	335009.81
许昌市	Xuchang City	206	621.25	404.11	651717.14
漯河市	Luohe City	180	348.06	235.66	248005.82
三门峡市	Sanmenxia City	182	451.49	346.77	235145.32
南阳市	Nanyang City	411	1127.74	863.01	810338.27
商丘市	Shangqiu City	292	960.11	478.48	511965.95
信阳市	Xinyang City	235	617.78	439.56	440752.62
周口市	Zhoukou City	282	780.38	518.24	478823.91
驻马店市	Zhumadian City	405	871.26	485.97	482335.73
湖北	**Hubei**	**7834**	**14372.58**	**10331.69**	**12665606.39**
武汉市	Wuhan City	490	2618.92	2245.02	5134756.83
黄石市	Huangshi City	210	517.65	259.23	344757.03
十堰市	Shiyan City	272	856.42	789.93	594998.40
宜昌市	Yichang City	628	1166.51	833.96	934130.79
襄阳市	Xiangyang City	1202	1676.12	1083.51	1273549.82

——按省市分列（2014年） 续表5
by Province, Autonomous Region and Municipality (2014) Continued 5

协议出让 Granting through Agreement				"招拍挂"出让 Granting through Bidding, Auction and Listing			
宗数 Number of Land Plots	面积/公顷 Area/hectare	新增 Newly Increased	成交价款/万元 Transaction Price Value/10^4 yuan	宗数 Number of Land Plots	面积/公顷 Area/hectare	新增 Newly Increased	成交价款/万元 Transaction Price Value/10^4 yuan
22	10.78	1.53	1259.84	913	555.67	465.90	562328.13
226	54.03	41.04	16801.79	86	277.53	244.22	139450.99
124	47.46	16.76	35809.53	758	2386.77	1891.46	2249749.50
22	22.75	6.65	21090.87	336	1129.07	831.85	1121830.49
34	15.65	5.74	18620.81	480	1277.72	1012.21	734690.98
32	13.97	5.39	8594.49	495	949.39	855.28	500515.71
36	25.51	22.15	8859.89	377	1395.18	1110.96	1098125.65
670	**876.29**	**333.71**	**616189.65**	**4502**	**15041.53**	**9925.25**	**13609215.13**
75	199.68	63.75	252910.20	704	2375.09	1855.92	5280741.60
3	0.90	0.02	1276.45	248	764.88	549.84	600321.76
39	86.41	19.19	78820.65	336	1163.31	707.09	883940.04
84	155.63	89.08	81340.74	182	631.05	489.04	407134.37
29	37.37	9.57	18377.56	366	1322.13	804.37	920363.48
11	15.82	2.63	2291.88	130	499.93	381.71	384750.00
45	24.00	10.28	3868.74	327	1352.70	649.08	610971.98
37	116.73	37.10	54392.76	206	1038.09	614.87	449808.00
54	33.66	22.34	8103.16	103	322.37	181.29	326906.65
13	15.06	11.41	8120.20	193	606.19	392.70	643596.94
70	19.82	1.04	3730.69	110	328.24	234.61	244275.13
12	13.53	5.45	4620.78	170	437.96	341.32	230524.54
44	38.72	8.30	43794.01	367	1089.02	854.71	766544.26
51	67.00	46.36	28433.44	241	893.11	432.12	483532.51
13	1.84		1946.14	222	615.94	439.56	438806.48
36	22.79	6.94	12929.49	246	757.59	511.30	465894.42
54	27.33	0.25	11232.75	351	843.93	485.73	471102.98
2785	**557.58**	**289.47**	**435383.71**	**5049**	**13815.00**	**10042.22**	**12230222.68**
53	150.51	135.50	261935.63	437	2468.42	2109.52	4872821.20
61	20.55	5.95	5828.63	149	497.10	253.28	338928.40
7	48.24	48.01	20985.05	265	808.18	741.92	574013.34
169	18.77	10.63	25978.32	459	1147.74	823.33	908152.47
260	68.37	25.88	46768.03	942	1607.75	1057.63	1226781.79

国有建设用地出让情况
State-owned Land for Construction Use Granted

地区	Region	出让 Granting			
		宗数 Number of Land Plots	面积/公顷 Area/hectare	新增 Newly Increased	成交价款/万元 Transaction Price Value/10^4 yuan
鄂州市	Ezhou City	80	274. 39	243. 98	178601. 00
荆门市	Jingmen City	399	1054. 19	620. 91	578735. 94
孝感市	Xiaogan City	622	1165. 64	785. 89	783174. 53
荆州市	Jingzhou City	1413	1007. 86	576. 91	614808. 96
黄冈市	Huanggang City	404	1238. 27	843. 53	711286. 68
咸宁市	Xianning City	583	1004. 67	768. 09	529348. 51
随州市	Suizhou City	211	564. 24	448. 67	288623. 91
恩施土家族苗族自治州	Enshi Tujia & Miao A. P.	980	449. 71	401. 37	354171. 25
省直辖县级行政区划	County-level Administrative Units Directly under the Provincial Government	340	778. 00	430. 71	344662. 75
湖南	**Hunan**	**10712**	**9631. 08**	**7123. 07**	**10332925. 83**
长沙市	Changsha City	695	2168. 30	1669. 41	3562730. 18
株洲市	Zhuzhou City	269	452. 09	399. 53	600329. 89
湘潭市	Xiangtan City	408	622. 07	446. 23	442277. 70
衡阳市	Hengyang City	501	971. 99	692. 16	1137403. 97
邵阳市	Shaoyang City	967	494. 87	346. 31	448311. 14
岳阳市	Yueyang City	430	697. 46	521. 77	520308. 11
常德市	Changde City	880	908. 66	663. 62	676415. 42
张家界市	Zhangjiajie City	310	79. 84	36. 86	135542. 52
益阳市	Yiyang City	1779	515. 16	380. 53	406755. 25
郴州市	Chenzhou City	990	655. 15	458. 20	565129. 26
永州市	Yongzhou City	1096	647. 92	479. 57	484889. 65
怀化市	Huaihua City	1092	689. 44	500. 61	705808. 96
娄底市	Loudi City	769	434. 42	282. 61	448277. 41
湘西土家族苗族自治州	West Hunan Tujia & Miao A. P.	526	293. 71	245. 67	198746. 38
广东	**Guangdong**	**9168**	**11868. 27**	**7271. 49**	**30315827. 11**
广州市	Guangzhou City	164	987. 03	632. 34	8334208. 44
韶关市	Shaoguan City	455	559. 60	289. 14	304700. 22
深圳市	Shenzhen City	219	547. 77	63. 74	6787055. 60
珠海市	Zhuhai City	107	542. 03	171. 95	2361575. 60
汕头市	Shantou City	47	134. 29	90. 46	931067. 64
佛山市	Foshan City	2059	1052. 89	256. 86	3979580. 50

——按省市分列（2014 年） 续表 6

by Province, Autonomous Region and Municipality (2014) Continued 6

协议出让 Granting through Agreement				"招拍挂"出让 Granting through Bidding, Auction and Listing			
宗数 Number of Land Plots	面积/公顷 Area/hectare	新增 Newly Increased	成交价款/万元 Transaction Price Value/10^4 yuan	宗数 Number of Land Plots	面积/公顷 Area/hectare	新增 Newly Increased	成交价款/万元 Transaction Price Value/10^4 yuan
				80	274.39	243.98	178601.00
11	17.89	5.99	10006.39	388	1036.30	614.92	568729.56
149	55.01	1.37	8550.06	473	1110.63	784.52	774624.47
1031	34.40	11.46	6588.39	382	973.46	565.44	608220.56
16	43.38	20.56	22269.25	388	1194.88	822.97	689017.43
291	21.23	9.98	6155.72	292	983.45	758.11	523192.79
29	5.70	2.34	2064.91	182	558.55	446.33	286559.00
704	33.99	11.78	9423.21	276	415.72	389.58	344748.04
4	39.55		8830.12	336	738.45	430.71	335832.63
6779	**755.88**	**150.15**	**469606.31**	**3933**	**8875.21**	**6972.92**	**9863319.52**
138	99.68	68.78	147900.92	557	2068.62	1600.63	3414829.27
8	0.14	0.08	56.86	261	451.95	399.46	600273.03
271	134.41	1.23	40880.52	137	487.66	445.00	401397.18
161	123.27		42555.76	340	848.73	692.16	1094848.21
679	24.82	2.06	14132.45	288	470.05	344.25	434178.69
142	56.40	24.86	16747.12	288	641.06	496.91	503560.99
546	15.33	0.28	12046.85	334	893.33	663.33	664368.57
212	9.81	1.16	4621.14	98	70.03	35.70	130921.39
1321	13.39	1.05	3421.74	458	501.77	379.48	403333.51
701	108.93	37.92	100583.46	289	546.22	420.28	464545.80
872	55.25	0.11	52481.36	224	592.67	479.46	432408.28
768	92.89	11.75	26578.31	324	596.55	488.86	679230.65
577	11.23	0.88	3733.95	192	423.19	281.73	444543.46
383	10.33		3865.90	143	283.38	245.67	194880.49
6380	**2475.74**	**1221.31**	**4516774.28**	**2788**	**9392.53**	**6050.18**	**25799052.83**
36	349.39	273.81	278806.95	128	637.64	358.53	8055401.49
246	61.95		29191.00	209	497.66	289.14	275509.22
179	372.34	48.81	3188804.60	40	175.43	14.92	3598251.00
1	2.46	0.80	243.71	106	539.56	171.15	2361331.89
16	19.37	12.00	17509.66	31	114.92	78.45	913557.98
1854	164.72	2.50	82016.36	205	888.18	254.36	3897564.14

国有建设用地出让情况
State-owned Land for Construction Use Granted

地区	Region	出让 Granting			
		宗数 Number of Land Plots	面积/公顷 Area/hectare	新增 Newly Increased	成交价款/万元 Transaction Price Value/10^4 yuan
江门市	Jiangmen City	293	656. 52	385. 25	769837. 93
湛江市	Zhanjiang City	390	539. 06	394. 30	449421. 68
茂名市	Maoming City	271	438. 71	191. 15	631869. 17
肇庆市	Zhaoqing City	725	837. 71	664. 29	450923. 75
惠州市	Huizhou City	1122	825. 59	417. 67	776204. 96
梅州市	Meizhou City	1782	481. 77	331. 84	501858. 14
汕尾市	Shanwei City	24	118. 97	83. 44	163846. 64
河源市	Heyuan City	140	468. 55	390. 35	292478. 94
阳江市	Yangjiang City	179	499. 58	413. 98	333391. 49
清远市	Qingyuan City	507	837. 97	572. 69	846248. 56
东莞市	Dongguan City	151	536. 84	361. 09	1058410. 74
中山市	Zhongshan City	90	213. 96	142. 61	275127. 83
潮州市	Chaozhou City	160	252. 80	214. 14	392401. 79
揭阳市	Jieyang City	160	892. 16	827. 38	396278. 43
云浮市	Yunfu City	123	444. 46	376. 85	279339. 05
广西	**Guangxi**	**6207**	**6674. 82**	**4689. 36**	**6313009. 20**
南宁市	Nanning City	648	1171. 54	840. 26	2325382. 57
柳州市	Liuzhou City	717	688. 57	491. 63	957963. 95
桂林市	Guilin City	1277	476. 44	278. 39	626702. 49
梧州市	Wuzhou City	233	347. 89	262. 07	186341. 80
北海市	Beihai City	497	333. 07	105. 43	169147. 09
防城港市	Fangchenggang City	121	504. 07	218. 48	140343. 04
钦州市	Qinzhou City	202	468. 07	242. 80	231648. 00
贵港市	Guigang City	121	432. 23	291. 75	357603. 68
玉林市	Yulin City	162	441. 44	390. 93	280475. 44
百色市	Baise City	781	568. 69	499. 10	371597. 51
贺州市	Hezhou City	251	341. 62	295. 06	106908. 02
河池市	Hechi City	306	268. 01	221. 31	164010. 33
来宾市	Laibin City	637	394. 29	345. 98	253393. 73
崇左市	Chongzuo City	254	238. 92	206. 17	141491. 55

——按省市分列（2014 年） 续表 7
by Province, Autonomous Region and Municipality (2014) Continued 7

协议出让 Granting through Agreement				"招拍挂"出让 Granting through Bidding, Auction and Listing			
宗数 Number of Land Plots	面积/公顷 Area/hectare	新增 Newly Increased	成交价款/万元 Transaction Price Value/10^4 yuan	宗数 Number of Land Plots	面积/公顷 Area/hectare	新增 Newly Increased	成交价款/万元 Transaction Price Value/10^4 yuan
140	143.85	17.87	305813.04	153	512.67	367.38	464024.90
263	49.38		40487.49	127	489.69	394.30	408934.19
170	56.02	1.19	53827.14	101	382.68	189.95	578042.03
546	126.50	49.22	91763.25	179	711.22	615.07	359160.50
794	75.88	13.05	62867.57	328	749.71	404.62	713337.39
1641	50.86	13.89	14042.89	141	430.92	317.95	487815.25
3	1.68		3550.58	21	117.30	83.44	160296.07
1	1.59		713.70	139	466.96	390.35	291765.24
20	40.85	17.57	16938.74	159	458.74	396.41	316452.75
246	116.86	42.94	55641.41	261	721.10	529.75	790607.15
58	135.37	60.45	120665.74	93	401.47	300.64	937745.00
7	15.75	15.75	38119.88	83	198.20	126.86	237007.95
97	9.22		3370.05	63	243.58	214.14	389031.74
62	681.70	651.45	112400.53	98	210.46	175.93	283877.90
				123	444.46	376.85	279339.05
4164	**1160.89**	**248.98**	**539674.11**	**2043**	**5513.94**	**4440.38**	**5773335.10**
350	86.15	7.80	177084.30	298	1085.39	832.46	2148298.27
510	50.81	5.48	16057.47	207	637.76	486.15	941906.48
1037	70.71	17.66	38577.26	240	405.72	260.73	588125.23
118	79.03	22.06	37689.05	115	268.86	240.01	148652.75
438	200.73	2.08	63352.89	59	132.34	103.34	105794.20
54	247.91	9.42	35035.22	67	256.16	209.06	105307.82
107	170.95		70588.00	95	297.11	242.80	161060.00
9	16.44		4941.21	112	415.79	291.75	352662.46
47	16.11	5.16	16132.54	115	425.33	385.78	264342.90
412	13.64	3.41	18116.36	369	555.05	495.70	353481.15
196	144.47	131.32	42518.30	55	197.15	163.74	64389.72
199	13.33	1.74	3510.20	107	254.68	219.57	160500.13
533	47.67	42.14	14362.35	104	346.62	303.84	239031.38
154	2.94	0.72	1708.93	100	235.98	205.45	139782.62

国有建设用地出让情况
State-owned Land for Construction Use Granted

地区	Region	出让 Granting			
		宗数 Number of Land Plots	面积/公顷 Area/hectare	新增 Newly Increased	成交价款/万元 Transaction Price Value/10^4 yuan
海南	**Hainan**	**335**	**991.99**	**687.31**	**1613889.09**
海口市	Haikou City	38	101.38	16.90	248473.68
三亚市	Sanya City	22	120.99	94.10	694271.95
省直辖县级行政区划	County-level Administrative Units Directly under the Provincial Government	275	769.61	576.31	671143.47
重庆	**Chongqing**	**1727**	**7615.57**	**3988.73**	**13313844.81**
四川	**Sichuan**	**8456**	**12014.18**	**9307.14**	**15546826.79**
成都市	Chengdu City	774	2181.21	1986.05	5593444.69
自贡市	Zigong City	60	254.06	182.80	419519.96
攀枝花市	Panzhihua City	180	249.09	191.80	94244.64
泸州市	Luzhou City	341	540.44	420.44	507824.08
德阳市	Deyang City	511	832.07	466.12	490537.56
绵阳市	Mianyang City	1781	835.44	577.67	677365.79
广元市	Guangyuan City	1497	305.95	173.42	313595.09
遂宁市	Suining City	224	563.69	408.27	398197.32
内江市	Neijiang City	114	314.72	181.98	362577.05
乐山市	Leshan City	217	612.32	451.30	691812.27
南充市	Nanchong City	219	743.11	486.20	1223860.27
眉山市	Meishan City	262	874.87	736.67	885734.00
宜宾市	Yibin City	270	670.62	584.40	610103.50
广安市	Guang'an City	172	535.46	507.16	646345.16
达州市	Dazhou City	283	350.41	286.91	528138.26
雅安市	Ya'an City	80	214.90	125.59	105424.72
巴中市	Bazhong City	865	455.83	310.65	668411.52
资阳市	Ziyang City	148	664.41	465.32	955730.72
阿坝藏族羌族自治州	Aba Tibetan & Qiang A. P.	24	82.88	75.95	23336.50
甘孜藏族自治州	Ganzi Tibetan A. P.	130	28.41	7.83	25959.46
凉山彝族自治州	Liangshan Yi A. P.	304	704.28	680.62	324664.22
贵州	**Guizhou**	**4047**	**7800.13**	**5120.02**	**6610147.94**
贵阳市	Guiyang City	273	1126.39	893.76	1537208.48
六盘水市	Liupanshui City	335	510.38	354.75	688688.91
遵义市	Zunyi City	1025	1462.45	1012.92	958329.58
安顺市	Anshun City	184	553.98	303.12	241272.44
铜仁地区	Tongren Prefecture	233	665.39	455.44	431801.41
黔西南布依族苗族自治州	Southwest Guizhou Buyei & Miao A. P.	300	582.71	238.84	208306.12
毕节地区	Bijie Prefecture	569	1333.31	758.09	1444272.13
黔东南苗族侗族自治州	Southeast Guizhou Miao & Dong A. P.	555	728.95	490.61	345415.03
黔南布依族苗族自治州	South Guizhou Buyei & Miao A. P.	573	836.57	612.48	754853.85
云南	**Yunnan**	**6755**	**6130.04**	**4394.31**	**4758924.45**
昆明市	Kunming City	1743	1738.97	1276.83	2126090.91

——按省市分列（2014年） 续表8
by Province, Autonomous Region and Municipality（2014） Continued 8

协议出让 Granting through Agreement				“招拍挂”出让 Granting through Bidding, Auction and Listing			
宗数 Number of Land Plots	面积/公顷 Area/hectare	新增 Newly Increased	成交价款/万元 Transaction Price Value/10^4 yuan	宗数 Number of Land Plots	面积/公顷 Area/hectare	新增 Newly Increased	成交价款/万元 Transaction Price Value/10^4 yuan
83	**93.38**	**31.22**	**49467.79**	**252**	**898.61**	**656.10**	**1564421.30**
19	16.64	10.40	22892.25	19	84.74	6.50	225581.43
3	2.47		5499.00	19	118.52	94.10	688772.95
61	74.27	20.82	21076.54	214	695.34	555.49	650066.93
222	**69.56**	**49.76**	**65793.40**	**1505**	**7546.00**	**3938.97**	**13248051.41**
5292	**1204.72**	**821.84**	**667455.82**	**3164**	**10809.46**	**8485.30**	**14879370.97**
282	64.33	35.91	66406.63	492	2116.88	1950.14	5527038.07
				60	254.06	182.80	419519.96
88	10.62	0.42	4987.54	92	238.46	191.38	89257.10
165	87.94	1.79	92430.73	176	452.51	418.66	415393.36
283	44.29	3.57	14771.22	228	787.79	462.55	475766.33
1577	124.86	46.93	114033.01	204	710.58	530.74	563332.78
1388	35.59	3.75	45718.10	109	270.37	169.67	267877.00
53	0.75		267.47	171	562.94	408.27	397929.85
45	36.65	4.49	36573.16	69	278.07	177.49	326003.90
35	46.84	40.54	67079.91	182	565.48	410.75	624732.37
48	1.73	0.33	987.75	171	741.38	485.86	1222872.52
				262	874.87	736.67	885734.00
30	107.93	102.17	12244.03	240	562.69	482.23	597859.48
10	19.16	16.35	4891.29	162	516.30	490.81	641453.87
162	20.02	4.89	13670.99	121	330.39	282.02	514467.27
1	1.80	1.80		79	213.10	123.79	105424.72
758	79.92	57.99	84889.41	107	375.92	252.66	583522.10
6	0.30	0.30	111.33	142	664.11	465.02	955619.39
6	6.11	5.60	1039.05	18	76.77	70.35	22297.45
108	1.58		329.31	22	26.83	7.83	25630.15
247	514.31	495.01	107024.90	57	189.97	185.61	217639.31
686	**270.41**	**131.43**	**72960.65**	**3361**	**7529.72**	**4988.59**	**6537187.29**
24	25.97	19.86	16599.38	249	1100.42	873.91	1520609.10
13	0.77		649.90	322	509.61	354.75	688039.00
14	14.37	1.10	6502.95	1011	1448.07	1011.82	951826.63
20	0.45	0.05	594.63	164	553.53	303.08	240677.81
5	4.38	0.05	1600.03	228	661.02	455.39	430201.38
36	197.88	106.80	36394.34	264	384.82	132.03	171911.78
122	8.80	1.89	3190.10	447	1324.51	756.21	1441082.03
273	5.83		4761.60	282	723.12	490.61	340653.42
179	11.96	1.69	2667.72	394	824.61	610.79	752186.13
3795	**671.83**	**281.93**	**277170.55**	**2960**	**5458.21**	**4112.38**	**4481753.90**
1322	97.12	44.04	68085.58	421	1641.86	1232.79	2058005.33

国有建设用地出让情况
State-owned Land for Construction Use Granted

地区	Region	出让 Granting			
		宗数 Number of Land Plots	面积/公顷 Area/hectare	新增 Newly Increased	成交价款/万元 Transaction Price Value/10^4 yuan
曲靖市	Qujing City	303	485.80	308.57	284839.79
玉溪市	Yuxi City	162	397.46	272.98	176315.48
保山市	Baoshan City	459	432.68	373.10	256985.18
昭通市	Zhaotong City	846	203.77	152.43	157044.79
丽江市	Lijiang City	112	284.49	98.50	91883.01
普洱市	Pu'er City	361	204.95	147.59	159595.19
临沧市	Lincang City	86	172.15	165.47	77824.44
楚雄彝族自治州	Chuxiong Yi A. P.	280	265.35	187.10	136143.01
红河哈尼族彝族自治州	Honghe Hani & Yi A. P.	677	454.26	286.31	381022.19
文山壮族苗族自治州	Wenshan Zhuang & Miao A. P.	170	390.41	317.53	219744.96
西双版纳傣族自治州	Xishuangbanna Dai A. P.	183	325.43	277.06	213528.10
大理白族自治州	Dali Bai A. P.	491	384.09	241.12	323388.62
德宏傣族景颇族自治州	Dehong Dai & Jingpo A. P.	183	259.20	169.28	136420.98
怒江傈僳族自治州	Nujiang Lisu A. P.	679	23.24	15.21	6058.21
迪庆藏族自治州	Diqing Tibetan A. P.	20	107.79	105.24	12039.60
西藏	**Tibet**	**294**	**778.30**	**439.32**	**166526.94**
拉萨市	Lhasa City	59	282.13	238.94	137983.30
昌都地区	Qamdo Prefecture				
山南地区	Lhokha Prefecture	22	136.91	136.91	5034.25
日喀则地区	Xigaze Prefecture	33	3.38	3.07	1173.62
那曲地区	Nagqu Prefecture				
阿里地区	Ngari Prefecture	23	2.98	2.74	298.69
林芝地区	Nyingchi Prefecture	157	352.91	57.66	22037.08
陕西	**Shaanxi**	**2365**	**6263.77**	**5442.20**	**5748392.61**
西安市	Xi'an City	360	1326.37	1080.92	2737020.87
铜川市	Tongchuan City	38	158.87	150.62	56978.69
宝鸡市	Baoji City	221	758.07	649.73	457890.90
咸阳市	Xianyang City	306	936.00	867.37	590363.73
渭南市	Weinan City	164	417.67	343.79	266574.08
延安市	Yan'an City	127	239.33	156.04	330746.65
汉中市	Hanzhong City	472	995.32	941.76	488815.42
榆林市	Yulin City	197	858.90	769.49	277820.61
安康市	Ankang City	314	221.43	161.17	374193.22
商洛市	Shangluo City	166	351.81	321.31	167988.44
甘肃	**Gansu**	**1869**	**6660.18**	**5547.64**	**1927530.52**
兰州市	Lanzhou City	283	1261.56	1073.15	673275.84
嘉峪关市	Jiayuguan City	91	835.92	790.23	53168.82
金昌市	Jinchang City	52	109.49	81.06	14017.77
白银市	Baiyin City	219	565.31	356.17	151224.59
天水市	Tianshui City	73	207.92	166.00	145259.57
武威市	Wuwei City	126	1019.42	754.95	121055.11

——按省市分列（2014 年） 续表 9
by Province, Autonomous Region and Municipality (2014) Continued 9

协议出让 Granting through Agreement				"招拍挂"出让 Granting through Bidding, Auction and Listing			
宗数 Number of Land Plots	面积/公顷 Area/hectare	新增 Newly Increased	成交价款/万元 Transaction Price Value/10^4 yuan	宗数 Number of Land Plots	面积/公顷 Area/hectare	新增 Newly Increased	成交价款/万元 Transaction Price Value/10^4 yuan
81	31.15	5.60	18876.62	222	454.64	302.97	265963.17
34	41.49	25.24	20828.37	128	355.97	247.75	155487.11
90	86.83	84.45	59988.81	369	345.85	288.64	196996.36
723	55.40	36.94	27285.83	123	148.36	115.50	129758.96
42	182.53	0.13	7910.06	70	101.97	98.36	83972.95
192	56.30	35.93	30838.91	169	148.65	111.66	128756.29
3	1.18	1.18	243.64	83	170.97	164.29	77580.80
77	6.44	5.81	4016.75	203	258.91	181.29	132126.25
239	33.83	0.49	17403.83	438	420.43	285.82	363618.36
6	2.88	2.08	727.80	164	387.53	315.45	219017.16
10	8.64	5.58	2200.87	173	316.79	271.48	211327.24
264	42.89	15.35	14516.92	227	341.19	225.77	308871.70
56	1.95	0.01	1119.72	127	257.25	169.28	135301.26
649	2.60	0.02	626.55	30	20.64	15.19	5431.66
7	20.60	19.09	2500.31	13	87.19	86.15	9539.29
210	**516.76**		**18632.02**	**84**	**261.54**		**147894.92**
31	75.99		9164.69	28	206.14		128818.61
8	128.70		5034.25	14	8.21		
23	3.08		1124.52	10	0.30		49.10
23	2.98		298.69				
125	306.02		3009.87	32	46.89		19027.21
432	**260.61**	**129.86**	**139552.47**	**1933**	**6003.16**	**5312.34**	**5608840.14**
32	54.74	22.04	31390.87	328	1271.63	1058.89	2705630.00
1	0.14		42.69	37	158.73	150.62	56936.00
1	0.23		752.37	220	757.85	649.73	457138.53
14	14.37	2.68	3114.13	292	921.63	864.69	587249.60
25	43.17	16.97	18493.38	139	374.50	326.83	248080.70
22	21.55		18504.53	105	217.78	156.04	312242.13
105	22.23	0.90	3039.71	367	973.09	940.86	485775.72
18	92.40	84.24	53557.44	179	766.50	685.25	224263.17
207	10.55	3.04	8419.15	107	210.88	158.12	365774.07
7	1.25		2238.22	159	350.57	321.31	165750.22
451	**576.32**	**321.30**	**154425.31**	**1418**	**6083.86**	**5226.34**	**1773105.21**
21	66.97		75949.43	262	1194.59	1073.15	597326.41
14	30.55	1.60	5655.71	77	805.37	788.63	47513.11
16	14.26	0.71	2842.71	36	95.24	80.35	11175.06
62	50.44		21385.22	157	514.88	356.17	129839.37
9	9.04	3.90	5994.89	64	198.88	162.10	139264.68
4	6.44	5.35	4245.44	122	1012.98	749.61	116809.67

国有建设用地出让情况
State-owned Land for Construction Use Granted

地区	Region	出让 Granting			
		宗数 Number of Land Plots	面积/公顷 Area/hectare	新增 Newly Increased	成交价款/万元 Transaction Price Value/10^4 yuan
张掖市	Zhangye City	380	655. 52	557. 02	119278. 53
平凉市	Pingliang City	118	372. 18	253. 94	242559. 34
酒泉市	Jiuquan City	169	906. 70	853. 35	106763. 45
庆阳市	Qingyang City	54	186. 63	179. 50	94120. 80
定西市	Dingxi City	94	195. 35	172. 55	87892. 72
陇南市	Longnan City	59	24. 36	14. 38	14796. 09
临夏回族自治州	Linxia Hui A. P.	86	259. 21	245. 29	96314. 45
甘南藏族自治州	Gannan Tibetan A. P.	65	60. 60	50. 06	7803. 43
青海	**Qinghai**	**727**	**1955. 38**	**1510. 12**	**731888. 70**
西宁市	Xining City	187	880. 12	725. 87	566773. 14
海东地区	Haidong Prefecture	82	206. 79	119. 50	72350. 56
海北藏族自治州	Haibei Tibetan A. P.	48	90. 16	77. 82	9580. 40
黄南藏族自治州	Huangnan Tibetan A. P.	19	32. 09	27. 50	11069. 37
海南藏族自治州	Hainan Tibetan A. P.	293	100. 07	77. 55	20503. 52
果洛藏族自治州	Golog Tibetan A. P.	14	89. 37	79. 55	1739. 01
玉树藏族自治州	Yushu Tibetan A. P.	7	2. 89		3461. 45
海西蒙古族藏族自治州	Haixi Mongol & Tibetan A. P.	77	553. 89	402. 34	46411. 25
宁夏	**Ningxia**	**899**	**3681. 05**	**3141. 96**	**977345. 58**
银川市	Yinchuan City	376	1741. 30	1465. 29	546611. 13
石嘴山市	Shizuishan City	92	355. 57	233. 25	55279. 28
吴忠市	Wuzhong City	228	746. 02	722. 90	90450. 78
固原市	Guyuan City	85	273. 25	250. 66	88559. 86
中卫市	Zhongwei City	118	564. 92	469. 85	196444. 53
新疆	**Xinjiang**	**3078**	**11397. 83**	**9442. 86**	**2154059. 93**
乌鲁木齐市	Urumqi City	232	1109. 11	862. 41	434768. 08
克拉玛依市	Karamay City	125	230. 39	154. 57	56624. 06
吐鲁番地区	Turpan Prefecture	164	1227. 48	1173. 71	112030. 11
哈密地区	Hami Prefecture	162	750. 62	621. 04	65973. 33
昌吉回族自治州	Changji Hui A. P.	463	1871. 89	1673. 86	407917. 32
博尔塔拉蒙古自治州	Bortala Mongol A. P.	112	582. 16	494. 75	64207. 47
巴音郭楞蒙古自治州	Bayingolin Mongol A. P.	263	1159. 34	931. 44	120354. 29
阿克苏地区	Akesu Prefecture	291	1035. 71	944. 90	87204. 27
克孜勒苏柯尔克孜自治州	Kizilsu Kirgiz A. P.	72	320. 50	301. 24	16222. 40
喀什地区	Kashi Prefecture	410	930. 62	727. 11	160613. 69
和田地区	Hotan Prefecture	76	321. 56	301. 31	37299. 92
伊犁哈萨克自治州	Ili Kazak A. P.	351	1108. 30	745. 71	449186. 93
塔城地区	Tacheng Prefecture	180	465. 45	291. 66	68793. 29
阿勒泰地区	Altay Prefecture	151	212. 62	168. 40	28651. 61
石河子市	Shihezi City	26	72. 08	50. 74	44213. 16
阿拉尔市	Aral City				
图木舒克市	Tumxuk City				
五家渠市	Wujiaqu City				

——按省市分列（2014 年） 续表 10

by Province, Autonomous Region and Municipality（2014） Continued 10

协议出让 Granting through Agreement				“招拍挂”出让 Granting through Bidding, Auction and Listing			
宗数 Number of Land Plots	面积/公顷 Area/hectare	新增 Newly Increased	成交价款/万元 Transaction Price Value/10^4 yuan	宗数 Number of Land Plots	面积/公顷 Area/hectare	新增 Newly Increased	成交价款/万元 Transaction Price Value/10^4 yuan
173	41.57		8870.18	207	613.95	557.02	110408.35
10	30.87	0.35	4087.96	108	341.32	253.59	238471.38
37	305.98	305.50	21221.32	132	600.72	547.84	85542.13
11	0.75		141.40	43	185.89	179.50	93979.40
6	5.29		1696.29	88	190.06	172.55	86196.43
39	2.66		416.95	20	21.70	14.38	14379.14
				86	259.21	245.29	96314.45
49	11.52	3.89	1917.80	16	49.09	46.17	5885.63
332	**898.81**	**789.13**	**55266.52**	**395**	**1056.57**	**721.00**	**676622.18**
80	579.19	506.92	40135.97	107	300.94	218.94	526637.16
14	31.60	24.29	3929.69	68	175.19	95.21	68420.87
17	8.66	6.65	634.98	31	81.49	71.16	8945.42
2	2.31	1.17	345.11	17	29.78	26.32	10724.26
192	29.38	20.54	2422.67	101	70.68	57.01	18080.85
14	89.37	79.55	1739.01				
7	2.89		3461.45				
6	155.40	150.00	2597.62	71	398.49	252.34	43813.62
47	**169.37**	**47.54**	**90063.50**	**852**	**3511.67**	**3094.42**	**887282.08**
25	102.24	1.97	60128.45	351	1639.06	1463.31	486482.68
3	5.90		4861.03	89	349.67	233.25	50418.25
5	3.81		2843.04	223	742.20	722.90	87607.74
1	0.03	0.03	3.65	84	273.22	250.63	88556.21
13	57.40	45.54	22227.33	105	507.52	424.32	174217.20
336	**534.92**	**290.70**	**141239.01**	**2742**	**10862.90**	**9152.16**	**2012820.92**
71	232.94	196.35	42838.45	161	876.17	666.07	391929.63
20	19.05	11.93	6313.22	105	211.34	142.64	50310.84
2	11.23		662.98	162	1216.25	1173.71	111367.13
42	23.39		971.21	120	727.23	621.04	65002.12
25	29.98	7.27	7350.03	438	1841.90	1666.59	400567.29
6	10.02	1.11	5344.84	106	572.14	493.64	58862.64
5	45.24	44.35	3841.08	258	1114.10	887.09	116513.21
3	0.37		56.19	288	1035.34	944.90	87148.08
1	0.50		113.29	71	320.00	301.24	16109.12
22	1.65		270.79	388	928.96	727.11	160342.90
5	9.48	9.48	282.98	71	312.08	291.83	37016.93
62	131.18	15.45	60796.87	289	977.13	730.26	388390.06
62	7.33	1.55	1008.65	118	458.12	290.11	67784.64
2	3.23	3.21	198.26	149	209.39	165.19	28453.34
8	9.32		11190.16	18	62.76	50.74	33023.00

国有建设用地出让情况——按用地类型分列（2014 年）

State-owned Land for Construction Use Granted by Land-use Type (2014)

		出让面积/公顷 Area/hectare	成交价款/万元 Transaction Price Value/10^4 yuan
出让总量	**Total Amount of Granting**	**277346.56**	**343773734.05**
工矿仓储用地	Land for Industry, Mining and Warehousing	140653.24	34265901.11
商服用地	Land for Commercial and Service Uses	49276.22	104200580.92
普通商品住房	Ordinary Commercial House	75727.42	197029258.02
中低价位、中小套型	Medium- and Low-price, Medium- and Small-sized Ordinary Commercial Houses	26515.20	55624894.80
公共租赁房	Public Rental House	341.46	421152.72
高档住宅	High-grade Residence	112.73	250128.40
公共管理与公共服务用地	Land for Public Management and Public Services	6940.61	5523308.85
特殊用地	Land for Special Uses	225.99	72418.37
交通运输用地	Land for Transport	3138.14	1291270.13
水域及水利设施用地	Land for Water Conservancy Facilities	139.17	16005.72
其他用地	Land for Other Uses	791.58	703709.81

主要城市建设用地价格（2014 年）
Prices of Land for Construction Use of Major Cities (2014)

城市	City	地面地价水平/（元·m^{-2}）Price Level of Ground Land/（yuan·m^{-2}）				地价同比增长率/% Increase over the Same Period of the Previous Year/%			
		综合地价 Integrated Price of Land	商业用地地价 Price of Land for Commercial Use	居住用地地价 Price of Land for Residential Use	工业用地地价 Price of Land for Industrial Use	综合地价 Integrated Price of Land	商业用地地价 Price of Land for Commercial Use	居住用地地价 Price of Land for Residential Use	工业用地地价 Price of Land for Industrial Use
105 个主要城市总体水平	**The Overall Land Price Level of 105 Major Cities**	**3522**	**6552**	**5277**	**742**	**5. 16**	**3. 90**	**4. 85**	**6. 03**
北京市	Beijing	28030	44946	46426	2256	6. 53	6. 38	6. 77	4. 54
天津市	Tianjin	5630	8859	6073	822	3. 44	3. 25	3. 60	2. 49
石家庄市	Shijiazhuang City	3335	5010	3836	690	5. 21	5. 37	5. 57	0. 20
唐山市	Tangshan City	1508	2332	1837	535	0. 73	0. 47	0. 77	0. 75
秦皇岛市	Qinhuangdao City	1836	2642	2601	372	5. 09	2. 72	5. 84	1. 34
邯郸市	Handan City	1155	2427	1623	615	3. 22	3. 98	4. 24	1. 32
保定市	Baoding City	2681	4556	4637	581	9. 49	13. 92	10. 00	3. 63
张家口市	Zhangjiakou City	1083	1981	1042	413	4. 03	5. 99	3. 37	2. 23
廊坊市	Langfang City	2040	3851	3097	431	1. 19	0. 29	1. 24	2. 38
太原市	Taiyuan City	2264	3712	2820	888	29. 74	29. 02	37. 63	10. 45
大同市	Datong City	1940	3831	2841	517	1. 62	3. 51		
呼和浩特市	Hohhot City	3152	4501	3483	538	5. 99	7. 06	5. 83	6. 96
包头市	Baotou City	1655	4403	2182	347	6. 50	7. 60	5. 82	2. 06
沈阳市	Shenyang City	2363	3123	2711	673	2. 56	2. 97	2. 50	1. 66
大连市	Dalian City	2410	5022	2952	766	5. 98	2. 66	6. 84	6. 69
鞍山市	Anshan City	774	1269	944	405	0. 52	0. 40	0. 75	
抚顺市	Fushun City	624	1393	1216	379	-0. 48	-0. 36	-1. 22	0. 26
本溪市	Benxi City	796	1160	1056	429	1. 40	1. 22	0. 76	2. 88
丹东市	Dandong City	897	3080	1647	369	3. 22	3. 84	4. 17	1. 10
锦州市	Jinzhou City	797	1455	924	284	9. 63	8. 66	11. 06	1. 79
阜新市	Fuxin City	891	1904	1147	339	-2. 30	0. 37	-3. 37	-1. 17
辽阳市	Liaoyang City	801	1521	1032	446	-0. 72	-0. 13	-0. 39	-1. 76
长春市	Changchun City	2274	4386	2746	387	2. 57	2. 79	2. 65	
吉林市	Jilin City	833	1351	1201	371	0. 73	0. 97	0. 76	
哈尔滨市	Harbin City	2335	6357	2525	436	0. 13	0. 24	-0. 08	
齐齐哈尔市	Qiqihar City	595	1794	727	378	5. 31	6. 34	4. 76	5. 88
鸡西市	Jixi City	588	2136	689	250	-0. 17	0. 23	-0. 29	
鹤岗市	Hegang City	503	1008	429	249	0. 80	-0. 10	1. 42	
大庆市	Daqing City	891	1398	1033	254	0. 45	0. 65	0. 39	1. 20
伊春市	Yichun City	288	497	241	199	1. 05	0. 81	1. 26	1. 02
佳木斯市	Jiamusi City	519	1138	531	286	0. 58	0. 44	1. 53	
牡丹江市	Mudanjiang City	678	2472	669	352	0. 15	0. 24	0. 45	

主要城市建设用地价格（2014 年） 续表 1
Prices of Land for Construction Use of Major Cities (2014) Continued 1

城市	City	地面地价水平/（元·m^{-2}） Price Level of Ground Land/（yuan·m^{-2}）				地价同比增长率/% Increase over the Same Period of the Previous Year/%			
		综合地价 Integrated Price of Land	商业用地地价 Price of Land for Commercial Use	居住用地地价 Price of Land for Residential Use	工业用地地价 Price of Land for Industrial Use	综合地价 Integrated Price of Land	商业用地地价 Price of Land for Commercial Use	居住用地地价 Price of Land for Residential Use	工业用地地价 Price of Land for Industrial Use
上海市	Shanghai	17744	38551	30979	1936	9. 22	5. 01	10. 38	8. 78
南京市	Nanjing City	7295	18717	9307	1781	3. 05	2. 36	-1. 22	65. 26
无锡市	Wuxi City	3147	10525	4790	721	-2. 24	-0. 97	-2. 88	0. 47
徐州市	Xuzhou City	2223	3831	3257	272	1. 18	1. 33	1. 16	0. 20
常州市	Changzhou City	1325	4847	3085	377	0. 61	1. 13	0. 39	0. 53
苏州市	Suzhou City	3014	5523	2893	624	0. 27	0. 07	0. 56	0. 48
南通市	Nantong City	1724	3696	3043	584	-2. 42	-1. 20	-3. 79	0. 21
扬州市	Yangzhou City	1211	2665	1784	348	0. 75	1. 14	0. 68	0. 29
杭州市	Hangzhou City	11525	16481	16640	676	3. 07	4. 43	2. 55	26. 38
宁波市	Ningbo City	5804	8536	8700	1147	-4. 49	-1. 95	-5. 98	1. 96
温州市	Wenzhou City	4907	11113	9181	1642	-3. 99	-4. 13	-4. 11	-3. 47
嘉兴市	Jiaxing City	1311	3046	1511	515	1. 16	-0. 33	-0. 33	11. 47
湖州市	Huzhou City	1973	4312	2443	439	-0. 80	-0. 63	-0. 93	
合肥市	Hefei City	2772	5726	3951	408	9. 09	4. 72	10. 58	
芜湖市	Wuhu City	1625	5340	2623	376	-0. 12	-0. 15	-0. 15	
蚌埠市	Bengbu City	966	1690	1361	312	0. 73	0. 36	0. 89	
淮南市	Huainan City	955	1749	1281	303	0. 84	1. 04	0. 95	
淮北市	Huaibei City	1462	3736	1949	301	0. 69	1. 47	0. 57	0. 67
福州市	Fuzhou City	10060	17280	10983	606	-0. 40	1. 17	-0. 98	2. 36
厦门市	Xiamen City	18798	29853	20567	911	3. 44	2. 18	3. 68	1. 67
泉州市	Quanzhou City	3514	6912	5925	602	-0. 65	0. 63	-1. 05	1. 52
南昌市	Nanchang City	4660	7597	5119	466	1. 80	2. 37	1. 67	1. 22
九江市	Jiujiang City	1484	3066	2712	301	4. 36	5. 91	4. 11	1. 35
济南市	Jinan City	2346	4520	3773	707	1. 96	2. 54	1. 95	1. 73
青岛市	Qingdao City	3395	9896	5254	783	11. 31	14. 51	12. 24	
淄博市	Zibo City	1087	2028	1439	427	2. 07	3. 63	2. 13	0. 23
枣庄市	Zaozhuang City	943	1773	1291	359	4. 43	8. 64	3. 69	2. 57
烟台市	Yantai City	1757	4953	4359	380	1. 91	3. 14	1. 49	2. 98
潍坊市	Weifang City	1594	2607	1707	450	5. 49	5. 80	5. 76	2. 51
济宁市	Jining City	881	1591	1299	478	1. 03	0. 82	1. 41	0. 42
泰安市	Tai'an City	1636	2680	2615	312	3. 65	3. 98	3. 84	0. 97
临沂市	Linyi City	914	1687	1158	380	7. 78	10. 70	8. 02	3. 26
郑州市	Zhengzhou City	2735	3258	3685	687	7. 25	6. 85	8. 16	1. 33
开封市	Kaifeng City	1328	2574	1633	429	6. 84	9. 11	6. 94	3. 37
洛阳市	Luoyang City	1415	2927	1914	549	6. 07	7. 14	7. 11	0. 73
平顶山市	Pingdingshan City	1418	2889	1780	572	24. 71	24. 74	32. 44	3. 25

主要城市建设用地价格（2014 年） 续表 2
Prices of Land for Construction Use of Major Cities（2014） Continued 2

城市	City	地面地价水平/（元·m⁻²） Price Level of Ground Land/（yuan·m⁻²）				地价同比增长率/% Increase over the Same Period of the Previous Year/%			
		综合地价 Integrated Price of Land	商业用地地价 Price of Land for Commercial Use	居住用地地价 Price of Land for Residential Use	工业用地地价 Price of Land for Industrial Use	综合地价 Integrated Price of Land	商业用地地价 Price of Land for Commercial Use	居住用地地价 Price of Land for Residential Use	工业用地地价 Price of Land for Industrial Use
安阳市	Anyang City	1089	2383	1136	654	7.29	6.57	6.77	9.73
新乡市	Xinxiang City	1477	2603	1884	417	7.73	5.60	11.94	4.51
焦作市	Jiaozuo City	698	1698	901	325	1.60	1.74	1.81	0.93
武汉市	Wuhan City	4376	9363	6037	830	3.70	3.99	3.69	2.60
黄石市	Huangshi City	688	1078	747	347	4.44	5.29	6.33	0.31
宜昌市	Yichang City	1344	2252	1338	378	10.34	13.91	7.99	0.80
襄阳市	Xiangyang City	1029	1943	1151	549	5.22	5.86	7.32	0.13
荆州市	Jingzhou City	1320	2544	1741	554	1.85	1.60	2.41	0.54
长沙市	Changsha City	2562	4102	2908	786	4.57	4.46	5.02	2.61
株洲市	Zhuzhou City	1398	3133	1446	434	7.87	8.30	9.21	1.17
湘潭市	Xiangtan City	1759	2464	1788	505	1.15	3.01	-0.06	0.80
衡阳市	Hengyang City	905	1980	959	511	8.90	11.93	10.23	4.29
岳阳市	Yueyang City	1595	3113	1590	368	4.38	4.18	4.54	1.94
广州市	Guangzhou City	19325	30503	25625	756	14.60	12.74	15.80	20.57
深圳市	Shenzhen City	22763	36633	35963	3166	6.39	-0.79	10.89	14.67
珠海市	Zhuhai City	4536	10147	6782	605	8.03	7.63	8.77	2.37
汕头市	Shantou City	2052	5548	3432	852	-3.57	-0.39	-5.71	-1.73
佛山市顺德	Shunde of Foshan City	3722	7723	5038	718	10.54	9.52	11.09	8.95
湛江市	Zhanjiang City	1129	4170	1725	447	2.45	5.06	1.95	2.76
东莞市	Dongguan City	5017	7339	5451	730	3.06	2.30	3.24	2.38
中山市	Zhongshan City	1933	6400	1636	673	7.33	10.27	5.89	5.16
南宁市	Nanning City	2582	6445	2012	516	2.30	2.03	2.81	2.18
柳州市	Liuzhou City	2402	7210	2825	426	1.61	1.76	1.44	2.65
北海市	Beihai City	1265	2926	2012	338	0.48	0.83	0.75	-1.46
海口市	Haikou City	3195	3897	3703	620	4.34	4.31	4.10	8.58
成都市	Chengdu City	4123	8572	4030	570	2.33	1.50	2.78	1.06
南充市	Nanchong City	7109	10908	7655	719	-1.96	3.73	-4.55	1.99
宜宾市	Yibin City	2009	2872	2293	522	3.40	3.64	3.29	2.15
贵阳市	Guiyang City	1840	2561	2318	212	-2.75	-0.54	-3.42	
昆明市	Kunming City	3369	8923	3738	462	2.25	2.62	2.08	1.32
拉萨市	Lhasa City	6499	15781	7292	678	-0.55	-0.11	-0.74	0.44
重庆市	Chongqing	1791	3164	2105	808	-	-	-	-
西安市	Xi'an City	3478	5389	4311	707	7.08	8.10	6.89	3.06
兰州市	Lanzhou City	2136	3094	2848	756	0.33	0.52	0.25	
西宁市	Xining City	1362	2603	1425	485	1.64	2.16	1.64	0.62
银川市	Yinchuan City	1256	2588	1737	274	4.67	7.16	3.39	8.30
乌鲁木齐市	Urumqi City	1895	3605	3215	617	9.79	12.97	8.25	12.18

土地违法案件
Cases Handing of

年份/案件类别	Year/Case Catgory	合计 Total		
		件数/件 Number of Cases/case	涉及土地面积/公顷	
			Land Area Involved/ hectare	耕地 Cultivated Land
	2012	37480	28489. 60	9875. 05
	2013	56926	34882. 26	10654. 99
	2014	54777	33412. 93	10630. 66
上年未结案件	**Cases Unsettled from Last Year**	**5594**	**4536. 08**	**1194. 28**
本年发现违法	**Violations of Law Discovered in the Current Year**	**81420**	**40915. 67**	**13377. 69**
本年发生	Cases Occurring This Year	47208	16499. 52	5575. 7
历年隐漏	Cases Concealed and Not Discovered over the Years	34212	24416. 15	7801. 99
本年立案	**Cases Filed This Year**	**58834**	**36294. 63**	**11719. 12**
本年发生案件立案	Cases Occurring This Year	25588	12715. 73	4211. 54
买卖或非法转让	Purchase and Sale or Illegal Transfer	246	57. 77	17. 64
破坏耕地	Damage of Cultivated Land	748	159. 44	136. 34
非法占地	Unlawful Encroachment of Land	24374	12213. 28	3987. 18
非法批地	Unlawful Approval of Land Occupancy	55	64. 74	40. 79
低价出让土地	Granting of Land at a Lower Price			
其他	Others	165	220. 52	29. 59
历年隐漏案件立案	Cases Concealed and Not Discovered over the Past Years	33246	23578. 89	7507. 58
本年结案	**Cases Settled This Year**	**54777**	**33412. 93**	**10630. 66**
处理本年发生案件	This Year's Cases Handled	20779	10335. 9	3361. 39
买卖或非法转让	Purchase and Sale or Illegal Transfer	186	48. 48	15. 69
破坏耕地	Damage of Cultivated Land	522	137. 46	118. 9
非法占地	Unlawful Encroachment of Land	19927	9894. 52	3181. 1
非法批地	Unlawful Approval of Land Occupancy	18	39. 44	18. 07
低价出让土地	Granting of Land at a Lower Price			
其他	Others	126	215. 99	27. 63
处理上年未结案件	Last Year's Unsettled Cases Handled	2839	1639. 17	546. 29
处理历年隐漏案件	Concealed and Not Discovered Cases Handled	31159	21437. 87	6722. 97
本年未结案件	**Cases Unsettled This Year**	**9651**	**7417. 77**	**2282. 74**

查处情况
Violations of Land Law

省级机关 Provincial Level			市级机关 Municipal Level			县级机关 County Level		
件数/件 Number of Cases/case	涉及土地面积/公顷		件数/件 Number of Cases/case	涉及土地面积/公顷		件数/件 Number of Cases/case	涉及土地面积/公顷	
	Land Area Involved/hectare	耕地 Cultivated Land		Land Area Involved/hectare	耕地 Cultivated Land		Land Area Involved/hectare	耕地 Cultivated Land
20	209.99	54.93	34	187.00	90.62	394	1585.56	698.54
20	57.26	13.33	87	270.49	90.24	525	1497.60	576.36
30	403.61	255.55	85	360.44	135.24	558	1540.27	541.95
5	**6.33**	**5.25**	**12**	**169.98**	**54.62**	**47**	**160.57**	**36.10**
62	**586.85**	**382.53**	**110**	**470.75**	**136.64**	**679**	**1705.49**	**603.29**
38	273.46	112.48	75	276.57	107.15	261	590.9	188.72
24	313.39	270.05	35	194.18	29.49	418	1114.59	414.57
55	**563.79**	**373.83**	**91**	**362.37**	**90.65**	**580**	**1530.2**	**557.78**
33	251.31	103.78	57	170.06	63.03	199	432.31	150.76
						4	3.53	2.90
32	197.69	103.78	56	169.39	63.03	184	415.35	139.93
						8	10.88	7.84
1	53.62		1	0.67		3	2.55	0.09
22	312.48	270.05	34	192.31	27.62	381	1097.89	407.02
30	**403.61**	**255.55**	**85**	**360.44**	**135.24**	**558**	**1540.27**	**541.95**
11	206.78	94.49	52	167.04	62.14	173	370.76	119.42
						3	2.88	2.88
10	153.16	94.49	51	166.37	62.14	164	355.79	109.45
						3	9.54	7.00
1	53.62		1	0.67		3	2.55	0.09
1	1.32		2	66.64	49.57	34	117.93	30.70
18	195.51	161.06	31	126.76	23.53	351	1051.58	391.83
30	**166.51**	**123.53**	**18**	**171.91**	**10.03**	**69**	**150.50**	**51.93**

土地违法案件

Cases Handing of

年份/案件类别	Year/Case Catgory	乡级机关 Township Level		
		件数/件 Number of Cases/case	涉及土地面积/公顷 Land Area Involved/ hectare	
				耕地 Cultivated Land
	2012	595	851. 85	361. 73
	2013	950	1291. 33	550. 09
	2014	1170	2049. 82	822. 80
上年未结案件	**Cases Unsettled from Last Year**	**79**	**133. 82**	**99. 55**
本年发现违法	**Violations of Law Discovered in the Current Year**	**1303**	**2154. 08**	**847. 63**
本年发生	Cases Occurring This Year	375	558. 02	240. 26
历年隐漏	Cases Concealed and Not Discovered over the Years	928	1596. 06	607. 37
本年立案	**Cases Filed This Year**	**1218**	**2089. 51**	**812. 99**
本年发生案件立案	Cases Occurring This Year	298	501. 48	210. 97
买卖或非法转让	Purchase and Sale or Illegal Transfer	1	0. 12	
破坏耕地	Damage of Cultivated Land	5	4. 86	4. 86
非法占地	Unlawful Encroachment of Land	243	351. 15	156. 09
非法批地	Unlawful Approval of Land Occupancy	45	53. 55	32. 76
低价出让土地	Granting of Land at a Lower Price			
其他	Others	4	91. 80	17. 26
历年隐漏案件立案	Cases Concealed and Not Discovered over the Past Years	920	1588. 03	602. 02
本年结案	**Cases Settled This Year**	**1170**	**2049. 82**	**822. 8**
处理本年发生案件	This Year's Cases Handled	224	385. 12	152. 59
买卖或非法转让	Purchase and Sale or Illegal Transfer	1	0. 12	
破坏耕地	Damage of Cultivated Land	4	4. 84	4. 84
非法占地	Unlawful Encroachment of Land	201	258. 67	119. 44
非法批地	Unlawful Approval of Land Occupancy	15	29. 90	11. 07
低价出让土地	Granting of Land at a Lower Price			
其他	Others	3	91. 59	17. 24
处理上年未结案件	Last Year's Unsettled Cases Handled	60	107. 45	80. 86
处理历年隐漏案件	Concealed and Not Discovered Cases Handled	886	1557. 25	589. 35
本年未结案件	**Cases Unsettled This Year**	**127**	**173. 51**	**89. 74**

查处情况　续表
Violations of Land Law　Continued

村（组）集体 Village and Collective Level			企事业单位 Enterprise and Institutions			个人 Individuals		
件数/件 Number of Cases/case	涉及土地面积/公顷 Land Area Involved/hectare	耕地 Cultivated Land	件数/件 Number of Cases/case	涉及土地面积/公顷 Land Area Involved/hectare	耕地 Cultivated Land	件数/件 Number of Cases/case	涉及土地面积/公顷 Land Area Involved/hectare	耕地 Cultivated Land
2799	1573. 11	690. 05	9926	19889. 96	6455. 58	23712	4192. 12	1523. 60
5817	2768. 46	1109. 47	15002	22009. 31	5824. 02	34525	6987. 83	2491. 50
5349	2418. 97	956. 48	14275	21079. 01	5731. 96	33310	5560. 80	2186. 66
478	**405. 2**	**112. 50**	**1062**	**2915. 14**	**652. 15**	**3911**	**745. 03**	**234. 12**
6883	**2902. 12**	**1105. 19**	**17075**	**25194. 54**	**7263. 14**	**55308**	**7901. 83**	**3039. 28**
2935	1081. 11	387. 34	7464	9192. 41	2797. 23	36060	4527. 04	1742. 53
3948	1821. 01	717. 85	9611	16002. 13	4465. 91	19248	3374. 79	1296. 75
5636	**2527. 67**	**1009. 50**	**15360**	**23057. 75**	**6438. 79**	**35894**	**6163. 33**	**2435. 57**
1790	736. 62	286. 60	5941	7690. 10	2220. 30	17270	2933. 85	1176. 09
26	24. 16	10. 50	14	19. 98	0. 34	205	13. 52	6. 79
48	24. 03	16. 61	38	29. 61	24. 06	653	97. 40	87. 91
1691	682. 01	257. 09	5845	7590. 32	2193. 21	16323	2807. 36	1074. 05
2	0. 31	0. 19						
23	6. 11	2. 21	44	50. 19	2. 69	89	15. 57	7. 34
3846	1791. 05	722. 90	9419	15367. 65	4218. 49	18624	3229. 48	1259. 48
5349	**2418. 97**	**956. 48**	**14275**	**21079. 01**	**5731. 96**	**33310**	**5560. 80**	**2186. 66**
1475	604. 78	237. 17	5159	6378. 99	1841. 94	13685	2222. 42	853. 62
20	21. 12	8. 84	12	15. 40	0. 34	153	11. 83	6. 51
39	21. 95	15. 07	31	26. 84	22. 91	445	80. 95	73. 20
1399	556. 85	212. 03	5076	6288. 07	1816. 13	13026	2115. 61	767. 41
17	4. 86	1. 23	40	48. 68	2. 56	61	14. 03	6. 50
248	202. 24	49. 02	517	832. 68	225. 82	1977	310. 91	110. 33
3626	1611. 95	670. 29	8599	13867. 34	3664. 20	17648	3027. 47	1222. 71
765	**513. 90**	**165. 52**	**2147**	**4893. 88**	**1358. 98**	**6495**	**1347. 56**	**483. 03**

土地违法案件查处
Cases Handling of Violations

年份/案件类别	Year/Case Category	合计 Total		
		件数/件 Number of Cases/case	涉及土地面积/公顷 Land Area Involved/hectare	耕地 Cultivated Land
	2012	37480	28489.60	9875.05
	2013	56926	34882.26	10654.99
	2014	54777	33412.93	10630.66
上年未结案件	**Cases Unsettled from Last Year**	**5594**	**4536.08**	**1194.28**
本年发现违法	**Violations of Law Discovered in the Current Year**	**81420**	**40915.67**	**13377.69**
本年发生	Cases Occurring This Year	47208	16499.52	5575.70
历年隐漏	Cases Concealed and Not Discovered over the Years	34212	24416.15	7801.99
本年立案	**Cases Filed This Year**	**58834**	**36294.63**	**11719.12**
本年发生案件立案	Cases Occurring This Year	25588	12715.73	4211.54
买卖或非法转让	Purchase and Sale or Illegal Transfer	246	57.77	17.64
破坏耕地	Damage of Cultivated Land	748	159.44	136.34
非法占地	Unlawful Encroachment of Land	24374	12213.28	3987.18
非法批地	Unlawful Approval of Land Occupancy	55	64.74	40.79
低价出让土地	Granting of Land at a Lower Price			
其他	Others	165	220.52	29.59
历年隐漏案件立案	Cases Concealed and Not Discovered over the Past Years	33246	23578.89	7507.58
本年结案	**Cases Settled This Year**	**54777**	**33412.93**	**10630.65**
处理本年发生案件	This Year's Cases Handled	20779	10335.90	3361.39
买卖或非法转让	Purchase and Sale or Illegal Transfer	186	48.48	15.69
破坏耕地	Damage of Cultivated Land	522	137.46	118.90
非法占地	Unlawful Encroachment of Land	19927	9894.52	3181.10
非法批地	Unlawful Approval of Land Occupancy	18	39.44	18.07
低价出让土地	Granting of Land at a Lower Price			
其他	Others	126	215.99	27.63
处理上年未结案件	Last Year's Unsettled Cases Handled	2839	1639.17	546.29
处理历年隐漏案件	Concealed and Not Discovered Cases Handled	31159	21437.87	6722.97
本年未结案件	**Cases Unsettled This Year**	**9651**	**7417.77**	**2282.74**

情况——按地区分列
of Land Law by Region

北京 Beijing			天津 Tianjin			河北 Hebei		
件数/件 Number of Cases/case	涉及土地面积/公顷		件数/件 Number of Cases/case	涉及土地面积/公顷		件数/件 Number of Cases/case	涉及土地面积/公顷	
	Land Area Involved/hectare	耕地 Cultivated Land		Land Area Involved/hectare	耕地 Cultivated Land		Land Area Involved/hectare	耕地 Cultivated Land
498	518.24	23.01	721	105.73	21.44	2258	1468.44	774.98
391	394.81	14.21	826	218.15	80.26	6304	1752.22	601.20
320	364.38	60.39	828	379.93	146.50	6194	1980.91	829.92
335	**527.60**	**147.77**	**10**	**1.87**	**1.1**	**852**	**515.44**	**156.35**
959	**815.63**	**199.64**	**933**	**422.91**	**158.89**	**7343**	**3108.20**	**1424.80**
649	389.94	143.76	152	23.69	6.66	2329	1002.87	332.13
310	425.69	55.88	781	399.22	152.23	5014	2105.33	1092.67
400	**556.67**	**107.33**	**845**	**410.69**	**155.50**	**7165**	**2799.25**	**1222.57**
152	199.64	62.02	64	11.47	3.27	2206	919.35	299.80
						37	19.27	14.11
152	199.64	62.02	64	11.47	3.27	2169	900.08	285.69
248	357.03	45.31	781	399.22	152.23	4959	1879.90	922.78
320	**364.38**	**60.39**	**828**	**379.93**	**146.50**	**6194**	**1980.91**	**829.92**
84	69.80	1.52	58	8.40	3.21	1105	381.65	135.68
						18	16.69	11.65
84	69.80	1.52	58	8.40	3.21	1087	364.96	124.02
154	137.21	53.01	10	1.87	1.10	387	89.29	47.58
82	157.37	5.86	760	369.66	142.19	4702	1509.97	646.66
415	**719.89**	**194.70**	**27**	**32.63**	**10.10**	**1823**	**1333.79**	**549.00**

土地违法案件查处
Cases Handling of Violations

年份/案件类别	Year/Case Category	山西 Shanxi		
		件数/件 Number of Cases/case	涉及土地面积/公顷 Land Area Involved/hectare	耕地 Cultivated Land
	2012	916	1102. 99	330. 70
	2013	1242	1392. 71	517. 87
	2014	1708	1903. 15	696. 59
上年未结案件	**Cases Unsettled from Last Year**	**133**	**75. 41**	**20. 67**
本年发现违法	**Violations of Law Discovered in the Current Year**	**1862**	**2333. 22**	**925. 79**
本年发生	Cases Occurring This Year	572	321. 14	135. 90
历年隐漏	Cases Concealed and Not Discovered over the Years	1290	2012. 08	789. 89
本年立案	**Cases Filed This Year**	**1793**	**2313. 86**	**918. 24**
本年发生案件立案	Cases Occurring This Year	524	317. 76	133. 93
买卖或非法转让	Purchase and Sale or Illegal Transfer	5	0. 79	
破坏耕地	Damage of Cultivated Land	4	1. 75	1. 75
非法占地	Unlawful Encroachment of Land	513	314. 38	132. 19
非法批地	Unlawful Approval of Land Occupancy			
低价出让土地	Granting of Land at a Lower Price			
其他	Others	2	0. 84	
历年隐漏案件立案	Cases Concealed and Not Discovered over the Past Years	1269	1996. 11	784. 31
本年结案	**Cases Settled This Year**	**1708**	**1903. 15**	**696. 59**
处理本年发生案件	This Year's Cases Handled	455	251. 70	111. 54
买卖或非法转让	Purchase and Sale or Illegal Transfer	4	0. 70	
破坏耕地	Damage of Cultivated Land	3	1. 56	1. 56
非法占地	Unlawful Encroachment of Land	446	248. 60	109. 99
非法批地	Unlawful Approval of Land Occupancy			
低价出让土地	Granting of Land at a Lower Price			
其他	Others	2	0. 84	
处理上年未结案件	Last Year's Unsettled Cases Handled	107	52. 03	11. 01
处理历年隐漏案件	Concealed and Not Discovered Cases Handled	1146	1599. 42	574. 04
本年未结案件	**Cases Unsettled This Year**	**218**	**486. 12**	**242. 32**

情况——按地区分列 续表1
of Land Law by Region Continued 1

内蒙古 Inner Mongolia			辽宁 Liaoning			吉林 Jilin		
件数/件 Number of Cases/case	涉及土地面积/公顷		件数/件 Number of Cases/case	涉及土地面积/公顷		件数/件 Number of Cases/case	涉及土地面积/公顷	
	Land Area Involved/hectare	耕地 Cultivated Land		Land Area Involved/hectare	耕地 Cultivated Land		Land Area Involved/hectare	耕地 Cultivated Land
437	758.73	131.80	602	574.00	187.14	971	1228.39	343.76
919	2167.18	280.01	1367	794.08	208.39	925	1092.20	420.38
669	1476.21	120.12	1792	704.55	157.99	904	1205.15	436.43
69	**237.49**	**102.48**	**96**	**107.47**	**45.09**	**36**	**72.62**	**18.55**
705	**1526.78**	**120.17**	**1859**	**742.65**	**166.70**	**979**	**1287.94**	**461.63**
510	926.27	67.74	281	121.74	61.20	363	436.31	158.20
195	600.51	52.43	1578	620.91	105.51	616	851.63	303.43
667	**1486.90**	**101.83**	**1888**	**753.79**	**168.21**	**971**	**1287.50**	**461.45**
518	1013.97	49.41	310	132.88	62.70	356	435.95	158.09
2	6.12	6.00				1	0.07	
11	3.68	3.68	5	0.99	0.63	6	1.26	1.26
501	1003.63	39.63	305	131.89	62.08	348	434.39	156.83
4	0.55	0.10				1	0.23	
149	472.94	52.43	1578	620.91	105.51	615	851.55	303.36
669	**1476.21**	**120.12**	**1792**	**704.55**	**157.99**	**904**	**1205.15**	**436.43**
467	860.05	30.93	262	74.90	25.54	333	414.37	145.54
2	6.12	6.00				1	0.07	
3	3.58	3.58	5	0.99	0.63	5	1.07	1.07
458	849.81	21.25	257	73.92	24.92	326	412.99	144.47
4	0.55	0.10				1	0.23	
56	147.69	38.77	55	58.86	31.33	20	43.53	8.44
146	468.47	50.41	1475	570.79	101.11	551	747.25	282.44
67	**248.19**	**84.20**	**192**	**156.70**	**55.31**	**103**	**154.97**	**43.57**

土地违法案件查处
Cases Handling of Violations

年份/案件类别	Year/Case Category	黑龙江 Heilongjiang		
		件数/件 Number of Cases/case	涉及土地面积/公顷 Land Area Involved/hectare	耕地 Cultivated Land
	2012	1201	1741.65	414.91
	2013	1621	1679.50	368.42
	2014	2233	2270.42	508.08
上年未结案件	**Cases Unsettled from Last Year**	**63**	**307.38**	**9.67**
本年发现违法	**Violations of Law Discovered in the Current Year**	**2315**	**2148.45**	**511.55**
本年发生	Cases Occurring This Year	730	996.30	246.74
历年隐漏	Cases Concealed and Not Discovered over the Years	1585	1152.15	264.81
本年立案	**Cases Filed This Year**	**2298**	**2146.63**	**515.00**
本年发生案件立案	Cases Occurring This Year	722	1001.51	252.52
买卖或非法转让	Purchase and Sale or Illegal Transfer	1	1.02	
破坏耕地	Damage of Cultivated Land	8	7.44	3.72
非法占地	Unlawful Encroachment of Land	712	992.22	248.80
非法批地	Unlawful Approval of Land Occupancy			
低价出让土地	Granting of Land at a Lower Price			
其他	Others	1	0.84	
历年隐漏案件立案	Cases Concealed and Not Discovered over the Past Years	1576	1145.11	262.48
本年结案	**Cases Settled This Year**	**2233**	**2270.42**	**508.08**
处理本年发生案件	This Year's Cases Handled	651	969.48	244.01
买卖或非法转让	Purchase and Sale or Illegal Transfer	1	1.02	
破坏耕地	Damage of Cultivated Land	5	7.06	3.34
非法占地	Unlawful Encroachment of Land	644	960.57	240.67
非法批地	Unlawful Approval of Land Occupancy			
低价出让土地	Granting of Land at a Lower Price			
其他	Others	1	0.84	
处理上年未结案件	Last Year's Unsettled Cases Handled	40	171.88	5.98
处理历年隐漏案件	Concealed and Not Discovered Cases Handled	1542	1129.06	258.10
本年未结案件	**Cases Unsettled This Year**	**128**	**183.57**	**16.59**

情况——按地区分列　续表2
of Land Law by Region　Continued 2

上海 Shanghai			江苏 Jiangsu			浙江 Zhejiang		
件数/件 Number of Cases/case	涉及土地面积/公顷 Land Area Involved/hectare	耕地 Cultivated Land	件数/件 Number of Cases/case	涉及土地面积/公顷 Land Area Involved/hectare	耕地 Cultivated Land	件数/件 Number of Cases/case	涉及土地面积/公顷 Land Area Involved/hectare	耕地 Cultivated Land
325	272.05	149.13	428	456.24	240.86	3391	986.53	464.71
359	224.10	92.15	603	536.46	294.02	4284	1205.92	485.47
334	83.17	34.93	418	447.41	233.69	5277	1305.06	528.45
			30	**27.83**	**19.23**	**109**	**18.83**	**7.12**
284	**107.28**	**30.96**	**744**	**742.08**	**407.01**	**6011**	**1425.26**	**593.19**
131	50.52	21.28	473	413.39	243.03	2130	414.96	166.02
153	56.76	9.67	271	328.69	163.97	3881	1010.31	427.17
334	**83.17**	**34.93**	**571**	**649.27**	**336.93**	**5453**	**1375.33**	**568.77**
16	3.01	2.12	332	335.73	185.77	1633	385.01	150.76
			2	2.08	2.08	37	13.57	10.45
16	3.01	2.12	327	331.13	183.59	1593	371.11	140.31
			1	0.20	0.10			
			2	2.31		3	0.33	
318	80.16	32.81	239	313.55	151.16	3820	990.32	418.01
334	**83.17**	**34.93**	**418**	**447.41**	**233.69**	**5277**	**1305.06**	**528.45**
16	3.01	2.12	207	173.37	96.99	1515	344.89	130.97
			2	2.08	2.08	36	13.27	10.15
16	3.01	2.12	202	168.78	94.81	1476	331.29	120.82
			1	0.20	0.10			
			2	2.31		3	0.33	
			13	13.39	7.39	23	5.88	1.78
318	80.16	32.81	198	260.65	129.32	3739	954.30	395.70
			183	**229.70**	**122.47**	**285**	**89.09**	**47.43**

土地违法案件查处
Cases Handling of Violations

年份/案件类别	Year/Case Category	安徽 Anhui		
		件数/件 Number of Cases/case	涉及土地面积/公顷 Land Area Involved/hectare	
				耕地 Cultivated Land
	2012	3250	1598.65	974.47
	2013	3627	1913.85	1056.88
	2014	4530	1799.23	1071.24
上年未结案件	**Cases Unsettled from Last Year**	**376**	**205.68**	**120.14**
本年发现违法	**Violations of Law Discovered in the Current Year**	**6203**	**2503.35**	**1386.54**
本年发生	Cases Occurring This Year	2403	924.22	513.82
历年隐漏	Cases Concealed and Not Discovered over the Years	3800	1579.14	872.72
本年立案	**Cases Filed This Year**	**5006**	**2125.12**	**1172.04**
本年发生案件立案	Cases Occurring This Year	1220	546.70	304.51
买卖或非法转让	Purchase and Sale or Illegal Transfer	8	2.41	0.10
破坏耕地	Damage of Cultivated Land	20	5.19	5.15
非法占地	Unlawful Encroachment of Land	1141	493.17	266.96
非法批地	Unlawful Approval of Land Occupancy	50	45.62	32.31
低价出让土地	Granting of Land at a Lower Price			
其他	Others	1	0.31	
历年隐漏案件立案	Cases Concealed and Not Discovered over the Past Years	3786	1578.41	867.53
本年结案	**Cases Settled This Year**	**4530**	**1799.23**	**1071.24**
处理本年发生案件	This Year's Cases Handled	648	285.01	159.09
买卖或非法转让	Purchase and Sale or Illegal Transfer	1	1.40	
破坏耕地	Damage of Cultivated Land	17	3.65	3.61
非法占地	Unlawful Encroachment of Land	616	259.32	145.89
非法批地	Unlawful Approval of Land Occupancy	13	20.33	9.59
低价出让土地	Granting of Land at a Lower Price			
其他	Others	1	0.31	
处理上年未结案件	Last Year's Unsettled Cases Handled	341	165.36	99.62
处理历年隐漏案件	Concealed and Not Discovered Cases Handled	3541	1348.86	812.53
本年未结案件	**Cases Unsettled This Year**	**852**	**531.57**	**220.94**

情况——按地区分列　续表3
of Land Law by Region　Continued 3

福建　Fujian			江西　Jiangxi			山东　Shandong		
件数/件 Number of Cases/case	涉及土地面积/公顷		件数/件 Number of Cases/case	涉及土地面积/公顷		件数/件 Number of Cases/case	涉及土地面积/公顷	
	Land Area Involved/hectare	耕地 Cultivated Land		Land Area Involved/hectare	耕地 Cultivated Land		Land Area Involved/hectare	耕地 Cultivated Land
3847	1214.01	307.71	537	529.70	165.44	1319	747.76	392.47
3499	733.79	220.19	944	810.32	188.23	5131	1833.70	644.65
3302	511.73	165.22	618	572.11	196.89	3742	1225.59	583.33
602	**175.55**	**69.73**	**22**	**32.92**	**15.89**	**359**	**128.55**	**58.01**
5625	**734.30**	**197.64**	**952**	**614.07**	**206.11**	**5236**	**1548.74**	**758.49**
5113	587.86	162.16	492	283.59	99.38	4590	1367.24	705.45
512	146.44	35.48	460	330.48	106.73	646	181.50	53.04
3553	**560.72**	**166.33**	**626**	**554.40**	**185.27**	**3872**	**1281.28**	**598.97**
3049	416.70	131.48	202	248.29	90.74	3245	1099.80	543.50
15	1.63	0.25	2	0.10	0.09	2	0.83	0.60
131	11.90	9.79	18	6.71	6.71	14	2.65	2.52
2888	400.13	119.88	182	241.48	83.94	3229	1096.32	540.38
15	3.05	1.57						
504	144.02	34.85	424	306.10	94.53	627	181.48	55.48
3302	**511.73**	**165.22**	**618**	**572.11**	**196.89**	**3742**	**1225.59**	**583.33**
2573	313.80	108.17	191	241.34	89.15	2820	940.52	476.55
13	1.31	0.25	2	0.10	0.09	2	0.83	0.60
97	9.70	8.40	17	6.66	6.66	14	2.65	2.52
2448	299.74	97.95	172	234.58	82.40	2804	937.04	473.44
15	3.05	1.57						
359	81.05	29.21	6	28.46	13.97	317	109.61	52.59
370	116.88	27.84	421	302.31	93.78	605	175.46	54.19
853	**224.53**	**70.84**	**30**	**15.20**	**4.26**	**489**	**184.25**	**73.65**

土地违法案件查处
Cases Handling of Violations

年份/案件类别	Year/Case Category	河南 Henan		
		件数/件 Number of Cases/case	涉及土地面积/公顷 Land Area Involved/ hectare	
				耕地 Cultivated Land
	2012	1105	883.73	560.76
	2013	4416	1873.56	871.11
	2014	2279	1510.25	1014.41
上年未结案件	**Cases Unsettled from Last Year**	**9**	**8.19**	**6.17**
本年发现违法	**Violations of Law Discovered in the Current Year**	**2919**	**1670.04**	**1060.94**
本年发生	Cases Occurring This Year	2172	698.96	324.51
历年隐漏	Cases Concealed and Not Discovered over the Years	747	971.08	736.43
本年立案	**Cases Filed This Year**	**2275**	**1510.38**	**1009.68**
本年发生案件立案	Cases Occurring This Year	1545	541.99	273.50
买卖或非法转让	Purchase and Sale or Illegal Transfer	26	7.93	3.52
破坏耕地	Damage of Cultivated Land	20	9.55	9.21
非法占地	Unlawful Encroachment of Land	1483	518.79	260.43
非法批地	Unlawful Approval of Land Occupancy			
低价出让土地	Granting of Land at a Lower Price			
其他	Others	16	5.72	0.34
历年隐漏案件立案	Cases Concealed and Not Discovered over the Past Years	730	968.39	736.19
本年结案	**Cases Settled This Year**	**2279**	**1510.25**	**1014.41**
处理本年发生案件	This Year's Cases Handled	1540	533.67	272.05
买卖或非法转让	Purchase and Sale or Illegal Transfer	26	7.93	3.52
破坏耕地	Damage of Cultivated Land	20	9.55	9.21
非法占地	Unlawful Encroachment of Land	1478	510.48	258.99
非法批地	Unlawful Approval of Land Occupancy			
低价出让土地	Granting of Land at a Lower Price			
其他	Others	16	5.72	0.34
处理上年未结案件	Last Year's Unsettled Cases Handled	9	8.19	6.17
处理历年隐漏案件	Concealed and Not Discovered Cases Handled	730	968.39	736.19
本年未结案件	**Cases Unsettled This Year**	**5**	**8.32**	**1.44**

情况——按地区分列　续表4
of Land Law by Region　Continued 4

湖北 Hubei			湖南 Hunan			广东 Guangdong		
件数/件 Number of Cases/case	涉及土地面积/公顷		件数/件 Number of Cases/case	涉及土地面积/公顷		件数/件 Number of Cases/case	涉及土地面积/公顷	
	Land Area Involved/hectare	耕地 Cultivated Land		Land Area Involved/hectare	耕地 Cultivated Land		Land Area Involved/hectare	耕地 Cultivated Land
1066	1163.43	508.51	1432	1020.08	229.04	1763	467.46	101.60
1418	1005.73	477.82	1832	753.55	235.99	4279	1441.38	217.71
1306	1429.57	697.74	1379	851.41	257.41	2571	615.86	161.77
129	**136.08**	**39.72**	**53**	**51.86**	**16.31**	**940**	**248.01**	**54.77**
1901	**1575.63**	**797.49**	**2122**	**915.44**	**272.75**	**7820**	**1783.17**	**344.13**
1008	601.15	257.15	1945	811.45	238.51	6411	1387.18	259.91
893	974.48	540.35	177	103.99	34.23	1409	395.99	84.22
1250	**1381.10**	**698.40**	**1440**	**888.93**	**265.42**	**3392**	**826.94**	**201.51**
366	408.52	158.27	1272	786.65	231.92	2252	499.39	127.70
6	8.83	2.19	13	2.62	0.34	4	1.17	0.66
19	14.43	13.19	11	4.58	3.00	244	21.09	16.05
334	302.48	138.86	1216	775.41	227.85	1950	466.53	104.04
3	13.12	4.02						
4	69.66		32	4.04	0.74	54	10.60	6.96
884	972.58	540.13	168	102.28	33.50	1140	327.55	73.81
1306	**1429.57**	**697.74**	**1379**	**851.41**	**257.41**	**2571**	**615.86**	**161.77**
319	336.80	122.42	1169	712.20	209.87	1346	270.23	77.65
4	6.25	0.63	11	1.88	0.34	3	1.16	0.65
16	12.76	11.52	10	3.53	3.00	108	12.63	10.06
292	235.02	106.24	1121	703.04	205.79	1214	249.74	61.95
3	13.12	4.02						
4	69.66		27	3.75	0.74	21	6.70	4.99
107	120.37	35.31	46	43.10	14.19	254	78.10	14.73
880	972.40	540.01	164	96.11	33.36	971	267.54	69.39
73	**87.61**	**40.38**	**114**	**89.38**	**24.32**	**1761**	**459.09**	**94.51**

土地违法案件查处
Cases Handling of Violations

年份/案件类别	Year/Case Category	广西 Guangxi		
		件数/件 Number of Cases/case	涉及土地面积/公顷 Land Area Involved/hectare	耕地 Cultivated Land
	2012	3125	2322.16	886.65
	2013	2292	1034.48	210.13
	2014	2507	893.19	230.14
上年未结案件	**Cases Unsettled from Last Year**	**279**	**267.38**	**32.01**
本年发现违法	**Violations of Law Discovered in the Current Year**	**5279**	**1507.98**	**405.70**
本年发生	Cases Occurring This Year	3374	678.33	167.22
历年隐漏	Cases Concealed and Not Discovered over the Years	1905	829.64	238.48
本年立案	**Cases Filed This Year**	**2557**	**962.15**	**263.99**
本年发生案件立案	Cases Occurring This Year	813	186.91	43.25
买卖或非法转让	Purchase and Sale or Illegal Transfer	142	3.03	2.44
破坏耕地	Damage of Cultivated Land	16	1.28	1.07
非法占地	Unlawful Encroachment of Land	655	182.61	39.74
非法批地	Unlawful Approval of Land Occupancy			
低价出让土地	Granting of Land at a Lower Price			
其他	Others			
历年隐漏案件立案	Cases Concealed and Not Discovered over the Past Years	1744	775.24	220.74
本年结案	**Cases Settled This Year**	**2507**	**893.19**	**230.14**
处理本年发生案件	This Year's Cases Handled	699	147.21	26.05
买卖或非法转让	Purchase and Sale or Illegal Transfer	101	2.72	2.44
破坏耕地	Damage of Cultivated Land	16	1.16	1.02
非法占地	Unlawful Encroachment of Land	582	143.32	22.59
非法批地	Unlawful Approval of Land Occupancy			
低价出让土地	Granting of Land at a Lower Price			
其他	Others			
处理上年未结案件	Last Year's Unsettled Cases Handled	133	37.07	12.73
处理历年隐漏案件	Concealed and Not Discovered Cases Handled	1675	708.92	191.36
本年未结案件	**Cases Unsettled This Year**	**329**	**336.34**	**65.86**

情况——按地区分列 续表5
of Land Law by Region Continued 5

海南 Hainan			重庆 Chongqing			四川 Sichuan		
件数/件 Number of Cases/case	涉及土地面积/公顷 Land Area Involved/hectare	耕地 Cultivated Land	件数/件 Number of Cases/case	涉及土地面积/公顷 Land Area Involved/hectare	耕地 Cultivated Land	件数/件 Number of Cases/case	涉及土地面积/公顷 Land Area Involved/hectare	耕地 Cultivated Land
557	1185.76	101.25	1449	528.88	209.90	502	465.51	223.89
956	182.12	13.23	1269	529.97	203.07	379	188.02	79.47
1127	258.71	36.90	1205	445.78	168.12	322	252.32	110.78
327	**442.20**	**15.60**	**52**	**17.30**	**6.33**	**142**	**172.21**	**109.99**
1266	**412.79**	**64.81**	**1324**	**472.74**	**178.46**	**1626**	**625.06**	**191.03**
226	79.75	18.48	303	51.69	19.83	1360	451.09	152.44
1040	333.04	46.32	1021	421.06	158.63	266	173.97	38.60
1266	**412.42**	**64.94**	**1207**	**448.15**	**170.45**	**359**	**273.89**	**123.91**
226	79.38	18.48	303	56.43	24.68	192	199.26	92.50
1	3.94		1	0.10		2	0.02	
			2	0.19	0.14			
225	75.44	18.48	298	55.90	24.54	186	169.25	70.90
						1	5.79	4.36
			2	0.24		3	24.20	17.24
1040	333.04	46.45	904	391.72	145.77	167	74.63	31.41
1127	**258.71**	**36.90**	**1205**	**445.78**	**168.12**	**322**	**252.32**	**110.78**
157	28.88	4.02	291	52.27	24.10	150	177.20	79.50
			1	0.10				
			2	0.19	0.14			
157	28.88	4.02	286	51.75	23.96	146	147.21	57.90
						1	5.79	4.36
			2	0.24		3	24.20	17.24
159	29.95	4.09	38	12.22	3.72	6	0.86	0.19
811	199.88	28.79	876	381.29	140.30	166	74.26	31.10
466	**595.90**	**43.64**	**54**	**19.67**	**8.66**	**179**	**193.78**	**123.12**

土地违法案件查处
Cases Handling of Violations

年份/案件类别	Year/Case Category	贵州 Guizhou		
		件数/件 Number of Cases/case	涉及土地面积/公顷 Land Area Involved/hectare	耕地 Cultivated Land
	2012	2055	1609.72	711.79
	2013	1785	1405.12	667.76
	2014	1898	975.54	523.65
上年未结案件	**Cases Unsettled from Last Year**	**318**	**142.70**	**58.89**
本年发现违法	**Violations of Law Discovered in the Current Year**	**6859**	**1353.55**	**741.87**
本年发生	Cases Occurring This Year	5839	689.20	408.49
历年隐漏	Cases Concealed and Not Discovered over the Years	1020	664.35	333.38
本年立案	**Cases Filed This Year**	**2179**	**1069.48**	**542.31**
本年发生案件立案	Cases Occurring This Year	1171	405.31	208.99
买卖或非法转让	Purchase and Sale or Illegal Transfer	2	0.02	
破坏耕地	Damage of Cultivated Land	1	0.17	0.17
非法占地	Unlawful Encroachment of Land	1167	404.18	208.83
非法批地	Unlawful Approval of Land Occupancy			
低价出让土地	Granting of Land at a Lower Price			
其他	Others	1	0.94	
历年隐漏案件立案	Cases Concealed and Not Discovered over the Past Years	1008	664.17	333.32
本年结案	**Cases Settled This Year**	**1898**	**975.54**	**523.65**
处理本年发生案件	This Year's Cases Handled	968	362.25	196.10
买卖或非法转让	Purchase and Sale or Illegal Transfer	2	0.02	
破坏耕地	Damage of Cultivated Land	1	0.17	0.17
非法占地	Unlawful Encroachment of Land	964	361.12	195.94
非法批地	Unlawful Approval of Land Occupancy			
低价出让土地	Granting of Land at a Lower Price			
其他	Others	1	0.94	
处理上年未结案件	Last Year's Unsettled Cases Handled	52	44.53	24.97
处理历年隐漏案件	Concealed and Not Discovered Cases Handled	878	568.76	302.57
本年未结案件	**Cases Unsettled This Year**	**599**	**236.64**	**77.56**

情况——按地区分列 续表6
of Land Law by Region Continued 6

云南 Yunnan			西藏 Tibet			陕西 Shaanxi		
件数/件 Number of Cases/case	涉及土地面积/公顷 Land Area Involved/hectare	耕地 Cultivated Land	件数/件 Number of Cases/case	涉及土地面积/公顷 Land Area Involved/hectare	耕地 Cultivated Land	件数/件 Number of Cases/case	涉及土地面积/公顷 Land Area Involved/hectare	耕地 Cultivated Land
755	1811. 21	537. 09				718	590. 99	241. 11
599	649. 56	165. 59	14	531. 29	0. 10	1881	2417. 14	951. 90
962	931. 74	369. 89	10	67. 39		1149	666. 11	360. 88
12	**13. 95**	**3. 90**				**7**	**5. 80**	**3. 78**
1050	**998. 48**	**405. 79**	**10**	**67. 39**		**1219**	**677. 60**	**364. 60**
351	326. 61	117. 72	6	9. 64		924	487. 19	257. 04
699	671. 87	288. 07	4	57. 75		295	190. 41	107. 57
982	**936. 60**	**379. 27**	**10**	**67. 39**		**1158**	**671. 53**	**358. 93**
286	265. 29	91. 27	6	9. 64		863	481. 07	251. 36
3	3. 32	0. 27				5	0. 86	0. 86
3	0. 36	0. 36				3	1. 30	1. 30
280	261. 61	90. 64	6	9. 64		845	466. 86	246. 72
						10	12. 04	2. 48
696	671. 31	288. 01	4	57. 75		295	190. 46	107. 57
962	**931. 74**	**369. 89**	**10**	**67. 39**		**1149**	**666. 11**	**360. 88**
258	254. 39	83. 73	6	9. 64		848	470. 13	249. 81
3	3. 32	0. 27				4	0. 58	0. 58
						2	0. 44	0. 44
255	251. 07	83. 46	6	9. 64		833	457. 39	246. 31
						9	11. 72	2. 48
12	13. 95	3. 90				6	5. 52	3. 50
692	663. 40	282. 27	4	57. 75		295	190. 46	107. 57
32	**18. 81**	**13. 28**				**16**	**11. 21**	**1. 83**

土地违法案件查处
Cases Handling of Violations

年份/案件类别	Year/Case Category	甘肃 Gansu		
		件数/件 Number of Cases/case	涉及土地面积/公顷 Land Area Involved/hectare	
				耕地 Cultivated Land
	2012	372	398.59	103.23
	2013	605	1096.53	496.42
	2014	280	138.14	50.80
上年未结案件	**Cases Unsettled from Last Year**	**16**	**26.19**	**14.73**
本年发现违法	**Violations of Law Discovered in the Current Year**	**502**	**245.01**	**60.77**
本年发生	Cases Occurring This Year	458	211.51	37.15
历年隐漏	Cases Concealed and Not Discovered over the Years	44	33.49	23.63
本年立案	**Cases Filed This Year**	**264**	**111.95**	**36.07**
本年发生案件立案	Cases Occurring This Year	228	91.62	22.49
买卖或非法转让	Purchase and Sale or Illegal Transfer			
破坏耕地	Damage of Cultivated Land	4	2.64	2.64
非法占地	Unlawful Encroachment of Land	216	60.78	19.68
非法批地	Unlawful Approval of Land Occupancy			
低价出让土地	Granting of Land at a Lower Price			
其他	Others	8	28.20	0.17
历年隐漏案件立案	Cases Concealed and Not Discovered over the Past Years	36	20.33	13.58
本年结案	**Cases Settled This Year**	**280**	**138.14**	**50.80**
处理本年发生案件	This Year's Cases Handled	228	91.62	22.49
买卖或非法转让	Purchase and Sale or Illegal Transfer			
破坏耕地	Damage of Cultivated Land	4	2.64	2.64
非法占地	Unlawful Encroachment of Land	216	60.78	19.68
非法批地	Unlawful Approval of Land Occupancy			
低价出让土地	Granting of Land at a Lower Price			
其他	Others	8	28.20	0.17
处理上年未结案件	Last Year's Unsettled Cases Handled	16	26.19	14.73
处理历年隐漏案件	Concealed and Not Discovered Cases Handled	36	20.33	13.58
本年未结案件	**Cases Unsettled This Year**			

情况——按地区分列 续表 7
of Land Law by Region Continued 7

青海 Qinghai			宁夏 Ningxia			新疆 Xinjiang		
件数/件 Number of Cases/case	涉及土地面积/公顷 Land Area Involved/hectare	耕地 Cultivated Land	件数/件 Number of Cases/case	涉及土地面积/公顷 Land Area Involved/hectare	耕地 Cultivated Land	件数/件 Number of Cases/case	涉及土地面积/公顷 Land Area Involved/hectare	耕地 Cultivated Land
286	622.54	291.56	209	113.25	20.88	1385	2003.17	225.27
183	322.64	68.47	323	448.28	44.85	2653	4254.11	479.04
763	2792.75	481.64	385	431.64	75.52	3765	4923.51	321.22
3	**11.88**		**50**	**22.91**	**4.33**	**165**	**534.78**	**35.95**
830	**2817.01**	**492.97**	**718**	**487.97**	**90.65**	**3965**	**5244.93**	**356.62**
229	403.33	128.90	457	253.59	57.83	1227	1098.81	67.07
601	2413.68	364.07	261	234.38	32.82	2738	4146.12	289.55
802	**2806.87**	**490.49**	**351**	**412.93**	**74.05**	**3900**	**5129.36**	**326.31**
226	403.06	128.69	117	195.71	41.27	1173	1037.75	66.55
						5	12.97	0.32
			1	0.73	0.73	131	26.65	26.65
222	348.25	128.69	116	194.98	40.54	1035	996.54	39.58
4	54.81					2	1.59	
576	2403.81	361.80	234	217.22	32.78	2727	4091.61	259.76
763	**2792.75**	**481.64**	**385**	**431.64**	**75.52**	**3765**	**4923.52**	**321.22**
216	401.45	128.20	113	195.00	40.56	1086	960.66	63.82
						5	12.97	0.32
			1	0.73	0.73	120	24.72	24.72
212	346.63	128.20	112	194.27	39.83	959	921.39	38.78
4	54.81					2	1.59	
			44	21.29	2.76	69	91.72	3.53
547	2391.31	353.44	228	215.35	32.20	2610	3871.13	253.87
42	**26.00**	**8.85**	**16**	**4.19**	**2.86**	**300**	**740.62**	**41.04**

土地违法案件查处结果
Handling Results of Cases of Violations of Land Law

年份/地区	Year/Region	拆除构建物/百平方米 Area of Structures Demolished/ $100m^2$	没收构建物/百平方米 Area of Structures Confiscated/ $100m^2$	收回土地/公顷 Area of Land Withdrawn/ hectare	耕地 Cultivated Land	罚没款/万元 Amount of Fines/ 10^4 yuan
	2012	106091.28	210281.77	2826.73	1137.04	184729.25
	2013	258023.63	690668.30	2824.59	664.55	261544.77
	2014	222929.30	317410.37	1983.43	699.53	173039.43
北 京	Beijing	805.67	4581.75	28.57		3055.36
天 津	Tianjin	184.65				
河 北	Hebei	15109.71	16834.89	127.20	17.98	6224.21
山 西	Shanxi	2609.21	18090.18	42.83	12.69	10398.84
内蒙古	Inner Mongolia	7001.46	57886.32	82.03	2.19	5740.12
辽 宁	Liaoning	31932.92	22739.21			8508.41
吉 林	Jilin	614.16	75.22	0.93		3056.72
黑龙江	Heilongjiang	2318.11	688.27	2.36	0.17	12204.23
上 海	Shanghai	3838.73	3932.22	71.41	29.83	797.03
江 苏	Jiangsu	3374.45	11913.79	62.19	25.21	2896.32
浙 江	Zhejiang	24323.49	18765.25	333.07	133.80	16417.77
安 徽	Anhui	17670.23	50347.82	334.34	126.12	10368.80
福 建	Fujian	13959.93	9416.56	143.62	41.24	5072.37
江 西	Jiangxi	1066.07	2892.09	16.49	4.47	3043.52
山 东	Shandong	4472.47	8353.09	90.31	59.86	9087.92
河 南	Henan	4206.41	12025.66	29.67	13.83	4710.19
湖 北	Hubei	825.14	5741.97	141.62	44.61	6882.65
湖 南	Hunan	1173.17	2500.50	1.21	0.63	3522.04
广 东	Guangdong	2287.02	600.94	8.13	2.10	5240.85
广 西	Guangxi	42718.97	7696.30	13.25	3.20	4585.38
海 南	Hainan	12136.04	9676.11	137.45	28.92	5157.15
重 庆	Chongqing	3157.55	24851.87	20.64	8.63	5415.91
四 川	Sichuan	3517.95	2977.34	126.68	67.35	1419.05
贵 州	Guizhou	9402.31	9365.40	40.51	33.36	8678.52
云 南	Yunnan	957.05	350.57	17.91	14.09	3911.27
西 藏	Tibet					323.09
陕 西	Shaanxi	1706.39	11909.15	19.11	10.62	2501.48
甘 肃	Gansu	589.37	3.00	3.77	3.42	386.32
青 海	Qinghai	942.71	181.39	2.45		3861.35
宁 夏	Ningxia	391.05	2835.77	16.18	0.54	1721.78
新 疆	Xinjiang	9636.90	177.75	69.52	14.67	17850.77

主要统计指标解释

批准建设用地面积 指省级以上政府（包括省级人民政府授权设区的市、自治州人民政府）依法批准的建设用地面积。

国务院批准建设用地 指依法经国土资源部审查，报国务院批准的建设用地面积。

省级政府批准建设用地 指依法经省、自治区、直辖市人民政府国土资源行政主管部门审查，经同级人民政府批准的建设用地面积，省级人民政府授权设区的市、自治州人民政府批准的用地面积亦统计在内。

新增建设用地 包括农用地转用和未利用地面积。

农用地转用 指批准用地面积中的农用地面积。

耕地 指批准用地面积中的耕地面积。

城镇村建设用地 指在土地利用总体规划确定的城市、村庄和集镇建设用地规模范围以内，为实施该规划，经国务院和省级人民政府（包括省级人民政府授权设区的市级人民政府）依法批准的建设用地。城镇村建设用地分类采用《土地利用现状分类》（GB/T 21010－2007）。

商服用地 指主要用于商业、服务业的土地。

工矿仓储用地 指主要用于工业生产、物资存放场所的土地。

住宅用地 指主要用于人们生活居住的房基地及其附属设施的土地。

公共管理与公共服务用地 指用于机关团体、新闻出版、科教文卫、风景名胜、公共设施等的土地。

交通运输用地（城镇村建设用地） 指用于运输通行的地面线路、场站等用地。包括民用机场、港口、码头、地面运输管道和各种道路用地。

单独选址建设项目用地 指在土地利用总体规划确定的城市和村庄、集镇建设用地规模范围以外，经国务院、省级人民政府批准的道路、管线工程和大型基础设施建设项目占用的土地。单独选址建设项目用地分类根据《国民经济行业分类》（GB/T 4754－2002）确定。

交通运输用地（单独选址建设项目用地） 指按照确定的行业分类目录中确定的交通运输项目的用地。

水域及水利设施用地 指按照确定的行业分类目录中确定的水利设施项目的用地。

能源用地 指按照确定的行业分类目录中确定的能源项目的用地。

土地征收 指国家基于公共利益的需要，将农民集体所有的土地收归国有，并对被征收人给予合理补偿的行为。

征收面积 指经国务院和省级政府土地行政主管部门审查，报同级人民政府批准征收的土地面积。

建设用地供应总量 指报告期市、县人民政府根据年度土地供应计划依法以出让、划拨、租赁等方式将国有建设用地使用权提供给单位或个人使用的国有建设用地总量。

划拨 指县级以上人民政府依法批准，在土地使用者缴纳补偿、安置费用后将该幅土地交付其使用，或者将国有建设用地使用权无偿交付给土地使用者使用的行为。

协议出让 指国家以协议方式将国有建设用地使用权在一定年限内出让给土地使用者，由土地使用者向国家支付国有建设用地使用权出让金的行为。

招标出让 指市、县人民政府国土资源管理部门发布招标公告或者发出投标邀请书，邀请特定或不特定的法人、自然人和其他组织参加国有建设用地使用权投标，根据投标结果确定土地使用者的行为。

拍卖出让 指市、县人民政府国土资源管理部门发布拍卖公告，由竞买人在指定时间、地点进行公开竞价，根据出价结果确定土地使用者的行为。

挂牌出让 指市、县人民政府国土资源管理部门发布挂牌公告，按公告规定期限将拟出让宗地的交易条件在指定的土地交易场所挂牌公布，接受竞买人的报价申请并更新挂牌价格，根据挂牌期限截止时的出价结果（或现场竞价结果）确定土地使用者的行为。

租赁 指国家依法将国有建设用地出租给土地使用者使用，由土地使用者与县级以上人民政府国土资源管理部门签订一定年限的土地租赁合同，并支付租金的行为。

其他供地方式 指除划拨、出让、租赁以外的其他供地方式，如作价出资入股、授权经营等。

宗数 指报告期内供应的国有建设用地的宗数。

面积 指报告期内市、县人民政府供应给单位或个人使用的国有建设用地总面积。

新增 即新增建设用地，是指农用地和未利用地经依法批准转用和土地征用后在报告期内供应给单位或个人使用的建设用地面积。

成交价款 指市、县人民政府以协议、招标、拍卖、挂牌等方式出让国有建设用地的实际交易价总额。

租金 指承租方为取得国有建设用地使用权而向国家支付的价款。以报告期实际收入数为准。

用地类型 见《土地利用现状分类》（GB/T 21010－2007）中的建设用地类型。其中：住宅用地又划分为①高档住宅用地；②普通商品住房用地（其中：中低价位、中小套型普通商品房用地类型单列）；③经济适用住房用地；④廉租住房用地。

高档住宅用地 指报告期内出让用于高档住宅建设的建设用地，包括住宅小区建筑容积率低于1．0、单套住房建筑面积超过144平方米的住宅用地以及别墅、高档公寓用地。

普通商品住房用地 指报告期内出让用于普通商品住房建设的建设用地。

中低价位、中小套型普通商品住房用地 指报告期内出让用于中低价位、中小套型普通商品住房建设的建设用地，特指限房价普通商品住房用地和单套住房建筑面积在90平方米（含）以下的普通商品住房用地。

经济适用住房用地 指报告期内供应用于经济适用住房建设的建设用地，包括集资建房用地。

廉租住房用地 指报告期内供应用于廉租住房建设的建设用地。

地价 指根据城市地价监测技术规范，以城市监测点地价为基础，综合土地市场交易价格测算的反映城市整体状况的土地价格水平。

综合地价 指同一城市或地区的不同用途土地的平均价格水平。

商业用地地价 指同一城市或地区的商业用途土地的平均价格水平。

住宅用地地价 指同一城市或地区的住宅用途土地的平均价格水平。

工业用地地价 指同一城市或地区的工业用途土地的平均价格水平。

105个主要城市 包括：北京，天津，（河北）石家庄、唐山、秦皇岛、邯郸、保定、张家口、廊坊，（山西）太原、大同，（内蒙古）呼和浩特、包头，（辽宁）沈阳、大连、鞍山、抚顺、本溪、丹东、锦州、阜新、辽阳，（吉林）长春、吉林，（黑龙江）哈尔滨、齐齐哈尔、鸡西、鹤岗、大庆、伊春、佳木斯、牡丹江，上海，（江苏）南京、无锡、徐州、常州、苏州、南通、扬州，（浙江）杭州、宁波、温州、嘉兴、湖州，（安徽）合肥、芜湖、蚌埠、淮南、淮北，（福建）福州、厦门、泉州，（江西）南昌、九江，（山东）济南、青岛、淄博、枣庄、烟台、潍坊、济宁、泰安、临沂，（河南）郑州、开封、洛阳、平顶山、安阳、新乡、焦作，（湖北）武汉、黄石、宜昌、襄樊、荆州，（湖南）长沙、株洲、湘潭、衡阳、岳阳，（广东）广州、深圳、珠海、汕头、佛山市顺德区、湛江、东莞、中山，（广西）南宁、柳州、北海，（海南）海口，重庆，（四川）成都、南充、宜宾，（贵州）贵阳，（云南）昆明，（西藏）拉萨，（陕西）西安，（甘肃）兰州，（青海）西宁，（宁夏）银川，（新疆）乌鲁木齐。

土地违法案件 指违反土地管理法律法规，应当追究法律责任的案件。

省级、市级、县级、乡级 指发生违反土地管理法律法规规定的各级党政军机关、人民团体。中央党政军机关、人民团体在外地的派出机构违反土地管理法律法规有关规定的案件，按机关级别归类到相应级别机关内。各级党政军机关、人民团体所属企事业单位违反土地管理法律法规的，应统计在“企事业单位”栏内。

涉及土地面积 指各级机关、村（组）集体、企事业单位和个人等发生违反土地管理法律、法规行为，所牵涉的土地面积。

上年未结案件 指上年未结案需要转到本年继续处理的案件。

本年发现违法 指报告期内发现的土地违法行为。

历年隐漏 指报告期以前发生而在报告期内发现的土地违法行为。

本年立案 指报告期内，经批准由土地行政主管部门立案查处的全部土地违法案件。

历年隐漏案件立案 指报告期内对历年隐漏的土地违法行为，经批准由土地行政主管部门立案查处的全部土地违法案件。

本年发生案件立案 指报告期内发生的土地违法行为，经批准由土地行政主管部门立案查处的全部土地违法案件。

买卖或非法转让 买卖土地是指以牟利为目的，违反土地管理法律法规，无限期地将土地所有权和使用权转移给他人的行为；非法转让土地是指违反土地管理法律法规，将土地使用权有限期转移给他人的行为。

破坏耕地 指单位或个人未经批准擅自占用耕地建窑、建坟，未经批准擅自在耕地上建房、挖砂、采石、采矿、取土等，使土地种植条件遭到破坏的违法行为。

非法占地 指单位或个人未经批准擅自占用土地、采取欺骗手段骗取批准占用土地以及超过批准的数量多占土地的违法行为。

非法批地 指没有批准权的单位或个人批准用地、虽有批准权但超越了批准权限批准用地、违反土地利用总体规划批准用地和违反法律规定的程序批准用地的违法行为。

低价出让土地 指违反土地管理法律法规，滥用职权，以低于国家规定的价格出让国有土地使用权，造成国有土地资产流失的违法行为。

其他（本年发生案件立案） 指除买卖或非法转让、破坏耕地、非法占地、非法批地、低价出让土地以外的土地违法案件。

本年结案 指报告期内经过土地行政主管部门处理已结案的土地违法案件。

处理上年未结案件 指报告期内对上年未结案件经过土地行政主管部门处理并已结案的土地违法案件。

处理历年隐漏案件 指报告期内对隐漏案件经过土地行政主管部门处理并已结案的土地违法案件。

处理本年发生案件 指报告期内发生并经过土地行政主管部门处理，已结案的土地违法案件。

其他（处理本年发生案件） 指除买卖和非法转让、破坏耕地、非法占地、非法批地、低价出让土地以外本年已结案的土地违法案件。

年末未结案件 指当年不能结案需要转到下一年度继续处理的案件。

拆除构建物 指对非法占地者所建的建筑物、构筑物依法拆除的面积。

没收构建物 指对非法占地者所建的建筑物、构筑物依法没收的面积。

收回土地 指在报告期内土地行政主管部门依法收回并已结案的土地面积。

罚没款 指土地行政主管部门依法对报告期内已结案的案件进行经济处罚的实收金额。

Explanatory Notes on Main Statistical Indicators

Total area of construction-used land approved—refers to the area of construction-used land approved according to law by governments at the provincial level (including governments of cities and autonomous prefectures authorized by provincial-level people's government).

Land for construction approved by the State Council—refers to the area of construction-used land examined by the MLR according to law and submitted to the State Council for approval.

Land for construction approved by provincial governments—refers to the area of construction-used land examined by land and resources administration departments of the people's governments of provinces, autonomous regions, and municipalities directly under the Central government and approved by the people's governments of the corresponding levels. It also includes the areas approved by people's government of cities and autonomous prefectures authorized by provincial-level governments.

Construction-used land newly added—refers to the area of land into which farmland is changed and unused land.

Agriculture Land transform to construction-used land—refers to the area of farmland in the area of land approved.

Cultivated land—refers to the area of cultivated land in the area of land approved.

Land for construction in city, town, and village—refers to the construction-used land approved according to law by the State Council and provincial-level governments (including city-level governments authorized by provincial-level governments to establish districts) within the scope of land-used scales for city, village, and town (township) construction determined by the national overall planning of land utilization. The Current Land Use Status Classification (GB/T 21010-2007) is adopted for the construction-used land classification of cities, towns, and villages.

Land for commercial and services uses—refers to the land mainly used for commerce and service trades.

Land for industry, mining and warehousing—refers to the land mainly used for industrial production and warehousing.

Land for residential uses—refers to the land used for house sites and their affiliated facilities for people's daily life and dwelling.

Land for public management and public services—refers to the land used for government agencies and public organizations, press and publication, science, education, culture and health, scenic spots and historical sites and public facilities.

Land for transport (Land for construction in city, town, and village) —refers to land used for ground lines and stations of transportation and passage. It includes land used for civil airports, harbors, wharfs, ground transport pipelines, and all kinds of roads.

Land for construction at separate selected sites—refers to land used for the construction projects of roads, pipelines, and large-scale infrastructures approved by the State Council and provincial-level governments outside the scope of land used for city, town, and village construction stipulated in the national overall planning of land utilization. The land-use classification of separate construction project sites is defined according to the "Classification of National Economic Industries" (GB/T 4754-2002).

Land for transport (Land for construction at separate sites) —refers to land used for transport stipulated in the "Catalog of the Classification of Industries".

Land for water conservancy facilities—refers to land used for water conservancy facilities stipulated in the "Catalog of the Classification of Industries".

Land for energy projects—refers to land for energy projects stipulated in the "Catalog of the Classification of Industries".

Land requisition—refers to the act of taking back to the state the land owned by farmer collectives based on the needs of public interests and paying reasonable land compensation to the requisitioned land.

Area requisitioned—refers to the area of requisitioned land examined by the State Council and land administration departments of provincial-level governments and approved by the people's governments of the same level.

Total amount of construction-used land supplied—refers to the total amount of state-owned construction-used land whose use right is provided by the people's government of a city or county to a unit or an individual during the reporting period in the way of grant, allocation, or lease according to the annual land supply plan. It also includes state-owned remaining construction-used land used for commercial services, residential areas, and industrial production, mining, and warehousing whose usage and land-use development intensity are changed after its approval.

Allocation—refers to the act through which the people's government at and above the county level assigns a plot of land to the land user after he pays land compensation and resettlement subsidies or assigns state-owned land-use right to the land user without compensation. This act is approved by the people's government at and above the county level according to law.

Granting through agreement—refers to the act through which the state assigns the land user the right to the use of state-owned construction-used land for a certain period of time in the way of agreement, and the land user shall pay the state the grant fees for the state-owned construction-used land-use right.

Granting through bidding—refers to the act through which the land administration department of the people's government at the city or county level issues a notice of invitation for bid to invite specially or not specially designated legal persons, natural persons and other organizations to participate in the bidding of the state land-use right, and the land user is determined according to the result of the bidding.

Granting through auction—refers to the act through which the land administration department of the people's government at the city or county level issues a notice of invitation for auction, and the bidders participate in open competition at the prescribed time and locality and the land user is determined according to the result of the price offer.

Granting through listing—refers to the act through which the land administration department of the people's government at the city or county level issues a notice of listing, draws up the transaction terms of granting land plots in the time limit prescribed by the notice, lists them in public in a land transaction house, receives the offer applications of the bidders, and renews the listed prices accordingly, and the land user is determined according to the price offer (or the result of on-the-spot price competition) at the closing time of the listing time limit.

Lease—refers to the act through which the state leases state-owned construction-used land to a land user, and the land user enters into a land leasing contract with the land administration department of the people's government at and above the county level for a fixed number of years and pays rent.

Other land supply ways—refer to the ways other than allocation, grant, and lease, e. g. investment as a shareholder with state-owned land rights and authorized operations of land.

Number of land plots—refers to the number of plots of state-owned construction-used land supplied during the reporting period.

Area—refers to the total area of state-owned land for construction supplied to a unit or an individual by the people's government of a city or county during the reporting period.

Newly increased—refers to newly added construction-used land, i. e. the area of farmland and unused land transferred and requisitioned after approval according to law and supplied to a unit or an individual during the reporting period.

Transaction price value—refers to the total amount of actual transaction price of state-owned construction-used land granted by the people's government of a city or county in the ways of agreement, bidding, auction, and listing.

Rent—refers to the amount payable by a lessee to the state for a rental period in order to acquire the granted state-owned, construction-used, land-use right. The rent shall be based on the actual income obtained during the reporting period.

Land-use types—See the construction-used land types in the "Current Land Use Status Classification" (GB/T 21010-2007). Among these types, the land for residential uses is subdivided into (1) land for high-grade residence, (2) land for ordinary commercial houses (of which land for medium- and low-price, medium- and small-sized ordinary commercial houses is listed separately), (3) land for economically affordable house, (4) cheap rent house.

Land for high-grade residence—refers to the construction-used land used for high-grade residence construction assigned during the reporting period, including the land for residence with a floor area rate (FAR) <1.0 and the building area of a residence house >144 m^2, as well as villas and high-grade apartments.

Land for ordinary commercial houses—refers to the construction-used land used for ordinary commercial house construction assigned during the reporting period.

Land for medium-and low-price, medium-and small-sized ordinary commercial houses—refers to the construction-used land used for medium- and low-price, medium- and small-sized ordinary commercial house construction assigned during the reporting period. It specially refers to the land for price-limited ordinary commercial houses and ordinary commercial houses with their building area <90 m^2 (including 90 m^2).

Land for economically affordable house—refers to the construction-used land used for economically affordable house construction. It includes the land used for building houses by personal fund raising.

Cheap rent house—refers to the construction-used land used for cheap rent house construction.

Land price—refers to the price level of land which is estimated according to the urban land price monitoring technical code and on the basis of the land prices at urban monitoring stations combined with the price of the land market transactions. It can reflect the overall status of a city.

Integrated price of land—refers to the average price level of lands for different uses in the same city or area.

Price of land for commercial use—refers to the average price level of land for commercial use in the same city or area.

Price of land for residential use—refers to the average price level of land for residential use in the same city or area.

Price of land for industrial use—refers to the average price level of land for industrial use in the same city or area.

105 major cities—include: Beijing Municipality; Tianjin Municipality; Shijiazhuang, Tangshan, Qinhuangdao, Handan, Baoding, Zhangjiakou, and Langfang (Hebei); Taiyuan and Datong (Shanxi); Hohhot and Baotou (Inner Mongolia); Shenyang, Dalian, Anshan, Fushun, Benxi, Dandong, Jingzhou, Fuxin, and Liaoyang (Liaoning); Changchun and Jilin (Jilin); Harbin, Qiqihar, Jixi, Hegang, Daqing, Yichun, Jiamusi, and Mudanjiang (Heilongjiang); Shanghai Municipality; Nanjing, Wuxi, Xuzhou, Changzhou, Suzhou, Nantong, and Yangzhou (Jiangsu); Hangzhou, Ningbo, Wenzhou, Jiaxing, and Huzhou (Zhejiang); Hefei, Wuhu,

Bengbu, Huainan, and Huaibei (Anhui); Fuzhou, Xiamen, and Quanzhou (Fujian); Nanchang and Jiujiang (Jiangxi); Jinan, Qingdao, Zibo, Zaozhuang, Yantai, Weifang, Jining, Tai'an, and Linyi (Shandong); Zhengzhou, Kaifeng, Luoyang, Pingdingshan, Anyang, Xinxiang, and Jiaozuo (Henan); Wuhan, Huangshi, Yichang, Xiangfan, and Jinzhou (Hubei); Changsha, Zhuzhou, Xiangtan, Hengyang, and Yueyang (Hunan); Guangzhou, Shenzhen, Shantou, Shantou, Shunde of Foshan City, and Zhanjiang (Guangdong); Nanning, Liuzhou, and Beihai (Guangxi); Haikou (Hainan); Chongqing Municipality; Chengdu, Nanchong, and Yibin (Sichuan); Guiyang (Guizhou); Kunming (Yunnan); Lhasa (Tibet); Xi'an (Shaanxi); Lanzhou (Gansu); Xining (Qinghai); Yinchuan (Ningxia); Urümqi (Xinjiang).

Case of violations of land law—refers to cases of violations of laws and regulations of land administration for which legal liabilities should be investigated.

Provincial, city, county, and township (town) levels—refer to party, government, and army administration agencies and mass organizations at various levels that commit acts in violations of laws and regulations of land administration. The cases concerning illegal acts of land committed by agencies sent to other parts of the country by the central party, government, and army administration agencies and mass organizations are classified according to the levels of these agencies as those at corresponding levels. Enterprises and institutions affiliated to agencies and mass organizations at various levels that violate land administration laws and regulations should be included in the column of "enterprises and institutions".

Land area involved—refers to the land area involved by the acts in violation of land administration laws and regulations committed by agencies at various levels, collectives of villages (teams), enterprises and institutions, and individuals.

Cases unsettled from last year—refer to cases that were not able to be settled last year and need to be transferred to the current year and continue to be handled.

Violations of law discovered in the current year—refers to the acts in violation of land laws and regulations discovered during the reporting period.

Cases concealed and not discovered over the years—refer to the acts in violation of land laws and regulations that were committed before the reporting period but discovered during the reporting period.

Cases filed this year—refer to all the cases in violation of land laws and regulations filed for investigation and handling during the reporting period by competent land administration departments after approval.

Cases concealed and not discovered over the past years—refers to all the cases in violation of land laws and regulations concealed and not discovered over the years filed for investigation and handling during the reporting period by competent land administration departments after approval.

Cases occurring this year—refer to all the cases committed in violation of land laws and regulations during the reporting period that are filed, investigated and handled by competent land administration departments after approval.

Purchase and sale or illegal transfer—Purchase and sale of land refer to the act through which the land ownership and land-use right are transferred to another person without a definite period of time for the purpose of seeking profits, which is in violation of land administration laws and regulations; illegal transfer of land refers to the act through which the land-use right is transferred to another person within a definite period of time, which is in violation of land administration laws and regulations.

Damage of cultivated land—refers to the illegal act through which units or individuals occupy cultivated land to build kilns and graves without approval and build houses, dig sand, quarry stone, mine minerals, and fetch earth thereupon without approval, thus destructing planting conditions of the land.

Unlawful encroachment of land—refers to the illegal act through which units or individuals occupy and use land without approval, obtain approval by deceitful means, and occupy and use land exceeding the approved amount.

Unlawful approval of land occupancy—refers to the illegal act through which units or individuals without authority to approve use of land approve occupation of land or they approve occupation of land by overstepping their authority of approval or in violation of the national overall planning of land utilization and procedures for land approval prescribed by law although they have approval authority.

Granting of land at a lower price—refers to the illegal act through which state-owned land-use rights are granted at a lower price than that prescribed by the State in violation of land administration laws and regulations by abusing their authority, thus resulting in a drain on state-owned land and assets.

Others (cases occurring this year) —refer to all the cases in violation of land laws and regulations except for those concerning land purchase and sale or illegal transfer, damage of cultivated land, occupation of land illegally, unlawful approval of land occupation, and assigning of land at a lower prices.

Cases settled this year—refer to cases in violation of land laws and regulations handled and settled by competent land administration departments during the reporting period.

Last year's unsettled cases handled—refer to last year's unsettled cases in violation of land laws and regulations handled and settled by competent land administration departments during the reporting period.

Concealed and not discovered cases handled—refer to the concealed and not discovered cases in violation of land laws and regulations handled and settled by competent land administration departments during the reporting period.

This year's cases handled—refer to cases in violation of land laws and regulations committed and handled and settled by competent land administration departments during the reporting period.

Others (this year's cases handled) —refers to the cases in violation of land laws and regulations except for land purchase and sale or unlawful transfer of land, damage of land, occupation of land without approval, unlawful approval of land occupation, and assigning of land at a lower price.

Cases unsettled at the year end—refer to cases that are not able to be settled in the current year and need to be transferred to the next year and continue to be handled.

Structures demolished—refers to the area of land on which buildings or structures erected by illegal occupants of land are demolished according to law.

Structures confiscated—refer to the area of land on which buildings or structures erected by illegal occupants of land are confiscated according to law.

Land withdrawn—refers to the area of land withdrawn by the competent land administration departments according to law during the reporting period. The relevant case has been settled.

Amount of fines—refers to the paid-in amount of fines imposed by the competent land administration departments according to law for economic punishment of the case settled during the reporting period.

矿产资源管理

Mineral Resources Administration

矿产资源勘查许可证发证及探矿权
Exploration Licenses Issued and Exploration

年份/地区	Year/Region	勘查许可证发证 Exploration Licenses Issued						
		许可证数/个 Number of Licenses/number			登记面积/平方千米 Registered Area/km²			探矿权使用费/万元 Exploration Right Royalty/10⁴ yuan
		有效 Valid	新立 Newly Issued	注销 Cancelled	有效 Valid	新立 Newly Issued	注销 Cancelled	
	2012	33933	1055	643	4756199.40	105271.79	10173.54	24640.94
	2013	34022	1587	1126	4816634.74	46051.48	13327.28	25849.41
	2014	32381	1511	1091	4560382.29	40675.91	18531.30	24594.92
国土资源部	MLR	2293	21		3998875.32	1348.59		2936.55
北 京	Beijing	15	5		29.64	4.21		1.21
天 津	Tianjin	59	28	10	86.39	55.80	65.91	0.93
河 北	Hebei	560	74	67	3526.95	963.75	284.46	127.85
山 西	Shanxi	102		9	936.47		134.05	40.99
内蒙古	Inner Mongolia	3686	323	108	85539.38	12718.00	3043.54	3094.04
辽 宁	Liaoning	760	17	15	7210.66	278.59	137.02	284.47
吉 林	Jilin	848	104		13030.48	1472.20		462.13
黑龙江	Heilongjiang	812	164	36	35731.80	5700.98	2612.64	1481.34
上 海	Shanghai							
江 苏	Jiangsu	198	18	11	1037.84	70.28	25.00	27.81
浙 江	Zhejiang	478	44	39	5675.20	633.69	167.33	167.91
安 徽	Anhui	1104	9	18	13744.87	306.29	112.28	531.10
福 建	Fujian	394	12	40	2968.97	41.48	456.19	119.14
江 西	Jiangxi	1844	80	48	13268.18	628.91	413.48	569.69
山 东	Shandong	1059	49	68	10797.43	764.96	1006.42	403.55
河 南	Henan	664	4	45	5512.24	24.40	878.23	239.29
湖 北	Hubei	370	31	110	2524.14	377.32	1029.75	67.42
湖 南	Hunan	681	51	19	7039.55	652.43	233.66	205.59
广 东	Guangdong	439	37	22	5675.12	918.03	268.74	152.40
广 西	Guangxi	1144	27	36	24353.16	362.07	699.33	1094.86
海 南	Hainan	241		184	4230.65		3075.49	207.11
重 庆	Chongqing	137	8	1	3087.19	140.51	3.13	75.53
四 川	Sichuan	1891	25	26	34459.75	555.35	279.98	1307.25
贵 州	Guizhou	744	29	5	12269.37	623.79	84.94	495.48
云 南	Yunnan	2795	42	31	52377.05	685.30	428.46	2219.00
西 藏	Tibet	664		53	25763.31		1367.24	1172.53
陕 西	Shaanxi	814	17	10	20277.08	930.98	131.08	837.42
甘 肃	Gansu	875	32	42	12071.24	918.04	603.56	506.37
青 海	Qinghai	969	128	12	32450.36	4942.05	242.50	742.61
宁 夏	Ningxia	63	2	3	1275.70	186.52	121.28	49.60
新 疆	Xinjiang	5678	130	23	124556.80	4371.39	625.61	4973.75

出让、转让情况——按地区分列
Rights Granted and Transferred by Region

探矿权出让 Exploration Rights Granted							探矿权转让 Exploration Rights Transferred	
合计 Total		申请在先 First Application	协议出让 Granting through Agreement		“招拍挂”出让 Granting through Bidding, Auction, and Listing		宗数/宗 Number of Cases/case	转让金额/万元 Amount of Transfer/10^4 yuan
宗数/宗 Number of Cases/case	价款金额/万元 Amount of Price Value/10^4 yuan	宗数/宗 Number of Cases/case	宗数/宗 Number of Cases/case	价款金额/万元 Amount of Price Value/10^4 yuan	宗数/宗 Number of Cases/case	价款金额/万元 Amount of Price Value/10^4 yuan		
1055	118435.06	725	44	7442.72	286	110992.34	686	282721.59
1587	150682.98	1178	83	11622.76	326	139060.22	641	304651.55
1511	634759.30	809	56	372045.62	646	262713.68	443	156802.76
21		21					4	153.00
5	32.50				5	32.50		
28	2804.87		9	802.87	19	2002.00		
74		74					12	2721.68
							1	1010.16
323	111402.11	136	19	374.11	168	111028.00	77	4772.51
17	8371.50	6	2		9	8371.50	29	22862.00
104	7034.03	22	11	983.43	71	6050.60	25	6804.15
164	26294.34	135			29	26294.34	9	52401.30
18	5520.00	13			5	5520.00	2	1930.00
44	11047.21	38			6	11047.21	8	
9	30.00	8			1	30.00	11	82.00
12	824.10	2	4	40.00	6	784.10	2	
80	18046.00				80	18046.00	38	9550.00
49	477.63	47			2	477.63	30	15247.00
4	966.00	1			3	966.00	7	678.49
31	8025.00	25			6	8025.00	2	723.42
51	7710.00	44			7	7710.00		
37	1476.00	34	1	225.00	2	1251.00	9	789.00
27	2085.00	5			22	2085.00	21	
8	1524.11	4			4	1524.11		
25	18686.00	18			7	18686.00	35	15490.50
29	253.43	25			4	253.43	4	5040.14
42	4730.00	4			38	4730.00	68	4061.00
							20	11893.04
17	3175.08	8			9	3175.08	1	
32	11404.87				32	11404.87	8	105.00
128	11069.61	100	7	9620.21	21	1449.40	13	320.37
2		2					2	168.00
130	371769.91	37	3	360000.00	90	11769.91	5	

矿产资源勘查许可证发证及探矿权
Exploration Licenses Issued and Exploration

矿种	Mineral	勘查许可证发证 Exploration Licenses Issued						
		许可证数/个 Number of Licenses/number			登记面积/平方千米 Registered Area/km^2			探矿权使用费/万元 Exploration Right Royalty/10^4 yuan
		有效 Valid	新立 Newly Issued	注销 Cancelled	有效 Valid	新立 Newly Issued	注销 Cancelled	
总计	**Total**	**32381**	**1511**	**1091**	**4560382.29**	**40675.91**	**18531.30**	**24594.92**
煤	Coal	2067	25	64	112939.09	2947.32	1425.30	4733.19
石油天然气	Oil&Natural gas	929			3930700.00			
煤层气	Coal bed methane	101	1					
油页岩	Oil shale	79	29	4	7833.25	4655.76	87.06	190.53
石煤	Stone coal	7			111.07			5.30
油砂	Oil sand	11	1		367.70	46.97		6.74
天然沥青	Native bitumen	5			27.50			0.98
地热	Geothermal	617	98	43	8704.05	1061.41	661.01	241.11
铁矿	Iron	3379	133	163	44129.54	3238.54	1879.81	1565.45
锰矿	Manganese	595	25	28	7975.71	553.95	586.48	301.19
铬铁矿	Chromite	61	1	7	1096.97	42.04	108.56	45.84
钛矿	Titanium	79	4	1	1653.61	156.33	30.38	59.76
钒矿	Vanadium	183	3	10	2585.38	64.42	125.95	96.50
金红石	Titanium	10	2	2	163.02	65.62	22.55	4.69
铜矿	Copper	6339	200	114	124032.25	6167.10	1953.77	4891.11
铅矿	Lead	3533	113	149	62774.46	2356.39	2871.11	2549.60
锌矿	Zinc	428	9	6	5619.51	177.24	128.42	245.18
铝土矿	Bauxite	297	5	11	8761.09	242.26	281.65	363.86
镁矿	Magnesium	8			36.96			1.41
镍矿	Nickel	176	7	5	3715.75	263.69	74.86	139.21
钴矿	Cobalt	16		8	229.01		63.73	9.55
钨矿	Tungsten	109	1	1	900.49	93.21	11.53	37.72
锡矿	Tin	170	4	5	1770.09	68.66	37.74	78.79
铋矿	Bismuth	7		1	58.29		9.33	2.87
钼矿	Molybdenum	613	18	65	8756.14	719.93	948.41	359.30
汞矿	Mercury	6	1		107.53	9.13		5.01
锑矿	Antimony	134	1	2	1111.91	4.40	20.29	53.27
多金属	Polymetallic ore	1691	78	44	41512.78	2357.37	974.21	1549.97
铂矿	Platinum	26	1		542.13	67.37		24.34
砂金	Placer gold	24		1	293.50		7.96	13.49

出让、转让情况——按矿种分列（2014 年）

Rights Granted and Transferred by Mineral（2014）

探矿权出让 Exploration Rights Granted							探矿权转让 Exploration Rights Transferred	
合计 Total		申请在先 First Application	协议出让 Granting through Agreement		“招拍挂”出让 Granting through Bidding, Auction, and Listing		宗数/宗 Number of Cases/case	转让金额/万元 Amount of Transfer/10^4 yuan
宗数/宗 Number of Cases/case	价款金额/万元 Amount of Price Value/10^4 yuan	宗数/宗 Number of Cases/case	宗数/宗 Number of Cases/case	价款金额/万元 Amount of Price Value/10^4 yuan	宗数/宗 Number of Cases/case	价款金额/万元 Amount of Price Value/10^4 yuan		
1511	**634759. 30**	**809**	**56**	**372045. 62**	**646**	**262713. 68**	**443**	**156802. 76**
25	360000. 00	22	3	360000. 00			15	66296. 17
1		1						
29	9811. 08	3			26	9811. 08	1	2000. 00
1	190. 00				1	190. 00		
98	5827. 68	33	9	802. 87	56	5024. 81	8	3100. 52
133	20188. 68	56	17	569. 59	60	19619. 09	65	45238. 90
25	6515. 64	13			12	6515. 64	11	205. 34
1		1					1	300. 00
4	381. 00	2			2	381. 00		
3	251. 97				3	251. 97	3	
2		2						
200	16186. 46	114	3	235. 00	83	15951. 46	66	5612. 98
113	7508. 30	67	3		43	7508. 30	65	8110. 08
9	515. 00	5	1		3	515. 00	5	1046. 00
5	7. 00	4			1	7. 00		
7	700. 00	5			2	700. 00	6	5. 38
1		1					2	
4		3	1				1	260. 00
18	1503. 03	9			9	1503. 03	6	334. 35
1		1						
1		1					2	100. 00
78	5663. 00	64	1		13	5663. 00	19	1278. 80
1		1						

矿产资源勘查许可证发证及探矿权
Exploration Licenses Issued and Exploration

矿种	Mineral	勘查许可证发证 Exploration Licenses Issued						
		许可证数/个 Number of Licenses/number			登记面积/平方千米 Registered Area/km^2			探矿权使用费/万元 Exploration Right Royalty/10^4 yuan
		有效 Valid	新立 Newly Issued	注销 Cancelled	有效 Valid	新立 Newly Issued	注销 Cancelled	
金矿	Gold	6991	382	202	119082. 39	10347. 01	3679. 70	4566. 83
银矿	Silver	695	50	20	13059. 10	1357. 26	261. 98	495. 16
铌钽矿	Columbotantalite	91		2	1485. 72		53. 14	55. 67
铌矿	Niobium	12	2		74. 22	6. 72		3. 44
钽矿	Tantalum	12			113. 78			5. 34
铍矿	Beryllium	30			327. 63			13. 90
锂矿	Lithium	35	2	1	1355. 70	99. 92	12. 15	49. 80
锆矿	Zirconium	6		1	86. 29		2. 83	4. 01
锶矿（天青石）	Strontium	10	1		76. 94	20. 26		2. 93
铷矿	Rubidium	8			168. 83			4. 23
铯矿	Cesium	1			7. 06			0. 28
重稀土矿	Heavy rare earths	2			48. 89			0. 70
钇矿	Yttrium	1			5. 12			0. 26
轻稀土矿	Light rare earths	16	3	1	378. 31	42. 80	7. 65	7. 24
锗矿	Germanium	3			33. 73			1. 05
铊矿	Thallium	1			6. 56			0. 33
铼矿	Rhenium			2			26. 28	20. 40
蓝晶石	Kyanite	7	2		65. 52	21. 02		2. 44
矽线石	Sillimanite	2			10. 75			0. 54
红柱石	Andalusite	8			87. 77			4. 06
菱镁矿	Magnesite	7		1	74. 94		0. 98	3. 09
萤石（普通）	Common fluorite	352	24	19	2462. 01	226. 84	111. 11	92. 10
熔剂用石灰岩	Limestone for flux	15	3	1	73. 79	18. 56	14. 55	2. 40
冶金用白云岩	Metallurgical dolomite	20	1	3	94. 09	25. 22	8. 39	3. 09
冶金用石英岩	Metallurgical quartzite	10	1	1	53. 39	5. 00	1. 59	1. 63
冶金用脉石英	Metallurgical vein quartz	7			80. 80			1. 82
耐火粘土	Fire clay	6			43. 82			2. 19
其他粘土	Other clay	3			87. 06			4. 35

出让、转让情况——按矿种分列（2014 年）续表 1
Rights Granted and Transferred by Mineral（2014）Continued 1

探矿权出让 Exploration Rights Granted							探矿权转让 Exploration Rights Transferred	
合计 Total		申请在先 First Application	协议出让 Granting through Agreement		"招拍挂"出让 Granting through Bidding, Auction, and Listing		宗数/宗 Number of Cases/case	转让金额/万元 Amount of Transfer/10^4 yuan
宗数/宗 Number of Cases/case	价款金额/万元 Amount of Price Value/10^4 yuan	宗数/宗 Number of Cases/case	宗数/宗 Number of Cases/case	价款金额/万元 Amount of Price Value/10^4 yuan	宗数/宗 Number of Cases/case	价款金额/万元 Amount of Price Value/10^4 yuan		
382	59952. 97	266	6	371. 32	110	59581. 65	110	6575. 15
50	62517. 00	36	1		13	62517. 00	18	603. 02
							4	8953. 00
2	1223. 00	1			1	1223. 00		
2		2						
1		1						
3		3						
2		2						
24	3408. 00	15	1	10. 00	8	3398. 00	12	47. 00
3	5933. 00	1			2	5933. 00		
1		1					1	8. 00
1	21. 00				1	21. 00	1	3. 00

矿产资源勘查许可证发证及探矿权
Exploration Licenses Issued and Exploration

矿种	Mineral	勘查许可证发证 Exploration Licenses Issued						
		许可证数/个 Number of Licenses/number			登记面积/平方千米 Registered Area/km²			探矿权使用费/万元 Exploration Right Royalty/10^4 yuan
		有效 Valid	新立 Newly Issued	注销 Cancelled	有效 Valid	新立 Newly Issued	注销 Cancelled	
耐火用橄榄岩	Refractory peridotite	1			1.86			0.09
熔剂用蛇纹岩	Serpentinite for flux	1			1.02			0.05
自然硫	Native sulfur	4			29.64			1.46
硫铁矿	Pyrite	167	2	6	2117.49	13.99	89.11	84.68
钠硝石	Natratine	213			10463.15			522.09
明矾石	Alunite	3	1		5.75	4.24		0.12
芒硝（含钙芒硝）	Mirabilite (Including glauberite)	68	1	1	3397.55	28.56	3.72	165.49
重晶石	Barite	50	7	3	648.12	80.47	39.10	23.44
天然碱	Trona	2			138.28			6.91
电石用灰岩	Tourmaline limestone	8			19.11			0.94
制碱用灰岩	Limestone for soda ash	2			18.56			0.93
含钾岩石	K－bearing rock	14			77.92			3.53
化肥用橄榄岩	Peridotite for fertilizer	1			2.72			0.14
化肥用蛇纹岩	Serpentinite for fertilizer	2			65.03			2.71
泥炭	Peat	10	1		174.54	17.35		7.14
盐矿	Salt	3			54.97			2.66
岩盐	Halite	55	3	8	1347.24	14.95	672.35	39.84
湖盐	Lake salt	4			115.87			4.59
镁盐	Magnesium salt	1			0.72			0.04
天然卤水	Natural brine	4		1	187.26		96.45	3.23
钾盐	Potash	78	3	1	6161.93	378.98	65.79	223.07
磷矿	Phosphate rock	218	9	10	2894.44	153.71	181.62	107.73
金刚石	Diamond	24			725.21			22.00
石墨	Graphite	77	11	2	999.99	165.78	95.29	36.27
石棉	Mica	1	1		5.34	5.34		0.05
刚玉	Corundum	2			38.53			1.93
硅灰石	Wollastonite	28	2	1	336.49	24.70	11.13	10.66
滑石	Talc	21	1		137.31	7.23		6.49
云母	Mica	15	1	1	81.69	0.27	0.34	3.28
长石	Feldspar	63	7	2	306.93	59.78	10.79	9.24
电气石	Tourmaline	2		1	36.11		4.13	1.78

出让、转让情况——按矿种分列（2014 年）续表 2
Rights Granted and Transferred by Mineral (2014) Continued 2

探矿权出让 Exploration Rights Granted							探矿权转让 Exploration Rights Transferred	
合计 Total		申请在先 First Application	协议出让 Granting through Agreement		“招拍挂”出让 Granting through Bidding, Auction, and Listing		宗数/宗 Number of Cases/case	转让金额/万元 Amount of Transfer/10⁴ yuan
宗数/宗 Number of Cases/case	价款金额/万元 Amount of Price Value/10⁴ yuan	宗数/宗 Number of Cases/case	宗数/宗 Number of Cases/case	价款金额/万元 Amount of Price Value/10⁴ yuan	宗数/宗 Number of Cases/case	价款金额/万元 Amount of Price Value/10⁴ yuan		
2	227.00				2	227.00	1	
1	270.00				1	270.00		
1	39.00				1	39.00		
7	1100.80	4	1	10.00	2	1090.80		
1	374.09		1	374.09				
3	5500.00				3	5500.00	1	
3	7326.73	1	1	7270.73	1	56.00		
9	921.43	3			6	921.43	1	1100.00
							1	
11	6051.55	3	1	52.55	7	5999.00	3	2503.65
1	12.00				1	12.00		
2	1.00	1			1	1.00	1	723.42
1	1002.00				1	1002.00		
1			1					
7	827.50	1			6	827.50		

矿产资源勘查许可证发证及探矿权
Exploration Licenses Issued and Exploration

矿种	Mineral	勘查许可证发证 Exploration Licenses Issued						
		许可证数/个 Number of Licenses/number			登记面积/平方千米 Registered Area/km²			探矿权使用费/万元 Exploration Right Royalty/10⁴ yuan
		有效 Valid	新立 Newly Issued	注销 Cancelled	有效 Valid	新立 Newly Issued	注销 Cancelled	
石榴子石	Garnet	14	3	1	102. 26	26. 69	11. 02	3. 11
叶蜡石	Pyrophyllite	12	1		60. 52	8. 02		1. 35
透辉石	Diopside	1			10. 10			0. 50
蛭石	Vermiculite							
沸石	Zeolite	10	1		141. 59	2. 33		3. 74
石膏	Gypsum	79	11	2	791. 97	231. 15	32. 60	25. 29
方解石	Calcite	40	6	1	222. 70	57. 60	5. 70	6. 97
光学萤石	Optical fluorite	6			109. 72			4. 84
宝石	Gem	6			57. 14			2. 71
玉石	Jade	23	3		272. 06	52. 02		9. 22
玛瑙	Agate	6	4	1	51. 61	18. 30	0. 48	1. 01
石灰岩	Limestone	103	24	7	732. 84	150. 89	30. 29	19. 93
玻璃用石灰岩	Limestone for glass							
水泥用石灰岩	Limestone for cement	144	13	16	748. 76	89. 17	83. 24	23. 25
建筑石料用灰岩	Limestone for building stone	1			3. 68			0. 04
含钾灰岩	K – bearing limestone	10			143. 36			3. 57
泥灰岩	Marlstone	2			19. 17			0. 71
白云岩	Dolostone	40	3	1	329. 10	30. 54	2. 83	8. 62
玻璃用白云岩	Dolostone for glass							
石英岩	Quartzite	48	14		457. 70	71. 19		9. 96
冶金用石英岩	Metallurgical quartzite	5			12. 67			0. 63
玻璃用石英岩	Quartzite for glass	14	4	2	74. 43	9. 15	28. 91	3. 18
砂岩	Sandstone	7	1		26. 46	0. 75		1. 29
玻璃用砂岩	Sandstone for glass	4			8. 40			0. 36
水泥配料用砂岩	Sandstone for cement	10	1	2	17. 24	0. 19	4. 00	0. 49
陶瓷砂岩	Sandstone for ceramics	4			8. 89			0. 37
天然石英砂	Natural Silicious sand	4	1	1	15. 50	2. 51	3. 64	0. 67
玻璃用砂	Sand for glass	5	1		35. 58	5. 61		1. 55
脉石英	Vein quartz	37	14		320. 16	105. 32		4. 92
玻璃用脉石英	Vein quartz for glass	6			10. 94			0. 46
粉石英	Powdery quartz	2			10. 69			0. 40
硅藻土	Diatomaceous earth	18	5		70. 95	27. 50		2. 11
页岩	Shale	1	2	1	5. 29	6. 03	0. 09	0. 05
陶粒页岩	Earthenware shale	5			15. 25			0. 63
砖瓦用页岩	Shale for bricks and tiles			1			3. 19	

出让、转让情况——按矿种分列（2014 年）续表 3

Rights Granted and Transferred by Mineral（2014）Continued 3

探矿权出让 Exploration Rights Granted							探矿权转让 Exploration Rights Transferred	
合计 Total		申请在先 First Application	协议出让 Granting through Agreement		"招拍挂"出让 Granting through Bidding, Auction, and Listing		宗数/宗 Number of Cases/case	转让金额/万元 Amount of Transfer/10^4 yuan
宗数/宗 Number of Cases/case	价款金额/万元 Amount of Price Value/10^4 yuan	宗数/宗 Number of Cases/case	宗数/宗 Number of Cases/case	价款金额/万元 Amount of Price Value/10^4 yuan	宗数/宗 Number of Cases/case	价款金额/万元 Amount of Price Value/10^4 yuan		
3		3					2	1930. 00
1	200. 00				1	200. 00	1	
1	5. 20				1	5. 20		
11	3015. 00	4			7	3015. 00		
6		6					2	
3		3					2	
4	71. 00	3			1	71. 00		
24	4548. 47	4	5	2349. 47	15	2199. 00		
13	5309. 21	6			7	5309. 21		
							1	
3	60. 60	1			2	60. 60		
14	330. 50	4			10	330. 50		
4	89. 00	2			2	89. 00		
1		1						
1		1						
1	10. 00				1	10. 00		
1		1						
14	1575. 20				14	1575. 20		
5	465. 40				5	465. 40		
2	505. 00				2	505. 00		

矿产资源勘查许可证发证及探矿权
Exploration Licenses Issued and Exploration

矿种	Mineral	勘查许可证发证 Exploration Licenses Issued						
		许可证数/个 Number of Licenses/number			登记面积/平方千米 Registered Area/km^2			探矿权使用费/万元 Exploration Right Royalty/10^4 yuan
		有效 Valid	新立 Newly Issued	注销 Cancelled	有效 Valid	新立 Newly Issued	注销 Cancelled	
高岭土	Kaolin	83	12	7	801.16	207.68	50.33	20.78
陶瓷土	Ceramic clay	25	3		90.23	20.16		2.64
凹凸棒石粘土	Attapulgite clay	7			29.81			1.49
海泡石粘土	Sepiolite clay	3			42.22			0.76
伊利石粘土	Illite clay	3	1		19.20	7.51		0.66
累托石粘土	Rectorite clay	1			1.36			0.07
膨润土	Bentonite	24	2		149.06	13.41		5.24
陶粒用粘土	Ceramic clay	5	4	1	52.27	40.19	28.72	0.81
水泥配料用泥岩	Mudstone for cement	1			0.86			0.04
橄榄岩	Peridotite	1			0.95			0.05
建筑用橄榄岩	Peridotite for building	1			5.09			0.25
饰面用蛇纹岩	Facing Serpentine	1			6.89			0.34
蛇纹岩	Serpentinite	10		1	97.29		0.95	2.89
玄武岩	Basalt	1			2.03			0.10
铸石用玄武岩	Basalt for casting	1			5.05			0.15
辉绿岩	Diabase	3			1.43			0.07
饰面用辉绿岩	Facing Diabase	4	1	1	9.15	0.75	0.75	0.43
建筑用闪长岩	Diorite for building	1			24.87			0.50
花岗岩	Granite	45	25	2	488.44	387.04	10.17	6.50
建筑用花岗岩	Granite for building	2			6.23			0.12
饰面用花岗岩	Facing Granite	96	29	5	880.25	232.57	9.11	14.86
麦饭石	Medical stone	2	1		6.23	5.52		0.09
珍珠岩	Perlite	9	3		317.18	26.06		12.44
黑曜岩	Obsidian	1			25.74			0.51
松脂岩	Pitchstone	1			2.84			0.14
霞石正长岩	Nepheline syenite	2			11.09			0.55
凝灰岩	Tuff	1		1	1.99		0.76	0.10
火山渣	Scoria	2			6.86			0.34
大理岩	Marble	24	3		129.41	2.81		3.67
饰面用石料（大理石）	Facing marble	15	3		43.68	10.61		1.32
建筑用大理岩	Marble for building	2			8.72			0.44
水泥用大理石	Marble for cement	15	1	2	54.40	2.78	4.66	1.95
饰面用板岩	Facing slate	4	2		11.71	3.08		0.12
角闪岩	Amphibolite	2			30.79			1.25
硼矿	Boron	31			402.16			18.07
矿泉水	Mineral water	61	22	5	229.86	55.26	17.79	4.02
地下水	Groundwater	29	6	4	2911.24	280.45	440.34	129.24
二氧化碳气	Carbon dioxide gas	2		1	44.06		1.45	2.17

出让、转让情况——按矿种分列（2014 年）续表 4
Rights Granted and Transferred by Mineral（2014）Continued 4

探矿权出让 Exploration Rights Granted							探矿权转让 Exploration Rights Transferred	
合计 Total		申请在先 First Application	协议出让 Granting through Agreement		“招拍挂”出让 Granting through Bidding, Auction, and Listing		宗数/宗 Number of Cases/case	转让金额/万元 Amount of Transfer/10^4 yuan
宗数/宗 Number of Cases/case	价款金额/万元 Amount of Price Value/10^4 yuan	宗数/宗 Number of Cases/case	宗数/宗 Number of Cases/case	价款金额/万元 Amount of Price Value/10^4 yuan	宗数/宗 Number of Cases/case	价款金额/万元 Amount of Price Value/10^4 yuan		
12	13461.00	3			9	13461.00	1	360.00
3	1395.00				3	1395.00		
1	75.00				1	75.00		
2	48.00	1			1	48.00		
4	28.00	3			1	28.00		
1	40.00				1	40.00		
25	4605.26	1			24	4605.26		
29	2941.75	8			21	2941.75	1	8.00
1	10.00				1	10.00		
3	2171.00				3	2171.00		
							1	100.00
3	208.00				3	208.00		
3	275.00				3	275.00		
1	338.00				1	338.00		
2	23.00				2	23.00		
							2	
22	928.80				22	928.80		
6	70.00	5			1	70.00		

矿产资源勘查许可证发证及探矿权
Exploration Licenses Issued and Exploration

经济类型	Economic Type	勘查许可证发证 Exploration Licenses Issued						
		许可证数/个 Number of Licenses/number			登记面积/平方千米 Registered Area/km²			探矿权使用费/万元 Exploration Right Royalty/10⁴ yuan
		有效 Valid	新立 Newly Issued	注销 Cancelled	有效 Valid	新立 Newly Issued	注销 Cancelled	
总 计	**Total**	**32381**	**1511**	**1091**	**4560382. 29**	**40675. 91**	**18531. 30**	**24594. 92**
国有企业	State-owned Enterprises	9899	555	438	373424. 91	17594. 50	10933. 77	8380. 55
集体企业	Collective-owned Enterprises	133	5	1	1371. 71	101. 36	3. 83	56. 52
股份合作企业	Cooperative Stock Enterprises	229	2	15	3738. 56	30. 59	130. 56	162. 81
联营企业	Joint Ownership Enterprises	120	5	5	2151. 94	262. 80	31. 11	80. 04
有限责任公司	Limited Liability Corporations	19245	858	515	4138481. 26	21072. 66	6295. 36	14111. 69
股份有限公司	Share Holding Company Limited	1074	30	37	21581. 78	708. 55	627. 19	968. 95
私营企业	Private Enterprises	1432	50	70	15143. 30	729. 06	462. 35	635. 56
其他企业	Other Enterprises	134	4	8	1893. 60	170. 92	39. 73	73. 69
合资经营企业（港、澳、台资）	Enterprises of Joint Investment (with Investors from Hong Kong, Macao or Taiwan)	8			154. 97			7. 75
合作经营企业（港、澳、台资）	Cooperative Enterprises (with Investors from Hong Kong, Macao or Taiwan)	5			195. 50			9. 77
港、澳、台商独资经营企业	Enterprises with Funds Solely from Hong Kong, Macao or Taiwan	14	1		761. 41	5. 21		36. 74
港、澳、台商投资股份有限公司	Share holding Company Limited with Funds from Hong Kong, Macao or Taiwan	4			137. 69			6. 88
中外合资经营企业	Chinese and Foreign Equity Joint Ventures	22	1	2	297. 42	0. 26	7. 40	14. 10
中外合作经营企业	Chinese and Foreign Cooperative Joint Ventures	44			584. 62			29. 06
外资企业	Foreign Funded Enterprises	16			402. 14			19. 76
外商投资股份有限公司	Foreign-Funded Share Holding Company Limited	2			61. 48			1. 05

出让、转让情况——按经济类型分列（2014 年）
Rights Granted and Transferred by Economic Type（2014）

探矿权出让 Exploration Rights Granted							探矿权转让 Exploration Rights Transferred	
合计 Total		申请在先 First Application	协议出让 Granting through Agreement		“招拍挂”出让 Granting through Bidding, Auction, and Listing		宗数/宗 Number of Cases/case	转让金额/万元 Amount of Transfer/10^4 yuan
宗数/宗 Number of Cases/case	价款金额/万元 Amount of Price Value/10^4 yuan	宗数/宗 Number of Cases/case	宗数/宗 Number of Cases/case	价款金额/万元 Amount of Price Value/10^4 yuan	宗数/宗 Number of Cases/case	价款金额/万元 Amount of Price Value/10^4 yuan		
1511	**634759. 30**	**809**	**56**	**372045. 62**	**646**	**262713. 68**	**443**	**156802. 76**
555	382871. 00	501	7	362574. 45	47	20296. 55	9	315. 35
5	53. 90	3	1		1	53. 90	1	
2	36. 00	1			1	36. 00	3	1430. 00
5		5					1	
858	238233. 40	264	48	9471. 17	546	228762. 23	405	137497. 96
30	3402. 42	16			14	3402. 42	7	16374. 03
50	10132. 58	14			36	10132. 58	16	1185. 42
4		4					1	
1	30. 00				1	30. 00		
1		1						

矿产资源采矿许可证发证及采矿权
Mining Licenses Issued and Mining Rights

年份/地区	Year/Region	采矿许可证发证 Mining Licenses Issued						
		许可证数/个 Number of Licenses/number			登记面积/平方千米 Registered Area/km^2			采矿权使用费/万元/ Mining Right Royalty/10^4 yuan
		有效 Valid	新立 Newly Issued	注销 Cancelled	有效 Valid	新立 Newly Issued	注销 Cancelled	
	2012	97623	1862	3170	223197.96	4553.52	498.77	13998.40
	2013	93782	2390	6465	243154.60	2689.81	1481.60	14292.95
	2014	84735	2665	7347	248538.81	1925.47	1120.14	13676.15
国土资源部	MLR	1446	28		170284.78	174.29		2737.30
北　京	Beijing	158	2	1	187.50	0.82	0.66	23.15
天　津	Tianjin	401	14	5	14.59		0.59	20.35
河　北	Hebei	2998	59	297	2649.01	63.43	73.17	361.20
山　西	Shanxi	4153	82	122	8974.69	27.86	3.97	1051.25
内蒙古	Inner Mongolia	4431	171	117	5477.10	160.50	44.28	696.90
辽　宁	Liaoning	2781	24	143	1652.96	46.78	12.32	260.90
吉　林	Jilin	1542	103	132	744.48	60.05	2.67	136.50
黑龙江	Heilongjiang	1949	32	1056	2241.29	24.90	63.73	297.85
上　海	Shanghai	28			12.26			2.20
江　苏	Jiangsu	1088	17	90	328.79	4.56	4.05	80.65
浙　江	Zhejiang	1046	97	199	201.52	14.04	20.45	60.10
安　徽	Anhui	1781	22	492	911.11	12.29	44.29	159.70
福　建	Fujian	1409	31	191	1242.19	6.70	68.46	172.15
江　西	Jiangxi	5222	107	130	2264.07	28.94	42.12	428.80
山　东	Shandong	2865	68	823	3107.14	20.68	47.53	420.95
河　南	Henan	2638	59	247	5358.35	101.06	48.61	619.20
湖　北	Hubei	2763	72	190	1642.33	14.81	45.79	265.25
湖　南	Hunan	5032	180	648	2092.45	24.69	59.63	410.75
广　东	Guangdong	1555	58	99	405.12	12.51	6.39	99.05
广　西	Guangxi	3362	154	220	1461.21	30.41	28.33	283.10
海　南	Hainan	214	35	58	254.32	10.94	9.64	32.55
重　庆	Chongqing	2325	32	299	2378.35	10.71	56.05	323.15
四　川	Sichuan	6079	107	740	3855.12	32.97	329.45	628.45
贵　州	Guizhou	7227	132	128	6853.59	94.94	14.28	960.25
云　南	Yunnan	7477	198	345	4500.49	89.21	17.69	732.55
西　藏	Tibet	177	4	1	904.44	3.90	0.24	95.65
陕　西	Shaanxi	4422	165	155	7080.78	560.36	30.93	868.65
甘　肃	Gansu	2892	191	129	1788.06	58.90	14.55	294.75
青　海	Qinghai	727	20	142	5841.98	29.98	18.28	611.55
宁　夏	Ningxia	477	158	77	312.26	5.17	2.15	52.10
新　疆	Xinjiang	4070	243	71	3516.48	199.07	9.84	489.20

出让、转让情况——按地区分列
Granted and Transferred by Region

采矿权出让 Mining Rights Granted							采矿权转让 Mining Rights Transferred	
合计 Total		探矿权转采矿权 Change of Exploration Right to Mining Right	协议出让 Granting through Agreement		"招拍挂"出让 Granting through Bidding, Auction, and Listing		宗数/宗 Number of Cases/case	转让金额/万元 Amount of Transfer/10⁴ yuan
宗数/宗 Number of Cases/case	价款金额/万元 Amount of Price Value/10⁴ yuan	宗数/宗 Number of Cases/case	宗数/宗 Number of Cases/case	价款金额/万元 Amount of Price Value/10⁴ yuan	宗数/宗 Number of Cases/case	价款金额/万元 Amount of Price Value/10⁴ yuan		
1862	766902.00	281	131	456091.00	1450	310809.00	1752	1659047.00
2390	663153.76	303	125	212436.75	1962	450717.01	1583	1509256.63
2665	714420.35	280	83	109892.83	2302	604527.52	1181	981178.97
28		28					4	
2	50.00				2	50.00	1	
14	191.90	9	5	191.90			2	
59	3511.77	14	12	1707.58	33	1804.19	88	6961.79
82	3903.98	6			76	3903.98	41	171095.55
171	22596.09	55	4	1682.82	112	20913.27	77	28978.61
24	2933.04	13	7	2068.04	4	865.00	65	16849.33
103	2743.71	11			92	2743.71	17	1263.18
32	13852.61	4	3	12926.50	25	926.11	42	26817.55
17	21289.66	3			14	21289.66		
97	210148.14	11	17	7964.98	69	202183.16	11	
22	121620.00	9			13	121620.00	34	9809.94
31	8318.97	3	1	327.55	27	7991.42		
107	17933.54	10	1	14.56	96	17918.98	95	38919.14
68	31802.54	7			61	31802.54	57	36933.37
59	15025.19	12			47	15025.19	30	1694.98
72	8944.77	1			71	8944.77	28	17910.41
180	15759.9	3			177	15759.90	71	8959.03
58	27857.84	2	1	135.33	55	27722.51	18	1078.00
154	16229.39	8	1	1643.11	145	14586.28	32	6920.15
35	12600.14				35	12600.14		
32	5953.76	2			30	5953.76	11	9823.22
107	12001.11	12			95	12001.11	140	19242.77
132	28680.97	6	1	19438.15	125	9242.82	69	8770.57
198	6365.93	7			191	6365.93	141	506227.21
4	1482.23		3	7.00	1	1475.23		
165	58926.34	14	11	49755.56	140	9170.78	34	5392.11
191	12176.2	2	1	234.24	188	11941.96	35	40516.68
20	1343.74	3			17	1343.74	10	1947.74
158	7383.87				158	7383.87	2	100.00
243	22793.02	25	15	11795.51	203	10997.51	26	14967.64

矿产资源采矿许可证发证及采矿权
Mining Licenses Issued and Mining Rights

矿　种	Mineral	采矿许可证发证 Mining Licenses Issued								
		许可证数/个 Number of Licenses/number			登记面积/平方千米 Registered Area/km²			生产规模 Scale of Production		采矿权使用费/万元 Mining Right Royalty/10^4 yuan
		有效 Valid	新立 Newly Issued	注销 Cancelled	有效 Valid	新立 Newly Issued	注销 Cancelled	登记 Registration	新立 Newly Issued	
总计	**Grand Total**	**84735**	**2665**	**7347**	**248538.81**	**1925.47**	**1120.14**	**1494029.58**	**67964.28**	**13676.15**
煤炭	Coal	10924	26	400	58565.14	729.14	439.66	424572.75	6390.00	6128.05
石油天然气	Oil & Natural gas	694	20		143100.00					
煤层气	Coal bed methane	11								
油页岩	Oil shale	24	4		122.54	30.56		3302.00	1150.00	12.85
石煤	Stone coal	190	1	7	263.64	5.29	1.33	1328.50	3.00	31.50
油砂	Oil sand	1			1.94			0.14		0.20
天然沥青	Native bitumen	5			12.73			6.40		1.45
地热	Underground thermal water	898	49	12	740.48	96.76	7.77	23119.41	1674.32	106.60
铁矿	Iron	3798	66	57	5627.14	138.45	33.65	112812.68	5967.90	665.85
锰矿	Manganese	414	5	15	610.28	11.32	10.09	2037.00	20.00	71.90
铬铁矿	Chromite	19		1	25.00		0.24	43.35		3.05
钛矿	Titanium	90	1	2	135.85	2.56	2.26	4981.79	16.00	16.20
钒矿	Vanadium	110	1		364.33	6.20		2607.27	70.00	38.80
金红石	Titanium	5	1		7.65	0.58		145.00	60.00	0.90
铜矿	Copper	871	22	4	1236.50	49.31	1.94	21691.78	845.40	146.00
铅矿	Lead	950	19	20	1692.92	63.25	4.74	6325.75	183.00	194.55
锌矿	Zinc	404	15	5	724.04	28.27	0.96	4086.66	204.00	82.55
铝土矿	Bauxite	258	2	3	980.40	5.94	0.37	4755.30	40.00	104.80
镁矿	Magnesium	2			1.53			167.20		0.20
镍矿	Nickel	52	1		100.78	2.61		1250.08	330.00	11.55
钴矿	Cobalt	4			5.26			177.00		0.65
钨矿	Tungsten	143			411.29			2380.73		44.25
锡矿	Tin	110			291.90			1169.23		31.95
铋矿	Bismuth	5			2.38			17.50		0.35
钼矿	Molybdenum	184	4		465.47	8.62		15121.92	1239.00	51.30
汞矿	Mercury	32			52.73			81.78		6.20
锑矿	Antimony	72			145.69			310.52		16.65
多金属	Polymetallic ore	1			2.40			135.00		0.25

出让、转让情况——按矿种分列（2014 年）
Granted and Transferred by Mineral（2014）

采矿权出让 Mining Rights Granted							采矿权转让 Mining Rights Transferred	
合计 Total		探矿权转采矿权 Change of Exploration Right to Mining Right	协议出让 Granting through Agreement		"招拍挂"出让 Granting through Bidding, Auction, and Listing		宗数/宗 Number of Cases/case	转让金额/万元 Amount of Transfer/10^4 yuan
宗数/宗 Number of Cases/case	价款金额/万元 Amount of Price Value/10^4 yuan	宗数/宗 Number of Cases/case	宗数/宗 Number of Cases/case	价款金额/万元 Amount of Price Value/10^4 yuan	宗数/宗 Number of Cases/case	价款金额/万元 Amount of Price Value/10^4 yuan		
2665	**714420. 35**	**280**	**83**	**109892. 83**	**2302**	**604527. 52**	**1181**	**981178. 97**
26	75361. 70	14	11	74234. 00	1	1121. 00	87	143728. 00
20		20						
4		4						
1	48. 00		1	48. 00			3	430. 00
49	4929. 00	18	17	982. 83	14	3946. 52	8	1439. 00
66	4185. 00	55	3	2245. 00	8	1940. 00	53	29444. 00
5	159. 00	4	1	159. 00			4	1080. 00
1	670. 00				1	670. 00	4	691. 00
1		1					2	5409. 00
1		1						
22	476. 00	20	1	1. 00	1	475. 00	11	13943. 00
19	807. 00	16	2	247. 00	1	560. 00	20	4332. 00
15	4242. 00	14	1	4242. 00			7	1496. 00
2	1250. 00	1			1	1250. 00		
1		1						
							4	4136. 00
4		4					1	230. 00

矿产资源采矿许可证发证及采矿权
Mining Licenses Issued and Mining Rights

矿 种	Mineral	采矿许可证发证 Mining Licenses Issued								
		许可证数/个 Number of Licenses/number			登记面积/平方千米 Registered Area/km^2			生产规模 Scale of Production		采矿权使用费/万元 Mining Right Royalty/10^4 yuan
		有效 Valid	新立 Newly Issued	注销 Cancelled	有效 Valid	新立 Newly Issued	注销 Cancelled	登记 Registration	新立 Newly Issued	
铂矿	Platinum	6			9.21			121.00		1.10
砂金	Placer gold	57	12		298.74	71.76		1570.52	240.20	31.20
金矿	Gold	1407	29	13	3244.61	65.11	3.87	16543.04	274.65	360.40
银矿	Silver	116	5	2	219.60	18.37	2.46	1188.80	66.00	25.15
铌钽矿	Columbotantalite	10			21.10			159.30		2.45
铌矿	Niobium	4			2.84			41.80		0.45
钽矿	Tantalum	5	1		17.83	2.34		140.00	60.00	1.90
铍矿	Beryllium	3			3.94			12.50		0.45
锂矿	Lithium	16			314.04			423.76		31.75
锆矿	Zirconium	20		2	76.49		3.18	8461.57		8.10
锶矿（天青石）	Strontium	15		1	33.59		0.30	69.40		3.85
重稀土矿	Heavy rare earths	9		12	42.82		9.09	360.70		4.40
轻稀土矿	Light rare earths	68		21	142.10		12.04	1746.81		15.95
锗矿	Germanium	2			1.32			9.00		0.20
碲矿	Tellurium	1			0.06			0.20		0.05
蓝晶石	Kyanite	6			3.89			31.00		0.55
矽线石	Sillimanite	6		1	19.07		0.20	29.00		2.05
红柱石	Andalusite	14	2		13.24	1.37		336.20	48.20	1.60
菱镁矿	Magnesite	105	3		38.58	1.25		1973.05	68.00	7.30
萤石（普通）	Common fluorite	1152	15	29	911.82	10.42	13.24	2100.31	73.30	122.90
熔剂用石灰岩	Limestone for flux	180	4	6	81.39	0.62	0.92	7382.01	251.50	14.00
冶金用白云岩	Metallurgical dolomite	149	2	3	36.96	0.16	0.25	2436.80	90.00	8.95
冶金用石英岩	Metallurgical quartzite	177	3	22	75.24	1.24	2.70	777.55	11.00	13.70
冶金用砂岩	Metallurgical sandstone	22		1	17.05		0.02	56.20		2.40
铸型用砂岩	Foundry sandstone	10			0.40			25.45		0.50
铸型用砂	Foundry sand	39		13	12.56		5.77	310.35		2.75
冶金用脉石英	Metallurgical vein quartz	133	9	2	168.57	9.41	0.08	382.12	25.00	20.95
耐火粘土	Fire clay	180		7	130.17		0.33	725.75		18.45

出让、转让情况——按矿种分列（2014 年）续表 1
Granted and Transferred by Mineral (2014) Continued 1

采矿权出让 Mining Rights Granted							采矿权转让 Mining Rights Transferred	
合计 Total		探矿权转采矿权 Change of Exploration Right to Mining Right	协议出让 Granting through Agreement		“招拍挂”出让 Granting through Bidding, Auction, and Listing		宗数/宗 Number of Cases/case	转让金额/万元 Amount of Transfer/10^4 yuan
宗数/宗 Number of Cases/case	价款金额/万元 Amount of Price Value/10^4 yuan	宗数/宗 Number of Cases/case	宗数/宗 Number of Cases/case	价款金额/万元 Amount of Price Value/10^4 yuan	宗数/宗 Number of Cases/case	价款金额/万元 Amount of Price Value/10^4 yuan		
12	1806.00				12	1806.00	3	300.00
29	2304.00	25	4	2304.00			35	50014.00
5		5					1	300.00
							1	694.00
1		1						
2	1600.00	1			1	1600.00		
3	106.00	2	1	106.00			6	1416.00
15	402.00	11	1	234.00	3	168.00	36	11668.00
4	5350.00	1			3	5350.00	4	587.00
2	714.00				2	714.00	1	86.00
3	90.00				3	90.00	1	286.00
							2	40.00
9	810.00		1	6.00	8	805.00		
							3	650.00

矿产资源采矿许可证发证及采矿权
Mining Licenses Issued and Mining Rights

矿种	Mineral	采矿许可证发证 Mining Licenses Issued								
		许可证数/个 Number of Licenses/number			登记面积/平方千米 Registered Area/km^2			生产规模 Scale of Production		采矿权使用费/万元 Mining Right Royalty/10^4 yuan
		有效 Valid	新立 Newly Issued	注销 Cancelled	有效 Valid	新立 Newly Issued	注销 Cancelled	登记 Registration	新立 Newly Issued	
铁钒土	Bauxite	13		1	5. 75		0. 01	33. 88		1. 10
其他粘土	Other clay	33		11	15. 12		2. 43	80. 20		2. 80
铸型用粘土	Foundry clay	1			2. 26			3. 00		0. 25
耐火用橄榄岩	Refractory peridotite	2			1. 17			30. 00		0. 20
熔剂用蛇纹岩	Serpentinite for flux	3			0. 54			75. 00		0. 15
自然硫	Native sulfur									
硫铁矿	Pyrite	243	2	1	362. 19	5. 21	2. 34	3258. 75	30. 00	43. 00
钠硝石	Natratine	3			37. 02			26. 39		3. 75
明矾石	Alunite	1			1. 20			21. 00		0. 15
芒硝（含钙芒硝）	Mirabilite (Including glauberite)	77	2		620. 79	28. 76		4345. 83	304. 03	64. 10
重晶石	Barite	444	17	16	557. 20	16. 31	8. 57	1349. 68	39. 60	67. 95
毒重石	Witherite	33		7	27. 12		1. 64	95. 20		3. 55
天然碱	Trona	12		6	57. 79		8. 74	345. 40		6. 10
颜料黄土	Pigment loess	1			0. 35			0. 50		0. 05
电石用灰岩	Tourmaline limestone	51	2		21. 23	1. 22		2310. 73	105. 00	3. 90
制碱用灰岩	Limestone for soda ash	25			8. 09			919. 10		1. 80
化肥用石灰岩	Limestone for fertilizer	5		1	0. 98		1. 00	42. 00		0. 30
化工用白云岩	Dolostone for chemical industry	3			0. 41			16. 70		0. 15
化肥用石英岩	Quartzite for fertilizer	10			3. 86			59. 50		0. 70
化肥用砂岩	Sandstone for fertilizer	17	1		9. 23	1. 41		137. 00	20. 00	1. 35
含钾岩石	K-bearing rock	5			4. 92			64. 60		0. 65
含钾砂页岩	K-bearing sandy shale									
化肥用蛇纹岩	Serpentinite for fertilizer	5			2. 75			26. 00		0. 40
泥炭	Peat	51	1	6	53. 21	0. 09	8. 73	257. 51	15. 00	6. 70
盐矿	Salt	15		1	139. 28		0. 02	464. 63		14. 30
岩盐	Halite	104	1	1	238. 48	0. 99	12. 00	6780. 31	180. 00	26. 30

出让、转让情况——按矿种分列（2014年）续表2
Granted and Transferred by Mineral (2014) Continued 2

采矿权出让 Mining Rights Granted							采矿权转让 Mining Rights Transferred	
合计 Total		探矿权转采矿权 Change of Exploration Right to Mining Right	协议出让 Granting through Agreement		"招拍挂"出让 Granting through Bidding, Auction, and Listing		宗数/宗 Number of Cases/case	转让金额/万元 Amount of Transfer/10^4 yuan
宗数/宗 Number of Cases/case	价款金额/万元 Amount of Price Value/10^4 yuan	宗数/宗 Number of Cases/case	宗数/宗 Number of Cases/case	价款金额/万元 Amount of Price Value/10^4 yuan	宗数/宗 Number of Cases/case	价款金额/万元 Amount of Price Value/10^4 yuan		
2		2					1	1380.00
2		2					1	553.00
17	1251.00		1	26.00	16	1225.00	11	495.00
2	18.00	1			1	18.00	1	
							1	12.00
1	60.00				1	60.00		
1		1					2	79.00
1	7209.00				1	7209.00	3	119.00

矿产资源采矿许可证发证及采矿权
Mining Licenses Issued and Mining Rights

矿种	Mineral	采矿许可证发证 Mining Licenses Issued								采矿权使用费/万元 Mining Right Royalty/10^4 yuan
		许可证数/个 Number of Licenses/number			登记面积/平方千米 Registered Area/km^2			生产规模 Scale of Production		
		有效 Valid	新立 Newly Issued	注销 Cancelled	有效 Valid	新立 Newly Issued	注销 Cancelled	登记 Registration	新立 Newly Issued	
湖盐	Lake salt	38			572.55			1448.19		58.10
镁盐	Magnesium salt	6			80.81			282.00		8.25
天然卤水	Natural brine	40		23	532.80		19.85	3646.76		54.25
钾盐	Potash	21			11701.84			1066.70		1170.70
溴矿	Bromine	55		1	67.37		0.19	14.54		8.75
砷矿	Arsenic	5			5.81			3.36		0.70
磷矿	Phosphate rock	346	2		850.77	2.32		13730.14	56.00	93.75
金刚石	Diamond	3			1.14					0.20
石墨	Graphite	164	5	1	182.62	9.56	0.01	1607.23	259.00	22.70
水晶	Crystal	5	1		1.77	1.19		2.05	2.00	0.35
工艺水晶	Crystal for artware	2		1	0.35		0.01			0.10
硅灰石	Wollastonite	147	1	3	64.05	0.49	1.75	455.80	9.90	11.45
滑石	Talc	120	1	6	63.32	0.48	3.51	472.31	5.00	9.95
石棉（温石棉）	Asbestos	34		3	13.50		0.27	222.75		2.55
云母	Mica	27	1	1	15.19	0.34	0.12	65.39	5.00	2.10
长石	Feldspar	353	11	16	178.88	4.29	2.15	1306.87	72.03	29.05
电气石	Tourmaline	5	1		10.73	1.73		14.40	10.00	1.20
石榴子石	Garnet	22			6.98			79.57		1.40
叶蜡石	Pyrophyllite	70		7	31.22		0.26	1285.84		5.30
透辉石	Diopside	36		1	6.02		0.10	220.80		2.00
蛭石	Vermiculite	15			11.15			60.80		1.60
沸石	Zeolite	48	1	6	9.29	0.01	0.42	250.05	6.00	2.65
透闪石	Tremolite	8			1.38			62.10		0.40
石膏	Gypsum	527	17	28	510.77	6.73	7.14	6408.76	661.00	66.20
方解石	Calcite	647	12	56	203.78	3.21	9.35	3042.28	56.00	44.35
光学萤石	Optical fluorite	2			1.53			3.45		0.20
宝石	Gem	6		1	7.20		0.21	10.38		0.90

出让、转让情况——按矿种分列（2014 年）续表 3
Granted and Transferred by Mineral（2014）Continued 3

采矿权出让 Mining Rights Granted							采矿权转让 Mining Rights Transferred	
合计 Total		探矿权转采矿权 Change of Exploration Right to Mining Right	协议出让 Granting through Agreement		“招拍挂”出让 Granting through Bidding, Auction, and Listing		宗数/宗 Number of Cases/case	转让金额/万元 Amount of Transfer/10⁴ yuan
宗数/宗 Number of Cases/case	价款金额/万元 Amount of Price Value/10⁴ yuan	宗数/宗 Number of Cases/case	宗数/宗 Number of Cases/case	价款金额/万元 Amount of Price Value/10⁴ yuan	宗数/宗 Number of Cases/case	价款金额/万元 Amount of Price Value/10⁴ yuan		
							4	124.00
2	62.00	1			1	62.00	2	
5	9535.00	1	1	9347.00	3	188.00	3	370.00
1	38.00				1	38.00	1	70.00
1		1						
1	116.00				1	116.00	3	30.00
1		1					1	100.00
11	2128.00	1			10	2128.00	7	1841.00
1		1						
							1	5.00
1	40.00				1	40.00	2	309.00
17	3114.00	1	1	25.00	15	3090.00	7	287.00
12	687.00	2			10	687.00	26	3311.00

矿产资源采矿许可证发证及采矿权
Mining Licenses Issued and Mining Rights

矿种	Mineral	采矿许可证发证 Mining Licenses Issued								采矿权使用费/万元 Mining Right Royalty/10^4 yuan
		许可证数/个 Number of Licenses/number			登记面积/平方千米 Registered Area/km^2			生产规模 Scale of Production		
		有效 Valid	新立 Newly Issued	注销 Cancelled	有效 Valid	新立 Newly Issued	注销 Cancelled	登记 Registration	新立 Newly Issued	
玉石	Jade	147	16	1	139.67	17.00	1.86	546.36	50.65	17.60
玛瑙	Agate	5	1		12.01	0.46		3.40	2.60	1.30
石灰岩	Limestone	4722	43	396	530.71	11.75	23.08	59121.46	954.50	256.05
玻璃用石灰岩	Limestone for glass	3			0.72			4.50		0.20
水泥用石灰岩	Limestone for cement	2028	45	114	996.54	28.15	12.09	157820.89	8734.00	165.75
建筑石料用灰岩	Limestone for building stone	10130	373	1118	893.92	57.23	39.37	139653.68	7766.60	534.00
饰面用灰岩	Facing limestone	164	21	8	64.04	4.90	0.54	779.78	94.94	11.85
制灰用石灰岩	Limestone for mortar	354	5	25	64.12	2.90	1.24	5390.92	64.30	21.10
含钾灰岩	Potassium limestone	3		2	0.60		0.02	14.00		0.15
泥灰岩	Marlstone	42	2	3	5.82	9.38	0.16	190.55	6.00	2.45
白垩	Chalk	6		1	1.74		0.99	44.00		0.35
白云岩	Dolostone	467	7	35	156.98	1.92	0.76	5040.47	230.00	34.10
玻璃用白云岩	Dolostone for glass	13			8.40			162.00		1.35
建筑用白云岩	Dolostone for building	810	38	71	83.18	1.86	5.48	13360.30	562.00	42.90
石英岩	Quartzite	661	29	35	332.65	24.37	3.37	3701.35	170.40	55.45
冶金用石英岩	Metallurgical quartzite	62			18.10			306.40		4.15
玻璃用石英岩	Quartzite for glass	176	2	8	59.53	0.40	1.23	1758.18	98.00	12.25
砂岩	Sandstone	1025	26	205	84.85	4.66	9.55	7776.45	201.48	54.70
玻璃用砂岩	Sandstone for glass	78	3	4	16.56	2.19	0.24	1071.22	88.00	4.55
水泥配料用砂岩	Sandstone for cement	192	6	14	75.25	0.90	5.68	3123.36	313.00	14.45
砖瓦用砂岩	Sandstone for bricks and tiles	289	29	40	19.53	3.14	1.10	1522.85	246.12	15.05
陶瓷用砂岩	Sandstone for ceramics	60	1	7	17.67	0.31	0.32	323.76	10.00	4.00
建筑用砂岩	Sandstone for building	524	97	19	74.66	20.30	1.48	9385.31	1995.38	29.80
天然石英砂	Natural silicious sand	129	6	9	121.84	1.09	0.26	1512.74	52.90	16.50
玻璃用砂	Sand for glass	20		2	12.98		0.14	807.71		2.10

出让、转让情况——按矿种分列（2014 年）续表 4
Granted and Transferred by Mineral（2014）Continued 4

采矿权出让 Mining Rights Granted							采矿权转让 Mining Rights Transferred	
合计 Total		探矿权转采矿权 Change of Exploration Right to Mining Right	协议出让 Granting through Agreement		"招拍挂" 出让 Granting through Bidding, Auction, and Listing		宗数/宗 Number of Cases/case	转让金额/万元 Amount of Transfer/10^4 yuan
宗数/宗 Number of Cases/case	价款金额/万元 Amount of Price Value/10^4 yuan	宗数/宗 Number of Cases/case	宗数/宗 Number of Cases/case	价款金额/万元 Amount of Price Value/10^4 yuan	宗数/宗 Number of Cases/case	价款金额/万元 Amount of Price Value/10^4 yuan		
16	1262.00	8	5	59.00	3	1203.00	2	1122.00
1		1					1	10.00
43	10156.00				43	10156.00	47	5145.00
45	149439.00	10	1	1643.00	34	147796.00	38	35179.00
373	88423.00	1			372	88423.00	164	11834.00
21	2354.00				21	2354.00	8	1545.00
5	212.00				5	212.00	4	421.00
2	1.00				2	1.00		
7	2435.00	1			6	2435.00	14	81825.97
38	2340.00				38	2340.00	17	2731.00
29	1311.00				29	1311.00	24	1662.00
2		2					4	2589.00
26	746.00				26	746.00	29	617.00
3	2295.00	1			2	2295.00	1	75.00
6	160.00	3			3	160.00	1	46.00
29	1403.00				29	1403.00	1	50.00
1	29.00				1	29.00	2	90.00
97	37998.00				97	37998.00	12	753.00
6	476.00				6	476.00	2	81.00

矿产资源采矿许可证发证及采矿权
Mining Licenses Issued and Mining Rights

矿种	Mineral	采矿许可证发证 Mining Licenses Issued								
		许可证数/个 Number of Licenses/number			登记面积/平方千米 Registered Area/km^2			生产规模 Scale of Production		采矿权使用费/万元 Mining Right Royalty/10^4 yuan
		有效 Valid	新立 Newly Issued	注销 Cancelled	有效 Valid	新立 Newly Issued	注销 Cancelled	登记 Registration	新立 Newly Issued	
海砂	Sea sand	4			1.60			40.85		0.35
建筑用砂	Sand for building	4096	441	657	833.59	61.22	152.82	40344.72	4734.74	252.45
水泥配料用砂	Sand for cement	22		1	3.88		0.02	280.72		1.25
水泥标准砂	Standard sand for cement	3			1.51			6.80		0.25
砖瓦用砂	Sand for bricks and tiles	32	2	3	5.46	2.15	0.23	107.44	18.24	1.80
脉石英	Vein quartz	214	7	2	97.34	4.29	0.22	535.77	23.50	16.45
玻璃用脉石英	Vein quartz for glass	75	1	1	37.43	0.14	0.01	322.50	3.00	5.90
粉石英	Powdery quartz	17		1	8.26		0.19	57.95		1.35
硅藻土	Diatomaceous earth	40	5	1	33.71	4.80	0.11	308.60	78.00	4.50
页岩	Shale	1272	44	106	66.84	3.51	7.59	9678.54	323.63	65.30
陶粒页岩	Shale for ceramsite	32	2		6.20	0.06		567.50	8.00	1.85
砖瓦用页岩	Shale for bricks and tiles	5542	232	519	259.40	22.37	17.95	26871.23	2105.52	283.50
水泥配料用页岩	Shale for cement	114	7	7	75.22	0.97	5.31	1379.68	107.50	11.75
高岭土	Kaolin	418	19	29	370.91	12.44	10.25	3151.18	352.00	49.65
陶瓷土	Ceramic clay	507	16	9	198.54	8.50	0.45	3279.84	217.86	37.30
凹凸棒石粘土	Attapulgite clay	28	1		27.77	1.96		220.87	5.00	3.55
海泡石粘土	Sepiolite clay	4			2.74			2.92		0.35
伊利石粘土	Illite clay	46			38.64			356.81		5.15
累托石粘土	Rectorite clay	1			0.63			5.00		0.10
膨润土	Bentonite	214	4	23	144.65	2.22	2.73	1180.33	47.00	21.45
砖瓦用粘土	Clay for bricks and tiles	11093	212	1807	649.43	13.79	79.87	61069.53	1237.10	564.30
陶粒用粘土	Clay for ceramisite	51		6	204.97		0.17	181.92		22.15
水泥用粘土	Clay for cement	119	2	17	42.63	2.71	0.94	1794.88	18.00	8.25
水泥配料用红土	Laterite for cement	13		2	1.56		0.24	83.27		0.65
水泥配料用黄土	Loess clay for cement	6			0.59			222.98		0.30
水泥配料用泥岩	Mudstone for cement	28	1		7.06	0.10		625.01	46.80	1.60

出让、转让情况——按矿种分列（2014 年）续表 5

Granted and Transferred by Mineral（2014）Continued 5

采矿权出让 Mining Rights Granted							采矿权转让 Mining Rights Transferred	
合计 Total		探矿权转采矿权 Change of Exploration Right to Mining Right	协议出让 Granting through Agreement		"招拍挂"出让 Granting through Bidding, Auction, and Listing		宗数/宗 Number of Cases/case	转让金额/万元 Amount of Transfer/10^4 yuan
宗数/宗 Number of Cases/case	价款金额/万元 Amount of Price Value/10^4 yuan	宗数/宗 Number of Cases/case	宗数/宗 Number of Cases/case	价款金额/万元 Amount of Price Value/10^4 yuan	宗数/宗 Number of Cases/case	价款金额/万元 Amount of Price Value/10^4 yuan		
441	16830. 00		3	58. 00	438	16772. 00	37	461207. 00
2	18. 00				2	18. 00	1	1. 00
7	194. 00	1			6	194. 00	5	501. 00
1	42. 00				1	42. 00	3	321. 00
5	609. 00	2			3	609. 00		
44	1460. 00				44	1460. 00	20	2236. 00
2	148. 00				2	148. 00		
232	11417. 00				232	11417. 00	84	3757. 00
7	1268. 00				7	1268. 00	2	350. 00
19	3810. 00	2	1	1470. 00	16	2340. 00	6	1257. 00
16	2394. 00	1			15	2394. 00	14	34663. 00
1	238. 00				1	238. 00		
							2	330. 00
4	177. 00				4	177. 00	6	451. 00
212	2408. 00				212	2408. 00	40	1961. 00
2	35. 00				2	35. 00	3	115. 00
1	1350. 00				1	1350. 00		

矿产资源采矿许可证发证及采矿权
Mining Licenses Issued and Mining Rights

矿种	Mineral	采矿许可证发证 Mining Licenses Issued								
		许可证数/个 Number of Licenses/number			登记面积/平方千米 Registered Area/km^2			生产规模 Scale of Production		采矿权使用费/万元 Mining Right Royalty/10^4 yuan
		有效 Valid	新立 Newly Issued	注销 Cancelled	有效 Valid	新立 Newly Issued	注销 Cancelled	登记 Registration	新立 Newly Issued	
保温材料用粘土	Clay for thermal insulating material	7			3. 46			29. 72		0. 60
橄榄岩	Peridotite	9			30. 48			95. 08		3. 30
建筑用橄榄岩	Peridotite for building	7			41. 91			26. 13		4. 40
蛇纹岩	Serpentinite	40	4	2	23. 06	3. 55	0. 14	352. 38	59. 00	3. 65
饰面用蛇纹岩	Facing serpentinite	15			5. 43			29. 12		1. 00
玄武岩	Basalt	382	7	99	68. 67	2. 61	5. 57	5040. 16	56. 75	22. 65
铸石用玄武岩	Basalt for casting	9			0. 66			83. 45		0. 45
岩棉用玄武岩	Basalt for rock wool			1			0. 02			
建筑用玄武岩	Basalt for building	234	30	6	22. 91	2. 28	0. 07	6057. 09	917. 54	12. 15
辉绿岩	Diabase	113	6	3	34. 24	1. 26	0. 06	708. 59	69. 31	7. 55
水泥用辉绿岩	Diabase for cement	3			0. 59			35. 80		0. 15
铸石用辉绿岩	Diabase for casting	1			0. 04			5. 00		0. 05
建筑用辉绿岩	Diabase for building	161	8	17	37. 16	2. 00	0. 78	2153. 41	151. 00	9. 55
饰面用辉绿岩	Facing diabase	54		5	13. 74		0. 70	236. 12		3. 20
安山岩	Andesite	94	1	21	5. 89	0. 05	0. 77	1557. 66	5. 20	4. 75
饰面用安山岩	Facing andesite	4			3. 24			9. 36		0. 50
建筑用安山岩	Andesite for building	336	9	59	17. 92	0. 33	1. 34	6599. 97	264. 68	17. 00
闪长岩	Diorite	1			0. 04			1892. 29	7. 05	0. 05
建筑用闪长岩	Diorite for building	56	2	10	10. 76	0. 05	0. 25	3262. 18	262. 60	3. 25
水泥混合材料用闪长玢岩	Diorite porphyrite for addition of cement	239	8	17	17. 00	0. 41	0. 31	5. 20		12. 55
花岗岩	Granite	678	12	66	168. 39	2. 68	4. 97	7142. 92	253. 60	43. 25
建筑用花岗岩	Granite for building	2458	131	377	205. 36	13. 91	12. 46	63038. 08	4942. 46	127. 45

出让、转让情况——按矿种分列（2014 年）续表 6

Granted and Transferred by Mineral（2014）Continued 6

采矿权出让 Mining Rights Granted							采矿权转让 Mining Rights Transferred	
合计 Total		探矿权转采矿权 Change of Exploration Right to Mining Right	协议出让 Granting through Agreement		“招拍挂”出让 Granting through Bidding, Auction, and Listing		宗数/宗 Number of Cases/case	转让金额/万元 Amount of Transfer/10^4 yuan
宗数/宗 Number of Cases/case	价款金额/万元 Amount of Price Value/10^4 yuan	宗数/宗 Number of Cases/case	宗数/宗 Number of Cases/case	价款金额/万元 Amount of Price Value/10^4 yuan	宗数/宗 Number of Cases/case	价款金额/万元 Amount of Price Value/10^4 yuan		
4	1162.00				4	1162.00	2	121.00
7	116.00		2	36.00	5	80.00	11	474.00
							1	31.00
30	6403.00	1			29	6403.00	7	748.00
6	331.00				6	331.00	2	75.00
8	286.00				8	286.00	1	26.00
							1	1000.00
1	10.00				1	10.00	2	17.00
9	4479.00				9	4479.00	14	538.00
2	140.00				2	140.00		
8	936.00				8	936.00	6	1912.00
12	5254.00				12	5254.00	13	1009.00
131	35371.00		3	164.00	128	35207.00	52	4211.00

矿产资源采矿许可证发证及采矿权
Mining Licenses Issued and Mining Rights

矿 种	Mineral	采矿许可证发证 Mining Licenses Issued								
		许可证数/个 Number of Licenses/number			登记面积/平方千米 Registered Area/km^2			生产规模 Scale of Production		采矿权使用费/万元 Mining Right Royalty/10^4 yuan
		有效 Valid	新立 Newly Issued	注销 Cancelled	有效 Valid	新立 Newly Issued	注销 Cancelled	登记 Registration	新立 Newly Issued	
饰面用花岗岩	Facing granite	1247	66	56	286.21	50.03	5.44	9803.08	760.00	77.25
麦饭石	Medical stone	10			10.86			21.63		1.45
珍珠岩	Perlite	66	2	1	17.86	0.12		334.05	4.00	4.40
黑曜岩	Obsidian	3			0.37			11.00		0.15
浮石	Float stone	17			2.36			38.82		0.85
粗面岩	Trachyte	17		1	2.43		0.08	156.38		1.00
铸石用粗面岩	Trachyte for cast stone	1			0.11			19.00		0.05
霞石正长岩	Nepheline syenite	13			6.56			395.00		1.15
凝灰岩	Tuff	77	8	6	12.02	1.02	0.32	1102.81	293.71	4.30
水泥用凝灰岩	Tuff for cement	17	4	5	3.24	1.73	3.02	231.56	53.51	0.95
建筑用石料（凝灰岩）	Tuff for building	1495	114	232	161.99	13.76	16.38	51098.10	5164.19	80.30
火山灰	Volcanic ash	3		1	0.84		0.23	13.00		0.20
水泥用火山灰	Volcanic ash for cement	2			0.09			8.00		0.10
火山渣	Scoria	13	1		4.53	1.06		101.98	13.28	0.90
大理岩	Marble	296	18	18	124.16	12.01	1.61	3515.43	136.81	22.90
饰面用石料（大理石）	Facing Marble	431	20	13	209.66	14.19	0.73	2098.85	154.58	35.95
建筑用大理岩	Marble for building	378	17	41	95.52	9.02	1.05	4876.46	399.87	24.20
水泥用大理石	Marble for cement	103	5	15	26.65	3.99	6.91	5136.08	850.50	6.50
玻璃用大理石	Marble for glass	3			0.72			17.28		0.15
板岩	Slate	190	14	12	75.29	0.52	1.16	1497.32	125.54	15.35
饰面用板岩	Facing slate	65	3	5	29.19	0.25	0.85	253.85	10.50	5.25
水泥配料用板岩	Slate for cement	9		1	4.49			61.33		0.75
片麻岩	Gneiss	318	14	21	29.41	1.43	0.88	5834.15	514.35	16.75
角闪岩	Amphibolite	34	1	1	9.00	0.04	0.01	486.15	21.00	2.10
硼矿	Boron	59			390.54			578.20		40.80
矿泉水	Mineral water	763	13	60	422.60	7.78	17.38	4214.82	270.46	64.25
地下水	Groundwater	9		1	28.39		0.31	1112.70		3.10
二氧化碳气	Carbon dioxide gas	1			28.74			8.00		2.90
其他	Others	1			0.40					0.05

出让、转让情况——按矿种分列（2014 年）续表 7

Granted and Transferred by Mineral（2014）Continued 7

采矿权出让 Mining Rights Granted							采矿权转让 Mining Rights Transferred	
合计 Total		探矿权转采矿权 Change of Exploration Right to Mining Right	协议出让 Granting through Agreement		"招拍挂"出让 Granting through Bidding, Auction, and Listing		宗数/宗 Number of Cases/case	转让金额/万元 Amount of Transfer/10^4 yuan
宗数/宗 Number of Cases/case	价款金额/万元 Amount of Price Value/10^4 yuan	宗数/宗 Number of Cases/case	宗数/宗 Number of Cases/case	价款金额/万元 Amount of Price Value/10^4 yuan	宗数/宗 Number of Cases/case	价款金额/万元 Amount of Price Value/10^4 yuan		
66	37356. 00	4	2	376. 00	60	36980. 00	29	10078. 00
2	23. 00				2	23. 00	3	145. 00
							1	150. 00
8	1610. 00				8	1610. 00	1	4. 00
4	254. 00				4	254. 00		
114	123954. 00		16	8092. 00	98	115862. 00	14	1836. 00
1	129. 00				1	129. 00		
18	2312. 00				18	2312. 00	8	16581. 00
20	4947. 00				20	4947. 00	15	6079. 00
17	5086. 00				17	5086. 00	15	1000. 00
5	3843. 00	1	2	3751. 00	2	92. 00	5	177. 00
14	537. 00				14	537. 00	1	238. 00
3	178. 00				3	178. 00	1	11. 00
14	2230. 00				14	2230. 00	4	178. 00
1	94. 00				1	94. 00		
13	4378. 00	7	1	37. 00	5	4341. 00	4	130. 00

矿产资源采矿许可证发证及采矿权
Mining Licenses Issued and Mining Rights

经济类型	Economic Type	采矿许可证发证 Mining Licenses Issued						
		许可证数/个 Number of Licenses/number			登记面积/平方千米 Registered Area/km²			采矿权使用费/万元 Mining Right Royalty/10⁴ yuan
		有效 Valid	新立 Newly Issued	注销 Cancelled	有效 Valid	新立 Newly Issued	注销 Cancelled	
合 计	**Grand Total**	**84735**	**2665**	**7347**	**248538.81**	**1925.47**	**1120.14**	**13676.15**
国有企业	State-owned Enterprises	2366	21	155	9391.93	16.22	59.30	998.60
集体企业	Collective-owned Enterprises	4983	23	822	1812.22	1.63	128.76	350.80
股份合作企业	Cooperative Stock Enterprises	701	27	71	143851.10	2.34	18.81	101.50
联营企业	Joint Ownership Enterprises	1542	2	157	225.58	0.59	9.57	88.70
有限责任公司	Limited Liability Corporations	34090	1710	1139	71194.50	1765.15	462.01	8200.60
股份有限公司	Share Holding Company Limited	1856	33	103	13554.25	14.81	37.51	1412.85
私营企业	Private Enterprises	37190	801	4523	7414.05	111.24	387.40	2331.10
其他企业	Other Enterprises	1616	42	366	121.22	2.02	14.64	84.00
合资经营企业（港、澳、台资）	Enterprises of Joint Investment (with Investors from Hong Kong, Macao or Taiwan)	65	1	2	266.68	0.06	1.61	28.35
合作经营企业（港、澳、台资）	Cooperative Enterprises (with Investors from Hong Kong, Macao or Taiwan)	7			5.30			0.75
港、澳、台商独资经营企业	Enterprises with Funds Solely from Hong Kong, Macao or Taiwan	83	3	2	194.45	2.86	0.03	21.60
港、澳、台商投资股份有限公司	Share holding Company Limited with Funds from Hong Kong, Macao or Taiwan	19		1	16.61		0.37	2.10
中外合资经营企业	Chinese and Foreign Equity Joint Ventures	103	2	6	184.64	8.55	0.13	21.20
中外合作经营企业	Chinese and Foreign Cooperative Joint Ventures	36			178.27			18.85
外资企业	Foreign Funded Enterprises	57			66.04			8.30
外商投资股份有限公司	Foreign-Funded Share Holding Company Limited	21			61.97			6.85

出让、转让情况——按经济类型分列（2014 年）
Granted and Transferred by Economic Type（2014）

采矿权出让 Mining Rights Granted							采矿权转让 Mining Rights Transferred	
合计 Total		探矿权转采矿权 Change of Exploration Right to Mining Right	协议出让 Granting through Agreement		“招拍挂”出让 Granting through Bidding, Auction, and Listing		宗数/宗 Number of Cases/case	转让金额/万元 Amount of Transfer/10^4 yuan
宗数/宗 Number of Cases/case	价款金额/万元 Amount of Price Value/10^4 yuan	宗数/宗 Number of Cases/case	宗数/宗 Number of Cases/case	价款金额/万元 Amount of Price Value/10^4 yuan	宗数/宗 Number of Cases/case	价款金额/万元 Amount of Price Value/10^4 yuan		
2665	**714420. 35**	**280**	**83**	**109892. 83**	**2302**	**604527. 52**	**1181**	**981178. 97**
21	5036. 43	2	2	1390. 00	17	3646. 43	6	58. 33
23	278. 96		3	110. 21	20	168. 75	3	56. 60
27	2777. 07	20			7	2777. 07	1	
2	746. 34				2	746. 34	5	132. 00
1710	606919. 73	247	71	106060. 67	1392	500859. 06	805	502173. 11
33	5943. 11	5			28	5943. 11	11	846. 75
801	68387. 51	5	4	43. 31	792	68344. 20	329	477307. 58
42	1080. 16	1			41	1080. 16	18	209. 60
1	19. 40				1	19. 40		
							1	10. 00
3	22586. 11		1	1643. 11	2	20943. 00		
2	645. 53		2	645. 53			2	385. 00

矿产资源勘查、开采
Cases Handling of Illegal

单位：件

年份/案件类别	Year / Case Category	合计 Total
	2012	6161
	2013	6947
	2014	5720
上年未结案件	**Cases Unsettled Last Year**	**363**
本年立案	**Cases Filed This Year**	**6020**
勘查	Exploration	238
无证勘查	Exploration Without Any License	63
越界勘查	Cross-border Exploration	11
非法转让探矿权	Illegal Transfer of Exploration Right	4
其他	Others (Exploration)	160
开采	Mining	5779
无证开采	Mining Without Any License	3573
越界开采	Cross-border Mining	1811
非法转让采矿权	Illegal Transfer of Mining Right	16
破坏性开采	Destructive Mining	10
其他	Others (Mining)	369
不按规定缴纳矿产资源补偿费	Failure to Pay Mineral Resources Compensation Fees According to the Rule	3
非法批准	Illegal Approval	
违法发证	Unlawful Issuance of License	
勘查许可证	Exploration License	
采矿许可证	Mining License	
其他	Others	
本年结案	**Cases Settled This Year**	**5720**
处理上年未结案	Last Year's Unsettled Cases Handled	179
勘查	Exploration	223
无证勘查	Exploration Without Any License	51
越界勘查	Cross-border Exploration	9
非法转让探矿权	Illegal Transfer of Exploration Right	4
其他	Others (Exploration)	159
开采	Mining	5315
无证开采	Mining Without Any License	3220
越界开采	Cross-border Mining	1722
非法转让采矿权	Illegal Transfer of Mining Right	12
破坏性开采	Destructive Mining	10
其他	Others (Mining)	351
不按规定缴纳矿产资源补偿费	Failure to Pay Mineral Resources Compensation Fees According to the Rule	3
非法批准	Illegal Approval	
违法发证	Unlawful Issuance of License	
勘查许可证	Exploration License	
采矿许可证	Mining License	
其他	Others	
本年未结案件	**Cases Unsettled This Year**	**663**

违法案件查处情况
Exploration and Mining

Unite：case

国家机关 State Organs				企事业单位 Enterprises and Institutions		集体 Collective		个人 Individual
	省级机关 Provincial Level	市级机关 Enterprises and Institutions	县级机关 County Level		外商 Foreign-funded		乡村 Township	
				1822	4	128	38	4211
1			1	2327	11	156	39	4463
				2299		105	28	3316
				103		**2**		**258**
				2397	**1**	**105**	**28**	**3518**
				186		1		51
				19				44
				7				4
				4				
				156		1		3
				2210	1	104	28	3465
				766	1	51	20	2756
				1230		39	6	542
				13		1	1	2
				4				6
				197		13	1	159
				1				2
				2299		**105**	**28**	**3316**
				33				146
				184		1		38
				18				33
				7				2
				4				
				155		1		3
				2081		104	28	3130
				719		51	20	2450
				1157		39	6	526
				10		1	1	1
				4				6
				191		13	1	147
				1				2
				201	**1**	**2**		**460**

矿产资源勘查、开采违法案件
Cases Handling of Illegal Exploration

单位：件

年份/案件类别	Year/Case Category	合计 Total	北京 Beijing	天津 Tianjin	河北 Hebei	山西 Shanxi
	2012	6161	13	29	264	197
	2013	6947	55	26	364	202
	2014	5720	28	53	232	201
上年未结案件	**Cases Unsettled Last Year**	**363**	**1**		**1**	**2**
本年立案	**Cases Filed This Year**	**6020**	**28**	**53**	**258**	**202**
勘查	Exploration	238			1	30
无证勘查	Exploration Without Any License	63				22
越界勘查	Cross-border Exploration	11				
非法转让探矿权	Illegal Transfer of Exploration Right	4				
其他	Others (Exploration)	160			1	8
开采	Mining	5779	28	53	257	172
无证开采	Mining Without Any License	3573	28	51	227	83
越界开采	Cross-border Mining	1811		2	27	81
非法转让采矿权	Illegal Transfer of Mining Right	16			1	1
破坏性开采	Destructive Mining	10				
其他	Others (Mining)	369			2	7
不按规定缴纳矿产资源补偿费	Failure to Pay Mineral Resources Compensation Fees According to the Rule	3				
非法批准	Illegal Approval					
违法发证	Unlawful Issuance of License					
勘查许可证	Exploration License					
采矿许可证	Mining License					
其他	Others					
本年结案	**Cases settled This Year**	**5720**	**28**	**53**	**232**	**201**
处理上年未结案	Last Year's Unsettled Cases Handled	179			1	
勘查	Exploration	223			1	29
无证勘查	Exploration Without Any License	51				21
越界勘查	Cross-border Exploration	9				
非法转让探矿权	Illegal Transfer of Exploration Right	4				
其他	Others (Exploration)	159			1	8
开采	Mining	5315	28	53	230	172
无证开采	Mining Without Any License	3220	28	51	201	83
越界开采	Cross-border Mining	1722		2	27	81
非法转让采矿权	Illegal Transfer of Mining Right	12			1	1
破坏性开采	Destructive Mining	10				
其他	Others (Mining)	351			1	7
不按规定缴纳矿产资源补偿费	Failure to Pay Mineral Resources Compensation Fees According to the Rule	3				
非法批准	Illegal Approval					
违法发证	Unlawful Issuance of License					
勘查许可证	Exploration License					
采矿许可证	Mining License					
其他	Others					
本年未结案件	**Cases Unsettled This Year**	**663**	**1**		**27**	**3**

查处情况——按地区分列
and Mining by Region

Unite: case

内蒙古 Inner Mongolia	辽宁 Liaoning	吉林 Jilin	黑龙江 Heilongjiang	上海 Shanghai	江苏 Jiangsu	浙江 Zhejiang	安徽 Anhui	福建 Fujian	江西 Jiangxi	山东 Shandong
220	464	199	276		24	309	91	360	137	59
328	538	174	252		23	325	140	409	164	126
389	166	108	248		32	230	137	200	151	107
6	**28**	**1**					**30**	**12**	**53**	**1**
398	**161**	**110**	**257**		**32**	**236**	**143**	**312**	**104**	**107**
61	3	9	2				2	1	2	
1	1	1	1						2	
	1							1		
							1			
60	1	8	1				1			
337	158	101	255		32	236	141	311	102	107
243	129	85	90		16	175	64	248	56	85
71	27	14	137		12	59	73	47	40	22
1							2			
3										
19	2	2	28		4	2	2	16	6	
389	**166**	**108**	**248**		**32**	**230**	**137**	**200**	**151**	**107**
	9						13	6	48	1
60	3	9	2				2	1	2	
	1	1	1						2	
	1							1		
							1			
60	1	8	1				1			
329	154	99	246		32	230	122	193	101	106
240	126	83	87		16	173	49	130	55	84
67	26	14	131		12	55	69	47	40	22
							2			
3										
19	2	2	28		4	2	2	16	6	
15	**23**	**3**	**9**			**6**	**36**	**124**	**6**	**1**

矿产资源勘查、开采违法案件
Cases Handling of Illegal Exploration

单位：件

年份/案件类别	Year/Case Category	河南 Henan	湖北 Hubei	湖南 Hunan	广东 Guangdong	广西 Guangxi
	2012	104	89	488	354	266
	2013	128	42	382	277	470
	2014	100	68	345	201	337
上年未结案件	**Cases Unsettled Last Year**	**1**	**1**	**5**	**19**	**60**
本年立案	**Cases Filed This Year**	**99**	**70**	**367**	**220**	**358**
勘查	Exploration	1	3	5	2	2
无证勘查	Exploration Without Any License		1		2	1
越界勘查	Cross - border Exploration		2	4		
非法转让探矿权	Illegal Transfer of Exploration Right					
其他	Others (Exploration)	1		1		1
开采	Mining	98	67	362	218	356
无证开采	Mining Without Any License	75	38	125	175	279
越界开采	Cross - border Mining	21	26	220	38	61
非法转让采矿权	Illegal Transfer of Mining Right					
破坏性开采	Destructive Mining				1	
其他	Others (Mining)	2	3	17	4	16
不按规定缴纳矿产资源补偿费	Failure to Pay Mineral Resources Compensation Fees According to the Rule					
非法批准	Illegal Approval					
违法发证	Unlawful Issuance of License					
勘查许可证	Exploration License					
采矿许可证	Mining License					
其他	Others					
本年结案	**Cases settled This Year**	**100**	**68**	**345**	**201**	**337**
处理上年未结案	Last Year's Unsettled Cases Handled	1	1	3	16	20
勘查	Exploration	1	3	3		2
无证勘查	Exploration Without Any License		1			1
越界勘查	Cross - border Exploration		2	2		
非法转让探矿权	Illegal Transfer of Exploration Right					
其他	Others (Exploration)	1		1		1
开采	Mining	98	64	339	185	315
无证开采	Mining Without Any License	75	35	122	150	250
越界开采	Cross-border Mining	21	26	202	31	49
非法转让采矿权	Illegal Transfer of Mining Right					
破坏性开采	Destructive Mining				1	
其他	Others (Mining)	2	3	15	3	16
不按规定缴纳矿产资源补偿费	Failure to Pay Mineral Resources Compensation Fees According to the Rule					
非法批准	Illegal Approval					
违法发证	Unlawful Issuance of License					
勘查许可证	Exploration License					
采矿许可证	Mining License					
其他	Others					
本年未结案件	**Cases Unsettled This Year**		**3**	**27**	**38**	**81**

查处情况——按地区分列 续表
and Mining by Region Continued

Unite：case

海南 Hainan	重庆 Chongqing	四川 Sichuan	贵州 Guizhou	云南 Yunnan	西藏 Tibet	陕西 Shaanxi	甘肃 Gansu	青海 Qinghai	宁夏 Ningxia	新疆 Xinjiang
85	106	72	526	319	5	128	21	56	57	845
80	82	119	408	469	28	245	106	54	65	866
83	114	100	297	588	7	167	43	79	91	818
30	**7**	**14**	**49**	**3**		**2**	**4**		**15**	**18**
132	**114**	**122**	**306**	**611**	**9**	**168**	**39**	**91**	**77**	**836**
		9	2	55		6	4			38
		8		5		3				15
				2						1
			2	1						
		1		47		3	4			22
132	114	113	303	556	9	162	35	91	77	796
114	26	46	102	197	9	112	25	45	74	551
13	87	54	116	342		39	10	34	2	136
		4	2	1		1		3		
				1		2				3
5	1	9	83	15		8		9	1	106
			1							2
83	**114**	**100**	**297**	**588**	**7**	**167**	**43**	**79**	**91**	**818**
2	6	3	23	3		1	4		15	3
			2	55		6	4			38
				5		3				15
				2						1
			2	1						
				47		3	4			22
81	108	97	271	530	7	160	35	79	76	775
74	22	35	78	185	7	110	25	36	73	537
7	85	51	112	328		39	10	31	2	135
		2	1	1		1		3		
				1		2				3
	1	9	80	15		8		9	1	100
			1							2
79	**7**	**36**	**58**	**26**	**2**	**3**		**12**	**1**	**36**

矿产资源勘查、开采违法案件查处结果
Handling Results of Cases of Illegal Exploration and Mining

年份/地区	Year / Region	吊销勘查许可证/件 Revoked Exploration Licenses /Case	吊销采矿许可证/件 Revoked Mining Licenses/Case	罚没款/万元 Fine/10^4 yuan
	2012		5	35794.61
	2013		13	45968.13
	2014	1	11	41416.72
北　京	Beijing			73.1
天　津	Tianjin			40.55
河　北	Hebei			179.09
山　西	Shanxi			603.15
内蒙古	Inner Mongolia			2977.29
辽　宁	Liaoning			741.34
吉　林	Jilin			239.21
黑龙江	Heilongjiang			2831.06
上　海	Shanghai			
江　苏	Jiangsu			3303.20
浙　江	Zhejiang			3533.49
安　徽	Anhui			8924.79
福　建	Fujian			609.71
江　西	Jiangxi			294.86
山　东	Shandong			184.49
河　南	Henan			295.04
湖　北	Hubei			653.42
湖　南	Hunan			794.68
广　东	Guangdong			800.84
广　西	Guangxi			1181.04
海　南	Hainan			352.48
重　庆	Chongqing			610.29
四　川	Sichuan			1727.59
贵　州	Guizhou			727.68
云　南	Yunnan			1262.03
西　藏	Tibet			49.35
陕　西	Shaanxi		6	3370.84
甘　肃	Gansu			130.22
青　海	Qinghai		1	154.66
宁　夏	Ningxia			149.26
新　疆	Xinjiang	1	4	4621.98

主要统计指标解释

勘查许可证数 是指有管辖权的探矿登记管理机关，按照法定的审批、发证权限，依法颁发的有效探矿许可证个数和注销的探矿许可证数。

有效（勘查许可证） 是指报告期末有效的勘查许可证，包括新立、变更、延续和其他有效勘查许可证。

新立（勘查许可证） 是指在未获得探矿权的区域，申请人提交材料，报经登记管理机关批准登记，在报告期内取得探矿权的过程，其批准的勘查许可证即为新立。

注销（勘查许可证） 包括探矿权人正常申请注销、转采的勘查许可证。

登记面积（勘查许可证） 是指勘查登记管理机关颁发的勘查许可证载明的区块面积的总和。计量单位平方千米。

探矿权使用费 是指国家将矿产资源探矿权出让给探矿权人，按法律规定向探矿权人收取的使用费。按报告期收取数统计。

探矿权出让 是指在报告期内国土资源主管部门通过申请在先、协议、招标、拍卖和挂牌等方式，把探矿权出让给探矿权申请人的行为。

申请在先 是指受让方（探矿权使用者）提出申请，出让方（政府）按照法定的审批权限，依法办理的探矿权登记，并获得勘查许可证。

协议出让（探矿权） 是指主管部门通过协议方式把探矿权出让给探矿权人的活动，探矿权人获得勘查许可证。

“招拍挂”出让（探矿权） 是指主管部门通过招标、拍卖和挂牌方式出让探矿权的活动，探矿权人获得勘查许可证。

招标（探矿权） 是指主管部门发布招标公告，邀请特定或者不特定的投标人参加投标，根据投标结果确定探矿权中标人的活动，探矿权人获得勘查许可证。

拍卖（探矿权） 是指主管部门发布拍卖公告，由符合探矿权申请人资质条件的竞买人在指定时间、地点进行公开竞价，根据出价结果确定探矿权竞得人的活动，探矿权人获得勘查许可证。

挂牌（探矿权） 是指主管部门发布挂牌公告，在挂牌公告规定的期限和场所接受竞买人的报价申请并更新挂牌价格，根据挂牌期限截止时的出价结果，确定探矿权竞得人的活动，探矿权人获得勘查许可证。

价款金额（探矿权） 是指协议、招标、拍卖、挂牌出让探矿权的评估或成交金额。

探矿权转让 是指报告期内经探矿权登记管理机关批准转让并办理了变更登记手续的探矿权数量和转让的金额。

转让金额（探矿权） 是指报告期内探矿权转让人与受让人之间签订的控矿权转让合同中约定的转让价格。

采矿许可证数 是指有管辖权的采矿登记管理机关，按照法定的审批、发证权限，依法颁发的有效采矿许可证个数和注销的采矿许可证个数。

有效（采矿许可证） 是指报告期末有效的采矿许可证，包括新立、变更、延续和其他有效采矿许可证。

新立（采矿许可证） 是指在未获得采矿权的区域，申请人提交材料，报经登记管理机关批准登记，在报告期内取得采矿权的过程，其批准的采矿许可证即为新立。

注销（采矿许可证） 是指采矿权人需要停止生产，关闭矿山，依法申请注销采矿权的数量。

生产规模 是指各矿种采矿权登记生产规模的总和。仅按矿种分列时填写，单位以各矿种标准单位填写，固体矿产按万吨/年，气体矿产按万米^3/年计，地下水按米^3/日计。其中：新立矿山生产规模是指新立采矿证登记的矿山设计生产规模；有效的矿山生产规模是指报告期末有效的采矿证所登记的矿山设计生产规模。

登记面积（采矿许可证） 是指勘查登记、采矿登记管理机关依法划定的探矿权的区块面积、采矿权的矿区面积的总和。单位按平方千米填写。

采矿权使用费 是指国家将矿产资源采矿权出让给采矿权人，按法律规定向采矿权人收取的使用费。按报告期收取数统计。

采矿权出让 是指在报告期内国土资源主管部门通过探矿权转采矿权、协议、招标、拍卖和挂牌等方式，把采矿权出让给采矿权申请人的行为。

探矿权转采矿权 是指报告期内探矿权人在其勘查许可证范围内，将探矿权申请转为采矿权，并获得采矿许可证。

协议出让（采矿权） 是指出让方（采矿权管理机关）按照法律法规的规定采取非竞争性的方式，以协议方式出让采矿权给特定对象的活动，并获得采矿许可证。

“招拍挂”出让（采矿权） 是指采矿权人通过招标出让、拍卖出让、挂牌出让三种方式获得采矿权并取得采矿许可证。

招标（采矿权） 是指主管部门发布招标公告，邀请特定或者不特定的投标人参加投标，根据投标结果确定采矿权中标人的活动，并获得采矿许可证。

拍卖（采矿权） 是指主管部门发布拍卖公告，由符合采矿权申请人资质条件的竞买人在指定时间、地点进行公开竞价，根据出价结果确定采矿权竞得人的活动，并获得采矿许可证。

挂牌（采矿权） 是指主管部门发布挂牌公告，在挂牌公告规定的期限和场所接受竞买人的报价申请并更新挂牌价格，根据挂牌期限截止时的出价结果，确定采矿权竞得人的活动，并获得采矿许可证。

宗数（采矿权出让） 是指采矿权的出让数量，以“宗”计量。

价款金额（采矿权出让） 指协议、招标、拍卖、挂牌出让采矿权合同中签订的合同金额。

采矿权转让 是指报告期内经采矿权登记管理机关批准转让并办理了变更登记手续的采矿权数量和转让的金额。

转让金额（采矿权） 是指报告期内经采矿权转让人与受让人之间签订的采矿权转让合同中约定的转让价格。

上年未结案件 是指上一年度对勘查、开采登记范围的案件已经立案，但尚未查处或未查处完毕，需在本年继续查处的案件数。

本年立案 是指本年度对勘查、开采登记违法案件立案查处的案件数。分为勘查和开采两类。以

“件”计量。

无证勘查 是指未依法取得勘查许可证而进行勘查的活动。

越界勘查 是指探矿权人超越批准勘查的区块范围进行的勘查活动。

非法转让探矿权 是指违反《探矿权采矿权转让管理办法》规定的探矿权转让行为。

非法批准 是指负责矿产资源监督管理工作的国家工作人员或其他有关国家工作人员违反矿产资源法律法规的规定，擅自批准勘查、开采矿产资源和颁发勘查许可证、采矿许可证的行为。

其他（勘查） 是指上述各项之外的其他违法勘查活动。

无证开采 是指未依法取得采矿许可证的非法采矿活动。

越界开采 是指采矿权人超越批准的矿区范围进行的采矿活动，包括越层开采。

非法转让采矿权 是指违背《探矿权采矿权转让管理办法》第三条第二款规定的其他采矿权转让的。

不按规定缴纳矿产资源补偿费 是指矿山企业没有按有关法规规定按期、足额缴纳矿产资源补偿费。

破坏性开采 是指采矿权人违背开采顺序、合理开采方法及工艺进行的采富弃贫、采易弃难等破坏矿产资源的开采活动。

其他（开采） 是指上述各项之外的违法采矿活动。

本年结案 是指本年内查处完毕并结案的案件数。

本年未结案件 是指报告期内未能结案需要转到下一年度继续处理的案件。

吊销勘查许可证 是指依法由原颁发勘查许可证的主管机关吊销勘查许可证的件数。

吊销采矿许可证 是指依法由原颁发采矿许可证的主管机关吊销采矿许可证的件数。

罚没款 是指各级地质矿产主管部门对矿产资源勘查、开采违法活动立案查处并处以罚款的处罚金额。

Explanatory Notes on Main Statistical Indicators

Number of exploration licenses — refers to the number of valid exploration licenses issued and the number of exploration licenses cancelled by the exploration registration administration agency with jurisdictional power according to law within the prescribed limits of examining and approving and license-issuing authority.

Valid (exploration license) — refers to the valid exploration licenses at the end of the reporting period, including those that have been newly issued, modified or continued and other valid exploration licenses.

Newly issued (exploration license) — refers to the exploration license approved through the following process: in an area where no exploration right has been granted, the applicant submits material to the registration administration agency and obtains the exploration right during the reporting period after approval and registration.

Cancelled (exploration license) — The cancelled exploration licenses include that for which the exploration right holder normally applies for cancellation or change of it into the mining license.

Registered area (exploration license) — refers to the total sum of the block areas specified in the exploration license issues by the exploration registration administration agency.

Exploration right royalty — refers to the royalty charged to the exploration right holder according to relevant regulations, when the mineral resource exploration right is granted by the government to the exploration right holder. Statistic survey is made based on the royalties charged during the reporting period.

Exploration rights granted — refers to various acts through which the mineral exploration right is granted by the land and resources administration department to the applicant for the exploration right through the ways of first application, agreement, bidding, auction, and listing during the reporting period.

First application — means that: the assignee (exploration right holder) submits the application for the exploration right and the assignor (government) handles the registration of the exploration right according to law within the prescribed limits of examining and approving authority, and then the assignee obtains the exploration license.

Granting through agreement (exploration right) — refers to the act through which the administration department grants the exploration right to the exploration right holder in the way of agreement, and the exploration right holder obtains the exploration license.

Granting through bidding, auction and listing (exploration right) — refers to the acts through which the administration department grants the exploration right in the ways of bidding, auction, and listing, and the exploration right holder obtains the exploration license.

Granting through bidding (exploration right) — refers to the act through which the administrative authorities issue a notice of invitation for bid to invite specially or not specially designated bidders to participate in the bidding, and the warded bidder for the exploration right is determined according to the result of the bidding. The exploration right holder obtains the exploration license.

Granting through auction (exploration right) — refers to the act through which the administrative authorities issue a notice of invitation for auction, while the bidders qualified to be applicants for the exploration right may participate in open competition at the prescribed time and locality and the warded bidder for the exploration or mining right is determined according to the result of the price offer. The exploration right holder obtains the exploration license.

Granting through listing (exploration right) — refers to the act through which the administrative authorities issue a notice of listing, and receive the offer applications of the bidders and renew the listed prices in the time limit and locality prescribed by the notice, and the warded bidder for the exploration right is determined according to the price offer at the closing date of the listing time limit. The exploration right holder obtains the exploration license.

Amount of price value (exploration right) — refers to the amount of money evaluated or determined through transaction for assigning the exploration right through agreement, bidding, auction, and listing.

Exploration rights transferred — refers to the number of exploration rights that have been transferred and gone through the procedures of registration alteration after approval of the exploration right registration administration department during the reporting period and the amount of transfer.

Amount of transfer (exploration right) — refers to the price of transfer agreed upon in the contract of exploration right transfer signed between the exploration right assignor and the exploration right assignee during the reporting period.

Number of mining licenses — refers to the number of valid mining licenses issued and the number of mining licenses cancelled by the mining registration administration agency with jurisdictional power according to law within the prescribed limits of examining and approving and license-issuing authority.

Valid (mining license) — refers to the valid mining licenses at the end of the reporting period, including those that have been newly issued, modified or continued and other valid mining licenses.

Newly issued (mining license) — refers to the mining license approved through the following process: in an area where no mining right has been granted, the applicant submits material to the registration administration agency and obtains the mining right during the reporting period after approval and registration.

Cancelled (mining license) — refers to the number of mining rights which the mining right holder applies for canceling according to law because he needs to stop production and close the mine.

Production scale — refers to the total sum of the productions registered by the mining rights of various minerals. It is filled in according to minerals. The units are filled in according to the standard units of various minerals: 10^4 t/yr for solid minerals; 10^4 m^3/yr for gas minerals; m^3/day for groundwater. The production scale of the mine whose mining right is newly obtained refers to that in the mine design registered in the newly issued mining license; the valid production scale refers to that in the mine design registered in the valid mining license at the end of the reporting period.

Registered area (mining license) — refers to the total sum of the area of blocks with the exploration right and the area of the mining area with the mining right defined by the administration agency in charge of exploration and mining registration. The unit is km^2.

Mining right royalty — refers to the royalty charged to the mining right holder according to relevant regulations, when the mineral resource mining right is granted by the government to the mining right holder. Statistics is made based on the royalties charged during the reporting period.

Mining rights granted — refers to various acts through which the mining right is assigned by the land and resources administration department to the applicant for the mining right through the ways of change of the exploration right into the mining right, agreement, bidding, auction, and listing during the reporting period.

Change of exploration right to mining right — means that the exploration right holder applies for changing the exploration right into the mining right in his exploration license scope during the reporting period and obtains the mining license.

Granting through agreement (mining right) — refers to the act through which the assignor (mining right administration agency) grants the mining right to the particular individual or organization by adopting the noncompetitive way through agreement according to the provisions of law and the latter obtains the mining license.

Granting through bidding, action and listing (mining right) — refers to the acts through which the mining right holder obtains the mining right and the mining license in the ways of assigning through bidding, auction, and listing.

Granting through bidding (mining right) — refers to the act through which the administrative authorities issue a notice of invitation for bid to invite specially or not specially designated bidders to participate in the bidding, and the warded bidder for the mining right is determined according to the result of the bidding. The mining right holder obtains the mining license.

Granting through auction (mining right) — refers to the act through which the administrative authorities issue a notice of invitation for auction, while the bidders qualified to be applicants for the mining right may participate in open competition at the prescribed time and locality and the warded bidder for the mining or mining right is determined according to the result of the price offer. The mining right holder obtains the mining license.

Granting through listing (mining right) — refers to the act through which the administrative authorities issue a notice of listing, and receive the offer applications of the bidders and renew the listed prices in the time limit and locality prescribed by the notice, and the warded bidder for the mining right is determined according to the price offer at the closing date of the listing time limit. The mining right holder obtains the mining license.

Number of cases — refers to the number of granting of mining rights.

Amount of price value (mining right) — refers to the contractual amount of money specified in the contract of assigning the mining right through agreement, bidding, auction, and listing.

Mining rights transferred — refers to the number of mining rights that have been transferred and gone through the procedures of registration alteration after approval of the mining right registration administration department during the reporting period and the amount of transfer.

Amount of transfer (mining right) — refer to the price of transfer agreed upon in the contract of mining right transfer signed between the mining right assignor and the mining right assignee during the reporting period.

Case unsettled last year — refers to the number of cases that were filed out in the scope of registration of exploration and mining last year but have not been investigated or handled or whose investigation and handling have not been completed and should continue in the current year.

Case filed this year — refers to the number of the illegal cases about registration of exploration and mining filed for investigation and handling during the current year. They include two categories, exploration and mining.

Exploration without any license — refers to exploration operations carried out without obtaining an exploration license according to law.

Cross-border exploration — refers to exploration operations carried out by an exploration right holder beyond the approved limits of his exploration block.

Illegal transfer of the exploration right — refers to the act through which the exploration right is transferred in violation of the "Regulations for Transferring Exploration Rights and Mining Rights".

Unlawful approval — refers to the act through which the state functionaries in charge of mineral resources supervision and management and other state functionaries approve exploration and mining of mineral resources and issue exploration licenses and mining license without authorization in violation of laws and regulations concerning mineral resources.

Others (exploration) — refers to other illegal exploration operations except the above-mentioned items.

Mining without any license — refers to mining operations carried out without obtaining a mining license according to law.

Cross-border mining — refers to mining operations carried out by a mining right holder beyond the approved limits of his mining area, including cross-bed mining operations.

Illegal transfer of the mining right — refers to the act through which the mining right is transferred in violation of Section 2 of Article 3 of the "Regulations for Transferring Exploration Rights and Mining Rights".

Failure to pay mineral resource compensation tees according to the rule — refers to a mine enterprise that does not pay the full mineral resource compensation on schedule according to the rule.

Destructive mining — refers to wasteful mining operations by a mining right holder that depart from the rational mining sequence or appropriate mining methods and technologies and are destructive to mineral resources.

Others (mining) — refer to other illegal mining operations except the above-mentioned items.

Case settled this year — refers to the number of cases investigated, handled and settled in the current year.

Case unsettled this year — refers to the cases that are not able to be settled in the current year and have to be transferred to the next year and continue to be handled.

Revoked exploration license — refers to the number of exploration licenses revoked by the original exploration license-issuing administration department according to law.

Revoked mining license — refers to the number of mining licenses revoked by the original mining license-issuing administration department in charge of examining and approving and issuing licenses according to law.

Fine — refers to the paid-in amount of fines imposed by the geological and mineral resources administration department at various administrative levels for economic punishment of the filed, investigated, and handled illegal mineral exploration and mining operations.

地质环境管理

Geo-environmental Management

地质环境
Geo-environmental

年份/地区	Year/Region	监测站数/个 Number of Monitoring Stations/number			
			省级总站 Provincial Master Station	地市级分站 Prefecture and City Level Station	县区级分站 County and District Level Station
	2012	661	32	254	375
	2013	687	32	268	387
	2014	741	32	256	453
北　京	Beijing	1	1		
天　津	Tianjin	1	1		
河　北	Hebei	12	1	11	
山　西	Shanxi	17	1	8	8
内蒙古	Inner Mongolia	8	1	7	
辽　宁	Liaoning	15	1	14	
吉　林	Jilin	11	1	10	
黑龙江	Heilongjiang	1	1		
上　海	Shanghai	1	1		
江　苏	Jiangsu	17	1	11	5
浙　江	Zhejiang	37	1	11	25
安　徽	Anhui	23	2	18	3
福　建	Fujian	11	1	6	4
江　西	Jiangxi	9	1	8	
山　东	Shandong	35	1	15	19
河　南	Henan	16	1	13	2
湖　北	Hubei	36	1	15	20
湖　南	Hunan	58	1	14	43
广　东	Guangdong	38	1	17	20
广　西	Guangxi	35	1	14	20
海　南	Hainan	1	1		
重　庆	Chongqing	40	1		39
四　川	Sichuan	129	1	21	107
贵　州	Guizhou	8	1	7	
云　南	Yunnan	8	1	3	4
西　藏	Tibet	5	1	3	1
陕　西	Shaanxi	78	1	10	67
甘　肃	Gansu	77	1	10	66
青　海	Qinghai	1	1		
宁　夏	Ningxia	5	1	4	
新　疆	Xinjiang	7	1	6	

监测网络
Monitoring Network

从业人员/人 Employees/person		突发性地质灾害监测点/个 Monitoring Site of Sudden Geohazards/number	缓变性地质灾害监测点/个 Monitoring Site of Delayed Geohazards/number	地下水监测点/个 Groundwater Monitoring Site/number
	专业技术人员 Professional Technical Personnel			
7013	3436	87776	14943	14783
7247	3740	102335	17796	14023
7083	3607	107166	19732	14865
117	90	130	8	1498
74	50	4	12	437
321	221	459	516	2791
134	83	108	607	430
249	144		1642	826
209	109	284	1	857
99	88			597
78	58			193
180	149		2813	695
94	72	494	894	431
219	102	5909	1100	453
77	66	131	29	243
49	33	10	1	231
101	76	19		144
321	237	755	439	1035
105	77	12	220	628
532	424	1015	33	250
378	188	2699	1198	176
270	155	5770	111	588
430	298	7023	9	586
38	32	434		37
202	139	17282	19	37
618	186	27472	4086	
913	93	7036	953	235
161	93	6886	4094	259
25	9	93	4	38
613	134	12161	165	241
302	77	9162	634	95
30	21			162
61	38	1818	144	327
83	65			345

地质灾害
Geohazards Prevention

年份/地区	Year/Region	地质灾害预报预警 Prediction and Early-warning of the Geohazards			地质灾害应急处置 Contingency Handling of Geohazards	
		成功避让地质灾害/处 Geohazards Avoided Successfully/place	避免伤亡人员/人 Casualties Avoided/person	避免直接经济损失/万元 Direct Economic Loss Avoided/10^4 yuan	出动应急处置小组/个 Sending the Contingency Handling Team/number	参与应急处置地质灾害/起 Participating in Contingency Handling of Geohazards/number
	2012	3615	42401	86898.80	8793	8851
	2013	882	187101	189861.10	8616	11526
	2014	1523	41664	216755.00	8376	10130
北　京	Beijing				28	24
天　津	Tianjin					
河　北	Hebei	1	6	4.00	23	23
山　西	Shanxi	1	35	15.00	42	18
内蒙古	Inner Mongolia				6	4
辽　宁	Liaoning				22	37
吉　林	Jilin	10		498.00	10	7
黑龙江	Heilongjiang					
上　海	Shanghai					
江　苏	Jiangsu	3	51	12700.00	24	24
浙　江	Zhejiang	11	205	1203.00	1011	891
安　徽	Anhui	8	57	49.00	156	147
福　建	Fujian	43	959	4485.00	351	143
江　西	Jiangxi	6	141	60.00	295	242
山　东	Shandong				18	10
河　南	Henan	20		87.14	21	32
湖　北	Hubei	28	1882	3485.00	557	551
湖　南	Hunan	90	13073	11160.70	647	1055
广　东	Guangdong	12	265	294.00	437	510
广　西	Guangxi	9	663	1278.70	489	492
海　南	Hainan	5				
重　庆	Chongqing	1014	5670	28314.00	152	720
四　川	Sichuan	82	6388	19329.00	810	1913
贵　州	Guizhou	106	9056	122694.00	1080	1114
云　南	Yunnan	34	1463	2846.00	1750	1762
西　藏	Tibet	15	1067	5918.00	3	3
陕　西	Shaanxi	18	370	1924.00	190	154
甘　肃	Gansu	4	171	380.00	167	167
青　海	Qinghai	2	131		70	70
宁　夏	Ningxia	1	11	30.00	6	6
新　疆	Xinjiang				11	11

防治情况
and Control

地质灾害防治 Geohazards Prevention and Control					完成地质灾害危险性评估项目/个 Project of Evaluating the Danger of Geohazards Completed/number	调查发现地质灾害隐患点/个 Hidden Danger Sites of Geohazards Found After Investigation/number				
地质灾害防治项目/个 Geohazards Prevention and Control Project/number			投入防治资金/万元 Funds Input for Prevention and Control/10^4 yuan	搬迁人数/人 Number of Persons That Move Away/person		总数 Total	变化情况 Changes		隐患等级 Grade of Hidden Danger	
	治理项目 Control Project	监测预警项目 Monitoring and Early-warning Project					新增数 New Hidden Danger Sites	消除数 Hidden Danger Sites Eliminated	特大型 Outsize	大型 Large
26882	8982	15437	1024183.00	322713	28196	206374	17957	15492	1241	5601
36984	7574	24514	1235363.10	275707	31102	244348	35137	17488	2100	7799
32019	7609	21835	1634039.10	297831	25733	248623	18821	12940	2400	9161
9	9		3000.00		351	4614	118			23
5	2	1	630.00		94	175				
85	58	11	19571.40	26	2667	3473	116	80	12	129
165	104	3	51805.28	3409	1146	10084	300	260	25	202
1			559.00							
64	49	15	14897.20		459	3316		1914	47	383
14	14		11522.00	108	242		25	14		
8	7	1	2959.00		387	13	13	32		
96	28	66	11035.66	121	2206	722	79	81	2	18
1411	1165	45	46482.00	11625	2648	5874	226	550	6	24
537	144	360	21936.85	8785	554	4798	334	281	8	4
920	334	129	84217.62	24461	1814	9313	933	718	2	48
79	50	5	12236.42	1520	465	24186	1749	837	4	25
86	77	4	21276.88	2037	778	2654	359	35	5	20
3	2		5588.00	3926	71	2833	213	120	25	86
196	54	135	34772.47	3166	2090	7642	1489	66	11	53
775	302	411	45492.06	11780	583	20280	2026	240	203	1896
2992	1242	1602	86056.60	8238	800	8854	529	1492	62	507
559	213	345	23998.56	900	604	10282	809	575		7
65	19	8	2883.04		277	434	51	2		
231	79	152	42434.10	15000	1449	17301	1342	325	154	971
18982	2423	15443	394682.20	78093	1526	27239	2837	2619	77	195
1847	349	1495	127577.20	36231	938	11448	1045	723	37	87
2561	639	1553	206061.84	51031	1369	25526	2284	1276	276	778
8	6	2	6892.70		264					
118	111	7	306001.26	8218	531	12326	642	325	69	98
163	91	41	37122.00	18536	697	29006	781	330	1236	2613
19	18	1	7934.20	6518	284	3054	18	45	129	297
1	1		1000.00		150	2430			6	663
19	19		3413.56	4102	289	746	503		4	34

地质灾害
Situation of

年份/地区	Year/Region	发生地质灾害数量/处 Quantity of Geohazards/place					
			自然因素 Natural Factors	人为因素 Human Factors		崩塌 Avalanche	滑坡 Landslide
	2012	14675	14060	615	14675	2152	11112
	2013	15374	14829	545	15374	3288	9832
	2014	10937	10404	533	10937	1860	8149
北　京	Beijing	24	24		24	18	
天　津	Tianjin						
河　北	Hebei	12	11	1	12	1	1
山　西	Shanxi	15	13	2	15	14	1
内蒙古	Inner Mongolia	4		4	4		
辽　宁	Liaoning	1		1	1		1
吉　林	Jilin	25	14	11	25	7	4
黑龙江	Heilongjiang	1		1	1	1	
上　海	Shanghai						
江　苏	Jiangsu	7	2	5	7	1	3
浙　江	Zhejiang	243	233	10	243	61	153
安　徽	Anhui	126	117	9	126	70	49
福　建	Fujian	87	83	4	87	25	57
江　西	Jiangxi	394	342	52	394	48	310
山　东	Shandong	10	5	5	10	1	
河　南	Henan	30	9	21	30	6	1
湖　北	Hubei	493	416	77	493	80	369
湖　南	Hunan	4740	4584	156	4740	685	3890
广　东	Guangdong	422	389	33	422	250	149
广　西	Guangxi	330	288	42	330	169	106
海　南	Hainan	19	19		19	15	3
重　庆	Chongqing	1342	1337	5	1342	88	1187
四　川	Sichuan	850	845	5	850	112	545
贵　州	Guizhou	710	689	21	710	31	653
云　南	Yunnan	644	623	21	644	70	482
西　藏	Tibet	100	93	7	100	19	19
陕　西	Shaanxi	172	166	6	172	68	87
甘　肃	Gansu	83	72	11	83	13	46
青　海	Qinghai	32	12	20	32	5	27
宁　夏	Ningxia	6	6		6	1	3
新　疆	Xinjiang	15	12	3	15	1	3

灾情
Geohazards

发生地质灾害数量/处 Quantity of Geohazards/place				造成伤亡人数/人 Casualties/person			造成直接经济损失/万元 Direct Economic Loss/10^4 yuan
泥石流 Mudflow	地面塌陷 Ground Collapse	地裂缝 Ground Crack	地面沉降 Land Subsidence	死亡 Deaths	失踪 Missings	受伤 Injuries	
952	364	76	19	293	85	258	526191. 83
1547	385	282	30	482	185	262	1043567. 56
554	307	52	15	360	54	223	567027. 45
	6						58. 80
1	2	6	1				222. 10
				14			158. 70
	4			1	2		300. 00
11	3						74. 70
	3						2270. 20
26	3			5		6	3929. 02
3	4						590. 40
4			1	4			2511. 30
10	26			15		2	2317. 02
	9						27. 88
	23						129. 96
10	34			16		11	16082. 17
75	66	20	4	33	5	32	71956. 23
9	11	1	2	6		5	5485. 04
7	45	2	1	12		2	2606. 78
1							1320. 40
40	24	3		59	9	17	194163. 76
184	5	1	3	7		22	77138. 22
13	13			53	1	52	65096. 00
72	7	11	2	83	37	60	99564. 18
61	1					3	11464. 98
2	15			44		11	4716. 71
16	2	6		2			3590. 80
							42. 10
		2					38. 00
9	1		1	6			1172. 00

缓变性地质
Delayed

年份/地区	Year/Region	沉降区面积/平方千米 Area of Subsidence Area/km^2	
			本年新增 Newly Increased This Year
	2012	54883.58	3808.70
	2013	51912.54	379.13
	2014	46229.89	237.43
北　京	Beijing	4002.00	18.00
天　津	Tianjin	1637.00	
河　北	Hebei	13370.65	100.00
山　西	Shanxi	2141.20	
内蒙古	Inner Mongolia		
辽　宁	Liaoning		
吉　林	Jilin		
黑龙江	Heilongjiang		
上　海	Shanghai		
江　苏	Jiangsu	13856.00	
浙　江	Zhejiang	4410.38	61.00
安　徽	Anhui	715.00	
福　建	Fujian	9.00	
江　西	Jiangxi		
山　东	Shandong	4323.00	
河　南	Henan	216.00	31.00
湖　北	Hubei	1.20	
湖　南	Hunan	86.30	3.80
广　东	Guangdong	971.72	
广　西	Guangxi	0.04	
海　南	Hainan		
重　庆	Chongqing		
四　川	Sichuan	41.72	10.00
贵　州	Guizhou		
云　南	Yunnan	39.48	0.63
西　藏	Tibet		
陕　西	Shaanxi	364.70	11.00
甘　肃	Gansu	2.50	
青　海	Qinghai		
宁　夏	Ningxia	42.00	2.00
新　疆	Xinjiang		

灾害情况
Geohazards

地裂缝 Ground Crack	
地裂缝条数/条 Number of Ground Cracks/number	地裂缝总长度/千米 Total Length of Ground Cracks/km
4047	8473
5382	14754
3081	4624
4	20
233	69
366	367
4	4
8	3
40	10
9	2
25	9
6	26
386	26
171	69
89	8
11	4
19	2
76	445
272	20
990	2248
144	219
81	26
147	1047

矿泉水及
Mineral Water and

年份/地区	Year/Region	矿泉水 Mineral Water			
		注册登记的矿泉水水源数/个 Number of Mineral Water Sources Registered/number		矿泉水源年检情况 Annual Check-up of Mineral Water Sources	
			国家级 State-level	参加年检数量/家 Quantity of Mineral Water Sources Participating Annual Check－up/number	年检合格数/家 Acceptance Quantity of Annual Check-up/number
	2012	1401	184	831	814
	2013	874	111	762	744
	2014	880	121	683	669
北　京	Beijing			21	21
天　津	Tianjin	14		13	12
河　北	Hebei	41	9	36	36
山　西	Shanxi	62	14	1	1
内蒙古	Inner Mongolia	72	5	38	35
辽　宁	Liaoning				
吉　林	Jilin			52	52
黑龙江	Heilongjiang	56		52	52
上　海	Shanghai	13		13	13
江　苏	Jiangsu	19		18	17
浙　江	Zhejiang	42	2	41	41
安　徽	Anhui	10	4	10	10
福　建	Fujian			25	23
江　西	Jiangxi	39	22		
山　东	Shandong	89	2	76	76
河　南	Henan	3		3	3
湖　北	Hubei	3		2	2
湖　南	Hunan	92	52	4	4
广　东	Guangdong	92		62	62
广　西	Guangxi	22	2	42	38
海　南	Hainan	6		6	6
重　庆	Chongqing	9		9	9
四　川	Sichuan	42	3	41	41
贵　州	Guizhou	35		36	36
云　南	Yunnan	45		30	30
西　藏	Tibet	14	2	14	14
陕　西	Shaanxi	52		28	26
甘　肃	Gansu	2		4	3
青　海	Qinghai	4	4	4	4
宁　夏	Ningxia				
新　疆	Xinjiang	2		2	2

地热情况
Geotherm

		地热 Geotherm			
可开采矿泉水资源量/万立方米 Quantity of Exploitable Mineral Water Resources/$10^4 m^3$		可开采地热资源量/万立方米 Quantity of Exploitable Geothermal Resources/$10^4 m^3$		地热总开采量/万立方米 Total Exploited geothermal Volume/$10^4 m^3$	
	本年矿泉水开采总量 Total Tonnage of Mineral Water Exploited in the Current Year		本年新增地热资源量 Geothermal Resources Newly Increased in the Current Year		本年新增地热开采量 Exploited Geothermal Volume Newly Increased in the Current Year
1466261.69	63836.58	44066924.8	8884.2	153696.69	2371.4
897821.41	27730.4	24734713.76	2395.46	146188.96	1766.38
99367.03	11172.89	24720306.96	7628.04	155829.49	2834.17
1137.56	2.67	8085.00		1221.48	99.62
11300.00	2328.70	7606.60		3777.00	71.00
12978.10	157.38	18437488.49		5931.29	500.00
14.85		19500.00		1554.00	
3285.00	43.00	4230.60		184.25	
		5581648.77		111735.31	
17133.00	650.00	1260.71	744.16	23.30	
1097.10	888.97	259.66		225.00	97.25
1298.00	40.00				
1109.72	52.89	2082.51	213.38	255.69	37.09
185.11	20.68	505.40	83.54	77.36	3.70
3667.60	471.68	783.82	101.00	189.90	26.75
160.60	35.52	2075.48	277.95	607.78	13.57
559.08	85.49	1510.34	36.00	612.67	33.00
8463.59	223.34	81074.72	481.40	685.38	39.70
76.00	3.00	3273.00	12.00	315.00	5.00
29.40	27.90	705.10		464.60	
1387.00	6.99	12948.23	236.65	2914.12	360.00
3527.94	2306.82	18044.45	1057.87	6070.96	1063.10
678.16	331.02	215.33		20.46	
1709.29	1709.29	2237.68		79.05	79.05
6400.00	48.00	30592.00	616.00	4790.00	160.00
12531.27	429.94	16686.43	85.60	6084.53	82.50
556.19	63.81	553.00	36.00	129.00	26.10
3277.63	131.13	19631.06	3562.90	1453.29	99.95
610.64	600.00	20814.00		160.00	
5455.00	285.00	430000.00		5890.00	
40.10	1.49	2821.76		17.52	
693.00	228.00	941.00		182.00	
		11964.00	36.79	178.52	36.79
6.10	0.18	767.82	46.80		

矿山环境
Mine Environmental

年份/地区	Year/Region	矿业开采累计占用、损坏土地面积/公顷 Cumulative Area of Land Occupied or Destructed by Mining/hectare	本年矿业开采新增占用、损坏土地面积 Area of Land Newly Occupied or Destructed by Mining in the Current Year	累计恢复治理的矿山数/个 Cumulative Number of Mines Restored and Remediated/number	本年恢复治理的矿山数 Number of Mines Restored and Remediated in the Current Year
	2012	2812734.90	144694.00	31349	6050
	2013	2847901.44	60949.24	35016	5737
	2014	2618159.19	40523.69	38452	4894
北　京	Beijing	21950.00		83	26
天　津	Tianjin	1646.00		26	3
河　北	Hebei	73150.11	3058.99	3427	434
山　西	Shanxi	130721.09	2319.37	715	129
内蒙古	Inner Mongolia	219208.00	9585.00	2672	182
辽　宁	Liaoning	130595.70		1317	167
吉　林	Jilin	22954.81	424.92	422	60
黑龙江	Heilongjiang	926438.75	852.59	287	19
上　海	Shanghai	31.00		6	
江　苏	Jiangsu	24518.65	129.94	1375	112
浙　江	Zhejiang	14100.05	405.55	2354	153
安　徽	Anhui	84892.75	1975.19	640	108
福　建	Fujian	7683.44	1482.58	2516	536
江　西	Jiangxi	70547.04	708.67	2030	140
山　东	Shandong	51970.53	3516.65	2405	84
河　南	Henan	72717.00	1024.73	615	35
湖　北	Hubei	32208.25	224.42	1264	115
湖　南	Hunan	28933.25	331.67	3928	537
广　东	Guangdong	15738.48	825.31	2314	250
广　西	Guangxi	63574.59	689.39	561	77
海　南	Hainan	8763.36	824.72	386	76
重　庆	Chongqing	122609.47	751.57	36	2
四　川	Sichuan	12963.73	2030.01	850	177
贵　州	Guizhou	15283.10	2323.93	1172	195
云　南	Yunnan	46805.70	2615.99	1757	285
西　藏	Tibet	11923.94		58	
陕　西	Shaanxi	59377.36	2391.18	1457	49
甘　肃	Gansu	25609.09	605.98	943	429
青　海	Qinghai	244009.00	2.00	79	
宁　夏	Ningxia	27158.06	120.00	162	2
新　疆	Xinjiang	50076.89	1303.34	2595	512

保护情况
Protection

累计恢复治理面积/公顷 Cumulative Area of Land Restored and Remediated/hectare		本年投入矿山环境治理资金/万元 Funds Input for Remediation of the Mine Environment in the Current Year/10^4 yuan			
	本年恢复治理面积 Area of Land Restored and Remediated in the Current Year		中央财政 Central Finance	地方财政 Local Finance	企业投入 Input by Enterprises
530569. 22	43607. 69	1225542. 18	468000. 00	316707. 24	417414. 77
497906. 96	33250. 77	1429040. 35	355344. 00	487990. 59	581415. 76
545354. 55	40777. 62	1308151. 00	172871. 00	396841. 06	738438. 80
2651. 16	699. 19	10486. 00	6921. 00	2000. 00	1565. 00
599. 00	120. 00	2000. 00		2000. 00	
20415. 93	1990. 84	140768. 62	28746. 00	23941. 59	88081. 03
31519. 74	2732. 35	27283. 95		1820. 00	25463. 95
151474. 67	13620. 00	278978. 40	9524. 00	13442. 00	256012. 40
57750. 17	865. 20	60872. 17	15810. 00	45062. 17	
4332. 87	386. 60	11819. 00	7562. 00	2744. 27	1512. 63
20068. 45	241. 45	16065. 00	4620. 00	11445. 00	
12370. 50	1200. 54	60536. 40		38240. 60	22295. 80
6329. 78	542. 13	49019. 90		42324. 41	6695. 49
16826. 38	1160. 93	45038. 91		36296. 48	8742. 43
8159. 30	1185. 54	22268. 32		6642. 31	15626. 01
16158. 02	1782. 40	10355. 55	6377. 00	1700. 99	2277. 56
49061. 78	2119. 66	123890. 49	8336. 00	65585. 92	49968. 57
10402. 00	1551. 11	29738. 99	11850. 00	11473. 75	6415. 24
5154. 34	922. 99	72287. 61	35100. 00	25217. 40	11970. 21
7647. 58	1794. 63	83967. 09	11054. 00	24814. 79	48098. 30
7386. 40	650. 36	14468. 45		6672. 90	7795. 55
5863. 87	965. 65	5012. 89	4235. 00	600. 00	177. 89
7135. 15	749. 81	5626. 79		710. 60	4916. 19
6581. 66	63. 26	1650. 00		750. 00	900. 00
9208. 83	1031. 86	22654. 00	1881. 00	11097. 25	9676. 17
2907. 50	513. 15	65843. 03		1055. 95	64787. 07
19160. 25	814. 39	105113. 99	12500. 00	9033. 18	83580. 81
7802. 00					
10551. 96	103. 25	396. 00			395. 00
11363. 54	572. 79	15776. 60		9169. 50	6607. 10
12553. 17		2947. 00	2947. 00		
13090. 67	885. 10	5408. 00	5408. 00		
10827. 88	1512. 44	17878. 00		3000. 00	14878. 40

矿山环境
Mine Environmental

年份/地区	Year/Region	累计投入矿山环境治理资金/万元 Cumulative Funds Input for Remediation of the Mine Environment/10^4 yuan			
			中央财政 Central Finance	地方财政 Local Finance	企业投入 Input by Enterprises
	2012	6041062. 86	2122992. 29	1640740. 57	2185336. 64
	2013	7487086. 63	2383896. 19	2135373. 42	2732705. 05
	2014	8618714. 70	2530900. 10	2525897. 70	3451907. 76
北京	Beijing	100543. 91	73155. 00	13230. 91	14158. 00
天津	Tianjin	41762. 00	16280. 00	2000. 00	23482. 00
河北	Hebei	465385. 07	173616. 00	144655. 49	147112. 98
山西	Shanxi	526763. 59	45804. 00	267911. 50	206832. 09
内蒙古	Inner Mongolia	657184. 34	63441. 35	137219. 51	456523. 48
辽宁	Liaoning	658222. 04	243840. 04	207552. 76	145756. 74
吉林	Jilin	151213. 30	92528. 00	25262. 83	17216. 47
黑龙江	Heilongjiang	202646. 57	75850. 00	126796. 57	
上海	Shanghai	5493. 53	1810. 00	83. 53	3600. 00
江苏	Jiangsu	547644. 59	85402. 00	339460. 76	122147. 83
浙江	Zhejiang	232828. 90	11802. 00	156707. 89	60918. 00
安徽	Anhui	507406. 79	110115. 00	124086. 06	273205. 73
福建	Fujian	210667. 09	35249. 00	34124. 04	141188. 85
江西	Jiangxi	235177. 47	122060. 00	38190. 40	74927. 07
山东	Shandong	918507. 05	145053. 00	371198. 03	399792. 92
河南	Henan	259213. 14	110428. 00	145059. 84	
湖北	Hubei	359843. 82	243811. 00	52899. 83	63087. 99
湖南	Hunan	619132. 03	199440. 00	125159. 76	294532. 27
广东	Guangdong	174597. 65	13244. 90	42391. 22	118955. 48
广西	Guangxi	133411. 46	87094. 00	19887. 83	25846. 71
海南	Hainan	33035. 30	3907. 93	2892. 37	26235. 00
重庆	Chongqing	91008. 36	39370. 00	24304. 00	24794. 36
四川	Sichuan	111543. 94	27421. 14	28720. 00	47327. 45
贵州	Guizhou	349117. 08	57023. 00	18138. 34	273955. 73
云南	Yunnan	414169. 91	99282. 84	23175. 80	290149. 46
西藏	Tibet	16558. 00	14819. 00		1739. 00
陕西	Shaanxi	144396. 78	88210. 00	7756. 45	48429. 98
甘肃	Gansu	131659. 33	67430. 90	13754. 26	48042. 17
青海	Qinghai	93557. 50	86712. 00	6845. 50	
宁夏	Ningxia	111318. 00	77968. 00	15000. 00	18350. 00
新疆	Xinjiang	114706. 16	18732. 00	11432. 22	83600. 00

保护情况　续表
Protection　Continued

矿山地质环境治理恢复/万元 Remediation and Restoration of the Mine Geo-environment/10^4 yuan		取得资格的矿山公园/个 Mine Parks Obtaining Qualification/number			取得资格的矿山公园面积/公顷 Area of the Mine Parks Obtaining Qualification/hectare		
保证金缴存数额 Amount of Security Deposit Paid	保证金返还数额 Amount of Security Deposit Returned		国家级 State Level	省级 Provincial Level		国家级 State Level	省级 Provincial Level
1619457.48	148629.40	68	62	6	297297.55	267935.55	29362.00
1904531.10	254296.83	80	72	8	482001.32	461694.32	20306.00
1875336.08	307208.18	76	72	4	479683.90	476489.90	3194.00
3626.00	970.00	4	4		6950.00	6950.00	
1100.00							
73181.41	4578.62	4	4		6987.60	6987.60	
1494.58		2	2		8692.00	8692.00	
274151.90	12033.97	4	4		41358.00	41358.00	
51600.00	8835.03	1	1		2500.00	2500.00	
101776.39	2808.68	3	3		24450.00	24450.00	
6667.98		7	7		219843.70	219843.70	
118.33							
15073.17	883.91	2	2		339.00	339.00	
60168.86	3791.41	3	3		2851.00	2851.00	
84848.04	23115.93	3	3		4273.00	4273.00	
42810.40	1149.73	2	2		23200.00	23200.00	
10506.79	17.93	4	4		4987.00	4987.00	
133866.04	161.86	4	4		4779.00	4779.00	
53142.51	15494.75	6	3	3	4852.00	2408.00	2444.00
28095.58	771.48	4	4		8518.00	8518.00	
44487.15	6945.64	2	2		4854.00	4854.00	
80266.23	647.33	6	6		4394.00	4394.00	
38957.86	315.98	2	2		2349.00	2349.00	
2650.62	46.10						
39162.27	3095.00						
108047.40	4209.87	3	2	1	4604.60	3854.60	750.00
394765.06	212676.12	1	1		10540.00	10540.00	
22169.77	344.53	2	2		27561.00	27561.00	
170.00							
48462.42	1071.13	1	1		4000.00	4000.00	
56063.00	2732.36	3	3		13320.00	13320.00	
20764.00		1	1		40000.00	40000.00	
30492.83	273.06	1	1		790.00	790.00	
46649.49	237.76	1	1		2691.00	2691.00	

地质遗迹自然
Construction of Geoheritages Natural

年份/地区	Year/Region					
		保护区/个 Reserve/number				
			古生物化石 Paleonto-logical Fossil		国家级 State Level	
					古生物化石 Paleonto-logical Fossil	
	2013	176	49	44	17	3678938.54
	2014	199	56	54	24	3427017.15
北　京	Beijing	3	1			5737.00
天　津	Tianjin	2		2		36813.00
河　北	Hebei	5	2	2	2	9146.20
山　西	Shanxi	9	5	5	5	14295.00
内蒙古	Inner Mongolia	17	9	1	1	270739.00
辽　宁	Liaoning	6	4	2	1	100407.80
吉　林	Jilin	5	1	1	1	300230.00
黑龙江	Heilongjiang	32	1	8	1	1476258.00
上　海	Shanghai					
江　苏	Jiangsu	1	1			18.25
浙　江	Zhejiang	3				4536.00
安　徽	Anhui	3	2	2		22721.00
福　建	Fujian	5		5		16284.00
江　西	Jiangxi					
山　东	Shandong	5	4	1	1	1666.00
河　南	Henan	1	1	1	1	91823.15
湖　北	Hubei	3	2	1	1	1743.90
湖　南	Hunan	4	2	4	2	302.35
广　东	Guangdong	9	4	1		44546.00
广　西	Guangxi	8	7	3	3	384.10
海　南	Hainan					
重　庆	Chongqing					
四　川	Sichuan	2	2	1	1	322.40
贵　州	Guizhou	33	4	5	2	281374.00
云　南	Yunnan	2	2	1		1856.00
西　藏	Tibet	3				560504.00
陕　西	Shaanxi	11		4		133524.00
甘　肃	Gansu	22		1		9985.40
青　海	Qinghai					
宁　夏	Ningxia	4	1	2	1	38200.60
新　疆	Xinjiang	1	1	1	1	3600.00

保护区
Reserves

地质遗迹自然保护区 Geoheritages Natural Reserve						
保护区面积/公顷 Area of Reserve/hectare			累计建设投资/万元 Cumulative Investment in Construction/10^4 yuan			
古生物化石 Paleonto-logical Fossil	国家级 State Level	古生物化石 Paleonto-logical Fossil		古生物化石 Paleonto-logical Fossil	本年投资 Investment in the Current Year	古生物化石 Paleonto-logical Fossil
518761.68	1393675.03	95638.03	404317.28	86860.28	80987.72	14347.00
530662.30	1119788.55	120072.55	439546.00	107882.00	34529.00	8903.00
	36813.00		4216.00		1000.00	
6299.70	2410.00	1015.00	12000.00	5531.00	494.77	46.00
14295.00	14295.00	14295.00	890.00	890.00	100.00	100.00
263284.00	46410.00	46410.00	12560.00	9818.00		
96487.00	1396.30	46.30	20244.00	3120.00		
11000.00	11000.00	11000.00	18224.00	9824.00	2007.00	2007.00
3844.00	743682.00	3844.00	116731.00	25751.00	9212.23	
18.25			3300.00	3300.00		
	275.00		15240.00		1790.00	
5336.00	20601.00	3216.00	13604.80	5900.80	10250.00	2546.00
	16284.00		38142.00		952.00	
1646.00	120.00	120.00	5380.00	5180.00	2000.00	2000.00
78015.00			3345.00			
743.90	43.90	43.90	8370.00	7770.00	1440.00	1370.00
28.35	302.35	28.35	1790.00	990.00	50.00	50.00
7498.00	29000.00		58342.64	2493.12	3253.00	274.00
363.10	257.00	257.00	1628.00	975.00	430.00	160.00
			301.00			
300.00	300.00	300.00	1236.00	1036.00		
32008.00	66420.00	31857.00	21855.00	19425.00	250.00	250.00
1856.00			5678.36	5678.08		
			160.00			
	101320.00		43552.00			
	8259.00		4200.00		1200.00	
4040.00	17000.00	4040.00	28156.40			
3600.00	3600.00	3600.00	400.00	200.00	100.00	100.00

地质公园建设
Geopark

年份/地区	Year/Region	地质公园/个 Geopark/number						地质公园面积/公顷 Area of Geopark/hectare			
			世界级 World Level	国家级 State Level	取得国家级地质公园资格 Qualified for Geopark by State Government	省级 Provincial Level	取得省级地质公园资格 Qualified for Geopark by Provincial Government		世界级 World Level	国家级 State Level	取得国家级地质公园资格 Qualified for Geopark by State Government
	2012	401	26	159	59	113	70	9302453. 00	1392483. 00	5900073. 00	695932. 00
	2013	420	28	184	56	117	63	11989960. 44	1529178. 33	7152287. 53	948007. 50
	2014	468	31	184	55	136	93	11648785. 30	1631473. 00	6904772. 00	684191. 00
北　京	Beijing	6	2	5		1		202842. 00	126055. 00	200042. 00	
天　津	Tianjin	1		1				34200. 00		34200. 00	
河　北	Hebei	17	2	9	2	3	3	150585. 28	16016. 00	89303. 00	29371. 10
山　西	Shanxi	16		7	2	5	2	202703. 89		122094. 00	22533. 00
内蒙古	Inner Mongolia	19	2	7	2	5	5	479389. 00	197419. 00	363991. 00	13048. 00
辽　宁	Liaoning	8		4	2	2		317415. 00		291241. 00	12074. 00
吉　林	Jilin	8		3	2	3		332210. 00		150528. 00	33123. 00
黑龙江	Heilongjiang	30	2	6		13	11	1476258. 00	212000. 00	531682. 00	
上　海	Shanghai	1			1			14500. 00			14500. 00
江　苏	Jiangsu	9		2	2	2	3	15385. 00		438. 00	6790. 00
浙　江	Zhejiang	11	1	4		3	4	84141. 00	29460. 00	44316. 00	
安　徽	Anhui	15	2	10	1	3	1	189144. 28	56714. 00	154177. 00	4325. 00
福　建	Fujian	16	2	11	3	2		259274. 52	102520. 00	163165. 00	40304. 00
江　西	Jiangxi	10	3	4	1	2	3	302087. 00	165783. 00	203613. 00	2260. 00
山　东	Shandong	63	1	8	3	31	21	332430. 30	15860. 00	197872. 00	6968. 00
河　南	Henan	25	4	13	2	8	2	550933. 30	314600. 00	429245. 00	27904. 00
湖　北	Hubei	27	1	6	4	8	9	549184. 78	102272. 00	140856. 00	145333. 00
湖　南	Hunan	27	1	8	4	8	7	333131. 00	39800. 00	159956. 00	44355. 00
广　东	Guangdong	14	2	8			6	155678. 00	56100. 00	124829. 00	
广　西	Guangxi	18	1	7	4	4	3	1262465. 93	31930. 00	129529. 00	46710. 00
海　南	Hainan	5	1	1		1	3	27274. 00	10800. 00	10800. 00	
重　庆	Chongqing	7		6	1			1402708. 00		1383558. 00	19150. 00
四　川	Sichuan	25	2	13	4	7	1	405019. 00	16844. 00	336409. 00	8130. 00
贵　州	Guizhou	12		9	1	2		221126. 00		178295. 00	
云　南	Yunnan	11	2	8	2		1	328147. 36	128300. 00	305465. 00	11648. 00
西　藏	Tibet	5		2		3		540886. 00		462480. 00	
陕　西	Shaanxi	12		5	3	3	1	183137. 00		122665. 00	23181. 00
甘　肃	Gansu	28		6	4	14	4	632044. 60		111141. 00	37264. 00
青　海	Qinghai	7	1	5	2			334580. 00	9000. 00	221300. 00	104280. 00
宁　夏	Ningxia	4		1	1	2		38200. 60		12960. 00	4040. 00
新　疆	Xinjiang	11		5	2	1	3	291704. 49		228622. 00	26900. 00

情况
Construction

		地质公园类别/个 Types of Geopark/number			累计建设投资/万元 Cumulative Investment in Construction/10^4 yuan	
省级 Provincial Level	取得省级地质公园资格 Qualified for Geopark by Provincial Government	地质构造、剖面和形迹 Geological Structure, Section, and Trace Fossil	古生物化石 Paleontological Fossil	地质地貌景观 Geological-geomorpho-logical Landscape		本年投资 Investment in the Current Year
1383879.00	779131.00	53	31	319	3169459.00	276527.00
1721895.77	539147.30	55	34	331	4792265.41	470567.36
2129635.00	558128.00	53	38	377	5250218.06	478853.20
2800.00		1	1	4	196843.00	12445.00
		1			8837.90	1000.00
13833.70	17537.00	5	1	11	140136.32	16780.30
41716.00	16361.00	3	1	12	250336.28	13084.80
62502.40	39848.00		6	13	35877.64	6065.64
14100.00		1	2	5	56885.32	
148559.00			1	7	23577.56	8784.00
732576.00	34339.00	2	1	27	116731.00	9212.00
				1	5410.00	230.00
2057.00	6100.00	1	2	6	81194.36	5054.36
16814.00	22070.00	1	1	9	60062.75	10058.00
15242.00		2		13	139010.65	32801.30
6556.00		2		14	202233.00	26954.00
74170.00	22044.00			10	237783.20	7280.70
95080.00	32510.30	3	3	57	231159.63	21743.50
88394.30	5390.00	11	1	13	144721.00	375.00
202411.00	60585.40	2	1	24	75883.02	11566.00
73662.00	55158.00			27	31000.00	3955.00
	30849.00		1	13	261604.86	15998.10
57626.00	4212.00	1		17	46839.00	14726.00
300.00	16174.00			5	12218.00	1500.00
			1	6	243316.00	38064.00
27397.00	17402.30	6	3	16	340883.90	9408.00
42831.00		2	3	7	97749.92	3763.00
	11034.00	1	3	7	1397712.80	41764.50
		3		2	7964.00	
30028.00	7263.00	3		9	492388.00	37882.00
348779.00	134069.00		4	24	182539.75	119354.00
				7	7068.00	
21200.60		2	1	1	28156.40	
11000.00	25182.00		1	10	94094.80	9004.00

地下水
Groundwater

年份/地区	Year/Region	地下水监测井数按级别分类/个 Number of Groundwater Monitoring Wells, Classified According to Their Levels/number				地下水监测井按自动化程度分类/个 Number of Groundwater Monitoring Wells, Classified According to Their Automatic Level/number	
		小计 Subtotal	国家级监测井数 Number of State Level Monitoring Wells	省级监测井数 Number of Provincial Level Monitoring Wells	地区级监测井数 Number of Prefecture Level Monitoring Wells	人工监测井数 Number of Manual Monitoring Wells	自动化监测井数 Number of Automatic Monitoring Wells
	2012	15148	1827	8376	4945	13489	1659
	2013	14630	1970	7692	4968	12531	2099
	2014	14519	2016	7808	4695	12766	1753
北　京	Beijing	1498	50	1448		1224	274
天　津	Tianjin	437	47	390		407	30
河　北	Hebei	2793	114	878	1801	2774	19
山　西	Shanxi	430	31	374	25	399	31
内蒙古	Inner Mongolia	826	56	468	302	826	
辽　宁	Liaoning	401	103	134	164	361	40
吉　林	Jilin	597	164	55	378	533	64
黑龙江	Heilongjiang	193	92	101		147	46
上　海	Shanghai	695	77	618		525	170
江　苏	Jiangsu	581	96	319	166	499	82
浙　江	Zhejiang	453	34	87	332	277	176
安　徽	Anhui	234	45	189		117	117
福　建	Fujian	231	35	130	66	231	
江　西	Jiangxi	157	20	105	32	157	
山　东	Shandong	1035	135	270	630	887	148
河　南	Henan	628	331	297		553	75
湖　北	Hubei	264	110	65	89	259	5
湖　南	Hunan	109	61	34	14	92	17
广　东	Guangdong	588	41	376	171	409	179
广　西	Guangxi	586	13	202	371	551	35
海　南	Hainan	37	11	26		31	6
重　庆	Chongqing	37	14	23		31	6
四　川	Sichuan	7		1	6	7	
贵　州	Guizhou	234	66	168		224	10
云　南	Yunnan	40	9	31		40	
西　藏	Tibet	39	11	28		32	7
陕　西	Shaanxi	241	36	144	61	214	27
甘　肃	Gansu	335	51	259	25	316	19
青　海	Qinghai	162	18	144		145	17
宁　夏	Ningxia	327	50	277		296	31
新　疆	Xinjiang	324	95	167	62	202	122

监测
Monitoring

地下水监测井数按监测内容分类/个 Number of Groundwater Monitoring Wells Classified According to Their Monitored Content/number						地下水监测数据量/个 Data Volume of Groundwater Monitoring/number				
小计 Subtotal	单测水位监测井数 Number of specially Monitoring Wells of Water Table	单测水质监测井数 Number of specially Monitoring Wells of Water Quality	单测泉流量监测井数 Number of specially Monitoring Wells of Spring Flow	开采量监测井数 Number of Water Yield Monitoring Wells	泉流量监测点数 Number of Spring Flow Monitoring Sites	小计 Subtotal	水位监测数据量 Data Volume of Water Table Monitoring	水质监测数据量 Data Volume of Water Quality Monitoring	水温监测数据量 Data Volume of Water Temperature Monitoring	泉流量监测数据量 Data Volume of Spring Flow Monitoring
15148	9295	2461	205	3090	97	1968316	1069962	273048	619760	5546
14630	9065	2509	212	2707	137	1970433	1016679	319965	623973	9816
14519	8715	2592	182	2908	122	2341491	1466520	280765	590303	3903
1498	316	880		302		327768	137160	190608		
437	330	45	1	55	6	23967	19780	3995	120	72
2793	2062	171	3	557		91565	87320	3582	533	130
430	231			197	2	36342	24802	199	11315	26
826	500	190	14	121	1	20046	12088	311	7632	15
401	166		10	215	10	9734	2377	4500	2377	480
597	515	13		67	2	27641	13339	2054	12104	144
193	99			94		5934	5467	143	324	
695	545	150				392834	392190	322	322	
581	412	144	5	20		21396	21227	164		5
453	333	45	11	43	21	127389	79335	617	47125	312
234	149	15		68	2	85102	56141	1488	27436	37
231	129	55	8	31	8	14411	8150	181	5353	727
157	104	8	1	44		10717	5266	1705	3710	36
1035	536	167	7	318	7	118826	61479	33441	23257	649
628	422	6		199	1	109590	69175	13040	27375	
264	138	110		16		8316	8128	188		
109	84	2	1	20	2	35624	16836	1448	17124	216
588	379	121		88		652941	328677	5153	318838	273
586	351	98	112	23	2	18410	10544	4592	3153	121
37	21			16		2509	2429	40	40	
37	7	1		10	19	100	14	23	41	22
7	1				6	12		1	5	6
234	75	124	1	18	16	27475	11684	5191	10106	494
40	13	10		11	6	87	23	28	32	4
39	7	1		31		3790	634	2988	168	
241	139			102		12084	8508	3264	312	
335	151	99	4	75	6	8225	7827	182	144	72
162	115	3		44		50007	25112	75	24820	
327	177	103		43	4	13617	7731	147	5708	31
324	208	31	4	80	1	85032	43077	1095	40829	31

主要统计指标解释

地质环境监测 指为实施地质环境管理而进行的监测工作。其主要任务是对地质环境中主要要素的动态变化情况进行监测、分析和预测，为地质环境保护管理及地质灾害防治、地下水资源的合理开发利用和保护、国土资源整治等提供科学依据。

监测站数 指各级政府设立的从事地质环境监测的事业单位数。包括省级总站（院、中心）、地市级分站、县区级分站。

从业人员 指报告期末本省（自治区、直辖市）内专业地质环境监测机构的人员，不包括群测群防点的群众联络员。

专业技术人员 指具有工程系列助理工程师及以上职称的人员。

监测点 指对一定区域内的各类滑坡、崩塌、泥石流等突发性地质灾害、地面沉降、地裂缝、海水入侵等缓变性地质灾害以及地下水水位、水质、水温、泉水等变化进行实际调查和监测工作所设立的点。

地质灾害预报预警 指报告期内通过群测群防、专业监测、气象预警等对地质灾害发生的地点、时间及其灾害影响范围、强度进行预报预警。

成功避让地质灾害 指报告期内根据预报预警信息而成功避让的地质灾害数。

避免伤亡人员 指如不搬迁避让可能造成的伤亡人员。

避免直接经济损失 指报告期内根据预报预警信息，采取防范措施，避免的能够用货币衡量的地质灾害直接财产损失。要按照实际情况确定，以地质灾害实际影响范围测定，如倒塌房屋内居住人员或灾害现象活动人员等。

出动应急处置小组 指报告期内县级（含）以上国土资源部门出动的地质灾害应急处置小组个数。

参与应急处置地质灾害 指报告期内县级（含）以上国土资源部门参与应急处置的地质灾害事故起数。

地质灾害防治项目 指报告期内各级政府及国土资源管理部门立项设立的，运用工程手段对由于地质作用导致的将要发生和已经发生的地质灾害进行预防和治理的项目，包括治理项目和搬迁避让项目。

投入防治资金 指为了防治地质灾害而开展的必要的监测、勘查和治理工程所投入的资金，包括中央和地方财政以及其他方面投入的资金。

完成地质灾害危险性评估项目 指报告期内已在国土资源行政主管部门备案的地质灾害危险性评估项目个数，按一级项目、二级项目、三级项目三个级别分别进行统计和日常防灾工作中的巡查、检查、应急调查等。

调查发现地质灾害隐患点 指按照规范开展的区域性地质调查和汛期应急调查后发现的隐患点。

地质灾害 指滑坡、崩塌、泥石流、地面塌陷等突发性地质灾害与地裂缝、地面沉降、海水入侵等缓变性地质灾害。地质灾害数量的计量单位统一用“处”，对于难以区分确切数量的同一次降雨（或其他因素）引发的群发性地质灾害归为 1 处灾害。地裂缝、地面沉降、海水入侵数量只统计报告期内发现的或报告期之前发现且报告期内继续发展的。

崩塌 指陡坡上大块的岩土体在重力作用下突然脱离母体崩落的物理地质现象。

滑坡 指斜坡上不稳定的岩土体在重力作用下沿一定软弱面（或滑动带）整体向下滑动的物理地质现象。

泥石流 指山地突然爆发的饱含大量泥沙、石块的特殊洪流。

地面塌陷 指地表岩土体在自然或人为因素作用下向下陷落，并在地面形成塌陷坑（洞）的一种动力地质现象。

地裂缝和地面沉降 指报告期内发现或报告期之前发现且报告期内继续发展的地裂缝和地面沉降数量。

造成伤亡人数 指因发生各类地质灾害造成的人员受伤、死亡和失踪情况。

失踪 指根据证据推断人员已经死亡，但是没有找到或确认死者的尸体。

造成直接经济损失 指用货币衡量的直接财产损失。

沉降区面积 指到报告期末一定区域内已发生地面沉降的面积，须指明是沉降量大于多少毫米的面积，如沉降量大于100毫米的面积2000平方千米，则填写2000（>100）。

本年新增（沉降区面积） 指到报告期末一定区域新增的累计沉降量达到100毫米的区域面积。

地裂缝条数 指到报告期末地裂缝发生地区地裂缝的总条数。

地裂缝总长度 指到报告期末地裂缝发生地区各条地裂缝的长度之和。

注册登记的矿泉水水源数 指领取了国土资源行政主管部门颁发的矿泉水注册登记证的水源数。国家级是指领取了国土资源部颁发的国家级矿泉水注册登记证的水源数。省级是指领取了省级国土资源行政主管部门颁发的省级矿泉水注册登记证的水源数。

矿泉水源年检情况 指报告期内的矿泉水源实行年检的情况。

可开采矿泉水资源量 指经过评价计算的可采矿泉水资源量。

可采地热资源量 指经过评价计算的可采地热资源量。

矿业开采累计占用、损坏土地面积 指到报告期末矿业开采产生的尾矿、排放的固体废弃物、露天采矿、采矿塌陷及其他矿山地质灾害所造成的占用或损坏的全部土地面积。

本年矿业开采新增占用、损坏土地面积 指报告期内因矿业开采占用或损坏的土地面积。

累计恢复治理的矿山数 指到报告期末通过矿坑封闭、矸石利用、尾矿坝绿化、塌陷土地复垦、矿坑废水处理、边坡治理等方法，使矿业开采造成的生态环境破坏和环境污染得到治理，功能得以恢复的全部矿山数。

本年恢复治理的矿山数 指报告期内通过矿坑封闭、矸石利用、尾矿坝绿化、塌陷土地复垦、矿坑废水处理、边坡治理等方法，使矿业开采造成的生态环境破坏和环境污染得到治理，功能得以恢复的矿山数。

累计恢复治理面积 指到报告期末恢复治理的全部面积，包括复垦、地面塌陷治理、还林、还草、建设使用等面积。

本年恢复治理面积 指报告期内恢复治理的面积，包括复垦、地面塌陷治理、还林、还草、建设使用等面积。

本年投入矿山环境治理资金 指报告期内用于矿山环境恢复治理的资金，包括中央财政、地方财政和矿山企业投入以及民间投入等资金。

地质遗迹自然保护区 指经国务院和省级政府有关主管部门对由地质作用形成的具有一定价值的地质遗迹资源进行保护的专门区域，主要包括有代表性的地质剖面、地质构造、地质地貌景观、古生物化石及其遗迹产地等。

累计建设投资（地质遗迹自然保护区） 指历年来对地质遗迹自然保护区建设投入的全部资金。

本年投资（地质遗迹自然保护区建设） 指本年对地质遗迹自然保护区建设投入的资金。包括硬件投资和软件投资。

地质公园 指以地质科学意义和独特的地质景观为主，融合自然景观与人文景观的自然公园。目前，已建成的有世界地质公园、国家地质公园、省级地质公园。已批准的世界地质公园要纳入国家地质公园统计。

地质构造、剖面和形迹类地质公园 指其主体是具有一定价值或典型代表意义的地质构造、地质剖面及其他地质形迹的地质公园。

古生物化石类地质公园 指其主体是古生物的化石或其遗迹的地质公园。

地质地貌景观类地质公园 指其主体是地质作用形成重要地质地貌景观的地质公园。

累计建设投资（地质公园） 指历年来对地质遗迹公园建设投入的全部资金。

本年投资（地质公园建设） 指本年对地质公园建设投入的资金。包括硬件投资和软件投资。

Explanatory Notes on Main Statistical Indicators

Geo - environmental monitoring—refers to the monitoring conducted for exercising geo - environmental management. Its main tasks are to monitor, analyze, and predict dynamic changes of main factors in the geo - environment and provide a scientific basis for the geo - environmental protection and management, prevention, and control of geo - hazards, rational development, utilization, and protection of groundwater resources, and improvement of land and resources.

Number of monitoring stations—refers to the number of institutions engaging in geo - environmental monitoring established by governments at various levels. These institutions include provincial - level master stations (institutes, centers), prefecture - and city - level stations, and county - and district - level stations.

Employees—refer to persons in special geo - environmental monitoring institutions in the province (autonomous region, and municipalities directly under the Central government) at the end of the reporting period, excluding local liaison persons at mass monitoring and prevention sites.

Professional technical personnel—refer to those who have an assistant engineer title or a title above this title in the engineering series.

Monitoring site—refers to the sites established for on - the - spot investigations and monitoring of various sudden geohazards such as landslides, avalanches, and mudflow occurring in a particular region, delayed geohazards such as land subsidence, ground cracks, and seawater invasion, and changes in groundwater table, water quality, water temperature, and spring water.

Prediction and early - warning of the geohazards—refer to the prediction and early - warning of the site and time of occurrence of a geohazard and its scope of influence and intensity through monitoring and control by the masses, professional monitoring, and meteorological early - warning of the geohazard during the reporting period.

Geohazards avoided successfully—refers to the number geohazards avoided successfully according to the information of prediction and early - warning during the reporting period.

Casualties avoided—refer to the number of injuries and deaths caused possibly if the people do not move away and avoid the geohazard.

Direct economic loss avoided—refers to the direct economic loss of a geohazard to properties avoided by taking precautionary measures according to the information provided by prediction and early - warning during the reporting period. The loss can be measured by currency. The measurement must be made according to the actual conditions and the actual influence scope of the geohazard, e. g. inhabitants in collapsed houses.

Sending the contingency handling team—refers to the number of contingency handling teams sent by land and resources departments at and above the county level during the reporting period.

Participating in contingency handling of geohazards—refers to the number of geohazard accidents for which land and resources departments at and above the county level participate in contingency handling during the reporting period.

Geohazards prevention and control project—refers to the project of preventing and controlling geohazards caused by geological processes that will occur and have occurred, which governments at various levels and land and resources departments file and establish, and prevent and control by using engineering means during the reporting period. These projects include the project of controlling geohazards and the project of removal and avoidance.

Funds input for prevention and control—refers to the funds input to necessary monitoring, survey, and control projects conducted for the prevention and control of geohazards, including those input by Central and local financial budgets and other aspects.

Projects of evaluating the danger of geohazards completed—refer to the number of projects of evaluating the danger of geohazards that have been filed in the land and resources administration department during the reporting period. The statistical investigation and inspection, examination, and contingency survey in routine hazard prevention work are made according to the first –, second –, and third – grade projects.

Hidden danger sites of geohazards found after investigation—refer to the hidden danger sites found after regional geological investigation according to the work code and emergency investigation in the flood season.

Geohazards—refers to sudden geohazards such as landslides, avalanches, mudflow, and ground collapse and delayed geohazards such as land subsidence, ground cracks, and seawater invasion. "Site" is used as the unit of measurements of the quantity of geohazards, and the group – occurring geohazards induced by the same rain (or other factors), whose accurate quantity is difficult to determine, are considered as one site of hazards. For the quantities of ground cracks, land subsidence, and seawater invasion, only those that are discovered during or before the reporting period and continue to develop during the reporting period are calculated.

Avalanche—refers to the physical – geological phenomenon that a large mass of soil or rock on steep slopes is suddenly divorced from its parent mass and falls under the force of gravity.

Landslide—refers to the physical – geological phenomenon of en – masse downward slide of unstable soil and rock material on slopes along particular surfaces of weakness (or slide zones) under the force of gravity.

Mudflow—refers to the sudden rush of flood torrents containing large amounts of mud and rock debris that suddenly moves downslope in mountains.

Ground collapse—refers to a dynamic geological phenomenon of downward collapse of surface rock and soil and formation of collapse pits (caves) at the ground surface under the action of natural or human factors.

Ground cracks and land subsidence—refers to the quantities of ground cracks and land subsidences that are discovered during or before the reporting period and continue to develop during the reporting period.

Casualties—refer to injuries, deaths, and missings caused by various kinds of geohazard.

Missing—refers to the case of a missing person who is inferred according to evidence to be dead but whose corpse has not been found or identified.

Direct economic loss—refers to direct losses of properties, expressed as currency.

Area of the subsidence area—refers to the area of land subsidence occurring in a certain region. The area with a subsidence of how many mm must be indicated. If the area with a subsidence >100 mm is 2, 000 km^2, 2000 (>100) is filled in.

Newly increased this year (area of the subsidence area) —refers to the area of a certain region with a newly increased cumulative subsidence at the end of the reporting period reaching 100 mm.

Number of ground cracks—refers to the total number of ground cracks in an area where ground cracks occur at the reporting period.

Total length of ground cracks—refers to the sum of lengths of all the ground cracks in an area where ground cracks occur during the reporting period.

Number of mineral water sources registered — refers to the number of water sources that have obtained certificates of mineral water registration issued by the administration department in charge of land and resources. State level refers to the number of water sources that have obtained state - level certificates of mineral water registration issued by the MLR. Province level refers to the number of water sources that have obtained provincial - level certificates of mineral water registration issued by the provincial - level administration department in charge of land and resources.

Annual check - up of mineral water sources—refers to the annual check - up of mineral water sources made during the reporting period.

Quantity of exploitable mineral water resources—refers to the quantity of exploitable mineral water resources that have been assessed and calculated.

Quantity of exploitable geothermal resources—refers to the quantity of exploitable geothermal resources that have been assessed and calculated.

Cumulative area of land occupied or destructed by mining—refers to the area of all land occupied or destructed by tailings of mining and solid wastes discharged, open - pit mining, and collapses due to mining, and other mine geohazards at the end of the reporting period.

Area of land newly occupied or destructed by mining in the current year—refers to the area of land occupied or destructed by mining in the reporting period.

Cumulative number of mines restored and remediated—refers to the number of all the mines in which the effects of eco - environmental destruction and pollution caused by mining are remediated and whose function is restored at the end of the reporting period through mine pit closing, waste rock utilization, forestation of the tailing dam, reclamation of collapsed land, treatment of mine pit waste water, and side - slope control.

Number of mines restored and remediated in the current year—refers to the number of mines in which the effects of eco - environmental destruction and pollution caused by mining are remediated and whose function is restored in the reporting period through mine pit closing, waste rock utilization, forestation of the tailing dam, reclamation of collapsed land, treatment of mine pit waste water, and side - slope control.

Cumulative area of land restored and remediated—refers to all the area of land restored and remediated at the end of the reporting period, including the area of land reclaimed, collapsed land remediated, land returned to forests and grassland, and land used for construction.

Area of land restored and remediated in the current year—refers to the area of land restored and remediated in the reporting period, including the area of land reclaimed, collapsed land remediated, land returned to forests and grassland, and land used for construction.

Funds input for remediation of the mine environment in the current year—refers to the funds used in the restoration and remediation of the mine environment during the reporting period, including the funds input by the Central and local financial budgets and mine enterprises and nongovernmental funds.

Geoheritages natural reserve—refers to special areas where the State Council and relevant competent departments of governments at the provincial level take measures for protecting geoheritages resources of certain value formed by geological processes. They mainly include sites of representative geological sections, geological structures, geological and geomorphological landscapes, and fossils and occurrences of their traces.

Cumulative investment in construction (geoheritages natural conservation area) —refers to all the funds invested in the construction of geoheritages natural conservation areas over the years.

Investment in the current year (construction of geoheritages natural reserve) —refers to the funds invested in the construction of geoheritages conservation areas in the current year. It includes investments to hardwares and softwares.

Geopark—refers to a natural park mainly encompassing a unique geological landscape of geoscientific significance, integrated with the natural landscape and human landscape. At present those that have been recognized include world geoparks, national geoparks, and provincial geoparks. The world geoparks that have been ratified are included in national geoparks in statistics.

Geopark of geological structure, section and trace type—refers to geoparks with representative geological structures, geological sections, and other geological traces of certain value as the main conservation content.

Paleontological fossil - type geopark—refers to geoparks with fossils or their traces as the main conservation content.

Geological - geomorphological landscape - type geopark—refers to geoparks with important geological and geomorphological landscapes formed by geological processes as the main conservation content.

Cumulative investment in construction (geopark) —refers to all the funds invested in the construction of geoheritages parks over the years.

Investment in the current year (construction of geopark) —refers to the funds invested in the construction of geoparks in the current year. It includes investments to hardwares and softwares.

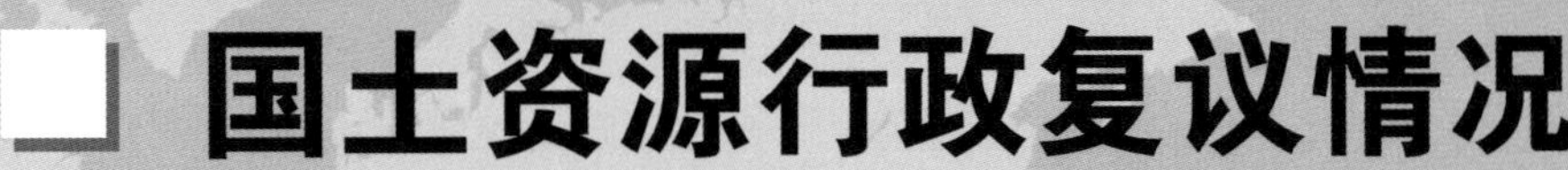

国土资源行政复议情况

Administrative Reconsideration of Land and Resources

全国国土资源行政
Administrative Reconsideration of

地区/年份 Year/Region	上年结转/件 Cases Transferred from Last year/case	本年行政 Administrative Reconsideration											
		本年新收/件 Cases Newly Received in the Current Year/case				复议事项/件 Matters Reconsidered/case							
			土地 Land Resources	矿产 Mineral Resources	其他 Others	行政处罚 Administrative Penalty	行政强制 Administrative Coercion	征收土地 Requisition of Land	行政许可 Administrative Licensing	行政确权 Administrative Confirmation	信息公开 Information Disclosure	行政不作为 Administrative Omission	其他 Others
2012	158	2498	2269	110	119	362	61	390	167	151	632	320	415
2013	195	2001	1899	57	45	49	38	359	117	53	771	220	394
2014	220	2302	2154	42	106	80	13	335	111	54	1070	325	314
国土资源部 MLR	33	741	689	23	29	2		72	36	13	407	160	51
北京 Beijing													
天津 Tianjin	1	102	102					26		1	68	4	3
河北 Hebei	1	91	91						2	11	33	35	10
山西 Shanxi		9	8	1							9		
内蒙古 Inner Mongolia		24	24						5		9	7	3
辽宁 Liaoning		67	19	1	47	10	4	1	2		38	8	4
吉林 Jilin		31	30	1		3		3		6	13	2	4
黑龙江 Heilongjiang		30	29	1		2		3	2		7		16
上海 Shanghai	71	105	105			1		14	8	4	29	8	41
江苏 Jiangsu	16	162	162			3		45	1	2	88	9	14
浙江 Zhejiang	13	112	111	1		1		8	27	2	22	6	46
安徽 Anhui		68	67	1		1		6	1		36	14	10
福建 Fujian		51	50		1	1		36			12	1	1
江西 Jiangxi		8	8							2	5		1
山东 Shandong	24	84	64	3	17	4		2	3	3	39	20	13
河南 Henan		51	51			4					32	15	
湖北 Hubei	5	54	54							2	31	1	20
湖南 Hunan		96	96			13		32		5	27	5	14
广东 Guangdong		59	59			2	2	6	5	3	22	9	10
广西 Guangxi	6	16	10	1	5	3	1					6	6
海南 Hainan	2	24	24			13		2			1		8
重庆 Chongqing	23	129	129			7		63			46		13
四川 Sichuan	14	94	92	2		3	6	14	2		55	5	9
贵州 Guizhou		18	15	3					16			2	
云南 Yunnan		8	7	1							7	1	
西藏 Tibet													
陕西 Shaanxi	8	46	46			7		2			25	6	6
甘肃 Gansu		5	4	1					1		4		
青海 Qinghai		2	2								2		
宁夏 Ningxia	3	8	6	2							2	1	5
新疆 Xinjiang		7			7						1		6

复议情况
Land and Resources in China

复议情况 in the Current Year															
本年受理/件 Cases Accepted in the Current Year/case				已审结/件 Cases Whose Trials have been Concluded/case									未审结/件 Cases Whose Trials have not been Conclud-ed/case	行政赔偿 Administrative Compensation	
	土地 Land Resou-rces	矿产 Mineral Resou-rces	其他 Others		驳回 Rejec-tion	维持 Maint-enance	责令履行 Ordering to Exec-ution	变更 Change	确认违法 Confirma-tion of a Malfea-sance	撤销 Cancel-lation	撤回申请 Withdra-wal of an Appli-cation	其他 Others		件数/件 Number of Cases/case	赔偿数额/元 Amount of Com-pensation/yuan
1792	1610	77	105	1620	237	846	115	5	41	99	176	101	330	4	18257
1191	1146	30	15	1121	143	666	140	3	24	48	63	34	265	15	
1689	1564	31	94	1604	172	979	172	1	40	108	96	36	305	1	
421	379	15	27	259	27	197	4	1	4	23	3		195	1	
102	102			102	5	85				8		4	1		
83	83			74	4	15	35		2	9	9		10		
9	8	1		9			7				2				
24	24			24	6	1	10			1	6				
60	17	1	42	56	23	5	7		3	11	7		4		
26	26			26	8	13	3				2				
30	29	1		30	3	24					3				
45	45			116	4	104			2	5	1				
126	126			123	5	85	4		3	10	16		19		
79	78	1		92	5	74	8			1	4				
63	62	1		63	2	19	8		7	22		5			
42	42			41		37						4	1		
5	5			3		2	1						2		
70	53	2	15	74	24	16	25		5		1	3	20		
51	51			51	4	30	12			1	4				
40	40			43	15	25	2				1		2		
64	64			63	1	46	4		2	7	3		1		
40	40			40	2	34	1		1		1	1			
11	9	1	1	11	3	5	3						6		
17	17			14	1	7			2		4		5		
113	113			125	9	73	17		3	4	18	1	11		
80	78	2		85	12	60	2		1	5	4	1	9		
18	15	3		12	2	10							6		
2	2			2		1	1								
46	46			47	7	9	15		5	1	1	9	7		
5	4	1		5		1					4				
2			2	2			2								
8	6	2		5		1	1				1	2	6		
7			7	7							1	6			

省级国土资源行政
Administrative Reconsideration of

地区/年份	Year/Region	上年结转/件 Cases Transferred from Last year/case	本年行政 Administrative Reconsideration 本年新收/件 Cases Newly Received in the Current Year/case				复议事项/件 Matters Reconsidered/case							
				土地 Land Resources	矿产 Mineral Resources	其他 Others	行政处罚 Administrative Penalty	行政强制 Administrative Coercion	征收土地 Requisition of Land	行政许可 Administrative Licensing	行政确权 Administrative Confirmation	信息公开 Information Disclosure	行政不作为 Administrative Omission	其他 Others
	2012	72	976	920	30	26	60	16	144	30	65	295	155	211
	2013	205	2736	2562	69	105	292	107	577	147	172	639	271	531
	2014	304	3259	3015	68	176	402	82	556	157	148	1146	286	482
北 京	Beijing													
天 津	Tianjin	1	102	102					26		1	68	4	3
河 北	Hebei	6	253	246		7	40		9	2	24	86	68	24
山 西	Shanxi		39	38	1		10	2		1	12	12		2
内蒙古	Inner Mongolia		24	24						5		9	7	3
辽 宁	Liaoning	5	189	137	2	50	22	4	43	9	9	82	12	8
吉 林	Jilin		58	55	2	1	4		15		6	21	7	5
黑龙江	Heilongjiang		30	29	1		2		3	2		7		16
上 海	Shanghai	71	105	105			1		14	8	4	29	8	41
江 苏	Jiangsu	20	287	285		2	15		50	3	5	173	19	22
浙 江	Zhejiang	13	286	277	2	7	17	3	13	61	8	52	22	110
安 徽	Anhui		139	137	1	1	43	2	21	3	1	39	17	13
福 建	Fujian	5	113	111	1	1	11	1	43	1	9	39	2	7
江 西	Jiangxi		34	32		2	3	1	6	3	4	12	3	2
山 东	Shandong	24	84	64	3	17	4		2	3	3	39	20	13
河 南	Henan		129	128		1	12		16	1	2	70	19	9
湖 北	Hubei	11	112	112			6		2	3	8	61	6	26
湖 南	Hunan	75	314	272		42	43	3	157		10	58	13	30
广 东	Guangdong	8	167	158		9	15	35	9	8	24	40	14	22
广 西	Guangxi	10	89	70	6	13	22	13	18	4	2	5	8	17
海 南	Hainan	2	24	24			13		2			1		8
重 庆	Chongqing	23	129	129			7		63			46		13
四 川	Sichuan	19	244	227	12	5	21	6	27	7	4	127	14	38
贵 州	Guizhou		99	72	22	5	20	8	9	24	4	9	7	18
云 南	Yunnan		23	14	8	1	4			1	1	8	2	7
西 藏	Tibet													
陕 西	Shaanxi	8	126	121		5	53	1	3	3	6	37	13	10
甘 肃	Gansu		17	13	4		5	2	2	2		6		
青 海	Qinghai		4	4			1		1			2		
宁 夏	Ningxia	3	14	12	2		2			2		2	1	7
新 疆	Xinjiang		25	17	1	7	6	1	2	1	1	6		8

复议情况
Land and Resources at Provincial-level

复议情况 in the Current Year															
本年受理/件 Cases Accepted in the Current Year/case				已审结/件 Cases Whose Trials Have Been Concluded/case									未审结/件 Cases Whose Trials have not been Conclud-ed/case	行政赔偿 Administrative Compensation	
	土地 Land Resou-rces	矿产 Mineral Resou-rces	其他 Others		驳回 Rejec-tion	维持 Maint-enance	责令履行 Ordering to Exec-ution	变更 Change	确认违法 Confirma-tion of a Malfea-sance	撤销 Cancel-lation	撤回申请 Withdra-wal of an Appli-cation	其他 Others		件数/件 Number of Cases/case	赔偿数额/元 Amount of Com-pensation/yuan
786	737	23	26	664	109	314	51		27	29	65	69	194	1	
2231	2088	57	86	1960	267	984	256	7	40	141	191	74	476	1	
2716	2512	63	141	2739	341	1486	306	1	72	243	202	88	281	8	12
102	102			102	5	85				8		4	1		
227	220		7	196	11	36	80		14	34	17	4	37	2	12
33	32	1		32	5	9	7			7	2	2	1		
24	24			24	6	1	10			1	6				
181	134	2	45	171	30	80	26		3	12	15	5	15		
52	50	1	1	51	13	25	5				8		1		
30	29	1		30	3	24					3				
45	45			116	4	104			2	5	1				
222	219		3	216	12	142	11		4	14	30	3	26		
207	203	2	2	186	14	132	17		6	6	7	4	34		
134	132	1	1	134	23	54	12		7	27	5	6			
91	90	1		87	6	67	3			1	5	5	9		
30	28		2	27	3	7	5			9	2	1	3		
70	53	2	15	74	24	16	25		5		1	3	20		
125	124		1	118	18	54	25			5	14	2	7		
91	91			93	22	47	8		7	2	5	2	9		
230	197		33	295	16	178	12		5	64	11	9	10		
112	107		5	107	24	67	3		2	4	3	4	13		
75	63	6	6	77	13	47	6		1	6	3	1	8		
17	17			14	1	7			2		4		5		
113	113			125	9	73	17		3	4	18	1	11		
216	198	12	6	209	47	111	9		1	18	18	5	26	6	
94	72	22		72	7	50			3	5	4	3	22		
13	8	5		8	2	4	1	1					5		
126	121		5	123	19	41	21		6	9	11	16	11		
17	13	4		17	1	9				1	6				
4	2		2	4		1	2		1						
14	12	2		10	2	3	1				2	2	7		
21	13	1	7	21	1	12				1	1	6			

市级国土资源行政
Administrative Reconsideration of

地区/年份	Year/Region	上年结转/件 Cases Transferred from Last year/case	本年行政 Administrative Reconsideration											
			本年新收/件 Cases Newly Received in the Current Year/case				复议事项/件 Matters Reconsidered/case							
				土地 Land Resources	矿产 Mineral Resources	其他 Others	行政处罚 Administrative Penalty	行政强制 Administrative Coercion	征收土地 Requisition of Land	行政许可 Administrative Licensing	行政确权 Administrative Confirmation	信息公开 Information Disclosure	行政不作为 Administrative Omission	其他 Others
	2012	71	1109	978	46	85	299	45	187	64	81	209	91	133
	2013	45	1426	1309	41	76	244	69	290	79	128	283	139	194
	2014	117	1698	1550	49	99	324	69	293	82	107	483	121	219
北　京	Beijing													
天　津	Tianjin													
河　北	Hebei	5	162	155		7	40		9		13	53	33	14
山　西	Shanxi		30	30			10	2		1	12	3		2
内蒙古	Inner Mongolia													
辽　宁	Liaoning	5	122	118	1	3	12		42	7	9	44	4	4
吉　林	Jilin		27	25	1	1	1		12			8	5	1
黑龙江	Heilongjiang													
上　海	Shanghai													
江　苏	Jiangsu	4	125	123		2	12		5	2	3	85	10	8
浙　江	Zhejiang		174	166	1	7	16	3	5	34	6	30	16	64
安　徽	Anhui		71	70		1	42	2	15	2	1	3	3	3
福　建	Fujian	5	62	61	1		10	1	7	1	9	27	1	6
江　西	Jiangxi		26	24		2	3	1	6	3	2	7	3	1
山　东	Shandong													
河　南	Henan		78	77		1	8		16	1	2	38	4	9
湖　北	Hubei	6	58	58			6		2	3	6	30	5	6
湖　南	Hunan	75	218	176		42	30	3	125		5	31	8	16
广　东	Guangdong	8	108	99		9	13	33	3	3	21	18	5	12
广　西	Guangxi	4	73	60	5	8	19	12	18	4	2	5	2	11
海　南	Hainan													
重　庆	Chongqing													
四　川	Sichuan	5	150	135	10	5	18		13	5	4	72	9	29
贵　州	Guizhou		81	57	19	5	20	8	9	8	4	9	5	18
云　南	Yunnan		15	7	7	1	4			1	1	1	1	7
西　藏	Tibet													
陕　西	Shaanxi		80	75		5	46	1	1	3	6	12	7	4
甘　肃	Gansu		12	9	3		5	2	2	1		2		
青　海	Qinghai		2	2			1		1					
宁　夏	Ningxia		6	6			2			2				2
新　疆	Xinjiang		18	17	1		6	1	2	1	1	5		2

复议情况
Land and Resources at Municipal-level

复议情况 in the Current Year															
本年受理/件 Cases Accepted in the Current Year/case				已审结/件 Cases Whose Trials Have Been Concluded/case									未审结/件 Cases Whose Trials have not been Conclud-ed/case	行政赔偿 Administrative Compensation	
	土地 Land Resou-rces	矿产 Mineral Resou-rces	其他 Others		驳回 Rejec-tion	维持 Maint-enance	责令履行 Ordering to Exec-ution	变更 Change	确认违法 Confirma-tion of a Malfea-sance	撤销 Cancel-lation	撤回申请 Withdra-wal of an Appli-cation	其他 Others		件数/件 Number of Cases/case	赔偿数额/元 Amount of Com-pensation/yuan
976	860	37	79	946	128	522	64	5	14	70	111	32	101	3	18257
1259	1151	36	72	1060	125	532	116	4	18	94	131	40	244	8	12
1448	1327	47	74	1394	196	704	138	1	36	158	109	52	171	8	12
144	137		7	122	7	21	45		12	25	8	4	27	2	12
24	24			23	5	9				7		2	1		
121	117	1	3	115	7	75	19			1	8	5	11		
26	24	1	1	25	5	12	2				6		1		
96	93		3	93	7	57	7		1	4	14	3	7		
128	125	1	2	94	9	58	9		6	5	3	4	34		
71	70		1	71	21	35	4			5	5	1			
49	48	1		46	6	30	3			1	5	1	8		
25	23		2	24	3	5	4			9	2	1	1		
74	73		1	67	14	24	13			4	10	2	7		
51	51			50	7	22	6		7	2	4	2	7		
166	133		33	232	15	132	8		3	57	8	9	9		
72	67		5	67	22	33	2		1	4	2	3	13		
64	54	5	5	66	10	42	3		1	6	3	1	2		
136	120	10	6	124	35	51	7			13	14	4	17	6	
76	57	19		60	5	40			3	5	4	3	16		
11	6	5		6	2	3		1					5		
80	75		5	76	12	32	6		1	8	10	7	4		
12	9	3		12	1	8				1	2				
2	2			2		1			1						
6	6			5	2	2					1		1		
14	13	1		14	1	12				1					

全国国土资源行政

Administrative Response to Cases of

单位：件

地区/年份	Year/Region	上年结转 Cases Transferred from Last Year	本年发生 Cases that Occur in the Current Year		一审结案 Cases Settled at			
			复议后应诉 Response after Reconsideration	未经复议直接应诉 Direct Response without Reconsideration	维持 Maintenance	撤销 Cancellation	变更 Change	履行法定职责 Execution of Lawful Duty
	2012	238	353	2307	413	157	6	227
	2013	34	104	437	59	28	7	27
	2014	25	156	659	66	38		11
国土资源部	MLR	1	23	13	3	9		
北　京	Beijing			411		19		6
天　津	Tianjin	2	40	11				
河　北	Hebei		5	3	2	3		
山　西	Shanxi			5				1
内蒙古	Inner Mongolia		1	5	5			
辽　宁	Liaoning		10	4	5	1		
吉　林	Jilin		2		2			
黑龙江	Heilongjiang		1					
上　海	Shanghai	11	14	38	2			
江　苏	Jiangsu		6	30				
浙　江	Zhejiang		7	3				
安　徽	Anhui		1	8	8			
福　建	Fujian		7	2	5			
江　西	Jiangxi		1					
山　东	Shandong		7	26	2	1		1
河　南	Henan			23	9			1
湖　北	Hubei		4					
湖　南	Hunan		2	21	14			
广　东	Guangdong		6	10				1
广　西	Guangxi		3	5				1
海　南	Hainan		2	2				
重　庆	Chongqing	8	4	16	7			
四　川	Sichuan		7	14		4		
贵　州	Guizhou		1	3	1	1		
云　南	Yunnan		1		1			
西　藏	Tibet							
陕　西	Shaanxi			4				
甘　肃	Gansu		1					
青　海	Qinghai							
宁　夏	Ningxia	3		2				
新　疆	Xinjiang							

应诉案件情况
Land and Resources in China

unit：case

情况 First Instance										未审结 Cases Whose Trials have not been Concluded
判决 Judgment					裁定 Ruling					
确认合法或有效 Confirmation of Legality or Validity	确认违法或无效 Confirmation of Violation of Law or Invalidity	驳回诉讼请求 Dismissal of an Action	赔偿 Compen-sation	不予赔偿 No Compen-sation	驳回起诉 Dismissal of an Appeal	撤诉 Withdrawal of an Action	移送 Referral	终结 Termination	其他 Others	
28	36	450	5	1	347	511	3	7	57	650
1	7	236			51	95		4	4	56
	7	247			341	48		1	2	79
		7			14	2				2
	4	58			280	16		1		27
		44			3					6
		1								2
		2				2				
									1	
	1	3								4
										1
	1	48			6	6				
		22				4				10
		8				2				
						1				
					4					
						1				
		22			4					3
		2			5	2				4
		3				1				
		4				5				
		2			8					5
		2			3					2
		2			1	1				
	1	5			5	3				7
		10			1	2				4
										2
		2			2					
					1					
					4				1	

省级国土资源行政

Administrative Response to Cases of

单位：件

地区/年份	Year/Region	上年结转 Cases Transferred from Last Year	本年发生 Cases that Occur in the Current Year		一审结案 Cases Settled at			
			复议后应诉 Response after Reconsideration	未经复议直接应诉 Direct Response without Reconsideration	维持 Maintenance	撤销 Cancellation	变更 Change	履行法定职责 Execution of Lawful Duty
	2012	30	68	390	41	43		9
	2013	163	520	1994	416	138	20	56
	2014	273	797	3229	494	244	6	66
北　京	Beijing			411		19		6
天　津	Tianjin	2	40	11				
河　北	Hebei	7	21	41	11	9		2
山　西	Shanxi			17	2			3
内蒙古	Inner Mongolia		1	5	5			
辽　宁	Liaoning	6	18	62	19	10		
吉　林	Jilin	6	3	14	8			
黑龙江	Heilongjiang		1					
上　海	Shanghai	22	50	108	12	11		
江　苏	Jiangsu	13	57	190	15	3		2
浙　江	Zhejiang		53	75	11	7		1
安　徽	Anhui		7	67	45	2		1
福　建	Fujian	5	22	107	20	7		
江　西	Jiangxi		2	10	2			
山　东	Shandong	2	29	125	10	2	1	2
河　南	Henan	1	6	106	16	7		14
湖　北	Hubei	27	34	68	26	3		1
湖　南	Hunan	48	277	308	145	33		16
广　东	Guangdong	109	64	1115	61	68	1	6
广　西	Guangxi	3	21	26	10	2	1	1
海　南	Hainan		2	2				
重　庆	Chongqing	8	4	16	7			
四　川	Sichuan	3	32	124	7	29		4
贵　州	Guizhou		22	109	37	22	1	1
云　南	Yunnan	6	8	30	10	6	1	2
西　藏	Tibet							
陕　西	Shaanxi		18	33	5	1		3
甘　肃	Gansu	2	1	9	2		1	
青　海	Qinghai		1	9				
宁　夏	Ningxia	3	3	12	2	3		
新　疆	Xinjiang			19	6			1

应诉案件情况
Land and Resources at Provincial-level

unit：case

情况 First Instance										未审结 Cases Whose Trials have not been Concluded
判决 Judgment					裁定 Ruling					
确认合法或有效 Confirmation of Legality or Validity	确认违法或无效 Confirmation of Violation of Law or Invalidity	驳回诉讼请求 Dismissal of an Action	赔偿 Compen-sation	不予赔偿 No Compen-sation	驳回起诉 Dismissal of an Appeal	撤诉 Withdrawal of an Action	移送 Referral	终结 Termination	其他 Others	
	7	144			59	133	1	1	4	46
24	48	599	5	1	324	344	2	11	37	652
17	58	805	4	4	934	399	7	19	50	1192
	4	58			280	16		1		27
		44			3					6
		2			14	5		1		25
		4				7				1
									1	
	3	18			5	6	1		1	23
		1				4			1	9
										1
	2	111			17	14			4	9
	2	91			44	41	3		4	55
		41			17	15				36
		2			8	14	1		1	
	2	22			15	6	1		4	57
						8				2
	5	52			19	31			1	33
	6	30			11	15			4	10
3	2	21	1		18	9		7	1	37
7	11	106	1	1	72	58		1	16	166
	8	113		2	342	93		6	3	585
	3	4	1	1	6	8				13
		2			1	1				
	1	5			5	3				7
	3	44			28	8	1			35
	1	8			2	20			3	36
6	1	2			6	3		2	2	3
		17			7	10			2	6
	3	3			2					1
1	1				8					
					4			1	1	7
		4	1			4			1	2

市级国土资源行政

Administrative Response to Cases of

单位：件

地区/年份	Year/Region	上年结转 Cases Transferred from Last Year	本年发生 Cases that Occur in the Current Year		一审结案 Cases Settled at			
			复议后应诉 Response after Reconsideration	未经复议直接应诉 Direct Response without Reconsideration	维持 Maintenance	撤销 Cancellation	变更 Change	履行法定职责 Execution of Lawful Duty
	2012	206	282	1916	372	114	6	217
	2013	131	424	1589	379	110	13	35
	2014	249	664	2583	431	215	6	55
北　京	Beijing							
天　津	Tianjin							
河　北	Hebei	7	16	38	9	6		2
山　西	Shanxi			12	2			2
内蒙古	Inner Mongolia							
辽　宁	Liaoning	6	8	58	14	9		
吉　林	Jilin	6	1	14	6			
黑龙江	Heilongjiang							
上　海	Shanghai	11	36	70	10	11		
江　苏	Jiangsu	13	51	160	15	3		2
浙　江	Zhejiang		46	72	11	7		1
安　徽	Anhui		6	59	37	2		1
福　建	Fujian	5	15	105	15	7		
江　西	Jiangxi		1	10	2			
山　东	Shandong	2	22	99	8	1	1	1
河　南	Henan	1	6	83	7	7		13
湖　北	Hubei	27	30	68	26	3		1
湖　南	Hunan	48	275	287	131	33		16
广　东	Guangdong	109	58	1105	61	68	1	5
广　西	Guangxi	3	18	21	10	2	1	
海　南	Hainan							
重　庆	Chongqing							
四　川	Sichuan	3	25	110	7	25		4
贵　州	Guizhou		21	106	36	21	1	1
云　南	Yunnan	6	7	30	9	6	1	2
西　藏	Tibet							
陕　西	Shaanxi		18	29	5	1		3
甘　肃	Gansu	2		9	2		1	
青　海	Qinghai		1	9				
宁　夏	Ningxia		3	10	2	3		
新　疆	Xinjiang			19	6			1

应诉案件情况
Land and Resources at Municipal-level

unit：case

情况 First Instance										未审结 Cases Whose Trials have not been Concluded
判决 Judgment					裁定 Ruling					
确认合法或有效 Confirmation of Legality or Validity	确认违法或无效 Confirmation of Violation of Law or Invalidity	驳回诉讼请求 Dismissal of an Action	赔偿 Compen-sation	不予赔偿 No Compen-sation	驳回起诉 Dismissal of an Appeal	撤诉 Withdrawal of an Action	移送 Referral	终结 Termination	其他 Others	
28	28	304	5	1	288	378	2	6	53	602
23	41	363	5	1	285	250	2	7	33	597
17	51	565	4	4	607	353	7	18	48	1115
		1			14	5		1		23
		2				5				1
	2	15			5	6	1		1	19
		1				4			1	9
	1	63			11	8			4	9
	2	69			44	37	3		4	45
		33			17	13				36
		2			8	13	1		1	
	2	22			11	6	1		4	57
						7				2
	5	30			15	31			1	30
	6	28			6	13			4	6
3	2	18	1		18	8		7	1	37
7	11	102	1	1	72	53		1	16	166
	8	111		2	334	93		6	3	580
	3	2	1	1	3	8				11
	3	34			27	6	1			31
	1	8			2	20			3	34
6	1	2			6	3		2	2	3
		15			5	10			2	6
	3	3			1					1
1	1				8					
								1		7
		4	1			4			1	2

主要统计指标解释

上年结转（行政复议） 指本统计时段之前复议机关已受理但未审结的行政复议案件数。

上年结转（行政应诉） 指人民法院已受理但尚未作出终审判决，裁定的诉讼案件数。

本年新收 指本统计时段内行政机关新收到的行政复议案件数。

本年受理 指本统计时段内行政复议机关决定立案审理的行政复议案件数。

已审结 指在本统计时段内上期结转和本期新收的案件中已正式受理并审结的案件。

其他（已审结） 包括：①部分维持、部分撤销的决定；②部分维持、部分变更的决定；③部分维持、部分责令履行的决定；④部分撤销、部分变更的决定；⑤部分撤销、部分责令履行的决定；⑥部分变更、部分责令履行的决定等。

未审结 指在本统计时段内尚未审结的案件数。

Explanatory Notes on Main Statistical Indicators

Cases transferred from last year（Administrative Reconsideration）—refer to the number of cases of administrative reconsideration that have been accepted by the organ of administrative reconsideration but whose trials have not been concluded before the current statistical period.

Cases transferred from last year（Administrative Response）—refer to the number of cases of lawsuit that have been accepted by people's count but not be final judged.

Cases newly received in the current year—refer to the number of cases of administrative reconsideration received newly by administration departments during the current statistical period.

Cases accepted in the current year—refer to the number of cases of administrative reconsideration that administrative reconsideration departments decided to file and try during the current statistical period.

Cases whose trials have been concluded—refer to cases transferred from the previous period and those that have been formally accepted among the cases newly received and whose trials have been concluded during the current period.

Others（Cases whose trials have been concluded）—including ① decision on partial maintenance and partial cancellation; ② decision on partial maintenance and partial change; ③ decision on partial maintenance and partial performance; ④ decision on partial cancellation and partial change; ⑤ decision on partial cancellation and partial performance; ⑥ decision on partial change and partial performance.

Cases whose trials have not been concluded—refer to the number of cases whose trials have not been concluded during the current statistical period.

海洋资源管理

Marine Resources Management

海洋资源利用情况
Uses of Marine Resources

年份/地区	Year/Region	海洋石油/万吨 Marine Oil/10^4 tons	海洋天然气/亿立方米 Marine Natural Gas/$10^8 m^3$	海滨砂矿/万吨 Beach Placers/10^4 tons	海洋渔业/万吨 Marine Aquatic Products/10^4 tons		海洋盐业/万吨 Marine Salt Industry/10^4 tons
					捕捞产量 Marine Fishing Production	养殖产量 Mariculture Production	
2011		4451.97	121.45	4231.04	1356.72	1551.33	3322.42
2012		4444.79	122.82	4351.29	1389.53	1643.81	2986.42
2013		4541.09	117.65	4434.32	1399.58	1739.25	2681.13
天津	Tianjin	2634.68	26.17		6.65	1.23	152.18
河北	Hebei	239.87	6.72		23.05	45.23	287.64
辽宁	Liaoning	11.29	0.14		128.37	282.76	98.28
上海	Shanghai	18.65	7.97		12.48		
江苏	Jiangsu				57.33	93.87	77.63
浙江	Zhejiang			2134.42	356.02	87.17	15.85
福建	Fujian			299.51	216.78	354.9	29.22
山东	Shandong	291.3	1.29	1318.45	242.82	456.64	1989.92
广东	Guangdong	1345.3	75.35		155.40	287.00	7.75
广西	Guangxi			481.00	65.34	105.65	16.1
海南	Hainan			200.94	112.13	24.81	6.56

海洋监测、调查情况（2013 年）
Marine Monitoring and Survey（2013）

		站点（船舶）数/个、艘 Number of Stations/vessels	项目数/个 Number of Projects/number	实际获得数据量/个 Actual Data Quantity/number	发布公（简）报/期 Communique（Bulletin）Issued/issue	提交报告/期 Report Submitted/issue
海洋监测	**Marine Monitoring**	**522**	**764**	**522792964**	**10654**	
赤潮监测	Akashiwo Monitoring					
台站监测	Station Monitoring	108	396	272599939	113	
断面监测	Sectional Monitoring	120	27	10109	4	
浮标监测	Buoy Monitoring	67	90	4022687		
海冰监测	Sea Ice Monitoring	12	37	7541	458	
船舶监测	Ship Monitoring	95	22	16475852	9900	
其他监测	Other Monitoring	120	192	229676836	179	
海洋调查	**Marine Survey**	**3203**	**569**	**2329579**	**94**	
大洋调查	Ocean Survey	375	30	53447	65	
极地调查	Polar Survey	273	28	8943		
专项调查	Specified Subject Investigation	1689	100	1908138	6	
其他调查	Other Survey	866	411	359051	23	

海洋行政管理（2013 年）
Marine Administration (2013)

		总 计 Grand Total
发放海域使用权发证/本	Permits of Marine Area Use Right Issued/piece	3881
签发疏浚物海洋倾倒许可证/份	Permits of Dredged Material Ocean Dumping Issued/piece	116
海域使用执法检查/次	Law Enforcement Inspection of Sea Area Use/times	7622
涉外海洋科研/项	Foreign Marine Scientific Research/piece	51
海底电缆管道执法检查次数/次	Law Enforcement Inspection of Submarine Cable and Pipeline Laying/times	520
海洋工程环境保护监督检查次数/次	Law Enforcement Inspection of Maritime Engineering Environmental Protection/times	5354
海洋倾废监督检查次数/次	Law Enforcement Inspection of Waste Ocean Dumping/times	4127
海洋生态保护执法检查/次	Law Enforcement Inspection of Marine Ecological Protection/times	648

注：“发放海域使用权发证数据”来自2013年海域使用管理公报，“签发疏浚物海洋倾倒许可证”等数据来自《2013年国家海洋局综合统计年报》(内部)。

Note: “Permits of marine area use right issued” comes from management communiqué on sea area use 2013 , the data below “Permits of dredged material ocean dumping issued” come from statistical year book 2013 (internal) published by State Oceanic Administration.

五、国土资源科学技术研究

Chapter 5 Scientific and Technological Research on Land and Resources

国土资源科技人才

Land and Resource Scientific and

年份/地区	Year/Region		进入省部级以上 Plan of Talented Personnel at and above	
			新世纪百千万人才工程 New Century National Hundred, Thousand and Ten Thousand Talent Project	千人计划 Thousand Talents Plan
	2012	194	19	2
	2013	140	5	
	2014	62	5	2
北　京	Beijing	1	1	
天　津	Tianjin	1		
河　北	Hebei	2		
山　西	Shanxi			
内蒙古	Inner Mongolia	14		
辽　宁	Liaoning	3	1	
吉　林	Jilin			
黑龙江	Heilongjiang	1		
上　海	Shanghai			
江　苏	Jiangsu	3	1	
浙　江	Zhejiang			
安　徽	Anhui	4		
福　建	Fujian	1		
江　西	Jiangxi			
山　东	Shandong			
河　南	Henan			
湖　北	Hubei	9		
湖　南	Hunan	3	1	
广　东	Guangdong	1		
广　西	Guangxi			
海　南	Hainan			
重　庆	Chongqing			
四　川	Sichuan			
贵　州	Guizhou			
云　南	Yunnan	9	1	
西　藏	Tibet			
陕　西	Shaanxi			
甘　肃	Gansu	4		
青　海	Qinghai	6		2
宁　夏	Ningxia			
新　疆	Xinjiang			

填报说明：统计范围包括省（区、市）国土资源主管部门和部直属单位及其所属的具有独立法人地位的科学研究与技术开发机构、转院、规划院、信息中心、整治中心、油气中心、宝玉石中心、图书馆等。省（区、市）国土资源部门属单位参照部属单位范围填报。如无

Instructions for filling: The statistics concludes land and resources administrative agencies of the provincial, municipal and county level, and the museum, Chinese academy of land and resources economics, China land surveying and planning institute, Information center of MLR, China land China geological library. If no special instructions, statistical data refer to the annual newly added data.

情况——按地区分列
Technological Talented Personnel by Region

高层次科技人才培养、流动/人 High - level scientific and technological talented personnel training and flow			
人才计划/人 Provincial - and Ministerial Levels/person		高层次科技人员流动/人 Situation of High - level Scientific and Technological Talented Personnel Flow/person	
部科技创新人才工程 Scientific and Technological Innovative Talent Project of MLR	省级科技人才计划 Provincial - level Scientific and Technological Talent Plan	新增 Newly Increased	减少 Reduced
21	146	523	108
27	108	512	57
8	46	373	41
		18	4
		1	
	2	3	
3	11		
1	1	1	
		3	3
	1	1	1
		5	
1	1	1	
		172	
	4	10	1
	1		
		1	
		4	1
	9	4	
	2	13	4
1		2	1
		28	2
		6	
		1	
	8	5	1
		65	3
	4	15	
2	2	14	17
			3

制科研机构、信息文献机构、开展科研和开发活动的事业单位。部属单位：中国地质调查局及其所属事业单位、科研院所，博物馆、经研特别说明，统计数据均指本年度新增数据。

units with the status as independent legal person affiliated to MLR. Units affiliated to MLR.：China geological survey and its affiliates, China geological consolidation and rehabilitation center, Gas and oil resources center for strategic of MLR, National gems and jewelry technology administrative center,

国土资源科技人才情况

Land and Resource Scientific and Technological

单位：人

年份/单位	Year/Units		新世纪百千万人才工程 New Century National Hundred, Thousand and Ten Thousand Talent Project
	2012	43	12
	2013	95	10
	2014	141	10
国土资源部信息中心	Information Center of Ministry of Land and Resources	2	
国土资源部咨询研究中心	Consulting research Center Ministry of Land Resources		
国土资源部土地整治中心	China Land Consolidation and Rehabilitation		
中国国土资源经济研究院	Chinese Academy of Land & Resources Economics		
中国地质博物馆	The Geological Museums of China	1	
国土资源部油气资源战略研究中心	Gas and Oil Resources Centre for Strategic of MLR	1	
中国土地矿产法律事务中心	China Land and Mineral Legal Services Center		
中国国土资源航空物探遥感中心	China Aero Geophysical Survey & Remote Sensing Center for Land Resources	9	2
中国地质环境监测院	China Geological Environment Monitoring Academy	12	
国土资源实物地质资料中心	Geological Material Center, MLR		
中国地质图书馆	China Geological Library		
中国地质调查局天津地质调查中心	Tianjin Institute of Geology and Mineral Resources, CGS	10	
中国地质调查局沈阳地质调查中心	Shenyang Institute of Geology and Mineral Resources, CGS	1	
中国地质调查局西安地质调查中心	Xi'an Institute of Geology and Mineral Resources, CGS	3	
中国地质调查局南京地质调查中心	Nanjing Institute of Geology and Mineral Resources, CGS	24	
中国地质调查局成都地质调查中心	Chengdu Institute of Geology and Mineral Resources, CGS	24	
中国地质调查局武汉地质调查中心	Wuhan Institute of Geology and Mineral Resources, CGS		
青岛海洋地质研究所	Qingdao Institute of Marine Geology	3	
广州海洋地质调查局	Guangzhou Marine Geological Survey	1	
中国地质科学院	Chinese Academy of Geological Sciences (CAGS)	1	
中国地质科学院地质研究所	Institute of Geology, CAGS	1	1
中国地质科学院矿产资源研究所	Institute of Mineral Resources, CAGS	18	5
中国地质科学院水文地质环境地质研究所	Institute of Hydrogeology and Environmental Geology, CAGS		
中国地质科学院地球物理地球化学勘查研究所	Institute of Geophysical and Geochemical Exploration, CAGS	14	2
中国地质调查局水文地质环境地质调查中心	Institute of Hydrogeology and Environmental Geology, CGS	5	
中国地质科学院勘探技术研究所	Institute of Exploration Techniques, CAGS	2	
中国地质科学院探矿工艺研究所	Chengdu Institute of Exploration Technology, CAGS		
北京探矿工程研究所	Beijing Institute of Exploration Engineering		
中国地质科学院郑州矿产综合利用研究所	Zhengzhou Institute of Multipurpose Utilization of Mineral Resources, CAGS		
中国地质科学院成都综合利用研究所	Chengdu Institute of Multipurpose Utilization of Mineral Resources, CAGS	9	
中国地质调查局油气资源调查中心	China Geological Survey Bureau of oil and Gas Resources Research Center		

填报说明：统计范围包括省（区、市）国土资源主管部门和部直属单位及其所属的具有独立法人地位的科学研究与技术开发机构、转院、规划院、信息中心、整治中心、油气中心、宝玉石中心、图书馆等。省（区、市）国土资源部门属单位参照部属单位范围填报。如无

Instructions for filling: The statistics concludes land and resources administrative agencies of the provincial, municipal and county level, and the museum, Chinese academy of land and resources economics, China land surveying and planning institute, Information center of MLR, China land China geological library. If no special instructions, statistical data refer to the annual newly added data.

——按部属事业单位分列
Talented Personnel by Units Affiliated to MLR

Unit：person

高层次科技人才培养、流动 High - level Scientific and Technological Talented Personnel Training and Flow				
进入省部级以上人才计划 Plan of Talented Personnel at and above Provincial - and Ministerial Levels			高层次科技人员流动 Situation of High - level Scientific and Technological Talented Personnel Flow	
千人计划 Thousand Talents Plan	部科技创新人才工程 Scientific and Technological Innovative Talent Project of MLR	省级科技人才计划 Provincial - level Scientific and Technological Talent Plan	新增 Newly Increased	减少 Reduced
2	6	17	126	61
	63	22	165	35
1	31	91	143	42
	2			
			17	
	1			1
			4	
	7		13	9
	1	11	10	4
			9	2
		10	18	6
1			2	
		3		5
		24		
		24	1	
	3			
		1	16	3
	1			
	5	8	19	7
			6	4
	3	9	1	
	1		11	1
	2			
			1	
			1	
			2	
	5	1	1	
			11	

制科研机构、信息文献机构、开展科研和开发活动的事业单位。部属单位：中国地质调查局及其所属事业单位、科研院所，博物馆、经研
特别说明，统计数据均指本年度新增数据。
units with the status as independent legal person affiliated to MLR. Units affiliated to MLR.：China geological survey and its affiliates, China geological consolidation and rehabilitation center, Gas and oil resources center for strategic of MLR, National gems and jewelry technology administrative center,

国土资源科技研发
Land and Resource Scientific

年份/地区	Year/Region	科技研发与投入 Scientific and Technological R & D and Input					
		项目总数/项 Total Number of Projects/project					
			国家级 State Level	部级 Ministerial Level	省级 Provincial Level	本单位 The Current Unit	
	2012	3016	360	1226	524	856	388946
	2013	1055	35	154	512	328	81301
	2014	947	43	189	515	190	66671
北 京	Beijing	40	5	15	9	6	7157
天 津	Tianjin	28			28		190
河 北	Hebei	7				7	890
山 西	Shanxi	4			4		662
内蒙古	Inner Mongolia	58	13	25	20		6267
辽 宁	Liaoning	5		5			136
吉 林	Jilin	10		2	8		199
黑龙江	Heilongjiang	17		11	6		394
上 海	Shanghai	6		2	4		278
江 苏	Jiangsu	5		5			136
浙 江	Zhejiang	27	2	4	16	5	1281
安 徽	Anhui	121		3	93	25	2178
福 建	Fujian	18		7	6	5	2757
江 西	Jiangxi	1		1			97
山 东	Shandong	42	3	9	16	14	4278
河 南	Henan	21	1	4	13	3	482
湖 北	Hubei	49		1	48		1464
湖 南	Hunan	102	1	7	5	89	2259
广 东	Guangdong	35		10	15	10	2290
广 西	Guangxi	66		24	37		6023
海 南	Hainan						
重 庆	Chongqing	128	14	7	107		2404
四 川	Sichuan						
贵 州	Guizhou	4			2	2	1797
云 南	Yunnan	11		6	4	1	1402
西 藏	Tibet						
陕 西	Shaanxi	47	4	14	21	8	5754
甘 肃	Gansu	18		6	8	4	1191
青 海	Qinghai	60		14	35	11	8128
宁 夏	Ningxia						
新 疆	Xinjiang	13		6	7		6453
新疆生产建设兵团		4		1	3		124

填报说明：统计范围包括省（区、市）国土资源主管部门和部直属单位及其所属的具有独立法人地位的科学研究与技术开发机构、转院、规划院、信息中心、整治中心、油气中心、宝玉石中心、图书馆等。省（区、市）国土资源部门属单位参照部属单位范围填报。如无

Instructions for filling: The statistics concludes land and resources administrative agencies of the provincial, municipal and county level, and the museum, Chinese academy of land and resources economics, China land surveying and planning institute, Information center of MLR, China land China geological library. If no special instructions, statistical data refer to the annual newly added data.

情况——按地区分列
Research by Region

项目年度经费总数/万元 Total Annual Fund of The Project/10^4 yuan				科技基础条件平台建设/个 Sci - tech Basic Conditions Platform Construction/number			
国家级 State Level	部级 Ministerial Level	省级 Provincial Level	本单位 The Current Unit	重点实验室 Key Laboratory	监督检验测试中心 Center of Supervision, Inspection and Analysis	野外科学观测研究基地 Field Observation and Research Base	科普基地 Science Popularization Base
46834	259071	46553	31777	68	31	67	64
3334	20938	47362	9112	21	7	31	56
2339	24453	31144	7121	11	13	17	18
1354	2248	2016	85				
		190					
			890				1
		662					
	2404	3421	442				
	136			1	4	4	5
	146	53					
	323	71					
	256	22					
	136			1	4	4	5
35	446	800					
	198	1933	47	1			
	508	1929	320			1	
	97						
263	967	1767	1281	1		1	
	158	216	108				
	320	1044			1	1	
170	850	39	1200		1	1	2
	944	1166	180				
	1895	4068					
145	600	1659					
		1378	419				
	934	330	138				
372	1277	2471	1634	2	1	1	
	330	771	90	1		2	5
	4006	3858	263	4	2	2	
	5173	1280					
	100		24				

制科研机构、信息文献机构、开展科研和开发活动的事业单位。部属单位：中国地质调查局及其所属事业单位、科研院所，博物馆、经研
特别说明，统计数据均指本年度新增数据。

units with the status as independent legal person affiliated to MLR. Units affiliated to MLR.：China geological survey and its affiliates, China geological consolidation and rehabilitation center, Gas and oil resources center for strategic of MLR, National gems and jewelry technology administrative center,

国土资源科技研发情况

Land and Resource Scientific

年份/单位	Year/Units	项目总数/项 Total Number of Projects/project			
			国家级 State Level	部级 Minist－erial Level	省级 Provin－cial Level
	2012	1825	331	1042	57
	2013	2106	414	1053	57
	2014	1636	366	1032	63
国土资源部信息中心	Information Center of Ministry of Land and Resources	32	3	29	
国土资源部咨询研究中心	Consulting research Center Ministry of Land Resources	6		6	
国土资源部土地整治中心	China Land Consolidation and Rehabilitation	16	2	11	
中国国土资源经济研究院	Chinese Academy of Land & Resources Economics	104		71	33
中国地质博物馆	The Geological Museums of China	17	1	16	
国土资源部油气资源战略研究中心	Gas and Oil Resources Centre for Strategic of MLR	4		4	
中国土地矿产法律事务中心	China Land and Mineral Legal Services Center	20		20	
中国国土资源航空物探遥感中心	China Aero Geophysical Survey & Remote Sensing Center for Land Resources	24	6	18	
中国地质环境监测院	China Geological Environment Monitoring Academy	35	4	31	
国土资源实物地质资料中心	Geological Material Center, MLR	13		13	
中国地质图书馆	China Geological Library	32		17	
中国地质调查局天津地质调查中心	Tianjin Institute of Geology and Mineral Resources, CGS	24	9	14	1
中国地质调查局沈阳地质调查中心	Shenyang Institute of Geology and Mineral Resources, CGS	55		54	1
中国地质调查局西安地质调查中心	Xi'an Institute of Geology and Mineral Resources, CGS	21	2	2	12
中国地质调查局南京地质调查中心	Nanjing Institute of Geology and Mineral Resources, CGS	69	16	52	1
中国地质调查局成都地质调查中心	Chengdu Institute of Geology and Mineral Resources, CGS	154	21	124	
中国地质调查局武汉地质调查中心	Wuhan Institute of Geology and Mineral Resources, CGS	75	8	67	
青岛海洋地质研究所	Qingdao Institute of Marine Geology	44	38	5	
广州海洋地质调查局	Guangzhou Marine Geological Survey	22	15	7	
中国地质科学院	Chinese Academy of Geological Sciences (CAGS)	27		27	
中国地质科学院地质研究所	Institute of Geology, CAGS	167	107	60	
中国地质科学院矿产资源研究所	Institute of Mineral Resources, CAGS	224	75	79	5
中国地质科学院水文地质环境地质研究所	Institute of Hydrogeology and Environmental Geology, CAGS	34	15	3	1
中国地质科学院地球物理地球化学勘查研究所	Institute of Geophysical and Geochemical Exploration, CAGS	123	16	107	
中国地质调查局水文地质环境地质调查中心	Institute of Hydrogeology and Environmental Geology, CGS	37	5	32	
中国地质科学院勘探技术研究所	Institute of Exploration Techniques, CAGS	41	4	37	
中国地质科学院探矿工艺研究所	Chengdu Institute of Exploration Technology, CAGS	19	1	18	
北京探矿工程研究所	Beijing Institute of Exploration Engineering	19	4	15	
中国地质科学院郑州矿产综合利用研究所	Zhengzhou Institute of Multipurpose Utilization of Mineral Resources, CAGS	66	6	26	4
中国地质科学院成都综合利用研究所	Chengdu Institute of Multipurpose Utilization of Mineral Resources, CAGS	60	6	17	5
中国地质调查局油气资源调查中心	China Geological Survey Bureau of oil and Gas Resources Research Center	52	2	50	

填报说明：统计范围包括省（区、市）国土资源主管部门和部直属单位及其所属的具有独立法人地位的科学研究与技术开发机构、转院、规划院、信息中心、整治中心、油气中心、宝玉石中心、图书馆等。省（区、市）国土资源部门属单位参照部属单位范围填报。如无

Instructions for filling: The statistics concludes land and resources administrative agencies of the provincial, municipal and county level, and the museum, Chinese academy of land and resources economics, China land surveying and planning institute, Information center of MLR, China land China geological library. If no special instructions, statistical data refer to the annual newly added data.

——按部属事业单位分列
Research by Units Affiliated to MLR

科技研发与投入 Scientific and Technological R & D and Input						科技基础条件平台建设/个 Sci – tech Basic Conditions Platform Construction/number			
	项目年度经费总数/万元 Total Annual Fund of The Project/10^4 yuan								
本单位 The Current Unit		国家级 State Level	部级 Ministerial Level	省级 Provincial Level	本单位 The Current Unit	重点实验室 Key Laboratory	监督检验测试中心 Center of Supervision, Inspection and Analysis	野外科学观测研究基地 Field Observation and Research Base	科普基地 Science Popularization Base
345	295307	39164	236003	5703	9853	36	18	28	17
517	386169	98218	224666	1719	18437	34	18	36	14
134	308136	16969	268232	4279	3104	23	16	25	71
	10916	147	10770		1				
	685		685						
	446	6	287			2	8	8	1
	8318		6284	2034		1			
	4886		4886						
	3228		3228						
	3367		3367			1			
	3155	80	3075						
	12982	240	12742					3	3
	5710		5710				1	1	1
	3839		3490						1
	1240	155	935	150			1		
	13940		13940						
	431	230	93	108		2	1	5	1
	12899	1154	11745						
9	22416	476	21776		164	1		1	
	15941	132	15809			1	1	1	62
	19000	3600	600						
	329	151	178			1	1		
	8865		8865						
	20123	5818	14305			5		1	
48	18138	2280	12773	1890	405	2		1	2
15	933	212	270	3	448				
	17972	1064	16908			4	1	3	
	16416	82	16334						
	11402	334	11608						
	6560	20	6540						
	3580	374	3206				1		
30	6397	127	5626	70	575	2	1	1	
32	6005	169	4300	24	1512	1			
	48016	119	47897						

制科研机构、信息文献机构、开展科研和开发活动的事业单位。部属单位：中国地质调查局及其所属事业单位、科研院所，博物馆、经研
特别说明，统计数据均指本年度新增数据。

units with the status as independent legal person affiliated to MLR. Units affiliated to MLR.：China geological survey and its affiliates, China geological consolidation and rehabilitation center, Gas and oil resources center for strategic of MLR, National gems and jewelry technology administrative center,

国土资源科技成果
Land and Resource Development

年份/地区	Year/Region	科技成果 Scientific and technological achievements											
		核心论文/篇 Core Journal Papers/paper	被SCI、EI、ISTP收录/次 Papers Indexed/Abstracted in SCI, EI, and ISTP/time	科技著作/部 Scientific and Technological Works/monograph	申请专利/件 Patent Application/case	已授权专利 Authorized Patent	申请软件著作权 Apply For software copyright	省部级以上科技奖励/项 Scientific and Technological Rewards at and above The Provincial and Ministerial Levels/project	国家级 State Level	省部级 Provincial - and Ministerial Levels	科技奖项/人 Scientific and Technological Prizes/person	李四光奖 J. S. Lee Prize	黄汲清奖 Huang Jiqing (Huang T. K.) Prize
	2012	1536	446	96	113	60	26	88	3	84	1		1
	2013	811	61	33	64	45	26	90	6	84	1	1	
	2014	566	71	37	65	60	30	62	3	59			
北　京	Beijing	42	3		6	6		4		4			
天　津	Tianjin	10											
河　北	Hebei	13	16					4		4			
山　西	Shanxi												
内蒙古	Inner Mongolia												
辽　宁	Liaoning			3				1		1			
吉　林	Jilin		4										
黑龙江	Heilongjiang	3											
上　海	Shanghai	1					3	4		4			
江　苏	Jiangsu			3				1		1			
浙　江	Zhejiang	38	2	1	3	3							
安　徽	Anhui	35	2	1				4		4			
福　建	Fujian	12		1				1		1			
江　西	Jiangxi												
山　东	Shandong	29	7	2	8	15	7	2	1	1			
河　南	Henan	17		2									
湖　北	Hubei	33	1		9	6		2		2			
湖　南	Hunan		9	7	5	3	2	3		3			
广　东	Guangdong	34	1	1			4	3		3			
广　西	Guangxi	15		12	3	1	2	6	1	5			
海　南	Hainan												
重　庆	Chongqing	119	22		18	21	8	3		3			
四　川	Sichuan												
贵　州	Guizhou							1	1				
云　南	Yunnan	2	2					2		2			
西　藏	Tibet												
陕　西	Shaanxi	36	1	2	11	3		12		12			
甘　肃	Gansu	30		1				1		1			
青　海	Qinghai	97	1	1	2	2	4	8		8			
宁　夏	Ningxia												
新　疆	Xinjiang												

填报说明：统计范围包括省（区、市）国土资源主管部门和部直属单位及其所属的具有独立法人地位的科学研究与技术开发机构、转院、规划院、信息中心、整治中心、油气中心、宝玉石中心、图书馆等。省（区、市）国土资源部门属单位参照部属单位范围填报。如无

Instructions for filling: The statistics concludes land and resources administrative agencies of the provincial, municipal and county level, and the museum, Chinese academy of land and resources economics, China land surveying and planning institute, Information center of MLR, China land China geological library. If no special instructions, statistical data refer to the annual newly added data.

情况——按地区分列
and Achievements by Region

国土资源标准/个 Standards of Land and Resources/standard				科学技术普及 Scientific and Technological Popularization		国际科技合作 International Scientific and Technological Cooperation
	国家标准 State Standard	行业标准 Industrial Standard	地方标准 Local Standard	科普作品/种 Popular Science Work/kind	主题科普活动/次 Thematic Science Popularization Activity/time	举办国际科技会议/次 Holding International Scientific and Technological Meetings/meeting
36	21	15		12	74	34
52	3	7	43	64	664	3
72	11	32	29	25	128	2
1			1	1	3	
2			2		7	
				6	10	
5		3	2		3	
4		4			22	
					2	
					1	
4		4			22	
					2	
				3	11	
1			1	1		
2			2		2	
9	5	2	2		1	
				3	3	1
6			6	2	3	
1			1	3	5	1
1			1	1	1	
4			4		12	
13	2	5	6		2	
19	4	14	1	3	9	
				1	6	
				1	1	

制科研机构、信息文献机构、开展科研和开发活动的事业单位。部属单位：中国地质调查局及其所属事业单位、科研院所，博物馆、经研
特别说明，统计数据均指本年度新增数据。

units with the status as independent legal person affiliated to MLR. Units affiliated to MLR.：China geological survey and its affiliates, China geological consolidation and rehabilitation center, Gas and oil resources center for strategic of MLR, National gems and jewelry technology administrative center,

国土资源科技成果情况

Land and Resource Development and

年份/地区	Year/Region	核心论文/篇 Core Journal Papers/paper	被SCI、EI、ISTP收录/次 Papers Indexed /abstracted in SCI, EI, and ISTP/time	科技著作/部 Scientific and Technological Works/ monograph	申请专利/件 Patent Application/case	已授权专利 Authorized Patent
	2012	1536	446	96	113	60
	2013	2364	680	154	177	117
	2014	1685	690	80	174	127
国土资源部信息中心	Information Center of Ministry of Land and Resources					
国土资源部咨询研究中心	Consulting research Center Ministry of Land Resources	5		1		
国土资源部土地整治中心	China Land Consolidation and Rehabilitation	26	5		2	
中国国土资源经济研究院	Chinese Academy of Land & Resources Economics	116	1	8	2	
中国地质博物馆	The Geological Museums of China	5	2	3	1	1
国土资源部油气资源战略研究中心	Gas and Oil Resources Centre for Strategic of MLR	12		11		
中国土地矿产法律事务中心	China Land and Mineral Legal Services Center	23				
中国国土资源航空物探遥感中心	China Aero Geophysical Survey & Remote Sensing Center for Land Resources	93	21	2	12	4
中国地质环境监测院	China Geological Environment Monitoring Academy	48	24	8		3
国土资源实物地质资料中心	Geological Material Center, MLR	27	6	2	1	
中国地质图书馆	China Geological Library	10		5		
中国地质调查局天津地质调查中心	Tianjin Institute of Geology and Mineral Resources, CGS	61	10			
中国地质调查局沈阳地质调查中心	Shenyang Institute of Geology and Mineral Resources, CGS	28	11	1		
中国地质调查局西安地质调查中心	Xi'an Institute of Geology and Mineral Resources, CGS	119	56	8	6	4
中国地质调查局南京地质调查中心	Nanjing Institute of Geology and Mineral Resources, CGS	64	11	1	1	
中国地质调查局成都地质调查中心	Chengdu Institute of Geology and Mineral Resources, CGS	130	25			
中国地质调查局武汉地质调查中心	Wuhan Institute of Geology and Mineral Resources, CGS	9	1			
青岛海洋地质研究所	Qingdao Institute of Marine Geology	169	64	1	8	8
广州海洋地质调查局	Guangzhou Marine Geological Survey	59	21	3		3
中国地质科学院	Chinese Academy of Geological Sciences (CAGS)	15	13			1
中国地质科学院地质研究所	Institute of Geology, CAGS	78	195	6	7	5
中国地质科学院矿产资源研究所	Institute of Mineral Resources, CAGS	160	106	10	3	4
中国地质科学院水文地质环境地质研究所	Institute of Hydrogeology and Environmental Geology, CAGS	121	45	5	23	23
中国地质科学院地球物理地球化学勘查研究所	Institute of Geophysical and Geochemical Exploration, CAGS	119	14	1	20	9
中国地质调查局水文地质环境地质调查中心	Institute of Hydrogeology and Environmental Geology, CGS	73	21	3	15	13
中国地质科学院勘探技术研究所	Institute of Exploration Techniques, CAGS	1			12	12
中国地质科学院探矿工艺研究所	Chengdu Institute of Exploration Technology, CAGS	4	2		9	5
北京探矿工程研究所	Beijing Institute of Exploration Engineering	13	7		18	5
中国地质科学院郑州矿产综合利用研究所	Zhengzhou Institute of Multipurpose Utilization of Mineral Resources, CAGS	29	3		17	13
中国地质科学院成都综合利用研究所	Chengdu Institute of Multipurpose Utilization of Mineral Resources, CAGS	51	17	1	15	12
中国地质调查局油气资源调查中心	China Geological Survey Bureau of oil and Gas Resources Research Center	17	9		2	2

填报说明：统计范围包括省（区、市）国土资源主管部门和部直属单位及其所属的具有独立法人地位的科学研究与技术开发机构、转院、规划院、信息中心、整治中心、油气中心、宝玉石中心、图书馆等。省（区、市）国土资源部门属单位参照部属单位范围填报。如无

Instructions for filling: The statistics concludes land and resources administrative agencies of the provincial, municipal and county level, and the museum, Chinese academy of land and resources economics, China land surveying and planning institute, Information center of MLR, China land China geological library. If no special instructions, statistical data refer to the annual newly added data.

——按部属事业单位分列
Achievements by Units Affiliated to MLR

科技成果 Scientific and Technological Achievements													国际科技合作 International Scientific and Technological Cooperation
申请软件著作权 Apply For software copyright	省部级以上科技奖励/项 Scientific and Technological Rewards at and above The Provincial and Ministerial Levels/project			科技奖项/人 Scientific and Technological Prizes/person			国土资源标准/个 Standards of Land and Resources/standard				科学技术普及 Scientific and Technological Popularization		
		国家级 State Level	省部级 Provincial - and Ministerial Levels		李四光奖 J. S. Lee Prize	黄汲清奖 Huang Jiqing (Huang T. K.) Prize		国家标准 State Standard	行业标准 Industrial Standard	地方标准 Local Standard	科普作品/种 Popular Science Work/kind	主题科普活动/次 Thematic Science Popularization Activity/time	举办国际科技会议/次 Holding International Scientific and Technological Meetings/meeting
26	88	3	84	1		1	36	21	15		12	74	34
56	72	4	68	3	3		31	10	22		30	87	40
63	54	5	47	1		1	8	2	6		4	76	23
3	3	3											1
	2		2				2	1	1			11	
2	3		3										
												21	
	1		1										1
							1		1				
19	1		1									12	
5	3		3				2		2		1	1	1
1	4		4									3	
											2	8	
	1		1									1	
												1	1
1	2		2	1		1						1	1
1	4		4										
	1		1									2	
1	1	1										2	
11	1		1									3	6
	3		3										
	1											1	5
2	2		2										4
4	6	1	5									2	2
2	1		1								1	2	
7	1						2		2				
3	4		4										
	2		2				1	1					
	1		1									1	
													1
	4		4									1	
	2		2									1	
1												2	

制科研机构、信息文献机构、开展科研和开发活动的事业单位。部属单位：中国地质调查局及其所属事业单位、科研院所，博物馆、经研
特别说明，统计数据均指本年度新增数据。

units with the status as independent legal person affiliated to MLR. Units affiliated to MLR.：China geological survey and its affiliates, China geological consolidation and rehabilitation center, Gas and oil resources center for strategic of MLR, National gems and jewelry technology administrative center,

主要统计指标解释

高层次科技人员 科技人员是指本单位固定人员中从事各类科技活动的人员。高层次科技人员是指副高级以上专业技术职称人员或博士。在高层次科技人员流动中，新增就是报告期内新增加的高层次科技人员数，减少就是报告期内减少的高层次科技人员数。

省部级以上人才计划 指入选省部级以上人才计划的人员，包括入选国家新世纪百千万人才工程、国家千人计划、部科技创新人才工程、省级科技人才计划（人选省科技厅、国土资源厅组织的有关科技人才培养计划）等人员。

项目总数 指报告期内在研的各类科研项目数，包括报告期内新立项目、已立项正在研究的项目、报告期内结题项目。国家级是指国家科技计划项目，包括国家自然科学基金、“973”计划、科技支撑计划、“863”计划、科技基础条件平台计划、国家科技重大专项、国际科技合作计划等；部级是指国土资源部科技计划及国土资源领域重大专项科研项目，包括部门科技计划项目、国土资源大调查、金土工程、海洋保障工程、危机矿山接替资源找矿、油气战略选区、第二次全国土地调查、地质矿产保障工程、矿产资源节约与综合利用、部公益性行业科研专项等。省级是指省级科技计划及省级国土资源专项科研项目，包括各省（自治区、直辖市）科技厅、国土资源厅立项的科技计划项目、国土资源专项安排的科技项目。本单位是指各单位用科研业务事业费、自有资金开展的科研项目。

为避免重复填报，均由项目承担单位中排名最靠前的部系统内单位填写，国土资源部系统内单位共同承担的项目不重复填报。

项目年度经费总数 指报告期内在研的各类科研项目本年度经费总和。没有项目年度经费数据的，填报本年度到账经费。

重点实验室 指报告期内新命名或批准建设的国家级、省部级重点实验室，包括国土资源部与教育部共建、与各省共建的实验室。

监督检验测试中心 指报告期内，通过国土资源部评审命名的国土资源部质量监督检测测试中心。

野外科学研究观测基地 指报告期内，通过国土资源部评审命名的国土资源部野外科学研究观测基地。

科普基地 指报告期内，通过国土资源部评审命名的国土资源部科普基地。

核心论文 指在国际或在全国性核心期刊上以第一作者身份发表的论文。被 SCI、EI、ISTP 收录主要指由美国出版的科学引文索引（《SCI》）、科学技术会议索引（《ISTP》）和工程索引（《EI》）三种检索系统中收录的科技人员发表的期刊论文和会议论文。

科技著作 指经过正式出版单位编印出版的科技专著、大专院校教科书、科普著作。为避免重复统计，只统计以本机构科技人员为第一作者的论文和著作。同一书名为部，与书的发行量无关。

申请专利 指报告期内，向国内外知识产权行政部门提出专利申请并被受理的件数。已授权专利是指报告期内，由国内外知识产权行政部门向本单位授予专利权的件数。专利包括发明专利、实用新型专利和外观设计专利三类。

软件著作权 指软件的开发或者其他权利人依据有关著作权法律的规定，对于软件作品所享有的各项专有权利。

省部级以上科技奖励 指报告期内，获得的国家级、省部级科技奖励的数目。国家级包括国家自然科学奖、国家技术发明奖、国家科技进步奖。省部级包括以国务院各部门名义颁发的或省（自治区、直辖市）（科委）名义颁发的重大科技成果奖和科技进步奖等。获奖项目填报，由获奖项目承担单位排名最靠前的部系统内单位填写，多个部系统内单位共同获奖的不重复填报。

科技奖项 指报告期内获得李四光奖（包括李四光地质科学荣誉奖、李四光野外地质工作者奖、李四光地质科技研究者奖、李四光地质教师奖）、黄汲清奖（包括黄汲清野外地质工作者奖、黄汲清地质科技研究者奖、黄汲清地质教师奖）的地质科技工作者。

国土资源标准 指报告期内发布的制订、修订的国土资源标准数目，由制订、修订单位中排名最靠前的系统内单位填写，多个系统内单位共同编制的不重复填报。

科普作品 指报告期内出版的图书、期刊、音像制品等科普作品。只统计第一作者为本单位科技人员的作品。

主题科普活动 指报告期内，本单位作为活动第一承担单位开展的国土资源领域科普活动。

举办国际科技会议 指报告期内，本单位组织的两个或两个以上国家的科技人员在一个共同的场合就一个或一组共同感兴趣的课题相互交流信息、开展研讨的活动。

Explanatory Notes on Main Statistical Indicators

High - level scientific and technological talented personnel—Scientific and technological personnel refer to persons who conduct various kinds of scientific and technological activities in the fixed staff and workers in the current units. High - level scientific and technological personnel refer to persons with a professional technical title at and above the associate senior level or doctors. In the flow of high - level scientific and technological talented personnel, newly increased refers to the number of high - level scientific and technological personnel newly increased during the reporting period; reduced refers to the number of high - level scientific and technological talented personnel reduced during the reporting period.

Plan of Talented Personnel at and above Provincial and Ministerial Levels—refers to persons selected into the Plan of Talented Personnel at and above Provincial and Ministerial Levels, including those selected into the New Century National Hundred, Thousand and Ten Thousand Talent Project, Scientific and Technological Innovative Talent Project of MLR, and provincial - level scientific and technological talent plans (scientific and technological talented people training plans sponsored by departments (bureaus) of science and technology and departments (bureaus) of land and resources of provinces) .

Total number of projects—refers to the number of various kinds of ongoing scientific research projects, including those filed newly during the reporting year, those that have been filed and are under research, and those whose research has been finished. The state - level projects refer to the projects in state scientific and technological plans, including the National Natural Science Foundation of China, National Key Basic Research Development Plan (973 Plan), State Science and Technology Support Program, State High - Tech Research and Development Program (863 Program), National Program for Sci - Tech Basic Conditions Platform Construction, major state special projects of science and technology, and plan for international scientific and technological cooperation. The ministerial - level projects refer to the scientific and technological plans of MLR and major special scientific and technological projects in areas of land and resources, including projects of scientific and technological plans of various sectors, land and resources survey, Golden Land Project, Marine Guarantee Project, succession and substitute resource exploration in crisis mines, oil and gas strategic candidate areas, second national land survey, geological and mineral resources guarantee project, saving and total utilization of mineral resources, and special scientific research project of MLR public - welfare industries. The provincial - level projects refer to provincial - level scientific and technological plans and provincial - level special scientific research projects of land and resources, including projects of scientific and technological plans filed by scientific and technological departments of various provinces (autonomous regions and municipalities under the Central Government) and departments of land and resources and scientific and technological projects arranged by special land and resources projects. The current unit refers to scientific research projects carried out by various units using operating expenses of scientific research and free funds.

In order to avoid filling out repeatedly, this item should be filled out by the unit within the MLR system which ranks first among the units undertaking the projects, while the project undertaken jointly by the units within the MLR system must not be filled out repeatedly.

Total annual fund of the project—refers to the total sum of funds of various ongoing scientific research projects in the current year during the reporting period. For the projects without the data of yearly funds, the funds credited into the account in the current year are filled in.

Key laboratory—refers to the state and provincial level key laboratories newly named or established after approval during the reporting period, including those established jointly by MLR and the Ministry of Education and by MLR and provinces.

Center of supervision, inspection and analysis—refers to the centers of quality supervision, inspection and analysis of MLR examined, evaluated, and named by MLR during the reporting period.

Field Observation and Research Base—refer to the bases of field observation and research of MLR examined, evaluated, and named by MLR during the reporting period.

Science popularization base—refers to the science popularization base of MLR examined, evaluated and named by MLR during the reporting period.

Core journal papers—refer to those papers published as the first author in international journals or domestic core journals. Papers indexed/abstracted in SCI, EI and ISTP mainly refer to papers published by scientific and technological personnel in academic journals and proceedings which are indexed/abstracted in three retrieval systems: SCI (Science Citation Index), ISTP (Index to Scientific & Technical Proceedings) and EI (Engineering Index) published in the United States.

Scientific and technological works—refer to scientific and technological monographs, text - books of universities and colleges, and popular science books compiled, printed, and published by formal publishing establishments. In order to evade repetition in statistical survey, only the papers and works whose first authors are scientific and technological persons of the current organization are included in the statistics. The books with the same title are considered to be one entry, which is unrelated to the quantity of distribution of the books.

Patent application—refer to the number of patent applications submitted to foreign or domestic administrative departments in charge of intellectual property rights and accepted by them during the reporting period. The authorized patents refer to the number of patent rights granted to the current units by foreign and domestic administrative departments in charge of intellectual property rights. Patents include invention patent, practical new patent and design patent.

Software Copyright—refer to all the proprietary rights enjoyed by the software developers or other right holders in accordance with the provisions of the law about copyright.

Scientific and technological rewards at and above the provincial and ministerial levels—refer to the number of state and provincial level scientific and technological rewards won during the reporting period. The state - level rewards include the National Natural Science Prize of China, State Technological Invention Prize, and State Scientific and Technological Progress Prize, and the provincial - level rewards include prizes of important scientific and technological results and scientific and technological progress prizes issued in the name of various departments of the State Council or issued in the name of governments (commissions of science and technology) of provinces (autonomous regions and municipalities directly under the Central Government). The project winning a reward is filled in by the unit of the MLR system which ranks first among the units undertaking the reward - winning project. The reward must not be filled in repeatedly if several units within the MLR system win the prize together.

Scientific and technological prizes—refer to geological scientific and technological workers winning the J. S. Lee Prize (including J. S. Lee Special (Honorary) Prize for Geological Sciences, J. S. Lee Prize for Field Geological Workers, J. S. Lee Prize for Geological Scientific and Technological Researchers, and J. S. Lee Prize for Geological Teachers), and Huang Jiqing (T. K. Huang) Prize (including Huang Jiqing Prize for Field Geological Workers, Huang Jiqing Prize for Geological Scientific and Technological Researchers, and Huang Jiqing Prize for Geological Teachers).

Standards of land and resources—refer to the number of standards of land and resources formulated and revised during the reporting period. It is filled in by the unit within the MLR system which ranks first among the formulating and revising units. It must not be filled in repeatedly if several units within the MLR system win the prize together.

Popular science works—refer to popular science works such as books, periodicals and audio - video products. Only the scientific and technological personnel in the first author's unit are calculated in the statistics.

Thematic science popularization activity—refers to the science popularization activity in the land and resource areas carried out by the current unit as the first unit undertaking the activity during the reporting period.

Holding international scientific and technological meetings—refers to the activity in which the current unit organizes scientific and technological personnel of two or more than two countries to conduct idea exchange and discussion of one topic or a group of topics of common interest at a public site during the reporting period.

六、测　　绘

Chapter 6　Surveying and Mapping

数字成果
Digital

年份/地区	Year/Region	数字线划地图（DLG）					
		合计 Total		1:50000		1:10000	
		图幅数 Sheet	面积/平方千米 Area/km^2	图幅数 Sheet	面积/平方千米 Area/km^2	图幅数 Sheet	面积/平方千米 Area/km^2
	2012	393029	14787375	21916	9043395	49549	1383843
	2013	692776	26849624	97347	8667362	43272	1483632
	2014	346388	9974639	97347	8667362	43272	1183886
北　京	Beijing	18299	23964			933	16410
天　津	Tianjin	9044	881				
河　北	Hebei	12583	13635			280	7000
山　西	Shanxi	4372	32348			1264	32092
内蒙古	Inner Mongolia	532	133				
辽　宁	Liaoning	3782	51996			2129	50866
吉　林	Jilin	1445	33235			1445	33235
黑龙江	Heilongjiang	21495	3296450	8843	3212256	3400	81896
上　海	Shanghai	33928	14261			161	3240
江　苏	Jiangsu	6911	7035			322	6065
浙　江	Zhejiang	13424	49049			1450	40600
安　徽	Anhui	21480	40070			1000	26722
福　建	Fujian	255	3111			62	1736
江　西	Jiangxi	3500	44180			1600	42580
山　东	Shandong	9049	4270				
河　南	Henan	14241	50615			1811	47608
湖　北	Hubei	10397	24213			779	20400
湖　南	Hunan	6737	74280			2540	71813
广　东	Guangdong	9124	188501			6599	176592
广　西	Guangxi	2252	516				
海　南	Hainan	2027	375512	1042	374800		
重　庆	Chongqing	12729	11539				
四　川	Sichuan	20091	2278921	4643	2079002	6226	184323
贵　州	Guizhou	5962	6800			207	5800
云　南	Yunnan	2400	61450			2066	60884
西　藏	Tibet	31	775			31	775
陕　西	Shaanxi	88335	2337531	81080	2222940	2619	111496
甘　肃	Gansu	488	12200			488	12200
青　海	Qinghai	2923	73328			2859	73312
宁　夏	Ningxia	550	11825			470	11750
新　疆	Xinjiang	2089	42516			1697	42425
青　岛	Qingdao						
大　连	Dalian						
宁　波	Ningbo	171	3026			124	3000
深　圳	Shenzhen						
厦　门	Xiamen						
重庆测绘院	Chongqing Institute of Surveying and Mapping, SBSM	3460	703833	1583	680690	540	14580
中国地图出版集团	China Map Publishing Group						
中国测绘科学研究院	Chinese Academy of Surveying & Mapping	2282	102640	156	97674	170	4486
国家基础地理信息中心	National Geomatics Center of China						
中国资源卫星应用中心	China Centre for Resources Satellite Data and Application						
国家测绘产品质量检验中心	National Quality Inspection and Testing Center for Surveying and Mapping Products						

生产情况
Products

Digital Line Graphic							
1:5000		1:2000		1:1000		1:500	
图幅数 Sheet	面积/平方千米 Area/km^2	图幅数 Sheet	面积/平方千米 Area/km^2	图幅数 Sheet	面积/平方千米 Area/km^2	图幅数 Sheet	面积/平方千米 Area/km^2
6149	40299	69908	56550	88848	23198	150201	10361
8460	41970	60964	56023	53781	13261	82561	7160
8460	49086	60964	56023	53781	13261	82561	4999
		8916	7132			8450	422
		572	458			8472	424
996	3378	23	23	9508	3123	1776	111
		32	32	168	42	2908	182
				532	133		
		1096	1096			557	35
56	326	1083	1083	2118	515	5995	375
		9741	7793	13514	2703	10512	526
				3245	761	3344	209
		8214	8214			3760	235
		11536	11503	7262	1741	1682	104
193	1375						
		1500	1500	400	100		
		3409	3409	2712	678	2928	183
756	557	774	574	6700	1627	4200	250
		2850	2850	2880	720	3888	243
		2156	2156	731	183	1310	128
1735	11343	676	558			114	9
		880	433	22	5	1350	78
46	285	285	285	654	143		
1571	10397	300	300			10858	842
1805	12631	2852	2695			4565	270
		434	350	1801	430	3520	220
35	241	296	296				
		2983	2953	150	38	1503	105
				64	16		
		80	75				
		21	21	371	70		
		47	26				
1267	8553	6	6			64	4
		202	202	949	233	805	44

数字成果
Digital

年份/地区	Year/Region	数字高程模型（DEM）					
		合计 Total		1:5万		1:1万	
		图幅数 Sheet	面积/平方千米 Area/km^2	图幅数 Sheet	面积/平方千米 Area/km^2	图幅数 Sheet	面积/平方千米 Area/km^2
	2012	135185	1762199	2320	1043700	20766	643583
	2013	232511	3873390	6903	2702002	38349	995948
	2014	138053	2178192	1092	481265	64363	1639115
北京	Beijing						
天津	Tianjin						
河北	Hebei	9878	191608			8127	188000
山西	Shanxi	520	13000			520	13000
内蒙古	Inner Mongolia						
辽宁	Liaoning	3009	50453			2074	49518
吉林	Jilin						
黑龙江	Heilongjiang	3106	57264			2396	56814
上海	Shanghai						
江苏	Jiangsu						
浙江	Zhejiang	11008	63233			2394	54619
安徽	Anhui	17998	4710				
福建	Fujian	912	25990			912	25990
江西	Jiangxi	1450	1300				
山东	Shandong	1728	897				
河南	Henan	5225	70488			2657	69202
湖北	Hubei	7139	172346			6269	171476
湖南	Hunan	8719	150538			5530	148024
广东	Guangdong	8030	177615			6599	176592
广西	Guangxi	2707	32770			2707	32770
海南	Hainan	1300	35128			1300	35128
重庆	Chongqing						
四川	Sichuan	30255	535293	554	221600	9835	294495
贵州	Guizhou	7410	68187			2489	67642
云南	Yunnan	2039	60072			2039	60072
西藏	Tibet	31	775			31	775
陕西	Shaanxi	3573	83850	94	37600	2597	45398
甘肃	Gansu	488	12200			488	12200
青海	Qinghai	2859	73312			2859	73312
宁夏	Ningxia	590	11857			470	11750
新疆	Xinjiang	1697	42425			1697	42425
青岛	Qingdao						
大连	Dalian						
宁波	Ningbo	79	2000			79	2000
深圳	Shenzhen						
厦门	Xiamen						
重庆测绘院	Chongqing Institute of Surveying and Mapping, SBSM	1765	140529	290	124700	290	7830
中国地图出版集团	China Map Publishing Group						
中国测绘科学研究院	National Geomatics Center of China	4538	100352	154	97365	4	82
国家基础地理信息中心	National Geomatics Center of China						
中国资源卫星应用中心	China Centre for Resources Satellite Data and Application						
国家测绘产品质量检验中心	National Quality Inspection and Testing Center for Surveying and Mapping Products						

生产情况　续表1
Products　Continued 1

Digital Elevation Model							
1:5000		1:2000		1:1000		1:500	
图幅数 Sheet	面积/平方千米 Area/km^2	图幅数 Sheet	面积/平方千米 Area/km^2	图幅数 Sheet	面积/平方千米 Area/km^2	图幅数 Sheet	面积/平方千米 Area/km^2
4892	22142	45522	45068	19297	5124	42388	2582
7021	47062	114970	115450	44619	10903	20649	2024
3553	24462	25117	23424	37893	9370	6035	555
528	3300	75	75	860	215	288	18
		935	935				
10	50	300	300	400	100		
		8614	8614				
		298	298	17700	4412		
		1450	1300				
		620	620	1108	277		
40	200	520	495	1306	364	702	228
		870	870				
		2469	2469			720	45
10	453	401	349	1020	220		
1780	12460	3988	3280	14098	3458		
				1401	325	3520	220
		882	852				
		120	107				
1185	7999						
		3575	2860			805	44

数字成果
Digital

年份/地区	Year/Region	数字栅格地图（DRG）					
		合计 Total		1:5万		1:1万	
		图幅数 Sheet	面积/平方千米 Area/km²	图幅数 Sheet	面积/平方千米 Area/km²	图幅数 Sheet	面积/平方千米 Area/km²
2012		9813	3780511			1973	51459
2013		14565	169047			5709	158360
2014		10228	143463	8	3072	4156	136625
北　京	Beijing						
天　津	Tianjin						
河　北	Hebei						
山　西	Shanxi						
内蒙古	Inner Mongolia						
辽　宁	Liaoning						
吉　林	Jilin						
黑龙江	Heilongjiang	8	3072	8	3072		
上　海	Shanghai						
江　苏	Jiangsu						
浙　江	Zhejiang						
安　徽	Anhui	1000	26722			1000	26722
福　建	Fujian						
江　西	Jiangxi						
山　东	Shandong						
河　南	Henan						
湖　北	Hubei						
湖　南	Hunan	1151	32478			1151	32478
广　东	Guangdong						
广　西	Guangxi						
海　南	Hainan						
重　庆	Chongqing						
四　川	Sichuan	1820	72800			1820	72800
贵　州	Guizhou	6000	3750				
云　南	Yunnan						
西　藏	Tibet						
陕　西	Shaanxi						
甘　肃	Gansu	185	4625			185	4625
青　海	Qinghai	64	16				
宁　夏	Ningxia						
新　疆	Xinjiang						
青　岛	Qingdao						
大　连	Dalian						
宁　波	Ningbo						
深　圳	Shenzhen						
厦　门	Xiamen						
重庆测绘院	Chongqing Institute of Surveying and Mapping, SBSM						
中国地图出版集团	China Map Publishing Group						
中国测绘科学研究院	Chinese Academy of Surveying & Mapping						
国家基础地理信息中心	National Geomatics Center of China						
中国资源卫星应用中心	China Centre for Resources Satellite Data and Application						
国家测绘产品质量检验中心	National Quality Inspection and Testing Center for Surveying and Mapping Products						

生 产 情 况　续表 2
Products　Continued 2

Digital Raster Graphic							
1:5000		1:2000		1:1000		1:500	
图幅数 Sheet	面积/平方千米 Area/km^2	图幅数 Sheet	面积/平方千米 Area/km^2	图幅数 Sheet	面积/平方千米 Area/km^2	图幅数 Sheet	面积/平方千米 Area/km^2
540	3496	1427	1345	3822	900	1952	122
412	2572	4956	4956	3120	780	368	38
		3000	3000	3064	766		
		3000	3000	3000	750		
				64	16		

数字成果
Digital

年份/地区	Year/Region	数字正射影像（DOM）					
		合计 Total		1:5 万		1:1 万	
		图幅数 Sheet	面积/平方千米 Area/km²	图幅数 Sheet	面积/平方千米 Area/km²	图幅数 Sheet	面积/平方千米 Area/km²
	2012	392482	8976412	16155	7056724	55785	1635229
	2013	682988	10684135	14553	6779217	104604	2718778
	2014	579776	10170713	11380	4499414	134587	3574101
北　京	Beijing						
天　津	Tianjin	2688	13440				
河　北	Hebei	15685	218274	62	25000	8127	188000
山　西	Shanxi	42856	640402			25479	636962
内蒙古	Inner Mongolia	1416	254				
辽　宁	Liaoning	68607	116051			2074	49518
吉　林	Jilin						
黑龙江	Heilongjiang	10992	2112047	5043	2017872	3883	93373
上　海	Shanghai	9891	28642	34	20642		
江　苏	Jiangsu	8651	205383	323	102600	4127	101679
浙　江	Zhejiang	10616	47370			1502	38256
安　徽	Anhui	17726	181252			1260	33612
福　建	Fujian	4600	131090			4600	131090
江　西	Jiangxi	26772	232287			6197	166900
山　东	Shandong	50253	41512				
河　南	Henan	5909	118236			4155	117190
湖　北	Hubei	38704	201136			6224	169976
湖　南	Hunan	43398	379427	87	23256	5292	148580
广　东	Guangdong	24403	333272			6599	176592
广　西	Guangxi	33783	115308			3868	114260
海　南	Hainan	2381	148000	457	147514		
重　庆	Chongqing	9022	58925				
四　川	Sichuan	26583	771530	1401	590325	5331	167940
贵　州	Guizhou	39076	188940			7411	171136
云　南	Yunnan	3641	196912			2042	60147
西　藏	Tibet	31	775			31	775
陕　西	Shaanxi	8225	511342	1190	457290	1958	49905
甘　肃	Gansu	232	5800			232	5800
青　海	Qinghai	2757	768874	11	4620	2632	67638
宁　夏	Ningxia	2963	65018			2753	64450
新　疆	Xinjiang	3765	253500			1640	41000
青　岛	Qingdao						
大　连	Dalian						
宁　波	Ningbo	79	2000			79	2000
深　圳	Shenzhen	349	2000			44	400
厦　门	Xiamen						
重庆测绘院	Chongqing Institute of Surveying and Mapping, SBSM	2473	630829	1451	623930		
中国地图出版集团	China Map Publishing Group						
中国测绘科学研究院	Chinese Academy of Surveying & Mapping	60737	1264885	809	300365	27047	776922
国家基础地理信息中心	National Geomatics Center of China						
中国资源卫星应用中心	China Centre for Resources Satellite Data and Application	512	186000	512	186000		
国家测绘产品质量检验中心	National Quality Inspection and Testing Center for Surveying and Mapping Products						

生产情况 续表3
Products Continued 3

Digital Orthophoto Map							
1:5000		1:2000		1:1000		1:500	
图幅数 Sheet	面积/平方千米 Area/km²	图幅数 Sheet	面积/平方千米 Area/km²	图幅数 Sheet	面积/平方千米 Area/km²	图幅数 Sheet	面积/平方千米 Area/km²
35055	135721	108301	96910	87125	21314	89957	5614
39971	278090	387203	379902	87569	22620	44082	3096
64792	629831	218884	212045	85808	19306	30949	5291
2688	13440						
528	3300	842	930	1126	744	5000	300
		2477	2477	12152	791	2748	172
				1416	254		
		66533	66533				
10	50	340	326	1716	426		
		9857	8000				
				4201	1104		
		9114	9114				
		3278	3278	12668	3202		
8441	59087	5231	4800	6903	1500		
1945	12160	25600	25600	12444	3111	10264	642
40	200	520	495	1194	351		
		30720	30720	1760	440		
21436	147704	12877	12169	2631	658	720	45
4130	144566	13674	12114				
		800	800				
		20	50	1904	436		
9022	58925						
506	5268	5247	4539	14098	3458		
		17099	16299	3366	805	11200	700
		176	176			212	3388
		3877	3847	1200	300		
				64	16		
		166	557	44	11		
305	1600						
1022	6899						
14719	176632	10436	9221	6921	1700	805	44

地图编
Map

年份/地区	Year/Region	地形图/幅			
			1:50000	1:10000	1:5000
	2012	185039	30445	36668	2027
	2013	120235	17811	16396	1743
	2014	81567	14246	8967	1097
北 京	Beijing				
天 津	Tianjin				
河 北	Hebei	20			
山 西	Shanxi	1578			
内蒙古	Inner Mongolia	1006		474	
辽 宁	Liaoning	2325		672	
吉 林	Jilin				
黑龙江	Heilongjiang	11802	7211	3021	10
上 海	Shanghai	33928		161	
江 苏	Jiangsu				
浙 江	Zhejiang	6608		548	
安 徽	Anhui				
福 建	Fujian				
江 西	Jiangxi				
山 东	Shandong	596	175	421	
河 南	Henan	1414	1		190
湖 北	Hubei				
湖 南	Hunan	2564		628	
广 东	Guangdong	294			
广 西	Guangxi	17			
海 南	Hainan	1042	1042		
重 庆	Chongqing				
四 川	Sichuan	5505	3389	990	
贵 州	Guizhou	105			
云 南	Yunnan	388			
西 藏	Tibet				
陕 西	Shaanxi	2295	38	827	
甘 肃	Gansu				
青 海	Qinghai	4540		318	
宁 夏	Ningxia				
新 疆	Xinjiang	1028		657	
青 岛	Qingdao				
大 连	Dalian				
宁 波	Ningbo				
深 圳	Shenzhen	905			
厦 门	Xiamen				
重庆测绘院	Chongqing Institute of Surveying and Mapping, SBSM	3453	2236	250	897
中国地图出版集团	China Map Publishing Group				
中国测绘科学研究院	Chinese Academy of Surveying & Mapping	154	154		
国家基础地理信息中心	National Geomatics Center of China				
中国资源卫星应用中心	China Centre for Resources Satellite Data and Application				
国家测绘产品质量检验中心	National Quality Inspection and Testing Center for Surveying and Mapping Products				

制情况
Compilation

Topographic Map/sheet			专题地图/册 Thematic Map/copy	地图集/册 Atlas/copy	电子地图/册 Digital Map/copy
1:2000	1:1000	1:500			
13882	26738	73067	4025	482	3087
17686	23592	40564	3719	502	400
17841	17689	21335	5362	445	719
			11	11	6
			5		
558	268	752	76	12	2
	532		23	1	
1096		557	72		
			8		
1083	400		310		4
9741	13514	10512		2	
			1		
2300		3760	83	8	1
			98	2	
			348	1	
			35		3
			191	18	8
540	682		10		1
			2	1	
937	350	649	54	5	3
			426		5
17			13	1	
			199	7	
			126	11	9
707	88	331	171	58	11
	105		15	2	2
176		212	201		5
680	450	300	58	7	3
			13	2	3
	24	4198	55	2	1
			2	1	
	371		28	3	1
			10		1
	905		1		1
6		64			
			534	290	154
			2183		495

公开版地图、测绘图书出版情况
Publishing of Maps and Books of Surveying and Mapping

年份/地区	Year/Region	品种/种 Variety/kind					总印张/千印张 Number of Printed Sheets/1000 sheets				
		纸质地图 Paper Map			电子地图 Electronic Map	图书 Book	纸质地图 Paper Map			电子地图 Electronic Map	图书 Book
		新版 New Edition	重版 Reprint	再版 Second Edition			新版 New Edition	重版 Reprint	再版 Second Edition		
	2012	555	597	261	249	2023	13733	59133	1950		374139
	2013	643	851	141	71	2631	12866	56237	5475		550860
	2014	555	1046	74	143	2377	11201	47555	930		548743
黑龙江	Heilongjiang	146	72			120	4065	4474			2304
福　建	Fujian	49					1237				
山　东	Shandong	46	65			29	249	1205			1071
湖　南	Hunan	36	75	35		21	238	685			1176
广　东	Guangdong	9	69			7	42	692	131		106
四　川	Sichuan	89	142	31		115	2220	3447	278		4339
陕　西	Shaanxi	35				143	476				6803
中国地图出版集团	China Map Publishing Group	145	623	8	143	1942	2674	37052	521		532944

测绘成果提供情况（2014 年）
Surveying and Mapping Products（2014）

地区	Region	地形图/张 Topographic Map/sheet	测绘基准成果/点 Measuring Basis/point	航摄成果/片 Aerophotogrammetry/sheet	卫星遥感资料/平方千米 Satellite remote Sensing Data/km²
合 计	**Total**	**289570**	**141209**	**2054585**	**9221207**
北 京	Beijing	8532	9520		
天 津	Tianjin		16		
河 北	Hebei	1732	2612		
山 西	Shanxi	4843	541		
内蒙古	Inner Mongolia	7774	10858	185276	138054
辽 宁	Liaoning	3588	7254	105167	200495
吉 林	Jilin	3742	3285	180000	360000
黑龙江	Heilongjiang	2524	1166		
上 海	Shanghai	138150	5766		
江 苏	Jiangsu	1275	1023		
浙 江	Zhejiang	780	934	17517	110574
安 徽	Anhui	19819	5301	2325	711124
福 建	Fujian	2413	935	57430	2553368
江 西	Jiangxi	2940	2598	120734	
山 东	Shandong	2859	985	2246	41365
河 南	Henan	1204	157	79363	439095
湖 北	Hubei	1534	1018	9364	182000
湖 南	Hunan	4557	1939	79626	
广 东	Guangdong	963	24183	112626	266257
广 西	Guangxi	3152	3645		
海 南	Hainan	53	476	36705	9951
重 庆	Chongqing	3223	286	124159	5489
四 川	Sichuan	1540	934	132	
贵 州	Guizhou	6421	4267	370239	
云 南	Yunnan	6305	7206	375400	1717049
西 藏	Tibet	943	483		
陕 西	Shaanxi	6351	3207	4712	446356
甘 肃	Gansu	17771	1936	2900	
青 海	Qinghai	1712	7519	8708	
宁 夏	Ningxia	1210	315	16160	99744
新 疆	Xinjiang	11351	9362	98740	28784
青 岛	Qingdao	162	4		
大 连	Dalian	387			
宁 波	Ningbo	8467	246		
深 圳	Shenzhen	358	82	7	
厦 门	Xiamen	1058			
国家基础地理信息中心	National Geomatics Center of China	9877	21150	65049	1911502

附：其他资料

Appendix: Other Data

我国主要矿产品
China's Imports and Exports of

矿产品名称	Mineral Commodity	进口 Imports				
		国家/地区	Country/Region	数量/吨 Quantity/ton	占总量/% Percentage	金额/千美元 Value/US $ 1000
煤炭	**Coal**	**合 计**	**Total**	**291320988**	**100.0**	**22224555**
		印度尼西亚	Indonesia	106054968	36.4	6315408
		澳大利亚	Australia	94439551	32.4	8947984
		俄罗斯	Russian	25391429	8.7	2193260
		蒙古	Mongolia	19268930	6.6	946312
		朝鲜	D. P. R. Korea	15467879	5.3	1141926
		加拿大	Canada	8197446	2.8	980876
		越南	Vietnam	6830755	2.3	440376
		南非	South Africa	5757219	2.0	449905
		其他国家或地区	Other Countries or Regions	9912811	3.4	808508
石油原油	**Crude oil**	**合 计**	**Total**	**308374105**	**100.0**	**228332187**
		沙特阿拉伯	Saudi Arabia	49665924	16.1	36934411
		安哥拉	Angola	40649034	13.2	30884087
		俄罗斯	Russian	33106943	10.7	25007266
		阿曼	Oman	29743576	9.6	22675701
		伊拉克	Iraq	28578213	9.3	20751371
		伊朗	Iran	27462540	8.9	20794220
		委内瑞拉	Venezuela	13786231	4.5	8342671
		阿联酋	United Arab Emirates	11652132	3.8	9083223
		科威特	Kuwait	10618772	3.4	7594571
		哥伦比亚	Colombia	10091321	3.3	7061448
		刚果（布）	Congo	7050981	2.3	5180161
		巴西	Brazil	7019138	2.3	4888163
		南苏丹	The South Sudan	6443655	2.1	4330117
		哈萨克斯坦	Kazakhstan	5686422	1.8	4222822
		赤道几内亚	Equatorial Guinea	3249057	1.1	2465768
		澳大利亚	Australia	2727150	0.9	2119378
		其他国家或地区	Other Countries or Regions	20843014	6.8	15996809

进出口情况（2014 年）
Major Mineral Commodities（2014）

	出口 Exports					
占总值/% Percentage	国家/地区	Country/Region	数量/吨 Quantity/ton	占总量/% Percentage	金额/千美元 Value/US $ 1000	占总值/% Percentage
100.0	**合 计**	**Total**	**5736564**	**100.0**	**693846**	**100.0**
28.4	韩国	R. O. Korea	2859309	49.8	329904	47.5
40.3	日本	Japan	2151217	37.5	279817	40.3
9.9	中国台湾	Taiwan, China	469470	8.2	49304	7.1
4.3	朝鲜	D. P. R. Korea	101587	1.8	13678	2.0
5.1	中国香港	Hongkong, China	58706	1.0	7576	1.1
4.4	缅甸	Myanmar	46905	0.8	7122	1.0
2.0	伊朗	Iran	36850	0.6	4204	0.6
2.0	马来西亚	Malaysia	4386	0.1	571	0.1
3.6	其他国家或地区	Other Countries or Regions	8134	0.1	1670	0.2
100.0	**合 计**	**Total**	**600193**	**100.0**	**490435**	**100.0**
16.2	伊朗	Iran	320667	53.4	265423	54.1
13.5	日本	Japan	185948	31.0	157297	32.1
11.0	韩国	R. O. Korea	93573	15.6	67711	13.8
9.9	美国	United States	5	很少	4	很少
9.1						
9.1						
3.7						
4.0						
3.3						
3.1						
2.3						
2.1						
1.9						
1.8						
1.1						
0.9						
7.0						

我国主要矿产品
China's Imports and Exports of

矿产品名称	Mineral Commodity	进口	Imports			
		国家/地区	Country/Region	数量/吨 Quantity/ton	占总量/% Percentage	金额/千美元 Value/US $ 1000
铁矿砂及其精矿	Iron ore fines and concentrate	合 计	Total	932694341	100. 0	93865820
		澳大利亚	Australia	548355715	58. 8	54463495
		巴西	Brazil	170960635	18. 3	18041850
		南非	South Africa	43608257	4. 7	4884283
		伊朗	Iran	21736826	2. 3	1863659
		塞拉利昂	Sierra Leone	19039938	2. 0	1675417
		乌克兰	Ukraine	18540455	2. 0	2273883
		智利	Chile	11071675	1. 2	1283273
		加拿大	Canada	11007410	1. 2	1402130
		秘鲁	Peru	10319853	1. 1	997583
		毛里塔尼亚	Mauritania	10047255	1. 1	943600
		马来西亚	Malaysia	9471581	1. 0	692221
		印度	India	7843176	0. 8	835661
		蒙古	Mongolia	6911274	0. 7	464016
		俄罗斯	Russian	6190988	0. 7	677486
		印度尼西亚	Indonesia	4516165	0. 5	276335
		其他国家或地区	Other Countries or Regions	33073136	3. 5	3090928
锰矿砂及其精矿	Manganese ore fines and concentrate	合 计	Total	16216424	100. 0	2720699
		南非	South Africa	5761699	35. 5	871878
		澳大利亚	Australia	5169824	31. 9	1042726
		加蓬	Gabon	1479687	9. 1	281001
		加纳	Ghana	1060150	6. 5	154650
		马来西亚	Malaysia	932493	5. 8	89239
		巴西	Brazil	797847	4. 9	139918
		科特迪瓦	Côte d'Ivoire	256050	1. 6	44306
		缅甸	Myanmar	223426	1. 4	19471
		土耳其	Turkey	119910	0. 7	16156
		其他国家或地区	Other Countries or Regions	415338	2. 6	61354
铜矿砂及其精矿	Copper ore fines and concentrate	合 计	Total	11820130	100. 0	21696457
		智利	Chile	2948302	24. 9	5701527
		秘鲁	Peru	2026152	17. 1	3719652
		蒙古	Mongolia	1352802	11. 4	2631575
		澳大利亚	Australia	960980	8. 1	1781817
		墨西哥	Mexico	773332	6. 5	1374183
		美国	United States	611821	5. 2	1011384
		加拿大	Canada	505381	4. 3	1059777
		哈萨克斯坦	Kazakhstan	401952	3. 4	704953
		土耳其	Turkey	251718	2. 1	256736
		老挝	Laos	223097	1. 9	363770
		其他国家或地区	Other Countries or Regions	1764593	14. 9	3091083

进出口情况（2014 年）　续表 1
Major Mineral Commodities（2014）　Continued　1

	出口	Exports				
占总值/% Percentage	国家/地区	Country/Region	数量/吨 Quantity/ton	占总量/% Percentage	金额/千美元 Value/US $ 1000	占总值/% Percentage
100. 0	**合 计**	**Total**	**131848**	**100. 0**	**16655**	**100. 0**
58. 0	伊朗	Iran	126926	96. 3	15866	95. 3
19. 2	缅甸	Myanmar	2064	1. 6	217	1. 3
5. 2	印度	India	1100	0. 8	191	1. 1
2. 0	刚果（布）	Congo	851	0. 6	179	1. 1
1. 8	蒙古	Mongolia	301	0. 2	69	0. 4
2. 4	韩国	R. O. Korea	260	0. 2	88	0. 5
1. 4	中国香港	Hongkong, China	240	0. 2	16	0. 1
1. 5	印度尼西亚	Indonesia	48	很少	10	0. 1
1. 1	澳大利亚	Australia	27	很少	8	很少
1. 0	巴西	Brazil	12	很少	1	很少
0. 7	以色列	Israel	8	很少	4	很少
0. 9	越南	Vietnam	5	很少	4	很少
0. 5	俄罗斯	Russian	4	很少	2	很少
0. 7	日本	Japan	2	很少	1	很少
0. 3	厄立特里亚	Eritrea	1	很少	很少	很少
3. 3						
100. 0	**合 计**	**Total**	**15483**	**100. 0**	**2177**	**100. 0**
32. 0	越南	Vietnam	8555	55. 3	277	12. 7
38. 3	印度尼西亚	Indonesia	4942	31. 9	1046	48. 0
10. 3	肯尼亚	Kenya	346	2. 2	147	6. 8
5. 7	孟加拉国	Bangladesh	269	1. 7	63	2. 9
3. 3	韩国	R. O. Korea	240	1. 6	43	2. 0
5. 1	摩洛哥	Morocco	208	1. 3	135	6. 2
1. 6	朝鲜	D. P. R. Korea	192	1. 2	52	2. 4
0. 7	泰国	Thailand	150	1. 0	28	1. 3
0. 6	赤道几内亚	Equatorial Guinea	137	0. 9	44	2. 0
2. 3	其他国家或地区	Other Countries or Regions	444	2. 9	342	15. 7
100. 0	**合 计**	**Total**	**824**	**100. 0**	**562**	**100. 0**
26. 3	中国香港	Hongkong, China	400	48. 5	260	46. 3
17. 1	尼日利亚	Nigeria	183	22. 2	75	13. 3
12. 1	意大利	Italia	104	12. 6	93	16. 5
8. 2	墨西哥	Mexico	93	11. 3	106	18. 9
6. 3	巴拉圭	Paraguay	24	2. 9	2	0. 4
4. 7	中国台湾	Taiwan, China	19	2. 3	24	4. 3
4. 9	澳大利亚	Australia	1	0. 1	1	0. 2
3. 2	马约特	Mayotte	很少	很少	1	0. 2
1. 2	日本	Japan	很少	很少	很少	很少
1. 7	瑞典	Sweden	很少	很少	很少	很少
14. 2						

我国主要矿产品
China's Imports and Exports of

矿产品名称	Mineral Commodity	进口	Imports			
		国家/地区	Country/Region	数量/吨 Quantity/ton	占总量/% Percentage	金额/千美元 Value/US $ 1000
镍矿砂及其精矿	**Nickel ore fines and concentrate**	**合 计**	**Total**	**47758289**	**100. 0**	**4578463**
		菲律宾	Philippines	36439225	76. 3	2961464
		印度尼西亚	Indonesia	10638559	22. 3	760596
		澳大利亚	Australia	211605	0. 4	303407
		西班牙	Spain	135119	0. 3	143398
		津巴布韦	Zimbabwe	88688	0. 2	99379
		芬兰	Finland	72511	0. 2	91880
		其他国家或地区	Other Countries or Regions	172582	0. 4	218339
钴矿砂及其精矿	**Cobalt ore fines and concentrate**	**合 计**	**Total**	**192261**	**100. 0**	**397896**
		刚果（金）	Congo, D. R.	188750	98. 2	387415
		古巴	Cuba	2433	1. 3	8861
		南非	South Africa	711	0. 4	894
		赞比亚	Zambia	122	0. 1	180
		美国	United States	99	0. 1	210
氧化铝	**Alumina**	**合 计**	**Total**	**5276414**	**100. 0**	**1924505**
		澳大利亚	Australia	3152169	59. 7	1101531
		巴西	Brazil	653227	12. 4	223525
		印度	India	529207	10. 0	191016
		越南	Vietnam	461978	8. 8	160990
		委内瑞拉	Venezuela	225812	4. 3	74353
		牙买加	Jamaica	107326	2. 0	33209
		美国	United States	81945	1. 6	43639
		其他国家或地区	Other Countries or Regions	64750	1. 2	96242
铅矿砂及其精矿	**Lead ore fines and concentrate**	**合 计**	**Total**	**1812386**	**100. 0**	**2169565**
		澳大利亚	Australia	318139	17. 6	378768
		美国	United States	312517	17. 2	401453
		俄罗斯	Russian	155672	8. 6	200018
		波兰	Poland	115212	6. 4	66933
		朝鲜	D. P. R. Korea	106104	5. 9	56366
		秘鲁	Peru	99994	5. 5	199175
		墨西哥	Mexico	78616	4. 3	154364
		土耳其	Turkey	78122	4. 3	120261
		德国	Germany	71266	3. 9	72175
		尼日利亚	Nigeria	63070	3. 5	41222
		伊朗	Iran	53342	2. 9	53879
		其他国家或地区	Other Countries or Regions	360332	19. 9	424951

进出口情况（2014 年） 续表 2
Major Mineral Commodities（2014） Continued 2

占总值/% Percentage	出口 Exports					
	国家/地区	Country/Region	数量/吨 Quantity/ton	占总量/% Percentage	金额/千美元 Value/US $ 1000	占总值/% Percentage
100.0	**合 计**	**Total**	**1034**	**100.0**	**165**	**100.0**
64.7	韩国	R. O. Korea	1028	99.4	164	99.4
16.6	法国	France	6	0.6	1	0.6
6.6						
3.1						
2.2						
2.0						
4.8						
100.0						
97.4						
2.2						
0.2						
0.1						
0.1						
100.0	**合 计**	**Total**	**118028**	**100.0**	**108420**	**100.0**
57.2	阿联酋	United Arab Emirates	70236	59.5	27246	25.1
11.6	朝鲜	D. P. R. Korea	13172	11.2	5420	5.0
9.9	韩国	R. O. Korea	12113	10.3	6899	6.4
8.4	美国	United States	5311	4.5	45026	41.5
3.9	日本	Japan	3349	2.8	3691	3.4
1.7	越南	Vietnam	1871	1.6	3321	3.1
2.3	中国台湾	Taiwan, China	1534	1.3	1826	1.7
5.0	其他国家或地区	Other Countries or Regions	10442	8.8	14991	13.8
100.0	**合 计**	**Total**	**2068**	**100.0**	**1679**	**100.0**
17.5	中国香港	Hongkong, China	1725	83.4	1340	79.8
18.5	泰国	Thailand	343	16.6	339	20.2
9.2						
3.1						
2.6						
9.2						
7.1						
5.5						
3.3						
1.9						
2.5						
19.6						

我国主要矿产品
China's Imports and Exports of

矿产品名称	Mineral Commodity	进口	Imports			
		国家/地区	Country/Region	数量/吨 Quantity/ton	占总量/% Percentage	金额/千美元 Value/US $ 1000
锌矿砂及其精矿	**Zinc ore fines and concentrate**	**合 计**	**Total**	**2199114**	**100. 0**	**1525132**
		澳大利亚	Australia	852803	38. 8	658098
		秘鲁	Peru	594792	27. 0	383588
		蒙古	Mongolia	93649	4. 3	77043
		爱尔兰	Ireland	84967	3. 9	70357
		哈萨克斯坦	Kazakhstan	62634	2. 8	36474
		土耳其	Turkey	45201	2. 1	31098
		玻利维亚	Bolivia	42170	1. 9	34009
		墨西哥	Mexico	39901	1. 8	25438
		缅甸	Myanmar	38236	1. 7	16422
		其他国家或地区	Other Countries or Regions	344761	15. 7	192605
锡矿砂及其精矿	**Tin ore fines and concentrate**	**合 计**	**Total**	**177949**	**100. 0**	**388217**
		缅甸	Myanmar	173237	97. 4	364988
		老挝	Laos	1478	0. 8	7485
		马来西亚	Malaysia	1063	0. 6	1355
		刚果（金）	D. R. Congo	838	0. 5	9306
		泰国	Thailand	442	0. 2	838
		其他国家或地区	Other Countries or Regions	891	0. 5	4245
铬矿砂及其精矿	**Chromite ore fines and concentrate**	**合 计**	**Total**	**9387166**	**100. 0**	**1832515**
		南非	South Africa	5757140	61. 3	959267
		土耳其	Turkey	1276187	13. 6	344608
		阿尔巴尼亚	Albania	554215	5. 9	150028
		伊朗	Iran	494310	5. 3	124018
		阿曼	Oman	488546	5. 2	61284
		巴基斯坦	Pakistan	338707	3. 6	82330
		马达加斯加	Madagascar	113246	1. 2	27612
		其他国家或地区	Other Countries or Regions	364815	3. 9	83368
钨矿砂及其精矿	**Tungsten ore fines and concentrate**	**合 计**	**Total**	**6656**	**100. 0**	**93781**
		澳大利亚	Australia	8	0. 1	140
		巴西	Brazil	534	8. 0	10955
		布隆迪	Burundi	41	0. 6	503
		朝鲜	D. P. R. Korea	136	2. 0	539
		德国	Germany	21	0. 3	59
		玻利维亚	Bolivia	391	5. 9	8078
		其他国家或地区	Other Countries or Regions	5525	83. 0	73507

进出口情况（2014 年） 续表 3
Major Mineral Commodities（2014） Continued 3

占总值/% Percentage	出口	Exports				
	国家/地区	Country/Region	数量/吨 Quantity/ton	占总量/% Percentage	金额/千美元 Value/US $ 1000	占总值/% Percentage
100. 0	**合 计**	**Total**	**17418**	**100. 0**	**14386**	**100. 0**
43. 2	朝鲜	D. P. R. Korea	14067	80. 8	11579	80. 5
25. 2	韩国	R. O. Korea	3307	19. 0	2726	18. 9
5. 1	菲律宾	Philippines	40	0. 2	62	0. 4
4. 6	荷兰	Netherlands	4	很少	19	0. 1
2. 4	哥伦比亚	Colombia	很少	很少	很少	很少
2. 0						
2. 2						
1. 7						
1. 1						
12. 6						
100. 0	**合 计**	**Total**	**24**	**100. 0**	**511**	**100. 0**
94. 0						
1. 9						
0. 3						
2. 4						
0. 2						
1. 1						
100. 0	**合 计**	**Total**	**9676**	**100. 0**	**2648**	**100. 0**
52. 3	越南	Vietnam	4984	51. 5	837	31. 6
18. 8	荷兰	Netherlands	2500	25. 8	750	28. 3
8. 2	秘鲁	Peru	598	6. 2	316	11. 9
6. 8	中国台湾	Taiwan, China	494	5. 1	187	7. 1
3. 3	新加坡	Singapore	480	5. 0	299	11. 3
4. 5	智利	Chile	364	3. 8	161	6. 1
1. 5	朝鲜	D. P. R. Korea	140	1. 4	48	1. 8
4. 5	其他国家或地区	Other Countries or Regions	116	1. 2	50	1. 9
100. 0	**合 计**	**Total**	**192**	**100. 0**	**3016**	**100. 0**
0. 1	越南	Vietnam	102	53. 1	1502	49. 8
11. 7	中国台湾	Taiwan, China	90	46. 9	1514	50. 2
0. 5						
0. 6						
0. 1						
8. 6						
78. 4						

我国主要矿产品
China's Imports and Exports of

矿产品名称	Mineral Commodity	进口 Imports				
		国家/地区	Country/Region	数量/吨 Quantity/ton	占总量/% Percentage	金额/千美元 Value/US $ 1000
钼矿砂及其精矿	**Molybdenum ore fines and concentrate**	**合 计**	**Total**	**14838**	**100. 0**	**153844**
		阿根廷	Argentina	5593	37. 7	54698
		澳大利亚	Australia	3138	21. 1	29507
		比利时	Belgium	1645	11. 1	23853
		朝鲜	D. P. R. Korea	1259	8. 5	13483
		韩国	R. O. Korea	696	4. 7	5994
		荷兰	Netherlands	564	3. 8	4668
		加拿大	Canada	509	3. 4	6012
		其他国家或地区	Other Countries or Regions	1434	9. 7	15629
钛矿砂及其精矿	**Titanium ore fines and concentrate**	**合 计**	**Total**	**2024545**	**100. 0**	**417272**
		澳大利亚	Australia	503629	24. 9	149605
		印度	India	315610	15. 6	59565
		莫桑比克	Mozambique	279935	13. 8	49098
		越南	Vietnam	195789	9. 7	41095
		肯尼亚	Kenya	180828	8. 9	27711
		俄罗斯	Russian	157560	7. 8	25431
		其他国家或地区	Other Countries or Regions	391194	19. 3	64767
铌钽钒矿砂及其精矿	**Nb-Ta-V ore fines and concentrate**	**合 计**	**Total**	**22358**	**100. 0**	**173234**
		马来西亚	Malaysia	16418	73. 4	3929
		卢旺达	Rwanda	1713	7. 7	79495
		尼日利亚	Nigeria	1367	6. 1	19007
		巴西	Brazil	1195	5. 3	18480
		塞拉利昂	Sierra Leone	318	1. 4	4920
		刚果（金）	D. R. Congo	311	1. 4	18896
		泰国	Thailand	249	1. 1	1783
		美国	United States	177	0. 8	3145
		其他国家或地区	Other Countries or Regions	610	2. 7	23579
锑精矿	**Antimony**	**合 计**	**Total**	**61048**	**100. 0**	**165925**
		俄罗斯	Russian	15993	26. 2	56878
		塔吉克斯坦	Tajikistan	14389	23. 6	30123
		澳大利亚	Australia	12350	20. 2	53048
		缅甸	Myanmar	3867	6. 3	6520
		吉尔吉斯斯坦	Kyrgyzstan	3311	5. 4	2401
		其他国家或地区	Other Countries or Regions	11138	18. 2	16955

进出口情况（2014 年）　续表 4
Major Mineral Commodities（2014）　Continued 4

	出口 Exports					
占总值/% Percentage	国家/地区	Country/Region	数量/吨 Quantity/ton	占总量/% Percentage	金额/千美元 Value/US $ 1000	占总值/% Percentage
100. 0	**合 计**	**Total**	**11145**	**100. 0**	**152451**	**100. 0**
35. 6	韩国	R. O. Korea	3529	31. 7	48176	31. 6
19. 2	荷兰	Netherlands	2220	19. 9	35702	23. 4
15. 5	泰国	Thailand	1639	14. 7	16194	10. 6
8. 8	印度	India	1130	10. 1	19335	12. 7
3. 9	日本	Japan	837	7. 5	12622	8. 3
3. 0	智利	Chile	610	5. 5	3761	2. 5
3. 9	美国	United States	512	4. 6	7273	4. 8
10. 2	其他国家或地区	Other Countries or Regions	668	6. 0	9388	6. 2
100. 0	**合 计**	**Total**	**17234**	**100. 0**	**16397**	**100. 0**
35. 9	泰国	Thailand	5114	29. 7	5061	30. 9
14. 3	印度尼西亚	Indonesia	2045	11. 9	1909	11. 6
11. 8	俄罗斯	Russian	1508	8. 8	1397	8. 5
9. 8	印度	India	1482	8. 6	1260	7. 7
6. 6	韩国	R. O. Korea	985	5. 7	933	5. 7
6. 1	巴西	Brazil	958	5. 6	874	5. 3
15. 5	其他国家或地区	Other Countries or Regions	5142	29. 8	4963	30. 3
100. 0	**合 计**	**Total**	**126**	**100. 0**	**5620**	**100. 0**
2. 3	德国	Germany	97	77. 0	4808	85. 6
45. 9	中国香港	Hongkong, China	29	23. 0	812	14. 4
11. 0						
10. 7						
2. 8						
10. 9						
1. 0						
1. 8						
13. 6						
100. 0						
34. 3						
18. 2						
32. 0						
3. 9						
1. 4						
10. 2						

我国主要矿产品
China's Imports and Exports of

矿产品名称	Mineral Commodity	进口 Imports				
		国家/地区	Country/Region	数量/吨 Quantity/ton	占总量/% Percentage	金额/千美元 Value/US $ 1000
稀土金属矿	**Rare earths**	**合 计**	**Total**	**1281**	**100. 0**	**3722**
		越南	Vietnam	1040	81. 2	648
		马来西亚	Malaysia	174	13. 6	1152
		朝鲜	D. P. R. Korea	63	4. 9	1880
		澳大利亚	Australia	3	0. 2	16
		中国台湾	Taiwan, China	1	0. 1	17
		巴西	Brazil	很少	很少	8
		蒙古	Mongolia	很少	很少	1
稀土金属及其混合物	**Rare earths and mixtures**	**合 计**	**Total**	**5**	**100. 0**	**1002**
		中国	China	5	100. 0	479
		美国	United States	很少	很少	488
		中国台湾	Taiwan, China	很少	很少	18
		日本	Japan	很少	很少	11
		德国	Germany	很少	很少	5
		英国	United Kingdom	很少	很少	1
稀土化合物及混合物	**REE compounds and mixtures**	**合 计**	**Total**	**3463**	**100. 0**	**62349**
		美国	United States	1683	48. 6	5091
		马来西亚	Malaysia	679	19. 6	23969
		缅甸	Myanmar	302	8. 7	1505
		日本	Japan	301	8. 7	7239
		法国	France	217	6. 3	2714
		中国	China	156	4. 5	8688
		爱沙尼亚	Estonia	60	1. 7	2016
		老挝	Laos	20	0. 6	200
		其他国家或地区	Other Countries or Regions	45	1. 3	10927
磷矿	**Phosphate rock**	**合 计**	**Total**	**50**	**100. 0**	**98**
		埃及	Egypt	28	56. 0	20
		美国	United States	18	36. 0	32
		丹麦	Denmark	1	2. 0	很少
		德国	Germany	1	2. 0	6
		哈萨克斯坦	Kazakhstan	1	2. 0	很少
		其他国家或地区	Other Countries or Regions	1	2. 0	40

进出口情况（2014 年）　续表 5
Major Mineral Commodities（2014）　Continued 5

	出口 Exports					
占总值/% Percentage	国家/地区	Country/Region	数量/吨 Quantity/ton	占总量/% Percentage	金额/千美元 Value/US $ 1000	占总值/% Percentage
100. 0	**合 计**	**Total**	**40**	**100. 0**	**120**	**100. 0**
17. 4	马来西亚	Malaysia	40	100. 0	120	100. 0
31. 0						
50. 5						
0. 4						
0. 5						
0. 2						
100. 0	**合 计**	**Total**	**3738**	**100. 0**	**77633**	**100. 0**
47. 8	日本	Japan	3493	93. 4	68520	88. 3
48. 7	美国	United States	114	3. 0	1985	2. 6
1. 8	英国	United Kingdom	52	1. 4	1885	2. 4
1. 1	意大利	Italy	20	0. 5	134	0. 2
0. 5	德国	Germany	17	0. 5	1539	2. 0
0. 1	荷兰	Netherlands	14	0. 4	817	1. 1
	斯洛文尼亚	Slovenia	10	0. 3	290	0. 4
	中国台湾	Taiwan，China	5	0. 1	48	0. 1
	其他国家或地区	Other Countries or Regions	13	0. 3	2415	3. 1
100. 0	**合 计**	**Total**	**23988**	**100. 0**	**296161**	**100. 0**
8. 2	日本	Japan	8947	37. 3	107860	36. 4
38. 4	美国	United States	8893	37. 1	74685	25. 2
2. 4	意大利	Italy	1468	6. 1	9854	3. 3
11. 6	荷兰	Netherlands	1077	4. 5	18589	6. 3
4. 4	越南	Vietnam	818	3. 4	12392	4. 2
13. 9	德国	Germany	771	3. 2	10242	3. 5
3. 2	韩国	R. O. Korea	442	1. 8	15529	5. 2
0. 3	法国	France	343	1. 4	6501	2. 2
17. 5	其他国家或地区	Other Countries or Regions	1229	5. 1	40509	13. 7
100. 0	**合 计**	**Total**	**335072**	**100. 0**	**45125**	**100. 0**
20. 4	韩国	R. O. Korea	250637	74. 8	31155	69. 0
32. 7	日本	Japan	83057	24. 8	13724	30. 4
很少	菲律宾	Philippines	774	0. 2	136	0. 3
6. 1	澳大利亚	Australia	520	0. 2	94	0. 2
很少	美国	United States	64		12	
40. 8	其他国家或地区	Other Countries or Regions	20		4	

我国主要矿产品
China's Imports and Exports of

矿产品名称	Mineral Commodity	进口 Imports				
		国家/地区	Country/Region	数量/吨 Quantity/ton	占总量/% Percentage	金额/千美元 Value/US $ 1000
磷肥	**Phosphate fertilizer**	**合 计**	**Total**	**647941**	**100. 0**	**334626**
		美国	United States	224661	34. 7	92270
		挪威	Norway	147925	22. 8	92359
		俄罗斯	Russian	100790	15. 6	40164
		比利时	Belgium	60125	9. 3	34029
		摩洛哥	Morocco	27320	4. 2	12913
		突尼斯	Tunisia	27220	4. 2	16640
		罗马尼亚	Romania	22717	3. 5	13170
		芬兰	Finland	20288	3. 1	10325
		其他国家或地区	Other Countries or Regions	16895	2. 6	22756
钾肥	**Potash fertilizer**	**合 计**	**Total**	**8510750**	**100. 0**	**2786516**
		俄罗斯	Russian	2774631	32. 6	869426
		白俄罗斯	Belarus	1764136	20. 7	547172
		以色列	Israel	1312368	15. 4	430254
		加拿大	Canada	1298443	15. 3	411683
		约旦	Jordan	575726	6. 8	178069
		德国	Germany	221078	2. 6	80375
		挪威	Norway	147925	1. 7	92359
		智利	Chile	140586	1. 7	50689
		老挝	Laos	89957	1. 1	27221
		其他国家或地区	Other Countries or Regions	185900	2. 2	99268
盐	**Salt**	**合 计**	**Total**	**7426825**	**100. 0**	**340660**
		澳大利亚	Australia	3735707	50. 3	173499
		印度	India	2553421	34. 4	94756
		墨西哥	Mexico	566553	7. 6	27007
		国（地）别不详	Unknown	505345	6. 8	25343
		伊朗	Iran	44630	0. 6	2052
		韩国	R. O. Korea	5260	0. 1	3483
		丹麦	Denmark	5151	0. 1	1818
		其他国家或地区	Other Countries or Regions	10758	0. 1	12702
硫黄	**Sulfur**	**合 计**	**Total**	**10239184**	**100. 0**	**1581032**
		沙特阿拉伯	Saudi Arabia	1840740	18. 0	301262
		哈萨克斯坦	Kazakhstan	1475137	14. 4	174547
		伊朗	Iran	1320517	12. 9	211309
		日本	Japan	1008201	9. 8	152808
		韩国	R. O. Korea	989382	9. 7	151130
		俄罗斯	Russian	791955	7. 7	114592
		卡塔尔	Qatar	577415	5. 6	102709
		加拿大	Canada	495132	4. 8	81257
		阿联酋	United Arab Emirates	431541	4. 2	74269
		印度	India	327042	3. 2	54227
		其他国家或地区	Other Countries or Regions	982122	9. 6	162922

进出口情况（2014 年）　续表 6
Major Mineral Commodities (2014)　Continued 6

	出口 Exports					
占总值/% Percentage	国家/地区	Country/Region	数量/吨 Quantity/ton	占总量/% Percentage	金额/千美元 Value/US $ 1000	占总值/% Percentage
100. 0	**合 计**	**Total**	**9296405**	**100. 0**	**3701464**	**100. 0**
27. 6	印度	India	1844133	19. 8	788497	21. 3
27. 6	巴西	Brazil	1364910	14. 7	487612	13. 2
12. 0	巴基斯坦	Pakistan	824126	8. 9	355960	9. 6
10. 2	印度尼西亚	Indonesia	803840	8. 6	240598	6. 5
3. 9	越南	Vietnam	745313	8. 0	315533	8. 5
5. 0	澳大利亚	Australia	516269	5. 6	169215	4. 6
3. 9	美国	United States	423670	4. 6	187085	5. 1
3. 1	泰国	Thailand	355413	3. 8	143789	3. 9
6. 8	其他国家或地区	Other Countries or Regions	2418731	26. 0	1013175	27. 4
100. 0	**合 计**	**Total**	**412323**	**100. 0**	**167600**	**100. 0**
31. 2	韩国	R. O. Korea	120541	29. 2	41667	24. 9
19. 6	日本	Japan	80832	19. 6	32172	19. 2
15. 4	菲律宾	Philippines	47814	11. 6	14929	8. 9
14. 8	马来西亚	Malaysia	32414	7. 9	10196	6. 1
6. 4	中国台湾	Taiwan, China	21859	5. 3	6639	4. 0
2. 9	南非	South Africa	20474	5. 0	14017	8. 4
3. 3	越南	Vietnam	17245	4. 2	5571	3. 3
1. 8	缅甸	Myanmar	16294	4. 0	6686	4. 0
1. 0	老挝	Laos	13148	3. 2	8692	5. 2
3. 6	其他国家或地区	Other Countries or Regions	41702	10. 1	27031	16. 1
100. 0	**合 计**	**Total**	**1427625**	**100. 0**	**90689**	**100. 0**
50. 9	日本	Japan	493279	34. 6	29617	32. 7
27. 8	韩国	R. O. Korea	418510	29. 3	22249	24. 5
7. 9	越南	Vietnam	83999	5. 9	4648	5. 1
7. 4	孟加拉国	Bangladesh	79484	5. 6	5112	5. 6
0. 6	菲律宾	Philippines	62941	4. 4	3989	4. 4
1. 0	马来西亚	Malaysia	62768	4. 4	4106	4. 5
0. 5	中国香港	Hongkong, China	36557	2. 6	2961	3. 3
3. 7	其他国家或地区	Other Countries or Regions	190087	13. 3	18007	19. 9
100. 0	**合 计**	**Total**	**2675**	**100. 0**	**911**	**100. 0**
19. 1	朝鲜	D. P. R. Korea	1005	37. 6	246	27. 0
11. 0	印度尼西亚	Indonesia	407	15. 2	154	16. 9
13. 4	加拿大	Canada	208	7. 8	91	10. 0
9. 7	吉布提	Djibouti	113	4. 2	35	3. 8
9. 6	越南	Vietnam	103	3. 9	38	4. 2
7. 2	贝宁	Benin	100	3. 7	34	3. 7
6. 5	塞拉利昂	Sierra Leone	100	3. 7	32	3. 5
5. 1	巴拿马	Panama	80	3. 0	27	3. 0
4. 7	韩国	R. O. Korea	80	3. 0	26	2. 9
3. 4	马达加斯加	Madagascar	78	2. 9	25	2. 7
10. 3	其他国家或地区	Other Countries or Regions	401	15. 0	203	22. 3

我国主要矿产品
China's Imports and Exports of

矿产品名称	Mineral Commodity	进口 Imports				
		国家/地区	Country/Region	数量/吨 Quantity/ton	占总量/% Percentage	金额/千美元 Value/US $ 1000
天然石墨	**Natural graphite**	**合 计**	**Total**	**62922**	**100.0**	**24510**
		朝鲜	D. P. R. Korea	60148	95.6	7765
		日本	Japan	1031	1.6	11868
		德国	Germany	429	0.7	1505
		坦桑尼亚	Tanzania	265	0.4	13
		美国	United States	245	0.4	694
		中国	China	222	0.4	319
		莫桑比克	Mozambique	118	0.2	44
		其他国家或地区	Other Countries or Regions	464	0.7	2302
高岭土	**Kaolin**	**合 计**	**Total**	**451431**	**100.0**	**128481**
		美国	United States	322126	71.4	80311
		巴西	Brazil	74770	16.6	19399
		英国	United Kingdom	20339	4.5	5130
		马来西亚	Malaysia	9459	2.1	546
		德国	Germany	5525	1.2	1477
		日本	Japan	3801	0.8	16627
		法国	France	2597	0.6	1104
		葡萄牙	Portuguese	2448	0.5	400
		朝鲜	D. P. R. Korea	2248	0.5	117
		澳大利亚	Australia	2101	0.5	1055
		其他国家或地区	Other Countries or Regions	6017	1.3	2315
重晶石	**Barite**	**合 计**	**Total**	**16467**	**100.0**	**1086**
		缅甸	Myanmar	15415	93.6	201
		韩国	R. O. Korea	280	1.7	280
		西班牙	Spain	251	1.5	120
		英国	United Kingdom	157	1.0	176
		德国	Germany	82	0.5	76
		泰国	Thailand	69	0.4	48
		日本	Japan	49	0.3	55
		其他国家或地区	Other Countries or Regions	164	1.0	130
大理石	**Marble**	**合 计**	**Total**	**8479311**	**100.0**	**1715515**
		土耳其	Turkey	4027915	47.5	858315
		埃及	Egypt	1472661	17.4	195582
		意大利	Italy	509420	6.0	150351
		西班牙	Spain	488367	5.8	115089
		巴基斯坦	Pakistan	380238	4.5	70099
		伊朗	Iran	356925	4.2	68031
		其他国家或地区	Other Countries or Regions	1243785	14.7	258048

进出口情况（2014 年） 续表 7
Major Mineral Commodities（2014） Continued 7

	出口 Exports					
占总值/% Percentage	国家/地区	Country/Region	数量/吨 Quantity/ton	占总量/% Percentage	金额/千美元 Value/US $ 1000	占总值/% Percentage
100. 0	**合 计**	**Total**	**288655**	**100. 0**	**300144**	**100. 0**
31. 7	日本	Japan	111600	38. 7	106963	35. 6
48. 4	韩国	R. O. Korea	29094	10. 1	84139	28. 0
6. 1	美国	United States	23590	8. 2	21716	7. 2
0. 1	印度	India	19609	6. 8	10004	3. 3
2. 8	荷兰	Netherlands	17241	6. 0	7614	2. 5
1. 3	德国	Germany	14290	5. 0	14549	4. 8
0. 2	印度尼西亚	Indonesia	10361	3. 6	1589	0. 5
9. 4	其他国家或地区	Other Countries or Regions	62870	21. 8	53570	17. 8
100. 0	**合 计**	**Total**	**1278427**	**100. 0**	**120600**	**100. 0**
62. 5	中国台湾	Taiwan, China	527695	41. 3	13807	11. 4
15. 1	中国香港	Hongkong, China	175649	13. 7	7208	6. 0
4. 0	日本	Japan	95984	7. 5	15778	13. 1
0. 4	韩国	R. O. Korea	78607	6. 1	9683	8. 0
1. 1	越南	Vietnam	77457	6. 1	8126	6. 7
12. 9	马来西亚	Malaysia	54267	4. 2	8098	6. 7
0. 9	泰国	Thailand	46235	3. 6	8430	7. 0
0. 3	菲律宾	Philippines	45484	3. 6	4878	4. 0
0. 1	印度尼西亚	Indonesia	35971	2. 8	10461	8. 7
0. 8	印度	India	28727	2. 2	4246	3. 5
1. 8	其他国家或地区	Other Countries or Regions	112351	8. 8	29885	24. 8
100. 0	**合 计**	**Total**	**2673010**	**100. 0**	**348350**	**100. 0**
18. 5	美国	United States	1856886	69. 5	217126	62. 3
25. 8	荷兰	Netherlands	173538	6. 5	32545	9. 3
11. 0	沙特阿拉伯	Saudi Arabia	149108	5. 6	17208	4. 9
16. 2	印度尼西亚	Indonesia	109655	4. 1	12687	3. 6
7. 0	科威特	Kuwait	55413	2. 1	5421	1. 6
4. 4	意大利	Italy	44008	1. 6	7694	2. 2
5. 1	韩国	R. O. Korea	40795	1. 5	8106	2. 3
12. 0	其他国家或地区	Other Countries or Regions	243607	9. 1	47563	13. 7
100. 0	**合 计**	**Total**	**100917**	**100. 0**	**23959**	**100. 0**
50. 0	中国台湾	Taiwan, China	67580	67. 0	6257	26. 1
11. 4	印度	India	7169	7. 1	1900	7. 9
8. 8	中国香港	Hongkong, China	5571	5. 5	1071	4. 5
6. 7	意大利	Italy	5512	5. 5	1997	8. 3
4. 1	泰国	Thailand	4864	4. 8	4408	18. 4
4. 0	印度尼西亚	Indonesia	3962	3. 9	1220	5. 1
15. 0	其他国家或地区	Other Countries or Regions	6259	6. 2	7106	29. 7

我国主要矿产品
China's Imports and Exports of

矿产品名称	Mineral Commodity	进口 Imports				
		国家/地区	Country/Region	数量/吨 Quantity/ton	占总量/% Percentage	金额/千美元 Value/US $ 1000
花岗石	**Granite**	**合 计**	**Total**	**6629948**	**100.0**	**1245578**
		印度	India	4716707	71.1	752497
		巴西	Brazil	894808	13.5	217890
		芬兰	Finland	245845	3.7	46286
		葡萄牙	Portuguese	186888	2.8	30321
		挪威	Norway	164292	2.5	51956
		南非	South Africa	69161	1.0	13836
		美国	United States	52957	0.8	16736
		日本	Japan	44867	0.7	13726
		纳米比亚	Namibia	41589	0.6	40715
		其他国家或地区	Other Countries or Regions	212834	3.2	61615
菱镁矿	**Magnesite**	**合 计**	**Total**	**180323**	**100.0**	**70332**
		朝鲜	D. P. R. Korea	164682	91.3	27083
		日本	Japan	9628	5.3	30785
		以色列	Israel	1667	0.9	6282
		韩国	R. O. Korea	1248	0.7	406
		美国	United States	1090	0.6	1907
		墨西哥	Mexico	458	0.3	532
		土耳其	Turkey	323	0.2	216
		荷兰	Netherlands	315	0.2	210
		其他国家或地区	Other Countries or Regions	912	0.5	2911
石膏	**Gypsum**	**合 计**	**Total**	**134807**	**100.0**	**23965**
		泰国	Thailand	105290	78.1	7131
		西班牙	Spain	21856	16.2	8832
		美国	United States	2583	1.9	2433
		日本	Japan	1455	1.1	2874
		德国	Germany	1033	0.8	828
		意大利	Italy	790	0.6	241
		英国	United kingdom	699	0.5	926
		韩国	R. O. Korea	475	0.4	472
		其他国家或地区	Other Countries or Regions	626	0.5	228
石棉	**Asbestos**	**合 计**	**Total**	**147525**	**100.0**	**49991**
		俄罗斯	Russian	133684	90.6	45541
		哈萨克斯坦	Kazakhstan	13831	9.4	4418
		荷兰	Netherlands	10	很少	25
		其他国家或地区	Other Countries or Regions	很少	很少	7

进出口情况（2014 年） 续表 8
Major Mineral Commodities（2014） Continued 8

	出口 Exports					
占总值/% Percentage	国家/地区	Country/Region	数量/吨 Quantity/ton	占总量/% Percentage	金额/千美元 Value/US $ 1000	占总值/% Percentage
100. 0	**合 计**	**Total**	**2210070**	**100. 0**	**80635**	**100. 0**
60. 4	中国香港	Hongkong, China	1033376	46. 8	10943	13. 6
17. 5	中国台湾	Taiwan, China	713103	32. 3	14464	17. 9
3. 7	中国澳门	Macao, China	264194	12. 0	5634	7. 0
2. 4	德国	Germany	51321	2. 3	2535	3. 1
4. 2	韩国	R. O. Korea	35262	1. 6	14358	17. 8
1. 1	挪威	Norway	18080	0. 8	1185	1. 5
1. 3	荷兰	Netherlands	15243	0. 7	1921	2. 4
1. 1	日本	Japan	14768	0. 7	1190	1. 5
3. 3	泰国	Thailand	10031	0. 5	7510	9. 3
4. 9	其他国家或地区	Other Countries or Regions	54692	2. 5	20895	25. 9
100. 0	**合 计**	**Total**	**2284283**	**100. 0**	**618395**	**100. 0**
38. 5	日本	Japan	491224	21. 5	122245	19. 8
43. 8	荷兰	Netherlands	370343	16. 2	108849	17. 6
8. 9	美国	United States	345423	15. 1	106508	17. 2
0. 6	韩国	R. O. Korea	288432	12. 6	57106	9. 2
2. 7	中国台湾	Taiwan, China	183898	8. 1	29016	4. 7
0. 8	马来西亚	Malaysia	63397	2. 8	10677	1. 7
0. 3	泰国	Thailand	63315	2. 8	14631	2. 4
0. 3	印度尼西亚	Indonesia	50280	2. 2	11153	1. 8
4. 1	其他国家或地区	Other Countries or Regions	427971	18. 7	158210	25. 6
100. 0	**合 计**	**Total**	**309653**	**100. 0**	**26981**	**100. 0**
29. 8	韩国	R. O. Korea	144447	46. 6	6149	22. 8
36. 9	越南	Vietnam	85892	27. 7	2985	11. 1
10. 2	蒙古	Mongolia	14734	4. 8	678	2. 5
12. 0	刚果（布）	Congo	12928	4. 2	719	2. 7
3. 5	日本	Japan	10407	3. 4	2238	8. 3
1. 0	中国台湾	Taiwan, China	9519	3. 1	1628	6. 0
3. 9	中国香港	Hongkong, China	4672	1. 5	1638	6. 1
2. 0	俄罗斯	Russian	4114	1. 3	788	2. 9
1. 0	其他国家或地区	Other Countries or Regions	22940	7. 4	10158	37. 6
100. 0	**合 计**	**Total**	**40510**	**100. 0**	**17802**	**100. 0**
91. 1	印度尼西亚	Indonesia	22911	56. 6	9672	54. 3
8. 8	印度	India	4766	11. 8	2397	13. 5
0. 1	越南	Vietnam	3911	9. 7	1428	8. 0
很少	泰国	Thailand	3285	8. 1	1163	6. 5
很少	斯里兰卡	Sri Lanka	945	2. 3	442	2. 5
很少	菲律宾	Philippines	866	2. 1	412	2. 3
	其他国家或地区	Other Countries or Regions	3826	9. 4	2288	12. 9

我国主要矿产品
China's Imports and Exports of

矿产品名称	Mineral Commodity	进口 Imports				
		国家/地区	Country/Region	数量/吨 Quantity/ton	占总量/% Percentage	金额/千美元 Value/US $ 1000
水泥	**Cement**	**合 计**	**Total**	**346645**	**100. 0**	**26244**
		日本	Japan	219280	63. 3	8443
		越南	Vietnam	101036	29. 1	4378
		中国台湾	Taiwan, China	7422	2. 1	359
		法国	France	4988	1. 4	2861
		泰国	Thailand	4414	1. 3	776
		荷兰	Netherlands	3834	1. 1	2970
		美国	United States	2333	0. 7	3104
		韩国	R. O. Korea	625	0. 2	1061
		其他国家或地区	Other Countries or Regions	2713	0. 8	2292
滑石	**Talc**	**合 计**	**Total**	**40230**	**100. 0**	**21361**
		朝鲜	D. P. R. Korea	11337	28. 2	1214
		美国	United States	6268	15. 6	3844
		韩国	R. O. Korea	5250	13. 0	3666
		奥地利	Austria	4396	10. 9	3586
		巴基斯坦	Pakistan	4151	10. 3	834
		荷兰	Netherlands	2367	5. 9	1766
		中国台湾	Taiwan, China	1366	3. 4	920
		其他国家或地区	Other Countries or Regions	5095	12. 7	5531
萤石	**Fluorite**	**合 计**	**Total**	**135016**	**100. 0**	**18948**
		蒙古	Mongolia	106654	79. 0	15349
		缅甸	Myanmar	11856	8. 8	945
		越南	Vietnam	9558	7. 1	1203
		朝鲜	D. P. R. Korea	4784	3. 5	233
		墨西哥	Mexico	1575	1. 2	411
		泰国	Thailand	347	0. 3	65
		瑞典	Sweden	159	0. 1	625
		意大利	Italy	33	很少	28
		其他国家或地区	Other Countries or Regions	50	很少	89
天然硼酸盐及硼酸	**Natural borate and boracic acid**	**合 计**	**Total**	**21642**	**100. 0**	**7061**
		玻利维亚	Bolivia	13380	61. 8	4325
		土耳其	Turkey	8160	37. 7	2668
		美国	United States	81	0. 4	56
		智利	Chile	18	0. 1	6
		中国台湾	Taiwan, China	2	很少	2
		德国	Germany	1	很少	4
天然硼砂及精矿	**Natural borax and concentrate**	**合 计**	**Total**	**393214**	**100. 0**	**150064**
		土耳其	Turkey	367513	93. 5	143175
		玻利维亚	Bolivia	24921	6. 3	6542
		智利	Chile	529	0. 1	186
		秘鲁	Peru	112	很少	79
		中国台湾	Taiwan, China	105	很少	43
		马来西亚	Malaysia	24	很少	13
		日本	Japan	10	很少	26

注：一些矿产品的进口量或出口量由于数量较小，只列出了合计数而未按国别分列。
Note: Few sums of imports or exports of some mineral commodities are not divided by country because of the comparatively small amount of that.
资料来源：中国海关统计数据。
Source: China Customs statistical data.

进出口情况（2014 年） 续表 9
Major Mineral Commodities（2014） Continued 9

	出口 Exports						
占总值/% Percentage	国家/地区	Country/Region	数量/吨 Quantity/ton	占总量/% Percentage	金额/千美元 Value/US $ 1000	占总值/% Percentage
100. 0	**合 计**	**Total**	**13907769**	**100. 0**	**772202**	**100. 0**
32. 2	蒙古	Mongolia	1493596	10. 7	65825	8. 5
16. 7	澳大利亚	Australia	1405387	10. 1	65280	8. 5
1. 4	刚果（布）	Congo	1173724	8. 4	62778	8. 1
10. 9	中国香港	Hongkong, China	983969	7. 1	54701	7. 1
3. 0	美国	United States	847450	6. 1	46008	6. 0
11. 3	安哥拉	Angola	841131	6. 0	45806	5. 9
11. 8	喀麦隆	Cameroon	770344	5. 5	45339	5. 9
4. 0	巴西	Brazil	647218	4. 7	25742	3. 3
8. 7	其他国家或地区	Other Countries or Regions	5744950	41. 3	360723	46. 7
100. 0	**合 计**	**Total**	**674011**	**100. 0**	**167555**	**100. 0**
5. 7	日本	Japan	169814	25. 2	48699	29. 1
18. 0	韩国	R. O. Korea	96859	14. 4	16010	9. 6
17. 2	泰国	Thailand	94535	14. 0	29391	17. 5
16. 8	美国	United States	62740	9. 3	19099	11. 4
3. 9	印度尼西亚	Indonesia	62328	9. 2	12251	7. 3
8. 3	中国台湾	Taiwan, China	30933	4. 6	5083	3. 0
4. 3	菲律宾	Philippines	22927	3. 4	3599	2. 1
25. 9	其他国家或地区	Other Countries or Regions	133875	19. 9	33423	19. 9
100. 0	**合 计**	**Total**	**410181**	**100. 0**	**120211**	**100. 0**
81. 0	印度	India	100660	24. 5	30848	25. 7
5. 0	日本	Japan	89416	21. 8	28385	23. 6
6. 3	韩国	R. O. Korea	48524	11. 8	11517	9. 6
1. 2	荷兰	Netherlands	42742	10. 4	12902	10. 7
2. 2	中国台湾	Taiwan, China	33020	8. 1	7997	6. 7
0. 3	加拿大	Canada	27914	6. 8	8412	7. 0
3. 3	美国	United States	21059	5. 1	6656	5. 5
0. 1	阿联酋	United Arab Emirates	13097	3. 2	3887	3. 2
0. 5	其他国家或地区	Other Countries or Regions	33749	8. 2	9607	8. 0
100. 0	**合 计**	**Total**	**649**	**100. 0**	**283**	**100. 0**
61. 3	韩国	R. O. Korea	482	74. 3	135	47. 7
37. 8	以色列	Israel	56	8. 6	49	17. 3
0. 8	日本	Japan	38	5. 9	32	11. 3
0. 1	塔吉克斯坦	Tajikistan	13	2. 0	9	3. 2
很少	埃塞俄比亚	Ethiopia	12	1. 8	10	3. 5
0. 1	乌兹别克斯坦	Uzbekistan	11	1. 7	4	1. 4
	其他国家或地区	Other Countries or Regions	37	5. 7	44	15. 5
100. 0	**合 计**	**Total**	**820**	**100. 0**	**388**	**100. 0**
95. 4	印度尼西亚	Indonesia	506	61. 7	207	53. 4
4. 4	日本	Japan	300	36. 6	148	38. 1
0. 1	马来西亚	Malaysia	7	0. 9	25	6. 4
0. 1	菲律宾	Philippines	6	0. 7	4	1. 0
很少	叙利亚	Syrian	1	0. 1	2	0. 5
很少	阿联酋	United Arab Emirates	很少	很少	很少	很少
很少	其他国家或地区	Other Countries or Regions	很少	很少	2	0. 5